本书由深圳学派建设专项资金资助出版

深圳学人文库

The Theory and Practice of
Chinese Enclave Economy

中国飞地经济的
理论与实践

林更斌 ◎主编

社会科学文献出版社
SOCIAL SCIENCES ACADEMIC PRESS (CHINA)

序

由深圳市乡村振兴和协作交流局产业共建调研小组撰写的《中国飞地经济的理论与实践》一书付梓，这不仅给区域协作领域的理论界带来一股油墨未干的清香，更给飞地经济实操层面奉献了一道新鲜热辣、颇具"佐餐"价值的新品，诚为可喜可贺！

党的十八大以来，以习近平同志为核心的党中央立足我国区域发展新形势，着眼全国"一盘棋"，就推动我国区域协调发展作出一系列重大决策部署，推动区域协调发展迈入新境界。2017 年，党的十九大报告提出实施区域协调发展战略。站在新的历史起点，习近平总书记在党的二十大报告中，擘画了以中国式现代化全面推进中华民族伟大复兴的宏伟蓝图，并对区域协调发展作出了更加长远、更加系统的战略部署和总体安排。党的二十大以来，习近平总书记亲自主持召开了多场推动区域发展战略落实的座谈会。党的二十届三中全会审议通过的《中共中央关于进一步全面深化改革 推进中国式现代化的决定》提出，"完善实施区域协调发展战略机制"，"完善区域一体化发展机制，构建跨行政区合作发展新机制，深化东中西部产业协作"，"完善产业在国内梯度有序转移的协作机制，推动转出地和承接地利益共享"。

习近平总书记还高度重视产业梯度转移工作，并将其纳入区域协调发展统筹考虑。他指出要"顺应产业发展大势，从时空两方面统筹抓好产业升级和产业转移"①，"深化区域合作，推进东部产业向西部梯度转移，实现产业互补、人员互动、技术互学、观念互通、作风互鉴，共同发展"②。在浙江工作时，很多人担心大量浙商向外发展，会导致浙江经济"空心化"。针对这种情况，习近平同志形象地阐释了"地瓜经济"：地瓜的藤蔓向四面八方延伸，为的是汲取更多的阳光、雨露和养分，但它的块茎始终是在根基部，藤蔓的延伸扩张最终为的是块茎能长得更加粗壮硕大③。"跳出浙江发展浙江"是浙江经济社会发展的必然要求，也是一种全局意识和政治责任的体现；要正确认识"浙江经济"与"浙江人经济"的关系，把在外浙商与浙江经济更加紧密地联结起来，促进在外浙商更好地为浙江的发展服务。

党的十八大以来，以习近平同志为核心的党中央把逐步实现全体人民共同富裕摆在更加重要的位置，对共同富裕作出全面擘画、系统设计，明确了时间表、路线图。习近平总书记还明确提出促进共同富裕的总的思路和四个原则，并精辟指出，"共同富裕体现中国特色社会主义本质要求，但不是捆绑在一起像螃蟹一样谁也动不了，要鼓励一部分人先富起来。但后半句话不能忘了，'先富带后富'。这符合我们中国特色社会主义发展道路，走正道就是这么走"④。习近平经济思想和有关重要论述，为深入研究区域协调发展和飞地经济提供了根本遵循和行动指南。

深圳市乡村振兴和协作交流局的前身是深圳市经济协作办公室，后改为对口支援办公室。脱贫攻坚期间，该单位由原来的处级单位升格为正局级单位，更名为深圳市扶贫协作和合作交流办公室；脱贫攻坚任务

---

① 习近平：《加快构建新发展格局　把握未来发展主动权》，《求是》2023 年第 8 期。
② 朱润晔：《进一步巩固提升脱贫成果　推动东西部扶贫协作持续发力（治理之道）》，《人民日报》2020 年 4 月 27 日。
③ 习近平：《之江新语》，浙江人民出版社，2007。
④ 郝永平、古月：《共同富裕不是捆绑在一起像螃蟹一样谁也动不了》，《学习时报》2023 年 7 月 5 日。

完成后，更名为深圳市乡村振兴和协作交流局。其除了负责深圳市内（包括深汕特别合作区）的乡村振兴和农业农村工作，更重要的是继续负责全市对口支援和帮扶协作的统筹指导工作。自1990年开始，深圳先后与全国17个省（自治区、直辖市）118个县（市、区）建立帮扶协作关系。现阶段深圳市对口帮扶协作任务主要包括东西部协作、对口支援、对口合作和广东省内帮扶协作等方面。脱贫攻坚以来，深圳对口地区涉及9省（自治区、直辖市）19市106县（市、区），对口辖区面积达35万平方千米，是深圳辖区面积的175倍。东西部协作方面，深圳牵头粤桂协作，重点对口广西南宁、百色、河池、桂林等市及其22县，并按照中央级、省级有关要求，协作帮扶云南昭通市、贵州毕节市。对口支援方面，深圳负责对口新疆喀什市和塔什库尔干塔吉克自治县、西藏察隅县和察隅农场、重庆巫山县。作为副省级城市，深圳与其他省、直辖市一样，成立了援疆指挥部。此外，深圳还协作帮扶了江西寻乌县。对口合作方面，深圳负责与黑龙江哈尔滨的对口合作，以及与江西赣州、广西百色、广东汕尾等革命老区的对口合作。省内帮扶协作方面，深圳负责汕头市、河源市、汕尾市的驻镇帮镇扶村工作（以乡村振兴为重点）和汕头市、河源市、汕尾市、潮州市及惠州市三县（博罗县、龙门县、惠东县）的帮扶协作工作（以产业协作为重点）。

30多年来，深圳累计投入各类帮扶协作资金超1800亿元，选派干部人才8500余人次，实施项目超5.1万个，帮助对口地区各领域补短板强弱项，促进了当地经济社会方方面面的质量提升。党的十八大以来，深圳积极融入脱贫攻坚的时代伟业，聚焦"两不愁三保障"，落实精准扶贫方略，推动对口帮扶的42个贫困县全部摘帽，204万贫困人口实现脱贫。[①] 2017年4月，习近平总书记在广西考察时，肯定了深圳

---

① 资料来源：中共深圳市委党校、深圳市建设中国特色社会主义先行示范区研究中心编《深圳帮扶30年》，海天出版社，2021；深圳市乡村振兴和协作交流局编《深圳乡村振兴和协作交流年鉴》。

既给钱又派人的做法。2020 年 5 月，习近平总书记作出重要指示，对深圳对口帮扶的广西毛南族的整族脱贫给予充分肯定。2020 年 10 月，习近平总书记在深圳视察时，肯定了深圳对口帮扶的贡献。深圳牵头的粤桂协作在国家东西部协作考核中实现七连冠，省内对口帮扶协作连续五年被省里评为"好"，乡村振兴考核连续三年被评为"优秀"，在省 2023 年度产业有序转移考核中，深圳市获得全省市级帮扶协作关系考核"优秀"等次的数量位居榜首。国家发展改革委、国务院原扶贫办也多次高度评价深圳对口帮扶协作工作。

深圳作为中国改革开放的前沿阵地，在区域协调发展、共同富裕、产业共建和飞地经济的探索方面，实践比较早。在市内，深圳早在 1995 年就开始实施"同富裕工程"，将当时的欠发达村民小组纳入"同富裕工程"实施范围，将不适合兴办工业的欠发达村的村民小组集中到条件较好的地方，兴办"同富裕工业园（区、村）"，这也是国内消薄飞地的较早探索。在市外，深圳市委、市政府认真贯彻习近平总书记关于区域协调发展、深化东西部协作等重要指示精神和广东省委、省政府的相关部署，坚持"感恩改革开放，回报全国人民"，立足国家战略和长远发展，通过发挥比较优势，加强与对口地区的产业协作，努力实现双向赋能、互惠互利、共赢发展。占地 468 平方千米的深汕特别合作区，是一块标准的、最具有代表性的飞地。对于其他早期共建的产业园，深圳市主要通过帮扶协作资金、国企投资参与对口地区园区合作，并由相关国企派驻团队或依托前方机构负责园区开发建设和招商运营。经梳理统计，在广东省"百县千镇万村高质量发展工程"实施之前，深圳与对口地区合作共建各类产业园区 18 个，其中 12 个分布在河源、汕尾等省内地市，6 个分布在黑龙江哈尔滨，新疆喀什，江西赣州和广西百色、河池、桂林等省外地市。截至 2023 年，在 18 个产业园区中，产值突破 50 亿元的有 10 个，突破 100 亿元的有 4 个。此外，深圳与非对口地区的四川成都、广安和河北保定等地也共建了产业园。总体来看，深圳与上述地区合作共建的产业园区呈现以下五个特点：一是将两地比较优势紧密结合的园区，其发展要好于未能充分对接比较优势的园区；二是市场化程度高的园区，其发展好于市场化程度低的园区；三是区位条件较好的园区，其发展好于区位条件较差的园区；四是合作机制较完善的园区，其发展好于合作机制不完善的园区；五是招商引资能力较强的园区，其发展好于招商引资能力较弱的园区。

在促进区域协调发展、推进中国式现代化的新的历史时期，深圳更加注重谋定而后动，扎实推进共建产业园区和飞地经济的体系研究。本着对历史对各方高度负责的态度，深圳致力于算好产业协作的政治账、经济账、社会账，按照共商共建共管共享模式，高标准务实谋划产业园区建设和飞地经济，努力建一个、成一个，实现可持续发展。根据广东省委、省政府《关于推动产业有序转移促进区域协调发展的若干措施》的文件精神，以及深圳市委、市政府关于稳步培育发展飞地经济的部署要求，为进一步发挥深圳的辐射带动作用，拓展深圳的经济纵深，从2022年下半年开始，深圳市乡村振兴和协作交流局联合政策研究、发展改革、工业和信息化、国有资产管理等部门，对共建产业园区工作开展了长达两年时间的较为系统的调研分析，并会同相关职能部门、专业机构和前方机构扎实推进对口地区拟共建产业园区的尽职调查、规划编制、合作洽谈等工作，梳理共建产业园区现状及存在的问题，提出对策建议。这项调研，不仅涉及深圳市的共建产业园区，而且通过实地走访、线上线下座谈交流、收集资料等方式，调研学习了外地有代表性的共建产业园区。相关工作人员不仅两次连线苏州工业园区，还分别深入招商蛇口工业园、惠州华润华城绿谷产业园、联东U谷、广清经济特别合作区、广梅产业园、德国BPW（梅州）车轴有限公司、广东援疆东纯兴100万锭纺纱项目园、苏州宿迁工业园区、中新天津生态城、中新苏滁高新技术产业开发区、上海漕河泾新兴技术开发区、上海漕河泾新兴技术开发区海宁分区和临港常熟绿洲芯城、沪苏大丰产业联动集聚区、外高桥启东产业园、贵州安顺青岛红星集团产业园、深贵产业园、甘肃陇南青岛利和萃取科技有限公司、广安深圳产业园、保定深圳园等园区，深圳科技工业园集团、深圳湾科技发展有限公司等企业实地走访调研，并到衢州市杭州余杭区海创园和设在深圳市的多家"反向飞地"调研座谈。值得点赞的是，几乎每一次调研，都形成了一篇有一定深度的调研报告。此外，相关工作人员还采取"请进来"的办法，面对面与最早参与中国·越南（深圳—海防）经贸合作区建设的有关负责同志进行交流，同时通过权威渠道收集国外共建产业园区案例。在此基础上，通过由浅入深、由表及里、由粗到精、从个别到一般的系统深入的分析研究，总结了飞地的成功案例，探讨了成功飞地的特征及规律，分析了目前飞地存在的问题和不足，比较了有关地区生产要素和自然禀赋的差异，提出了共建飞地的优化思路和建议。

在大量调查研究的基础上，深圳市乡村振兴和协作交流局产业共建调研小组认真研学了区域经济协调发展和飞地经济方面的相关专著和理论知识，历时四个月形成了本书的初稿，并六易其稿进行打磨和升华。翻开全书，不难发现以下三个特点。

第一，样本案例丰富典型，分类眉目清晰。这些案例，不仅数量可观，而且涉及面广，颇具代表性和典型性。面对林林总总的案例素材，本书并不是作简单罗列，而是用一章的篇幅，从飞出地域、推动主体、功能定位、投入模式、飞出方向、特别合作6个维度，对目前的飞地园区类型进行了梳理、划分和解析，同时在其他章节引用案例时，还对其取得的成绩和不足给予评析。从这些分门别类的个案剖析中，细心的读者不仅可以窥见中国甚至国外飞地经济的全貌、了解飞地经济的现状，而且可以跟着本书一起探寻飞地经济的发展路径及运作模式。

第二，框架严密新颖，结构逻辑顺畅。全书分为八章加附录，内在逻辑如下：一是介绍飞地经济的成因与发展历程，并作理论分析；二是介绍飞地园区的典型案例和分类；三是对成功飞地的特征和规律进行深入探析；四是从理论和实操两个层面对飞地经济的模式与构建策略作提炼和升华，为飞地经济体系的构建提供指引；五是运用新的理论概况指导新的实践，即分析发展飞地经济的合作决策和操作要点；六是对飞地园区发展要避免的问题和误区进行归纳；七是针对上述问题和误区提出建议，以起到提醒和立此存鉴的作用；八是案例选编和附录。而书名之所以冠以"中国"，一是因为本书对深圳共建产业园区和飞地经济进行了系统调研分析。深圳不仅是中国改革开放的缩影，也是探索和发展飞地经济的一个代表。二是因为本书对近年来国内比较典型的飞地和共建产业园区作了深入走访交流，并逐个进行分析总结。三是因为此前有关飞地经济的研究，论文比较多、专著比较少，而为数不多的专著，要么样本案例不够，要么只对某个区域或某地进行专门研究，而本书在吸收借鉴这些研究成果的同时，致力于跳出相关局限，以期为读者呈现一个更为全面、系统的飞地经济分析视角。此外，在立足国内飞地经济研究的基础上，本书还对国外的飞地经济作了一些比较研究。

第三，理论实践紧密结合，分析深入浅出。"春江水暖鸭先知"。前面两个特点，决定了该书不失为理论和实践紧密结合、总结和实操高度契合的一部佳作。特别是本书各章节的起草人，是处在改革开放前沿、承担深圳市乡村振兴和协作交流大量繁重具体工作的同志，他们以饱满的热情，克服各种困难，做到日常工作与调研总结、"务实与务虚"两不误、双促进；他们坚持问题导向和结果导向，与深圳对口共建的20多个园区保持密切沟通，与国内和境外一些成功的飞地园区建立友好的工作关系，及时了解最新进展，使得本书非常鲜活、很接地气，既强化了本书的实操性，又锻炼了干部队伍，这是非常难能可贵的。

正如任何事物都有两面性一样，这群从事共建产业园区和对口协作交流工作的同志，他们的触角，虽然能及时通达和捕捉大量鲜活的实践信息，但受研究时间、资料收集、理论积淀等方面的影响，该书的理论深度还有待拓展，规律性的总结还有待提升。好在瑕不掩瑜，本书的探索性、实操性、借鉴性很是突出。

在中国式现代化全面推进以及构建人类命运共同体的大背景下，发展飞地经济，对促进区域协调发展、畅通国内国际双循环、强化地区间产业链和供应链合作，具有十分重要的现实意义。本书有待深化研究的问题，有望在新的实践中得以破解，期待这方面新的力作巨著不断问世。

是为序。

（中国宏观经济研究院产业经济与技术经济研究所所长）

2024 年 7 月

目　录

第一章　飞地经济的成因与发展

党的二十大报告明确提出，要"促进区域协调发展。深入实施区域协调发展战略、区域重大战略、主体功能区战略、新型城镇化战略，优化重大生产力布局，构建优势互补、高质量发展的区域经济布局和国土空间体系"[①]。党的二十届三中全会提出，要"完善实施区域协调发展战略机制"，"深化东中西部产业协作"[②]。多年来，在区域经济发展中，一些地区突破行政区划限制，到其他地区的土地上发展产业，形成了飞地经济。飞地经济既是一种新兴的经济现象，也是一种新型的区域合作模式。对飞地经济的成因与发展进行全面分析，有助于我们更好地利用这一新型区域合作模式，促进和实现区域协调发展。

第一节　飞地经济及其相关概念

一　飞地

"飞地"（Enclave）原本是国际法中的一个重要概念。《法学辞典》对飞地的定义是，"一国位于他国国境之内不与本国毗连的领土"。这是从国家主权，特别是领土主权的角度来界定飞地的。因此，这里指称

---

① 《习近平：高举中国特色社会主义伟大旗帜　为全面建设社会主义现代化国家而团结奋斗——在中国共产党第二十次全国代表大会上的报告》，求是网，http://www.qstheory.cn/yaowen/2022-10/25/c_1129079926.htm。

② 《中共中央关于进一步全面深化改革　推进中国式现代化的决定》，新民网，https：//paper.xinmin.cn/html/xmwb/2024-07-22/2/189143.html。

的是一种狭义的飞地。但现代意义上的飞地已不再局限于主权国家之间，而经常用于表示一国之内不同行政区域间的特殊地域，如省际飞地、市际飞地、县域飞地等。然而，不管是传统的国际飞地，还是一国境内的省际飞地、市际飞地、县域飞地等，都是从区域空间的分离性这一地理特征来定义飞地的。

随着"飞地"一词在经济社会等领域得到广泛应用，它被赋予了更多的内涵。例如 FDI 飞地、自由贸易区、经济特区等与周围存在经济差异和隔离的"经济飞地"；因移民流的持续和扩大，许多国家大城市形成了一些移民相互杂居、聚居或散居的"民族飞地"，如华人聚居的唐人街；不同文化背景的族群相互碰撞、冲突而形成了"文化飞地"等。① 除此之外，新中国成立以后，基于资源开发、城市经济发展与人口疏散等需要，国家通过行政手段，将一些特定区域划归到与本地区并不相连的另一行政区，从而形成了一种特殊飞地，如上海在苏北、皖南等地设立的域外农场等。随着人类文明进步和现代社会的发展，经济因素越来越成为飞地产生的主导因素，飞地经济也因此应运而生。

二　飞地经济

如前所述，早期的飞地概念，是从地理学角度强调区域空间上的分离性和行政管理上的特殊性，认为飞地的本质是土地所有权和行政管理权的分离，这实际上是在强调飞地的政治含义，通常涉及主权实体对其领土的法律和行政管辖权。此后，随着经济社会发展，人们逐渐认识到飞地的经济价值，并开始有意识地将飞地与经济活动联系起来，并由此形成了飞地经济的概念。

国家发展和改革委员会 2021 年 12 月发布的"十四五"规划《纲要》名词解释对飞地经济的定义是，"在行政上互不隶属的两个及以上

---

① 产耀东：《飞地经济实践论：新时代深汕特别合作区发展模式研究》，中国社会科学出版社，2022。

地区，打破行政区划界限，以各类开发区为主要载体，在平等协商、自愿合作的基础上，以生产要素的互补和高效利用为直接目的，在特定区域合作建设开发各种产业园区，通过规划、建设、管理和利益分配等合作和协调机制，实现互利共赢的区域经济发展模式"①。这是目前我国对飞地经济的官方、权威的界定。从上述飞地经济的定义来看，飞地经济发生在行政上互不隶属的两个及以上地区，以各类开发区、产业园区为主要载体、形式，以规划建设、运营管理和利益分配等为主要的经济活动，是一种新型的区域经济发展模式。

有学者把飞地经济概括为突破了行政区划限制的经济实体及由此形成的生产关系。也有学者进一步指出，飞地是一种跨行政区域的特殊经济地理现象，飞地经济则是两个相互独立且经济有一定落差的行政区域，即飞出地（经济发达地区，在资本、人才、技术、信息、管理、服务等方面具有比较优势）和飞入地（经济欠发达地区，在土地、劳动力、资源、市场等方面具有比较优势），打破行政区划限制，以行政区域内的各级开发区或各种产业园区为载体，探索政府引导、企业参与、园区共建、利益共享的一种跨区域合作模式。此种定义强调了飞出地与飞入地的经济落差，触及了现代飞地经济产生的根源②。

三 飞地园区

产业转移是顺应经济发展规律、深化区域经济合作、促进区域协调发展的必由之路。在推动产业转移的过程中，异地产业园区、产业转移合作园区和飞地园区等新兴的共建产业园区逐步形成。这些共建产业园区呈现的是飞地经济与开发区有机融合、共同发展的跨区域产业合作模式，由具有优势互补特征的发达地区与欠发达地区打破行政区划限制，

---

① 中华人民共和国国家发展和改革委员会：《"十四五"规划<纲要>名词解释之154 | 飞地经济》，https://www.ndrc.gov.cn/fggz/fzzlgh/gjfzgh/202112/t20211224_1309419_ext.html。

② 这里所称的飞出地和飞入地为正向飞地，"反向飞地"本章另专门阐述。

共同建设和管理一个开发区,把一方的产业和项目逐步转移到另一方的土地上,通过共同规划、建设、开发、管理等,谋求合作各方的互利共赢。①

相比传统的产业转移模式,共建产业园区模式能够绕过行政区划壁垒,破除跨行政区域要素的流动与制度障碍,推动产业有序转移与合作,实现更大空间范围内的资源优化利用和生产效率提升。共建产业园区作为各地对外开放、招商引资及经济和科技合作的重要平台,也是产业转移和转型升级以及因地制宜发展新质生产力和新兴产业的重要空间和载体,在区域经济发展格局中占据越来越重要的地位。

实践中,共建产业园区主要有以下三种形态。

(一)异地产业园区

异地产业园区一般是指企业(多为产业龙头企业、链主企业,也包括园区运营企业)走出去与异地政府或企业合作建设的产业园区,此类园区的设立和发展往往源于市场主体寻求更为低廉的生产要素的自发行为以及当地政府的招商引资。异地产业园区能够有效地实现企业更充分的发展和当地经济增长,但也存在组织化程度不高、低效分散等弊端。

(二)产业转移合作园区

产业转移合作园区一般是在上级部门的安排或两地政府的主导下,在转入地设置的集中承接转出地相关产业的园区,这类园区往往带有上级指令或横向帮扶协作性质,园区产业以发达地区向欠发达地区单向转移为主。产业转移合作园区对促进区域协调发展具有显著的推动作用,但也容易产生内生动力不足、可持续发展机制欠缺等问题。

---

① 调研发现,共建产业园区实际落地的项目,属"把一方的产业和项目逐步转移到另一方土地上"情形的,占比最高能达到40%,不少共建产业园区最后往往采取联合招商的形式,根据当地产业基础和产业链,面向特定区域甚至面向全国和全球招商。

（三）飞地园区

飞地园区是以产业园区为主要空间载体，以产业转移和产业集聚为重点，两地政府或企业打破行政区划限制，通过创新规划、建设、管理和 GDP 与税收分享等合作机制，促进各类要素合理流动和快速集聚，实现优势互补、协调发展的园区。飞地园区应具备三个特征：一是以产业园区为空间载体；二是两地政府深度参与并建立一定的利益分享机制，或企业间明确约定利益分配机制；三是充分发挥飞出地和飞入地的各自优势，实现双方互利共赢、协调发展。

综上所述，异地产业园区往往是企业主导，强调以产业园区为载体的产业转移和集聚，一般不涉及两地政府间的深度合作，也不以两地 GDP、税收等利益分享为主要目的，当地政府主要通过税收返还或商业住宅用地配套等平衡园区运营企业收益。产业转移合作园区是在政府主导下，在转入地设置的承接转出地产业转移的合作园区，往往具有单向输出的帮扶协作性质。飞地园区则更加强调两地政府之间的深度合作，运营主体通常是行政管理部门或政府派驻机构（如园区管委会），合作期内两地政府根据约定共享 GDP 和税收等。随着形势发展，也出现了纯市场和企业行为的飞地园区。异地产业园区、产业转移合作园区与飞地园区的比较如表 1-1 所示。

表 1-1 异地产业园区、产业转移合作园区与飞地园区的比较

类型	功能目的	政府参与	制度安排	共建模式
异地产业园区	企业追求更低的要素成本	市场自发、企业主导，政府参与程度低	不涉及政府间制度安排	政府与市场主体共建、市场主体共建
产业转移合作园区	通过产业转移促进区域协调发展	上级部门安排或两地政府主导，具有单向帮扶协作性质	地区间结对帮扶协作	政府间共建

类型	功能目的	政府参与	制度安排	共建模式
飞地园区	通过资源互补，实现两地互利共赢、协调发展	两地政府深度合作、深度参与、主动推进	建立 GDP、税收等利益分享机制	政府主导或牵线，市场主体运作

从某种意义上说，飞地园区是飞地经济模式的具体化，也是异地产业园区和产业转移合作园区的升级版。飞地园区通过深度合作和利益共享，充分调动了两地政府和企业的积极性，在"短期能见效"的同时，更加注重"长期可持续"，能够较好地弥补传统异地产业园区政策支持方面的不足以及产业转移合作园区市场化程度不高等方面的不足。上述三种共建产业园区还存在一定的交叉和包含关系（见图1-1）。

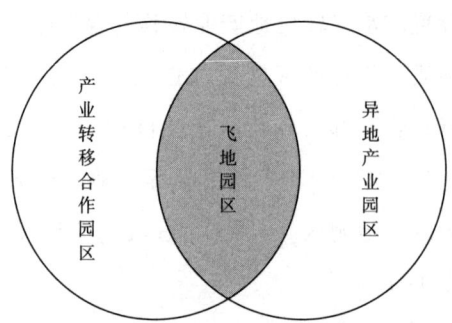

图1-1 异地产业园区、产业转移合作园区与飞地园区的关系

需要说明的是，这三种共建产业园区都带有异地性，一些异地产业园区、产业转移合作园区本身就是标准的飞地园区或"准飞地园区"。同时，随着脱贫攻坚任务的全面完成和区域协调发展的深入推进，不少产业转移合作园区也正与时俱进、不断完善合作机制，由单向"输血"转为双向赋能、互利共赢，从这个意义上说，异地产业园区、产业转移合作园区也可称为广义上的飞地园区。本书在研究飞地经济时，将这三者一并纳入研究范围。

四　反向飞地

传统的飞地经济模式主要指由经济发达地区飞入欠发达地区，或由沿海地区飞入内陆地区，前者可称为产业势能较高的地区，后者可称为产业势能较低的地区，"飞地"即由高处往低处"飞"。此种飞地经济模式，虽然能为后者带来大量落地产业，助力当地经济快速发展，但本质上仍属于产业梯度转移范畴，其科技含量、体量能级等往往不高。在创新驱动发展的大背景下，产业势能较低的地区更加积极主动地寻求向上突围，努力与产业创新的策源地零距离对接，从而实现后发追赶、换道超车。在这种背景下，近年来，一种由产业势能较低的地区借助区域协作和全国经济"一盘棋"的平台，主动飞入创新要素集聚、产业势能较高的地区的"反向飞地"模式应运而生，并受到广泛关注。简而言之，"反向飞地"就是产业势能较低的地区主动飞入产业势能较高的地区设立飞地，基于自身的成本低等优势，吸引并获取产业势能较高的地区的人才、信息、科技、资金、产业链等资源，实现产业跨越式发展。目前，全国范围内，"反向飞地"探索实践比较典型的有浙江省和广东省。2012 年以来，浙江省针对人才、技术等创新要素扎堆集聚在经济发达的大城市，不愿意落户欠发达地区的现状，依托"山海协作工程"进行了大量新的探索和实践，推出了"山海协作升级版"，即在省级层面和发达地区的支持下，由欠发达地区主动出击、"借船出海"，到经济发达、创新资源集聚的地区建设科创飞地。衢州海创园、杭州柯城科创园、江山—江干科创飞地等均属于此类模式。而后，浙江在创新设立"反向飞地"的基础上，还结合脱贫攻坚、生态保护等发展需要，探索出消薄飞地、生态补偿飞地等多种模式的"反向飞地"，推动飞地经济迈入 2.0 时代。

广东省"反向飞地"起步较晚，但发展迅速。为支持粤东粤西粤北地区更好承接国内外特别是珠三角地区的产业有序转移，促进区域产业融合、协同发展，2022 年 11 月，广东省委、省政府印发《关于推动产业有序转移促进区域协调发展的若干措施》（粤发〔2022〕18 号），明确提出"支持粤东粤西粤北各市通过租赁办公楼宇、设置园中园、建设孵化器、打造招商展示平台等方式，在珠三角地区设立'反向飞地'"。深圳市通过探索使用帮扶协作政策及资金，做好园区硬件和软件建设，并与降低市内写字楼空置率相结合，支持帮扶协作地区通过各种方式在深设立"反向飞地"，在扶持当地企业科技创新的同时引导高端研发环节在深圳集聚。截至 2023 年末，已有汕尾创新岛（深圳）、河源龙川（宝安）科技创新中心、南宁（深圳）东盟产业合作创新中心等 10 余个"反向飞地"在深圳落地运营。

从传统飞地到"反向飞地"，呈现的是新经济下核心要素的改变、产业形态的改变以及政策导向的改变。"反向飞地"不仅释放了产业势能较低的地区对创新资源的迫切需求，打通了产业势能较高地区高端资源供给的通道，实现了需求链与供给链的有效对接，而且打通了科技创新在大城市培育孵化和相关产业在本土落地应用的通道，实现了区域创新资源与产业结构的优势互补。

第二节　飞地经济的一般成因分析

一　飞地经济产生的理论解释

比较优势理论、区域经济一体化理论、新经济地理学、制度经济学、发展经济学、全球价值链理论、区位理论和政策激励理论等都可以用来解释飞地经济的形成机制。通过利用特定区域的地理、资源和政策优势，飞地经济在吸引投资、促进产业集聚、实现区域经济协调发展和共同富裕方面起到了重要作用。以下是关于飞地经济产生的代表性理论解释。

（一）区域比较优势理论

区域比较优势理论建立在大卫·李嘉图的比较优势理论和俄林的要素禀赋理论的基础上。该理论认为，区域间生产要素禀赋的比较优势差异和外部经济的差异造就了资源配置效益的不同。因此，不同的地区应当充分利用自身的比较优势，专注发展自身的优势产业，从而促进经济效益的整体提升。发展飞地经济，能够充分发挥合作双方各自的比较优势，有效整合两地优质的生产要素。对于飞出地来说，可以充分发挥资金、项目、人才和管理制度等方面的优势，借机实现产业转型升级，形成区域产业链；而飞入地则可以充分发挥土地、劳动力等价格优势，有的还可利用国家政策优势，引入发展所需的资金、技术、人才等驱动要素，实现经济的快速发展。

（二）区域经济发展梯度转移理论

区域经济发展梯度转移理论起源于工业生产生命周期理论。该理论认为，工业和工业产品跟有机体一样，在发展中必须经历创新、成长、成熟、衰退四个阶段。根据地区主导产业在工业生产生命周期中所处的阶段，可以将不同地区分为高梯度区域与低梯度区域。随着时间的推移和社会的发展，生产活动会逐渐从高梯度区域向低梯度区域转移。经济活力强、新陈代谢快的发达地区，通过飞地园区将业已成熟的产业转移到欠发达地区，不仅带动了区域整体的经济发展，也为低梯度地区提升自身经济梯度，实现跨越式发展提供了重要契机。特别是在经济梯度差距较大的我国，产业梯度转移作为促进区域协调发展的战略选择将大有可为。这些都为飞地经济模式的建立提供了有力的理论支持。

（三）经济辐射理论

辐射是一个物理学的概念，是指"能量高的物体和能量低的物体通过一定的媒介相互传送能量的过程"。经济辐射则指的是经济发展水平和现代化程度相对较高的地区向经济发展水平和现代化程度相对较低的地区进行资本、人才、技术、市场信息等要素的流动和转移，以及思想观念、思维方式、生活习惯等方面的传播，从而提高整体经济资源配置的效率。在经济辐射中，发达地区向欠发达地区传递先进的科学技术、资本、管理经验、信息、思想观念等，欠发达地区向发达地区提供自然资源、人才、市场、优惠政策等，客观上可以实现优势互补，最终缩小两地在经济发展水平上的差距。

（四）经济增长极理论

经济增长极理论以"不平等动力学"为基础。该理论认为，增长并不是同时、均衡地出现在所有地区的，而是以不同的强度首先出现在一定的增长点或增长极上，然后通过不同的机制进行虹吸和扩散，并对整个经济结构和其他经济单元产生影响。根据经济增长极理论，区域经济增长通常是从一个或数个"增长中心"逐渐向其他部门或地区传导。因此，欠发达地区一方面应积极主动接受发达地区，也就是区域经济增长极的辐射作用；另一方面也应合理选择和培育特定的地理空间作为经济增长极，并充分发挥其对本地经济整体发展的带动作用，而建设飞地园区就是这些经济增长极接受辐射和发挥带动作用的有效方式之一。

（五）区域治理理论

区域治理是指政府、非政府组织、私人部门、公民及其他利益相关者，通过谈判、协商、伙伴关系等方式，针对区域公共事务采取集体行动，以实现区域公共利益最大化的行为。区域治理的具体目标是通过政府、社会组织、公民等多元主体之间的合作，进一步缩小地区间的发展差距，促进区域协调发展，实现区域资源的优势互补和有效利用，实现区域利益的最大化。飞地经济是一种新兴的政府间合作模式，合作各方通过签订合作协议，明确产业园区的基础设施建设、日常行政事务管理、税收产值分成等一系列的合作机制，并建立一整套稳定的利益分享机制，确保共同从飞地经济中获益，合作各方由原来的博弈竞争关系变为合作共赢关系。

（六）现代产权理论

现代产权理论是经济学的重要内容。经济学家认为，产权在资产经营中表现为占有权、使用权、处置权和收益权等，其在一定的时间和空间上可以相对分离。产权权能的可分性为进行经济制度创新提供了一种新的思路和视角。这种可分性意味着同一产权可以有多元利益主体的存在，将产权权能赋予不同的主体，可以发展出更多的"交易"形式，从而促进产权权能的开发与利用。飞地经济就是利用了产权权能的可分性，将所有权与使用权分离。具体而言，飞入地保留土地等要素的所有权，全部或部分让渡土地等要素的使用权；而飞出地为了换取土地等要素的使用权，就要提供一定的资金、产业、项目等，双方通过在税收等经济收益和政绩考核等政治收益两方面的共享和分配，促进资源的开发和利用，从而实现各自利益的最大化。

（七）共同富裕理论

共同富裕是自古以来中国人民的一个理想追求，更是中国共产党始终如一的基因诉求和历史使命。从毛泽东在新中国成立初期定下共同富裕的社会主义基调，到改革开放后邓小平一再强调社会主义的本质是共同富裕，再到习近平总书记系统阐述共同富裕的理论内涵并带领全党全国各族人民全面付诸行动，一代又一代中国共产党人的不懈奋斗带给我们一个深刻启示，那就是只要坚持党的领导，就必定能实现全体人民共同富裕的社会理想。

毛泽东强调，"现在我们实行这么一种制度，这么一种计划，是可以一年一年走向更富更强的，一年一年可以看到更富更强些。而这个富，是共同的富，这个强，是共同的强，大家都有份"，"这种共同富裕，是有把握的"。[①] 邓小平同志在南方谈话中把共同富裕作为社会主义的本质内容，提出"社会主义的本质，是解放生产力，发展生产力，消灭剥削，消除两极分化，最终达到共同富裕"[②]。对于如何实现共同富裕，他认为，"一部分地区、一部分人可以先富起来，带动和帮助其他地区、其他的人，逐步达到共同富裕"[③]。他明确指出，共同富裕"将来总有一天要成为中心课题。社会主义不是少数人富起来、大多数人穷，不是那个样子。社会主义最大的优越性就是共同富裕，这是体现社会主义本质的一个东西"[④]。

党的十八大以来，以习近平同志为核心的党中央把逐步实现全体人民共同富裕摆在更加重要的位置，对共同富裕作出全面擘画、系统设计。习近平总书记指出，共同富裕是中国特色社会主义的本质要求，我国现代化坚持以人民为中心的发展思想，自觉主动解决地区差距、城乡差距、收入分配差距，促进社会公平正义，逐步实现全体人民共同富裕，坚决防止两极分化。[⑤] 在实践中，党和国家深入实施区域协调发展战略、区域重大战略、主体功能区战略、新型城镇化战略，优化重大生产力布局，构建优势互补、高质量发展的区域经济布

① 中共中央文献研究室编《毛泽东文集（第六卷）》，人民出版社，1999。
② 邓小平：《邓小平文选（第三卷）》，人民出版社，1993。
③ 邓小平：《邓小平文选（第三卷）》，人民出版社，1993。
④ 邓小平：《邓小平文选（第三卷）》，人民出版社，1993。
⑤ 《中国式现代化丨全体人民共同富裕》，人民网，http://politics.people.com.cn/n1/2022/1012/c1001-32543876.html。

局和国土空间体系。通过对口帮扶及区域间横向合作，健全区域战略统筹、市场一体化发展、区域合作互助、区际利益补偿等相关机制，不断激发革命老区、民族地区、边疆地区等欠发达地区内生动力，更好地促进区域协调发展。据统计，中部和西部地区生产总值占全国的比重由 2012 年的 21.3%、19.6% 分别提高到 2022 年的 22.1%、21.4%；东部与中部、西部地区人均地区生产总值之比，分别从 2012 年的 1.69、1.87 缩小至 2022 年的 1.50、1.64。[①] 这"两升、两降"充分体现了我国在推动实现共同富裕方面取得的巨大成效，凸显了社会主义制度的优越性。

在此过程中，发达地区和欠发达地区通过全国性的对口支援、东西部协作、对口合作等制度性安排，合作共建了一大批异地产业园区、产业转移合作园区和飞地园区，推动发达地区产业有序转移至欠发达地区，为缩小地区差距、城乡差距，逐步实现共同富裕探索出了一条可行路径。以深圳为例，在广东省"百县千镇万村高质量发展工程"实施之前，深圳市在帮扶协作地区合作共建各类产业园区 18 个，入驻企业 2000 余家，2023 年实现产值 1477 亿元。[②] 这些共建产业园区既解决了深圳自身发展空间不足的问题，也为帮扶协作地区产业升级和经济发展作出了重要贡献，成为共同富裕理论的生动实践。事实证明，在党的全面领导下，探索建立基于人才、劳务、产业、市场和社会领域的长效协作机制，是中国特色飞地经济的基本特征和独特优势，是促进全体人民共同富裕的内在要求和重要途径，也是对中国式现代化路径的一种有益探索。

---

① 《区域经济新格局，携手走上共同富裕路》，https：//tv.cctv.cn/2024/06/23/VIDEeUAna9bTwg2JJaMnaGOV240623.shtml，2024 年 6 月 23 日。
② 资料来源：深圳市乡村振兴和协作交流局。

二 飞地经济产生的实践基础

（一）发展差异及协调发展的推动

其一，经济发展差异使然。先发展或较发达的地区，发展到一定阶段，受边际效应的影响，需要寻求新的发展空间和合作区域，以扩大经济版图和经济纵深；后发展或欠发达的地区，受反差压力加大等影响，主动"攀高枝"，积极谋划洽谈和设立正向和反向飞地，以吸引先发展或较发达地区的优势资源及要素。根据区域经济发展梯度转移理论，随着时间推移和社会发展，生产活动会逐渐从高梯度区域向低梯度区域转移。可以说，这种在先发展或较发达地区和后发展或欠发达地区间产生的发展梯度性差异，是飞地经济产生的原动力和基础。深圳市乡村振兴和协作交流局对该市部分帮扶协作地区生产要素成本价格作对比调整，发现存在上述发展梯度差异性。深圳部分帮扶协作地区生产要素情况如表 1-2 所示。

其二，协调发展战略推动。近年来，国家和地方政府为推动区域协调发展，不断完善顶层设计，陆续出台支持飞地经济发展的政策措施。党的十八大以来，习近平总书记亲自谋划、亲自部署、亲自推动京津冀协同发展、长江经济带发展、粤港澳大湾区建设、长三角一体化发展、黄河流域生态保护和高质量发展等区域重大战略。党的二十大报告明确提出，要"促进区域协调发展"，"深入实施区域协调发展战略"。国家层面，中共中央、国务院印发了《关于建立更加有效的区域协调发展新机制的意见》，国家发展改革委等 8 部门出台了《关于支持"飞地经济"发展的指导意见》，指导地方制定了京津冀协同发展利益共享政策、四川省和重庆市优化营商环境条例等。在地方上，比较有代表性的飞地经济模式有浙江的"山海协作"模式、江苏的"南北共建"模式和广东的"双转移"战略等。广东、江苏、浙江三省飞地经济模式比较如表 1-3 所示。

表 1-2　深圳部分帮扶协作地区生产要素情况

区域	面积（平方千米）	人口（万人）	地区生产总值（亿元）	城镇居民人均可支配收入（元）	用地价格（万元/亩）	用水价格（元/吨）	用电价格（元/千瓦时）	用气价格（元/米³）	人力成本（元/月）		厂房月租金（元/米²）
									普通工人	技术工人	
喀什	1056.80	71.13	1508.35	32547	10.00	3.50	0.35	1.77	平均：6000	平均：3500	4~6
南宁	22102.00	894.08	5469.06	44469	33.60	2.99	0.28~0.31	3.32~4.16	3000~4000	3000~8000	11~25
河源	15654.00	283.83	1348.22	33195	22.20	3.35	0.47~0.78	5.00	3000~4000	4000~8000	8~15
汕尾	4865.56	268.26	1430.84	36595	16.80	3.20	0.47~0.52	6.20	3000~7000	4500~8000	6~15
汕头	2199.00	555.75	3158.32	38070	34.67	2.64	0.47~0.52	5.08	5115	6496	10~30
哈尔滨	53076.40	939.50	5576.30	43981	46.00	4.30	0.55~0.58	3.69	平均：7465		8~12
赣州	39379.64	898.92	4606.20	44199	3.37~5.91	3.24	0.57~0.61	3.02	平均：6774		12~15
广安	6339.00	322.60	1512.50	42880	6.00	3.45	0.50~0.65	1.98~2.50	3000~5000	4500~7500	8~12

注：数据截至 2023 年末，部分数据为预估数。

表1-3　广东、江苏、浙江三省飞地经济模式比较

省份	模式	代表性园区
广东省	"双转移"战略	珠三角与粤东西北地区产业转移工业园区 深圳（汕尾）产业转移工业园 深汕特别合作区
江苏省	"南北共建"模式	南北挂钩共建苏北开发区 江阴—靖江工业园区 苏州宿迁工业园区
浙江省	"山海协作"模式	山海协作产业园

（二）产业转移规律的作用

伴随着发展的不均衡性，产业逐渐由"高阶"地区向"低阶"地区转移，这种"工业区位向下渗透"现象，是经济发展的客观规律。在此客观规律作用下，产生了产业外溢、企业部分产能外溢等现象。在完全市场化的情况下，不需要宏观调控，产业自会选择效率最高的资源配置方式。然而，产业发展与现实需求的错配是一个常见的问题，这种错配可能会导致市场资源的浪费和市场效率的低下，甚至引发一系列的经济社会问题。市场上的供求关系往往存在着信息不对称的情况，这会导致供给方无法准确了解需求方的真实需求，从而造成供给与需求的错配。对口合作机制下的飞地经济模式作为政府宏观调控的手段之一，可以有效地引导产业有序转移，提高资源配置的效率，推动地区间统筹协调发展。

一方面，要认真学习领会习近平总书记关于"地瓜经济"的重要论述。习近平总书记在浙江工作时，形象地阐释了"地瓜经济"：地瓜的藤蔓向四面八方延伸，为的是汲取更多的阳光、雨露和养分，但它的块茎始终是在根基部，藤蔓的延伸扩张最终为的是块茎能长得更加粗壮硕大。[①]"跳出浙江发展浙江"，是浙江经济社会发展的必然要求，也是

---

① 习近平：《之江新语》，浙江人民出版社，2007。

一种全局意识和政治责任的体现。学习和践行"地瓜经济",就是要正确认识产业转移的客观规律,并在此基础上加以积极有效的引导,实现产业转出地与转入地共同受益。对转出地而言,仅有一小部分的产业转移是基于降低成本的需要或技术层面绿色化、数字化、高端化的需要而发生的存量调整和转移,更多的产业转移是基于巩固优势、调整布局和提升竞争力而发生的增量转移。无论是存量转移还是增量转移,对转出地而言,不尽然是产能减少,更多是"新陈代谢",最终将有利于形成"总部+基地"的发展格局。对企业而言,产业转移无疑会使其"根茎"和"藤蔓"更为健壮。对转入地而言,产业转移只要符合其发展导向,那么好处便是不言而喻的。

另一方面,还要客观分析产业越级转移现象。近年来,由于产业发展空间不足、要素成本升高等原因,"高阶"地区产业特别是制造业呈现较为明显的外溢现象。以深圳为例,在缺乏积极有效引导的情况下,部分产业出现越级转移现象,即跳过粤东西北地区,整体迁移或部分转移至长三角、江西、湖南等地区,甚至是越南等东南亚国家。企业向外转移和拓展是产业发展客观规律作用的结果。在部分产业不可避免地出现外溢的情况下,如不积极引导其有序转移,改变企业外迁外扩的"自发"状态,可能会导致深圳产业资源持续流失,带来产业空心化风险。粤东西北地区是深圳距离相对较近、经济联系相对紧密的腹地,深圳与粤东西北城市加强对接、因势利导,引导产业有序转移和相对聚集到双方共建的飞地园区,既能为外迁企业提供更具"性价比"的区位选择,也有助于深圳有效"截留"产业资源,维护产业链供应链的安全稳定,还有利于为深圳产业升级释放空间资源,为深圳经济持续做大做强做优提供有力支撑。

例如,据不完全统计,2022年以来,到江西赣州投资的粤港澳大湾区企业有350余家,其中深圳企业有150余家。这么多企业跳过粤北地区到赣州投资,这一现象值得深思。赣州市在实施原中央苏区振兴战略以来，投资环境发生了很大变化；当地抢抓机遇、加快发展的愿望十分迫切，跟踪招商、服务企业的氛围日益浓厚；赣深高铁的开通，更是极大地助力了赣州深度融入粤港澳大湾区建设；同时赣州市企业享受西部大开发企业所得税优惠，即"对设在赣州市的鼓励类产业的内资企业和外商投资企业减按15%的税率征收企业所得税"，企业还可享受上市绿色通道政策。在国家鼓励对口合作的革命老区和重点城市共建产业平台的背景下，特别是在《中共中央关于进一步全面深化改革 推进中国式现代化的决定》提出，"完善产业在国内梯度有序转移的协作机制，推动转出地和承接地利益共享"，"逐步推广经营主体活动发生地统计"之后，深圳与赣州等地有必要积极探索以恰当的合作模式共建产业园区，以便赣州等地相对集中地承接粤港澳大湾区外溢的产业，也便于政府跟踪服务及企业抱团发展。

（三）资源配置及产业链延伸的需要

一是资源配置的需要。根据区域比较优势理论，较发达地区在人才、资本和生产性服务等方面拥有比较优势，欠发达地区在原材料、劳动力和特殊生产水电等方面拥有比较优势。较发达地区和欠发达地区各自的比较优势，恰是对方迫切需要的发展资源。发展飞地经济，可以有效发挥两地优势，提高资源的配置效率，促进双方合作共赢。但值得注意的是，应该动态而非静态地看待区域要素禀赋与比较优势。因为一些生产要素是能够流动的，随着生产力和生产关系的发展，区域的比较优势也处于不断变迁中。比如劳动力的流动，就可以替代部分企业的转移。通过长期实践和经验积累，东部地区以劳动生产率为代表的劳动力质量明显高于中西部地区，向中西部地区的产业转移已难以实现企业用工成本的显著下降。加之劳动力具有流动便利的性质，导致近年来劳动力的跨区域流动开始替代产业的转移。调研发现，本来一些欠发达地区劳动力比较充裕，但由于年轻人喜欢到一线城市工作生活，欠发达地区反而出现了"招工难"的现象。这需要当地政府采取有效措施，解决这一新情况、新问题。

二是产业链延伸的需要。以深圳为例，由于土地资源的紧约束，该市产业向外转移发生较早，产业外溢势能较大。近年来，在国家和广东省产业转移政策的推动下，深圳市携手对口合作地区，通过积极探索实践"总部+基地""研发+生产""委托+代工""生产+服务""生产+营销""生产+仓储"等模式，推动有关行业企业、产业集群和产业链到对口合作地区延伸发展，促进深圳的资金、人才、技术等优势与对口合作地区的土地、人力、市场等资源禀赋深度结合，有力拓展了深圳经济版图和经济纵深。这既是落实国家和广东省的部署要求、加快提高区域发展平衡性和协调性的重要举措，也是深圳有效拓展外部发展空间、更好发挥辐射带动作用的战略选择。深圳迁移至对口合作地区的"20+8"产业典型企业如表1-4所示。

表1-4　深圳迁移至对口合作地区的"20+8"产业典型企业

迁出企业名称	迁移时间	主营业务	迁移目的地	注册资本（万元）
纳电（深圳）材料科技有限公司	2022年6月	电子屏蔽吸波材料、导电导热材料、低介电材料、压力传感材料等材料的生产	汕尾	1000
广东扬牧实业有限公司	2021年3月	软件和信息技术服务、电子商务	河源	1000
深圳市欧威智控科技有限公司	2021年10月	智能电控的研发、生产、销售及进出口	汕头	1000
深圳开立机电工程有限公司	2022年8月	太阳能发电技术服务、风力发电技术服务、光伏发电设备租赁	河源	860
深圳德贝新能源科技有限公司	2019年9月	锂离子电池及方案、计算机及网络、通信设备的研发及销售和服务	汕头	600

注：深圳市欧威智控科技有限公司于2021年迁至汕头后，改名为汕头市欧威电子商务有限公司。

与此同时，欠发达地区一方面借力正向飞地，大力招商引资，促进产业转移，并通过完善基础设施、提供政策支持和服务，为企业发展创造良好的营商环境，促进本地产业强链补链。另一方面通过建立"反向飞地"，"到有凤的地方筑巢"，从而将触角伸向各类资源更加富集的大都市，便捷地利用发达地区的人才、区位、资金、科创等优势，培育本地经济发展的新动能，促进产业链向"微笑曲线"两端延伸，实现欠发达地区的跨越式发展。

国家发展改革委产业所通过建立"未来市场空间—当前产能利用率"分析框架，辅以科学的统计方法，测算出我国产业跨地区梯度转移规模每年在 6 亿~10 亿元。首先，该所汇总了东部地区制造业中的 31 个国民经济大类行业已公布的年度营业收入，将其作为转出地的产业总量数据；其次，该所通过使用海关数据和国家统计局公布的若干重点行业产能利用率数据以及部分其他来源的行业产能利用率数据，反映各行业的产能利用情况；再次，基于前面的分析，该所研判了产业转移的比例区间，绘制出关于"市场需求空间—产能利用率"的四象限图（见图 1-2），说明市场需求约束大、产能利用率低的产业，其转移比例之所以高，更多的是因为政治要求，而不是因为市场诉求。

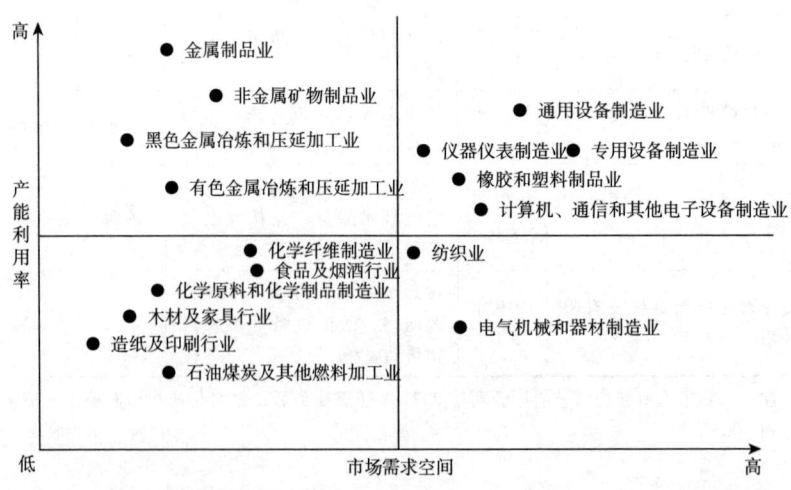

图 1-2　我国制造业细分领域"市场需求空间—产能利用率"象限

第三节 飞地经济的发展探索

一 世界范围内的飞地经济

（一）西方殖民时代的飞地经济

在国际上，飞地的形成与国际关系发展和政治格局演变有着密切联系，早期飞地主要起源于历史上的侵略战争和殖民掠夺。例如，西方国家在非洲、美洲、亚洲建立各类殖民地、贸易港口、租界等，这类地区被视为飞地的初始形态。与此相对应，殖民地经济则被视为飞地经济的起源。随着殖民主义发展，一些强国为了在殖民地获取更大的利益，除侵略和掠夺之外，还跨越国界，在与本国不相连的其他国家或地区的土地上发展产业，于是就形成了早期的飞地经济。

（二）经济全球化背景下的国际飞地

第二次世界大战后，随着殖民时代的结束，一些发达国家转而采用经济手段，在一些发展中国家建立工业区，并将其称为国外飞地。特别是 20 世纪 70 年代以来，随着全球化的推进，世界经济逐渐融合发展，跨国公司开始寻求实现全球范围内的产业布局。在工业化进程中，欧美发达国家和地区的产业结构发生了重大变化，逐步从劳动密集型产业主导转向技术、知识和资本密集型产业主导。为了降低生产成本并保持产业竞争力，欧美发达国家将一些劳动密集型产业向低成本国家和地区转移，为全球产业转移和国际飞地的产生创造了条件。这种全球产业转移和国际飞地现象中，极具代表性的是苏州工业园区的建立，它标志着中国飞地经济的萌芽。

二 具有中国特色的飞地经济

（一）中国飞地经济的发展历程

1994年，中国和新加坡两国政府合作建立的苏州工业园区，是我国飞地经济发展的早期代表。新加坡通过苏州工业园区拓展发展空间，解决了土地资源不足的问题，为我国异地产业园区的发展起到了很好的示范作用。之后，我国国内不同区域之间共建异地产业园区的模式逐步发展起来。总的来看，我国飞地经济的发展历程大致可以划分为四个阶段。

一是萌芽阶段（1994~2005年）。这一时期，我国正处在经济发展转型阶段，"优先发展一部分地区"的政策正逐步推广，一些地区的崛起和大城市主导地位的形成，使得"非均衡发展"愈演愈烈，东部沿海地区经济高速增长与中西部地区断层式发展形成巨大反差。随着苏州工业园区模式的成功，国家开始尝试推广异地产业园区模式，选取相对具有发展潜力的城市作为试点。总的来看，这一阶段异地产业园区数量不多，普遍缺乏产业集群和项目体系的有力支撑，产业发展总体较为粗放。代表性案例有金磐扶贫经济开发区（1995年）、江苏江阴—靖江工业园区（2003年）等。

需要特别介绍的是，这一阶段，深圳市在原特区外实施了"同富裕工程"。深圳建市初期至20世纪90年代末，许多本地居民仍以农业生产为主，收入来源单一，特别是许多原特区外的村落经济发展相对滞后。据统计，1994~1995年，深圳人均集体分配收入低于2000元的欠发达自然村有416个。为解决这些欠发达自然村的经济发展和村民收入问题，从1995年开始，深圳市在原特区外实施了四期"同富裕工程"，将那些原本不适合发展工业的欠发达村的村民小组集中到条件较好的地方，在全市兴办了57个"同富裕工业园（区、村）"。据不完全统计，截至 2024 年 6 月底，这些同富裕工业园（区、村）已累计分红 271586.88 万元（见表 1-5），这一实践也成为国内关于消薄飞地的较早探索。

表 1-5 深圳市同富裕工业园（区、村）情况统计

区域	园区数量（个）	建设规模		涉及自然村		建设资金投入（亿元）	累计分红（万元）
		占地面积（亩）	建筑面积（万平方米）	自然村数量（个）	原村民人数（人）		
盐田区	1	45.00	7.80	19	3000	0.10	11000.00
南山区	1	90.00	15.35	4	1795	1.46	17741.10
宝安区	13	1433.74	88.90	45	15766	12.22	150904.73
龙岗区	9	599.03	40.54	66	11495	1.98	40352.00
坪山区	4	85.01	7.71	58	4972	0.75	8933.00
光明区	2	29342.29	16.60	10	24577	2.73	26472.41
大鹏新区	27	142.72	12.73	142	14861	1.32	16083.64
全市合计	57	31737.79	189.63	344	76466	20.56	271586.88

注：本表统计年限为 1995~2024 年，数据截至 2024 年 6 月底。

二是探索阶段（2006~2010 年）。这一阶段，各地逐渐开始重视产业规划，围绕园区产业定位，不断延长产业链条，提高产业耦合度。各地区纷纷出台符合本地具体情况的相关政策，区域经济发展理念逐步深化。这一时期，异地产业园区得到更大范围的推广，尤其是在长三角和珠三角地区，异地产业园区开始了规模化的建设。此外，辽宁、天津、山东等地也开始了异地产业园区的探索。2010 年 6 月，国家发展改革委印发《长江三角洲地区区域规划》，长三角地区共建了一批产业园区，代表性园区有苏滁现代产业园（后更名为"中新苏滁高新技术产业开发区"）、沪苏大丰产业联动聚集区等。2010 年 11 月，长三角园区共建联盟正式成立，标志着飞地经济发展进入空间上快速扩散的新阶段。代表性案例有苏州宿迁工业园区（2006 年）、上海外高桥集团（启东）产业园（2008 年）、深汕特别合作区（2008 年）等。

三是推广阶段（2011~2016年）。这一阶段，更多的省份和地区认识到发展异地产业园区的巨大效益，开始把异地产业园区作为经济发展的突破口和助推器大力推行。异地产业园区已经从地方零星的实践探索、东部地区的规模化建设，发展到全国开花的状态，众多异地产业园区进入实质性建设阶段。2012年8月，浙江省委、省政府办公厅印发《关于推进山海协作产业园建设的意见》（浙委办〔2012〕83号），明确要求在衢州、丽水有条件的县（市、区）启动建设首批9个省级山海协作产业园。在各地积极发展异地产业园区的同时，国家层面涉及异地产业园区的政策愈发密集，鼓励支持建设异地产业园区的态度也愈发明确。

四是统筹阶段（2017年至今）。这一时期，我国异地产业园区发展继续深化，尤其表现为党中央、国务院对这一模式高度重视。2017年，国家发展改革委等八部门联合印发《关于支持"飞地经济"发展的指导意见》，正式从国家层面表明对飞地经济发展的鼓励支持、统筹指导的态度，对我国异地产业园区发展起到了有力的推动作用。2018年1月，丽江市人民政府出台了《关于推动园区飞地经济发展的实施意见》；2019年1月，辽宁省正式印发《关于支持"飞地经济"发展的实施意见》，积极推动全省异地产业园区有力有序有效发展。2022年11月，广东省委、省政府印发《关于推动产业有序转移促进区域协调发展的若干措施》，明确提出要"打造一批产业转移合作园区"，"探索多种形式双向'飞地经济'模式"。

当前，在党的全面领导下，在960多万平方千米的中华大地上，正呈现东西互济、南北协同、陆海统筹，共同富裕扎实推进，区域协调发展成效显著的壮美画卷。"我国幅员辽阔、人口众多，各地区自然资源禀赋差别之大在世界上是少有的，统筹区域发展从来都是一个重大问题。"① 实现全体人民共同富裕，必须破解发展不平衡不充分的问题。

---

① 《习近平：推动形成优势互补高质量发展的区域经济布局》，中国政府网，https://www.gov.cn/xinwen/2019-12/15/content_5461353.htm。

面向未来，推动形成优势互补高质量发展的区域经济布局，为中国式现代化持续注入澎湃动力，仍需要久久为功。在这一方面，具有中国特色的飞地经济承载着重要使命。

（二）中国飞地经济的特点分析

自 20 世纪 90 年代起在中国兴起的飞地经济是一种新的经济现象，它不仅与过去西方殖民时代的飞地经济截然不同，而且与当代西方的国际飞地也有显著差异。中国的飞地经济发展是政策驱动、制度创新、产业集聚、开放与国际化和区域协同等因素综合作用的结果，体现了中国对推动区域经济发展的路径探索。通过促进区域协调发展、破解区域发展不平衡问题、推动区域经济一体化发展，飞地经济为实现中国式现代化和区域协调发展提供了重要路径和经验，凸显了中国共产党领导和中国特色社会主义制度优势。具体而言，中国飞地经济有以下几个特点。

一是以人民为中心。中国飞地经济作为解决区域经济发展不平衡问题的可行路径，与西方殖民时代的飞地经济以及当代西方的国际飞地有本质上的区别。它不是损人利己的掠夺性经济活动，也不是以跨国公司等企业利益为导向的"生意"，而是以服务人民为宗旨，其初心、使命、任务与西方截然不同。

二是以国情为依据。一方面，中国在经济高速增长的同时出现了区域经济发展失衡、传统发展模式难以为继等问题；另一方面，在经济发展到一定阶段后，中国的国家治理体系与市场机制之间的张力逐渐显现，行政区划对经济发展要素的顺畅、高效流动产生制约就是其表现之一。因此，必须根据国情、区情继续深化改革，进一步解放思想，探索飞地经济等新的发展路径与模式。

三是以政府为先导。社会主义市场经济的特点和优势之一，就是尽可能地让市场与政府"两只手"各尽所长，充分发挥"有效市场"和"有为政府"的共同作用，推动经济社会健康发展。中国飞地经济逐渐探索出与其发展相适应的政府管理模式，即政府在尊重市场规律的前提下，在飞地经济的战略定位、模式选择和发展规划等方面充分发挥引导作用，成为撬动市场作用的有力"杠杆"。2021 年国家发布的"十四五"规划纲要提出"鼓励探索共建园区、飞地经济等利益共享模式""提升区域合作层次和水平""更好地促进发达地区和欠发达地区、东中西部和东北地区共同发展"。在政策的鼓励和支持下，各地对飞地经济展开积极探索，当前全国飞地型经济园区已超过 800 个，其中，长三角、珠三角等地的飞地经济发展得最为活跃。①

四是以市场为动力。发展飞地经济以尊重市场规律为原则，以飞出地与飞入地自愿合作为前提，运用市场经济的原则、方法和手段，充分发挥市场机制在资源配置中的基础性作用，充分发挥企业的市场主体作用。通过对飞入地与飞出地经济发展要素的全面分析，确定优势互补的领域，科学地选择飞地经济的发展模式。市场与政府"两只手"共同作用，市场机制与政策机制相互协调是中国特色飞地经济的最大特点。②

---

① 刘祥、郭毅：《飞地经济研究——基于区域合作和可持续发展的视角》，中国经济出版社，2024。
② 产耀东：《飞地经济实践论：新时代深汕特别合作区发展模式研究》，中国社会科学出版社，2022。

第二章　飞地园区的分类及典型案例

飞地经济作为一种特殊的区域经济发展模式，在全球范围内都有着广泛的实践。通过对飞地经济的深入研究，我们可以发现其在促进资源优化配置、推动产业转型升级、加强区域合作等方面具有显著的优势。本章节将研究飞地园区的分类逻辑及特点，从飞出地域、推动主体、功能定位、投入模式、飞出方向、特别合作六个维度出发，对飞地园区的类型进行细致的划分和梳理，以期为我国飞地园区的建设和发展提供有益的参考和借鉴。

第一节　飞地园区的分类逻辑及特点

飞地园区的形态、类型是丰富多彩的。然而，当前学术界和政府部门对飞地园区的分类往往过于简单化，各种分类逻辑也各有侧重，难以全面准确地揭示其复杂性和多样性。因此，对飞地园区的分类逻辑进行系统的梳理和分析，有利于深化对飞地经济的认识，促进区域经济的协调发展。为便于读者掌握不同飞地园区的类型及特点，本章将从区域协作的逻辑点切入，对不同类型的飞地园区进行细致划分，梳理和阐述每个类别下飞地园区的特点和运作模式。

一 从飞出地域维度划分

根据飞出地域的不同，飞地园区可以分为国家间飞地园区、省际飞地园区以及省内城市间飞地园区。国家间飞地园区是指不同国家之间通过签署合作协议，在特定区域内共同建设、管理和运营的产业园区。这种飞地园区通常涉及跨国合作，具有资源互补和产业融合等特点。国家间飞地园区通过国际合作框架，实现资源的跨国配置和产业的跨国发展，促进不同国家之间的经济联系和协同发展。省际飞地园区是指不同省份之间通过政策引导和市场机制，在特定区域内合作共建的产业园区。这种飞地园区通常建立在相邻省份之间，具有地理位置相近、产业互补和政策引导等特点。省际飞地园区通过合作实现资源的优化配置和产业的协同发展，推动产业在不同省份间的转移和升级。省内城市间飞地园区则更多地关注省内城市之间的资源互补和协同发展，通过优化产业布局和推动区域一体化，实现省内经济的均衡发展。

二 从推动主体维度划分

根据推动主体的不同，飞地园区可以分为政府引导为主型飞地园区、市场主导型飞地园区以及企业园中园型飞地园区。政府引导为主型飞地园区通常由政府主导规划和建设，通过政策支持和资源整合，推动园区的发展。市场主导型飞地园区则更多地依赖市场机制的调节作用，通过市场主体的自发行为和市场竞争，推动园区的创新和发展。企业园中园型飞地园区则是由大型企业集团或园区运营服务商主导建设的，通过企业内部资源的整合和优化，实现产业链的延伸和拓展。

三 从功能定位维度划分

从功能定位的维度来看，飞地园区可以分为生产制造飞地园区、科创研发飞地园区、物流贸易飞地园区等。生产制造飞地园区以产业集聚为核心，吸引了大批制造业企业入驻，形成完整的产业链和供应链，从而降低了生产成本，提高了生产效率。这类飞地园区通常位于交通便利、资源丰富的地区，为企业提供了良好的生产环境和便利的物流条件。科创研发飞地园区则侧重于科技创新和研发活动，集聚了众多的科研机构、高校和创新型企业。这些园区通过提供先进的研发设施和优惠的政策支持，吸引了大量的科研人才和创新资源，推动了科技成果的转化和应用，为区域经济的创新发展提供了强大动力。物流贸易飞地园区则以物流和贸易为主要功能，建设现代化的仓储设施和高效的物流体系，为企业提供了便捷、快速的贸易和物流服务。这类飞地园区通常位于港口、机场或交通枢纽地带，为区域经济的国际贸易和物流运输提供了有力支撑。

四 从投入模式维度划分

从投入模式的角度来看，飞地园区可以分为重资产投入型飞地园区和轻资产投入型飞地园区。重资产投入型飞地园区通常由飞出地政府或大型企业主导，投入大量资金进行基础设施建设和产业发展，通过规模效应和产业链整合，实现园区的快速发展。轻资产投入型飞地园区则更加注重资产的轻量化和灵活性，通过引入社会资本和创新机制，实现园区的低成本高效运营。

五 从飞出方向维度划分

飞出方向是飞地园区类型划分中不可忽视的一个维度。根据飞出方向的不同，飞地园区可以分为正向飞地园区和"反向飞地"园区。其中，正向飞地是指经济发达地区在经济欠发达地区设立的经济飞地；"反向飞地"是指经济欠发达地区在经济发达地区设立的科创飞地。

六 从特别合作维度划分

从特别合作维度看，飞地园区可分为特别合作区和合作共建新区。

为解决共建方政府部门的行政管理协调难、具体运营层面分歧多、经济发展理念差异较大等问题，不少地方开始探索利用特别合作区、合作共建新区等深度合作的模式共建产业园乃至飞地园区，进一步解决区域合作管理、产业共建、利益共享等方面的问题，从而实现更高质量、更深层次、更广范围的区域协调发展。

飞地园区类型划分及其典型案例如表 2-1 所示。

表 2-1　飞地园区类型划分及其典型案例

划分维度	类型划分	典型案例
飞出地域	国家间飞地园区	苏州工业园区、中国—白俄罗斯工业园区、中国老挝磨憨—磨丁经济合作区、埃塞俄比亚华坚国际轻工业城等
	省际飞地园区	中新苏滁高新技术产业开发区、沪苏大丰产业联动集聚区、深圳（哈尔滨）产业园区、深赣港产城一体化合作区等
	省内城市间飞地园区	广清经济特别合作区、苏州宿迁工业园区、苏锡通科技产业园区、深圳（河源）产业转移工业园等
推动主体	政府引导为主型飞地园区	喀什深圳产业园、深圳（河源）产业转移工业园等
	市场主导型飞地园区	上海漕河泾新兴技术开发区海宁分区、临港常熟绿洲芯城、沪苏大丰产业联动集聚区等
	企业园中园型飞地园区	联东 U 谷、一亿中流企业服务加速器等
功能定位	生产制造飞地园区	深圳南山河源高新区共建产业园等
	科创研发飞地园区	长三角 G60 科创走廊在上海集中设立的科创飞地、衢州市杭州余杭区海创园、温州（嘉定）科技创新园、桐乡市融杭创新创业中心园区等
	物流贸易飞地园区	广清空港现代物流产业新城等
投入模式	重资产投入型飞地园区	苏州宿迁工业园区、东莞（韶关）产业转移工业园等
	轻资产投入型飞地园区	福田—博罗共建产业园、深贵产业园等

划分维度	类型划分	典型案例
飞出方向	正向飞地园区	江苏江阴—靖江工业园区、安徽宿州马鞍山现代产业园区等
	"反向飞地"园区	汕尾创新岛（深圳）、宣城（上海）科创中心等
特别合作	特别合作区	深汕特别合作区
	合作共建新区	川渝高竹新区、陕西西咸新区

综上所述，本章将从多个维度对飞地园区的类型进行划分和梳理，旨在为飞地园区的建设和发展提供有益的参考和借鉴。需要指出的是，同一个飞地园区可能涵盖多种类型，如"反向飞地"园区往往既是科创研发飞地园区，又是生产制造飞地园区。在推动主体上，飞地园区既有政府推动建立的，也有企业自主设立的。设立飞地园区的企业以工业类企业为主，但也有商贸类和农业类企业。下文将通过对不同类型飞地园区的案例分析和特征总结，梳理飞地园区的发展规律和趋势，为推动区域经济的协调发展和产业的转型升级提供有益参考。

第二节　不同飞出地域的飞地园区典型案例

一　国家间飞地园区

国家间飞地园区具有一系列显著的特点。这些园区不仅是国家间经济合作的重要平台，还是推动产业升级、促进区域经济发展的关键力量。

首先，国家间飞地园区通常具有明确的产业定位和发展方向。园区在规划阶段就会结合参与国家的产业优势、市场需求以及地区特色，确定主导产业和特色产业，以吸引相关企业和投资。这种明确的产业定位有助于形成产业集群效应，提升园区的整体竞争力。

其次，国家间飞地园区注重跨国界的资源整合与共享。参与国家通过共建产业园区，可以实现技术、资本、人才等资源的优化配置和高效利用。这有助于推动产业创新和技术进步，提升园区的产业层次和发展水平。

再次，国家间飞地园区还强调政策协调与制度创新。参与国家会就园区建设、运营管理等方面达成一系列合作协议和制度安排，以确保园区的顺利运行和持续发展。这些政策协调和制度创新有助于打破国家间的壁垒，促进贸易和投资自由化便利化。

最后，国家间飞地园区还注重可持续发展和环境保护。园区在发展过程中会充分考虑环境保护和生态平衡，推动绿色产业的发展和循环经济的实践，促进实现经济、社会和环境的协调发展，提升园区的可持续发展能力。

在众多国家间飞地园区中，新加坡在世界各地布局的合作园区项目具有显著的代表性和示范效应。新加坡以其高效的园区管理模式、先进的产业发展理念和丰富的国际化经验，在全球多地参与了产业园区的开发与合作。通过海外园区的建设，新加坡不仅能够将其经济发展模式和成功经验复制到其他地区，还能通过这些园区促进本国的资本、技术和服务输出，实现全球布局。

其中，苏州工业园区作为新加坡在中国开展的首个大型合作项目，集制造、研发、商贸、物流、旅游和住宅等多功能于一体，已成为中新经贸合作的标志性项目。园区也秉持共赢理念，通过多种渠道将其经验进行辐射推广，与其他地区共同发展，异地实践"园区经验"项目路线图。中新苏滁高新技术产业开发区是园区"城市整体开发运营"项目的新尝试，这一项目实现后来者居上；中新嘉善现代产业园是长三角一体化发展上升为国家战略后的首个重要区域合作项目。这些合作项目既输出了园区先进的规划开发理念和与国际接轨的管理体制，也带动了当地经济的发展，塑造了中国合作开发区的示范品牌。除了在中国境内，新加坡还在东南亚、印度等地设立了多个工业园区。例如，在越南建立了 9 个商、住、工多用途的工业园区，覆盖全产业链发展；在印度尼西亚以深耕东南亚市场为导向，设立了肯德尔工业园。新加坡通过这些域外合作建设的产业园区，帮助了当地吸引外资，促进了当地工业发展，推动了当地经济增长。

● 专栏 2-1　苏州工业园区案例分析

1. 基本情况

苏州工业园区隶属于江苏省苏州市，位于苏州市城东，诞生于独特的时代背景下。当时，中新两国都在为提升各自的经济发展水平而寻求改革和创新。1994 年 2 月苏州工业园区经国务院批准设立；3 月，中国共产党江苏省委员会、江苏省人民政府成立苏州工业园区领导小组，并将园区开发建设列为全省对外开放的"重中之重"；5 月，国务院批准建立中新两国政府联合协调理事会中方理事会，园区开发建设启动，行政区划面积 278 平方千米（中新合作区 80 平方千米）。开园当年，园区实现全口径财政收入 3937 万元，地区生产总值 11.32 亿元。截至 2023 年，园区常住人口 130 万人，下辖娄葑、斜塘、唯亭、胜浦、金鸡湖五个街道。2023 年苏州工业园区完成地区生产总值 3686 亿元，同比增长 5.9%，增速位列全市第一。此外，一般公共预算收入 411.1 亿元，同口径增长 6.1%；规模以上工业总产值 6509.4 亿元，增长 0.1%；固定资产投资 592.9 亿元，增长 25.3%；社会消费品零售总额 1173.1 亿元；进出口总额 6069.7 亿元；实际使用外资 19.51 亿美元。在商务部公布的国家级经开区综合考评中，苏州工业园区连续八年（2016 年至 2023 年）位列第一，在国家级高新区综合排名中位列第四，并跻身科技部建设世界一流高科技园区行列。

2. 成功经验

一是坚持"一张蓝图绘到底"。在开发之初，园区就确定了涵盖长远目标和宏观控制指标的"概念规划"，确定了涵盖园区性质、规模、土地利用结构和总体布局、交通体系、基础设施标准和规模、环保和防灾体系、总体景观等的"总体规划",园区的规划编制和成果公开、透明,且规划一经确立,就成为所有部门必须遵守的法规,调整规划也要严格履行相应程序。同时,园区还强调城市规划必须顺应时代经济和社会的发展,不断进行调整和动态更新,使得规划与经济、社会、城市发展相适应,并最终得以顺利实施。

二是坚持营造国际一流营商环境。园区的组织管理架构层次高、结构顺畅合理,园区管委会的设置十分精干,部门职能尽可能综合化,体现了"精简高效"的特点。秉持"亲商"理念,园区管委会为企业提供"一站式"服务,积极从管理职能向服务职能转变。积极创造与国际接轨的发展环境,给投资商一个综合商务成本低的投资环境,"全过程、全天候、全方位"为企业服务,帮助企业克服困难。

三是坚持创新驱动,促进产业落地和人才集聚,大力集聚高端创新资源。园区全力建设重大科技平台和公共技术平台,国家生物药技术创新中心、国家第三代半导体技术创新中心、国家新一代人工智能创新发展试验区获批启动。大力培育创新型企业梯队,强化创新型企业培育,实施高企培育攻坚计划,独角兽、瞪羚企业培育工程及企业上市"金色苗圃工程"。大力支持创新产业发展,主攻生物医药、纳米技术应用、人工智能三大新兴产业,连续3年实施专项攻坚行动,三大新兴产业呈现集群发展态势。加速集聚高端创新人才,出台"人才新政30条"、生物医药产业专项人才政策,大力推动成果转移转化,鼓励知识产权创造。

资料来源:苏州工业园区管理委员会园区简介,2024年10月30日,http: www.sipac.gov.cn/szgyyq/yqjj/common_tt.shtml。

在共建"一带一路"背景下,我国一方面积极探索建设临边临港边境产业园区,另一方面积极探索在境外开发建设经贸合作园区,这不仅促进了我国与共建"一带一路"国家的经济合作，也为当地带来了显著的发展机遇。

例如，中白工业园，全称中国—白俄罗斯工业园区，坐落于丝绸之路经济带中贯通欧亚的重要枢纽——白俄罗斯明斯克州。在中白双方的共同努力下，园区已成为共建"一带一路"的标志性项目。园区规划面积 91.5 平方千米，是中白合作共建丝绸之路经济带的标志性工程。中白工业园是中国、白俄罗斯两国政府间最大的投资合作项目，也是目前中国在海外开发面积最大、合作层次最高的经贸合作区。

再比如中国老挝磨憨—磨丁经济合作区（简称"磨憨—磨丁合作区"），位于中国云南省和老挝南塔省交界区域，地处中老铁路、昆曼国际公路以及老挝南北公路的关键节点，是中国与中南半岛的交通枢纽之一。合作区的建立旨在促进两国的经济合作与发展，合作区本身也成为共建"一带一路"的重要节点。

此外，地方政府也在境外园区建设中积极探索。例如深圳市投资控股有限公司于 2016 年 9 月接管中国·越南（深圳—海防）经济贸易合作区（以下简称"深越合作区"），对深圳市深越联合投资有限公司（以下简称"深越公司"）实施全面收购。深越合作区是中越两国领导人亲自见证、承诺推进的"一带一路"重要经贸合作项目，是中国海上丝绸之路走出国门的第一站，也是深圳市第一个境外经贸合作区。深圳市投资控股有限公司结合深圳产能外溢实际，顺应海防政府招商导向，探索构建了"中国总部+越南工厂"模式（研发中心、运营中心、营销中心和利润中心在国内，生产基地在越南园区）。

除上述情形外，国内民间资本也积极服务国家"一带一路"倡议和"走出去"战略，出现了一批抱团出海，在海外开拓市场、投资建设产业园区的典型案例。在境外投资建设产业园的过程中，民营企业不仅注重与国内产业的升级转型相结合，还充分考虑了东道国的实际需求和市场需求，以实现互利共赢，有力有效推动国内的产业升级与经济转型。例如，华坚集团是一家总部位于中国东莞的女鞋制造巨头。近年来，华坚集团积极响应国家"一带一路"倡议，将目光投向了海外市场，特别是非洲市场。2011年，华坚集团决定在埃塞俄比亚投资建厂，以利用当地丰富的劳动力和优惠政策，进一步拓展国际市场。在埃塞俄比亚，华坚集团投资建设了华坚国际鞋城。这个项目的建设得到了埃塞俄比亚政府的大力支持，在土地、税收等方面获得了多项优惠政策。除华坚国际鞋城项目外，2013年9月，华坚集团还在埃塞俄比亚投资建设了埃塞俄比亚华坚国际轻工业城。园区内现有入驻企业14家，其中华坚集团旗下公司6家，其他企业8家。园区位于埃塞俄比亚首都——繁华的亚的斯亚贝巴南部，占地137.8公顷，建筑面积150万平方米，项目计划总投资20亿美元。现已完成投资1.2亿多美元，建成面积17万多平方米，解决当地8000多名员工就业，累计出口创汇1.83亿美元，税收累计340多万美元，皮革鞋业出口占该国出口总量的67%。①

总的来说，国家间飞地园区具有产业定位明确、资源整合共享、政策协调创新以及可持续发展等特点。这些特点使得飞地园区成为推动国家间经济合作和区域经济发展的重要力量。

二 省际飞地园区

随着区域协调发展战略的推进，省际合作共建飞地园区成了促进区域经济发展、优化资源配置的重要途径。省际飞地园区的建设不仅有助于实现区域互补、政策协同，还能推动产业聚集、创新驱动，进而提升整个区域的综合竞争力。

省际飞地园区的共性特点主要体现在区域互补性、政策协同性、产业聚集性、创新驱动性等方面。园区通过明确合作目标、制定详细规

① 李文：《华坚集团：走出"在非洲，为非洲"的高质量发展路》，2024年9月2日，https://epa.comnews.cn/padphone/content/202409/02/content_17851.html。

划、创新合作模式、优化营商环境和加强产业协同等经验做法来实现发展。省际飞地园区成功的关键在于充分利用各自的优势资源，通过创新的合作模式和体制机制，实现产业协同发展，并通过政策支持和创新驱动，确保合作的顺利进行和成功落地。其中，典型案例有中新苏滁高新技术产业开发区、沪苏大丰产业联动集聚区、川渝高竹新区、深圳（哈尔滨）产业园区、深赣港产城一体化合作区等。

省际飞地园区的共性特点有以下几点。

（一）区域互补性

省际飞地园区的首要特点是区域互补性。不同省份在资源禀赋、产业基础、市场需求等方面存在差异，通过合作共建产业园，可以充分发挥各自的优势，实现资源优化配置和优势互补。这种互补性不仅体现在产业链上下游的衔接上，还体现在技术、人才、资本等要素的共享上。例如，滁州依托中新苏滁高新技术产业开发区，与南京全面推进"三个同城"，即交通同城、生活同城、产业同城。又如川渝高竹新区涵盖了重庆市渝北区和四川省广安市邻水县的部分行政区域，通过整合两地的资源，形成了优势互补的发展格局。在劳动力、产品、资金、信息与技术等方面，合作方之间存在明显的供求关系，这种互补性为省际飞地园区的发展提供了强大的动力。

（二）政策协同性

政策协同性是省际飞地园区的另一重要特点。在合作过程中，各省份需要共同制定和实施一系列政策措施，以确保合作的顺利进行。这些政策包括土地政策、税收政策、人才政策等，旨在营造有利于产业发展的政策环境。通过政策协同，可以形成合力，推动产业园区的快速发展。例如，深圳（哈尔滨）产业园区通过政府引导和市场化运作，采取"能复制皆复制、宜创新即创新"的原则，成功复制并推广了深圳的先进经验和做法，为园区发展提供了有力的制度保障。园区还致力于打造一流的营商环境，对标深圳负面清单做法，设立定制化"园区政务服务中心"和"党群服务中心"，推进"秒批"和企业办事不出园区，极大地提升了企业的获得感和满意度。

（三）产业聚集性

产业聚集性是省际飞地园区的显著特征。通过合作共建产业园区，可以吸引相关产业企业入驻，形成产业集聚效应。这种集聚效应可以降低企业的生产成本和交易成本，提高产业的整体竞争力。同时，产业集聚还可以促进技术创新和产业升级，推动区域经济的持续发展。例如，常熟市与上海临港集团共同打造的临港常熟绿洲园区，在成立之初就明确了自身的定位和发展方向，围绕新一代信息技术、数字经济、人工智能、生命健康等高新技术产业进行精准招商，形成了清晰的产业发展路径。这种前瞻性的战略规划使得园区在吸引企业入驻时，能够筛选出符合园区发展方向的优质企业。同时，园区充分利用自身的地理优势，积极与上海等周边地区进行产业对接和合作，共同打造长三角一体化发展的新高地。这种协同发展模式不仅有助于园区内企业拓展市场、提升品牌影响力，还能够促进区域经济的整体繁荣，实现产业升级和效率提升，为产业集聚提供有力支撑。

（四）创新驱动性

创新驱动性是省际飞地园区的重要发展方向。在合作过程中，各省份注重创新资源的整合和创新能力的提升，推动产业园区向高端化、智能化、绿色化方向发展。通过创新驱动，可以培育新的经济增长点，提高产业园区的核心竞争力。

● 专栏 2-2 中新苏滁高新技术产业开发区案例分析

1. 基本情况

中新滁州工业园，全称中新苏滁高新技术产业开发区，位于安徽省滁州市东南部，紧邻南京，规划面积 36 平方千米。该园区由中新集团和滁州市政府合作共建，于 2012 年 4 月 28 日正式开工建设。作为 2011 年长三角区域合作峰会的重要成果之一，中新滁州工业园是长江经济带发展战略中省际协调推进的示范项目，也是苏州工业园区的省外合作共建项目。

园区借鉴苏州工业园区的成功经验，引进先进的规划建设理念和管理体制机制，按照"规划引领、市场运作、以人为本"的理念，致力于打造国家级产城融合示范区。围绕"高端、品牌、外资"的招商定位，园区主攻电子信息、新能源新材料、汽车及装备制造、营养健康四大主导产业。截至 2023 年，园区已累计签约引进工业项目 299 个，协议总投资 874.4 亿元，已投产运营项目 150 多个。其中世界 500 强投资项目 8 个，国内外上市公司投资项目 39 个，来自 13 个国家和地区的外资项目 61 个。园区吸引了星恒电源、太平洋科技、美国普立万新材料、京东物流等国内外知名企业落户。累计获批高新技术企业 78 家、科技型中小企业 120 家，战略性新兴产业产值占规模以上工业产值的 74%。

在产业规划方面，中新滁州工业园结合滁州及周边地区产业发展情况，重点发展高端装备制造、医疗健康、新能源新材料等支柱产业。同时，园区积极参与长三角产业分工协作，引进的工业项目中，来自长三角区域的项目占比接近 70%。此外，中新滁州工业园还致力于打造创新创业的孵化载体，提供稳定的用工环境，通过实施稳岗政策，如五险一金、出勤日三餐免费、免费住宿、年终绩效奖金、节日福利等，吸引和留住人才。园区内的企业也在积极招聘，提供多样化的岗位和具有竞争力的薪资。

2. 主要经验

首先，园区在产业规划和发展上展现了明确的战略定位。它借鉴了苏州工业园区的先进经验，坚持产业先行，聚焦高质量发展。园区重点打造现代工业园、高科技工业园等多个特色园区，集中力量吸引外资，特别是世界 500 强企业和旗舰项目。这使得电子信息、新能源新材料、汽车及装备制造、营养健康四大主导产业粗具规模。

其次，园区在区域合作和产业分工方面表现出色。园区积极参与长三角产业分工协作，这进一步强化了园区在区域经济发展中的重要地位。

再次，园区坚持产城融合的发展理念。通过建设现代服务园和文化创意园等多元化功能区域，园区不仅推动了产业的集聚和发展，也促进了城市面貌的改善和人民生活水平的提高。

最后，园区在政策支持和营商环境方面也具有显著优势。政府出台了一系列政策，如《关于全面加快推进中新苏滁高新区经济高质量发展的若干政策》，以全面加快企业科技创新及成果转化，推进经济高质量发展。同时，园区还提供了多种优惠政策和奖励措施，以吸引更多的企业和投资者入驻。

综上所述，中新滁州工业园以其明确的产业定位、区域合作优势、产城融合的发展理念以及优越的政策环境和营商环境等，成为推动当地乃至整个长三角地区经济发展的重要力量。

资料来源：根据中新苏滁高新技术产业开发区管委会提供的资料和本书调研小组实地调研资料整理所得。

省际飞地园区经验做法主要有以下几点。

一是明确合作目标。在建设飞地园区之前，各省份明确了合作目标，确定了合作方向。这有助于避免盲目性和重复性建设，确保合作的针对性和实效性。同时，明确合作目标还可以为合作过程中的政策制定和项目实施提供指导。

二是制定详细规划。制定详细规划是省际飞地园区的重要经验做法。在规划过程中，园区充分考虑了各省份的资源优势、产业基础和市场需求等因素，制定了符合实际的发展目标和路径。同时，园区还注重规划的操作性和可评估性，确保合作项目的顺利实施和有效评估。

三是创新合作模式。创新合作模式是省际飞地园区发展的关键所在。在合作过程中，两地积极探索新的合作方式和方法，形成了符合各自特点的合作模式。这些模式包括政府引导下的企业合作、产学研一体化合作等。通过创新合作模式，激发了合作活力、提高了合作效率。

四是优化营商环境。优化营商环境是省际飞地园区发展的重要保障。在合作过程中，两地注重提高政务服务效率和质量，降低企业运营成本。同时，还注重加强知识产权保护、完善法律法规体系，为企业提供良好的发展环境。

五是加强产业协同。加强产业协同是省际飞地园区发展的核心任务。在合作过程中，两地注重产业链上下游的衔接和协同发展。通过加强产业协同，实现资源共享、优势互补和互利共赢的目标。同时，产业协同还可以促进技术创新和产业升级，推动区域经济的持续发展。需要注意的是，相距较远的省份，考虑到飞入地的承接能力有限，其与飞入地的产业协同需要从实际出发，实现错位发展。

三 省内城市间飞地园区

在推动区域经济协同发展方面，省内城市间飞地园区展现出一系列显著的特点。

地域邻近性与文化相通性为省内城市间飞地园区发展提供了得天独厚的优势。由于合作双方均位于同一省份，地理位置的接近使得双方交流更加频繁、便捷，能够有效减少沟通成本。同时，相似的文化背景使得双方在合作中更容易产生共鸣和理解，有利于进一步巩固合作关系。这种地域和文化上的亲近性，为资源、技术和信息的快速流动提供了有利条件，有利于推动园区的发展。

政策协同性也是省内城市间飞地园区的显著特点之一。同一省份的政府往往能够形成较为一致的政策导向，共同推动园区的建设和发展。这种政策协同性有助于避免政策冲突和重复建设，提高政策执行效率。同时，稳定的政策环境为园区提供了有力保障，使得企业能够安心投资、生产和发展。

产业互补性是省内城市间飞地园区的核心优势。同一省份内不同城市可能具有不同的产业基础和优势，通过合作共建省内城市间飞地园区，可以充分利用这些优势资源，形成产业互补和协同发展的格局。这种产业互补性有助于完善产业链，推动产业升级和结构调整。同时，通过产业链上下游的对接和合作，可以进一步提升园区的整体竞争力，实现共赢发展。

● 专栏 2-3 广清经济特别合作区案例分析

1. 基本情况

2021 年，广东省委批复实施《广清经济特别合作区建设总体方案》，合作区下辖"三园一城"，即广清产业园、广德（英德）产业园、广佛（佛冈）产业园、广清空港现代物流产业新城，总面积 112.5 平方千米。方案明确，合作区由广州主导开发建设、管理运营，清远主要负责社会管理事务，双方按约定分享开发收益。广清两市组建投资开发公司，按规定开展合作区开发运营业务。合作区享有地级市经济管理权限，并承接省政府及其有关部门赋予的部分省级经济管理权限。合作区管理机构方面，依托两市及"三园"现有机构编制等行政管理资源来统筹设置，"三园"均设立管理机构，由黄埔区（广州开发区）、园区所在县（市、区）政府派人共同管理，共派出正式编制人员 50 人左右；"一城"不单设行政管理机构，由广州城投集团、岭南商旅集团和清远交投公司 3 家出资（分别占 45%、35%、20%）组建广清空港建设公司，由其作为政府平台公司来主导开发建设。

截至 2023 年，"三园一城"累计引进项目超 600 个，总投资近 2000 亿元，投试产项目上百个。合作区拥有世界 500 强企业投资项目 6 个，高新技术企业 54 家，上市企业 10 家。广东长鹿集团、万洋集团、中国华电集团等知名企业和欧派家居、立邦涂料、富强汽配、联东 U 谷、特威机械等"专精特新"企业进驻园区。2021 年，合作区工业总产值超 150 亿元。2022 年上半年，合作区规模以上工业总产值 84 亿元，同比增长 29.2%；实现固定资产投资 37 亿元，同比增长 33.8%；实现全口径税收收入 2.9 亿元。

2. 主要经验

一是"3+5"广清一体化模式，深化跨区域协调发展。

自第三轮省内对口帮扶开展以来，广清两市致力于深化广清一体化高质量发展战略合作，充分发挥距粤港澳大湾区最近、生态资源充裕、同为广府文化等比较优势，高标准搭建起两地合作平台载体，形成广清交通、产业、营商环境 3 个"一体化"，共商共建共享共赢共存（5 个"共"）的"3+5"模式，为全省破解区域发展不平衡不充分难题、探索跨区域深度合作提供了可复制可推广的"广清经验"。围绕招商引资、前端孵化器、农产品展销、政务服务、人才交流等多个领域，广清两地设立了一批多功能新型展示平台，全方位宣传、展示清远市相关优惠政策、经济社会发展成果及广清一体化融合发展成效。探索"广州总部+清远基地""广州前端+清远后台""广州研发+清远制造""广州孵化+清远产业化"等合作共建模式，促进清远从产业转移承接"斜坡"升级为"洼地"，在清远聚力聚势打造起前沿新材料千亿级产业集群，大力发展汽车整车及零部件、高端电子信息、泛智能家居、医药制造等五百亿级产业集群，培育先进装备制造、装配式材料、数字印刷、美妆基地产业等百亿级产业集群，共同打造具有区域影响力的战略性产业集群。高标准推动交通设施一体化，以加快打造"铁陆水"综合立体交通网为目标，除建成7条高速公路、推动北江航道扩能升级外，还推动建立起两地的轨道交通网，实现广清两地重点组团便捷互联、高效直联，真正推动清远实现粤港澳大湾区"硬联通"。助力清远加快"入珠融湾"的步伐。推动广州营商环境5.0向清远覆盖。瞄准广州营商环境优化政策加快向清远覆盖、实现广清营商环境一体化的目标，着力完善广清营商环境一体化交流对接机制，拓展"广清通办"业务范围，大力推动"互联网+政务服务"一网通办，推广"政务晓屋"，打造跨城通办新型服务模式，实现不动产交易、税务、登记"跨城通办"，推动两市营商环境市场规则衔接和政务服务体系协作，促进广清两市政务服务无差别有效衔接，助力清远树立起便企利民的城市形象。

二是建设经济特别合作区，探索共同富裕新战法。

在广清一体化的背景下，广清两地按照"三园一城"规划高水平建设广清经济特别合作区，探索创新园区管理体制机制，理顺机制、争取充分授权，多方联动、保障要素资源供给，细化任务、制定任务清单和项目清单的"路线图""施工图"，高标准推进广清经济特别合作区建设。多园整合实施"三园一城"建设，夯实合作载体。明确由广州主导开发建设，由清远负责各项社会管理事务，双方按约定分享合作区开发收益。基于明确分工，广清两地正式携手探索产业共建创新模式，在体制机制上力求改革创新、突破行政障碍，开创粤北区域协调发展的新思路，争取开启"都市圈城市辐射带动潜力城市""广州总部+清远配套、研发+生产"等共建模式以及"产业链条区域内拓展延伸"的创新实践，着力推进先行先试政策制度落地，这对于探索广东省区域协调发展、区域合作具有示范作用、借鉴意义和先行价值。设计园区"一小两大"模式，赋能园区高质高效发展。基于

"政府推动、企业主体、市场运作、合作共赢"的开发建设原则，推动形成"1小2大"（小管理机构、大开发平台、大社会管理）的园区运营机制。

三是重点建设广清接合片区，破解城乡二元结构困局。

广州是粤港澳大湾区核心城市，是名副其实的"大城"，清远地处北部生态发展区，在地域面积上可谓"大乡"，以"大城"帮扶"大乡"，广州和清远两地致力于将国家城乡融合发展试验区广清接合片区建设成为实现城乡融合发展、探索跨区域城乡融合改革经验的先行地。持续深化"连樟经验"的探索实践，有利于突破乡村振兴发展瓶颈。为实现巩固脱贫攻坚成果同乡村振兴有效衔接，广清两地干部锚定"造血"接力、推进"国企联盟"发力，大力铺开"市场主导+政府引导"模式，以市场化手段构建产业帮扶长效机制。搭建起城乡产业协同发展平台，有效促进城乡产业协同发展。加快探索利用广清经济特别合作区"三园一城"的产业资源，推动"三园一城"辐射带动周边村镇，拓展广清接合片区改革试验资源，打造多样化产业协同载体、构建产业协同体制机制，为广东省探索"以工促农"辐射带动城乡产业协同发展、实现跨区域城乡融合发展提供可复制、可参考的典型经验。深化广清农文旅合作，建立起生态产品价值实现路径。以"护此青绿、生态富民"为发展思路，深入践行"绿水青山就是金山银山"理念，坚决筑牢粤北生态安全屏障，在发挥清远独特资源优势和区位优势的基础上，构建农文旅融合发展的生态富民新路径。多渠道深耕民生帮扶领域，有效提升当地民众幸福感。优化医疗、教育和就业等常规帮扶。通过推动广清医疗资源互联互通、促进广清医疗保障体系融合发展、齐心协力增强公共卫生能力等举措增强全民健康保障。

资料来源：根据广清经济特别合作区提供的资料和本书调研小组实地调研资料整理所得。

除了广清经济特别合作区，省内城市间飞地园区的典型案例还有苏州宿迁工业园区、深圳（河源）产业转移工业园、苏锡通科技产业园区等。这些典型案例有着一些显著的特点和做法。

（一）加强顶层设计与规划引领

在合作共建省内城市间飞地园区的过程中，合作城市应加强顶层设计与规划引领，明确园区的发展方向和目标定位。通过制定详细的产业发展规划和园区建设规划，确保产业园区的建设与发展符合区域经济发展的总体战略和布局。同时，各城市应建立协调机制，加强规划衔接，确保园区与周边地区优势互补、错位发展。

（二）强化政策协同与资源整合

政策协同是合作共建省内城市间飞地园区的重要保障。合作城市应共同制定和实施一系列政策措施，包括土地政策、税收政策、人才政策等，以营造有利于产业发展的政策环境。同时，各城市应充分发挥各自的优势，加强资源整合和共享，形成合力，推动产业园区的发展。通过政策协同和资源整合，可以降低企业的运营成本，提高产业园区的竞争力。

（三）推动产业互补与协同发展

产业互补是合作共建省内城市间飞地园区的核心优势。合作城市应根据自身的资源禀赋和产业基础，明确主导产业和特色产业，通过产业链上下游的衔接和协同，形成具有竞争力的产业集群和产业链。同时，加强产学研合作和人才培养，推动技术创新和产业升级，提高整个区域的产业竞争力。

（四）优化营商环境与服务体系

优化营商环境和服务体系是合作共建省内城市间飞地园区的重要任

务。各城市应加强政务服务建设，提高政务服务效率和质量，为企业提供便捷、高效的服务。同时，各城市应注重建立健全服务体系，包括融资服务、法律服务、市场服务等，为企业提供全方位的支持和保障。通过优化营商环境和服务体系，可以吸引更多的企业入驻园区，推动省内城市间飞地园区的快速发展。

第三节　不同推动主体的飞地园区典型案例

政府引导为主型飞地园区。在此类飞地园区中，政府起到了主导和引领的作用，例如早期对口帮扶城市间带有帮扶性质的产业转移园区。政府通过政策制定、资源调配和公共服务提供等方式，积极引导和推动飞地园区的建设和发展。政府引导为主型的飞地园区通常注重整体规划和产业布局，以推动区域经济协调发展和产业升级为目标。这一类型的案例包括喀什深圳产业园、深圳（河源）产业转移工业园等。

市场主导型飞地园区。市场主导型飞地园区更多地依赖市场机制来推动园区的建设和发展。在此类园区中，企业是主要的参与者和推动者，企业通过市场竞争和资源配置来推动园区的产业发展。政府在此过程中主要扮演监管和服务的角色，为市场主导型飞地园区提供必要的支持和保障。这一类型的典型案例中，上海漕河泾新兴技术开发区海宁分区、沪苏大丰产业联动集聚区、临港常熟绿洲芯城等具有显著的代表性。

企业园中园型飞地园区。在企业园中园型飞地园区中，企业通过建设产业园区或工业园区的形式，将产业链上下游的企业和相关资源聚集在一起，形成具有一定规模和影响力的产业集群。这类园区通常由企业主导和管理，政府提供必要的支持和配合，以实现企业间的协同发展和资源共享。其中，联东U谷作为国内领先的产业园区运营商，通过创新的"园中园"模式，成功打造了多个具有影响力的产业园区。

需要指出的是，这种划分并不是绝对的，实际上飞地园区的建设和发展往往是多种力量共同作用的结果。在实际操作中，飞地园区的建设和发展可能会涉及上述几种模式的组合，具体情况会因地区间的经济结构、资源条件、政策导向等因素不同而有所不同。例如，有的飞地园区政府主导建设，然后通过市场化运作吸引企业入驻；有的则由企业发起，政府提供必要的支持和政策优惠。

一　政府引导为主型飞地园区——以深圳与广东省内对口帮扶协作地区共建的产业转移工业园区为例

深圳与广东省内对口帮扶协作地区共建的产业转移工业园区，可分为广东省实施"百县千镇万村高质量发展工程"（简称"百千万工程"）前后两个阶段。"百千万工程"实施之前，共建的产业转移合作园区主要集中在河源市，汕尾市有4个。

深圳与河源的对口帮扶关系始于2013年。多年来，深圳在资金、技术、人才等方面给予了河源大力支持，帮助河源实现了经济社会的快速发展。在帮扶初期，深圳主要通过投入资金、引进技术和人才等方式，帮助河源改善基础设施、发展特色产业、提升公共服务水平。随着帮扶工作的深入开展，深圳开始与河源在更深层次上开展合作，包括共建产业园区、推动产业转移、加强人才培养等。目前，深圳与河源已共建了8个产业转移工业园，包括深圳（河源）产业转移工业园、深圳大鹏（河源源城）产业转移工业园、深圳盐田（东源）产业转移工业园等，这些园区在推动河源地区经济发展、优化河源地区产业结构、提升河源地区科技创新水平等方面取得了显著成效。深圳与河源共建的产业转移工作园区情况汇总如表2-2所示。

表 2-2　深圳与河源共建的产业转移工业园区情况汇总

序号	项目名称	发展情况	合作模式	深圳投资情况	产业布局
1	深圳（河源）产业转移工业园	园区规划面积39.43平方千米，已开发面积28平方千米，已入驻企业480家（其中深圳关联企业85家）。2022年实现产值544亿元，税收17.2亿元。2023年实现产值549.4亿元，税收17.2亿元。2024年1~6月实现产值274.9亿元（预估数），税收8.3亿元（预估数）。在广东省2023年度产业有序转移考核中，深圳—河源市级帮扶协作关系考核等次为优秀	河源市政府，轻资产与重资产相结合（第一轮对口帮扶中，双方成立深河公司开展土地一级开发相关工作，因无法实现盈利，后续转为轻资产）	深圳财政资金投入3.2亿元，深圳国资国企投资2亿元，深圳社会资本投资130.5亿元	当前产业布局：新一代电子信息产业、高端装备制造业、食品产业；未来产业布局：打造千亿级新一代电子信息产业集群、百亿级水产业集群；与深圳"20+8"产业相匹配的门类：电子信息、高端装备制造、新能源
2	深圳宝安（龙川）产业转移工业园	园区规划面积30.63平方千米，已开发面积7平方千米，已入驻企业133家（其中深圳关联企业43家）。2022年实现产值87.61亿元，税收2.02亿元。2023年实现产值105.58亿元，税收2.82亿元。2024年1~6月实现产值60.12亿元，税收1.6亿元	龙川县政府，轻资产合作	园区计划投资总额20亿元，其中宝安区投入帮扶资金2.2亿元	当前产业布局：电子电器、空气能、现代建筑产业；未来产业布局：重点发展先进材料产业和安全应急与环保产业，培育发展关键电子零部件等新一代电子信息产业，打造以电子电器、空气能、现代建筑为特色的产业体系；与深圳"20+8"产业相匹配的门类：电子信息、新材料

序号	项目名称	发展情况	合作模式	深圳投资情况	产业布局
3	深圳大鹏（河源源城）产业转移工业园	园区规划面积25.58平方千米，已开发面积8平方千米，已入驻企业207家（其中深圳关联企业76家）。2022年实现产值140.27亿元，税收3.43亿元。2023年实现产值127.03亿元，税收3.91亿元。2024年1~6月实现产值69.8亿元，税收1.62亿元（预估数）	河源源城区政府，轻资产合作	园区计划投资总额40.53亿元，其中大鹏新区投入帮扶资金1.3亿元	当前产业布局：新一代电子信息、先进材料、食品饮料产业；未来产业布局：新一代电子信息、先进材料、食品饮料产业；与深圳"20+8"产业相匹配的门类：电子信息、新材料
4	深圳盐田（东源）产业转移工业园	园区规划面积40平方千米，已开发面积11平方千米，已入驻企业239家（其中深圳关联企业41家）。2022年实现产值164.89亿元，税收4.30亿元。2023年实现产值171.70亿元，税收4.56亿元。2024年1~6月实现产值71.14亿元	东源县政府，轻资产合作	园区计划投资总额33亿元，其中盐田区投入帮扶资金2.3亿元	当前产业布局：先进材料、高端装备制造、汽车产业、现代轻工纺织等产业；未来产业布局：重点发展先进材料、高端装备制造、汽车产业、现代轻工纺织等产业；与深圳"20+8"产业相匹配的门类：智能制造、新材料
5	深圳南山（连平）产业转移工业园	园区规划面积24平方千米，已开发面积5.5平方千米，已入驻企业162家（其中深圳关联企业22家）。2022年实现产值63.79亿元，税收1.26亿元。2023年实现产值77.37亿元，税收1.66亿元。2024年1~6月实现产值53.16亿元，税收0.90亿元	连平县政府、深圳市深汇通投资控股有限公司，轻重资产合作相结合（2018年以来，由南山区属国企深汇通公司开展标准化厂房建设，已建成3栋厂房并运营）	园区计划投资总额10亿元，其中深汇通公司投资5.2亿元	当前产业布局：生物医药、健康产业及新材料产业；未来产业布局：先进材料、现代农业及食品产业、矿产资源和农产品加工业；与深圳"20+8"产业相匹配的门类：生物医药、新材料、大健康

续表

序号	项目名称	发展情况	合作模式	深圳投资情况	产业布局
6	深圳龙华（紫金）产业转移工业园	园区规划面积 18.2 平方千米，已开发面积 2.7 平方千米，已入驻企业 86 家（其中深圳关联企业 21 家）。2022 年实现产值 39.8 亿元，税收 0.8478 亿元。2023 年实现产值 23.91 亿元，税收 1.42 亿元。2024 年 1～6 月实现产值 12.93 亿元，税收 0.59 亿元	轻资产合作	园区计划投资总额 1.35 亿元，其中龙华区投入帮扶资金 1.35 亿元	当前产业布局：先进材料、现代农业与食品产业；未来产业布局：重点发展先进材料、现代农业与食品产业，大力发展矿产资源精深加工，建设以有色金属深加工和先进钢铁材料为核心的先进材料产业集群，优化升级钢铁产品结构，发展精品钢材，培育发展生物医药与健康等战略性新兴产业；与深圳"20＋8"产业相匹配的门类：新材料、新智造
7	深圳福田（和平）产业转移工业园	园区规划面积 20 平方千米，已开发面积 4.07 平方千米，已入驻企业 184 家（其中深圳关联企业 58 家）。2022 年实现产值 63 亿元，税收 0.6 亿元。2023 年实现产值 63.78 亿元，税收 0.6703 亿元。2024 年 1～6 月实现产值 32.52 亿元，税收 0.3018 亿元	轻资产合作	园区计划投资总额 50 亿元，其中福田区投入帮扶资金 8 亿元	当前产业布局：钢铁、新医药、钟表制造、新材料、食品饮料；未来产业布局：钢铁、腐竹、食品饮料、新材料、新医药、可穿戴饰品六大主导产业；与深圳"20＋8"产业相匹配的门类：新材料、新能源、生物医药

序号	项目名称	发展情况	合作模式	深圳投资情况	产业布局
8	江东新区产业转移工业园	园区规划面积 21 平方千米，已开发面积 7.55 平方千米，已入驻企业 50 家（其中深圳关联企业 8 家）。2022 年实现产值 17.98 亿元，税收 0.2 亿元。2023 年实现产值 27.9258 亿元，税收 0.4368 亿元。2024 年 1～6 月实现产值 16.7279 亿元，税收 0.2675 亿元	轻资产合作	园区计划投资总额 37 亿元	当前产业布局：新一代电子信息、先进材料、高端装备制造、生物医药健康产业；未来产业布局：以新一代电子信息、先进材料、高端装备制造、汽车配件和生命健康为核心的五大主导产业；与深圳"20＋8"产业相匹配的门类：新材料、高端装备制造、生命健康

资料来源：深圳市乡村振兴和协作交流局调研统计资料。

深圳市与汕尾市共建的工业园区，比较成功的是坪山区与陆河县、罗湖区与陆丰市共建的工业园区，它们的共同特点是引入了龙头企业。由坪山区对口帮扶合作共建的汕尾陆河高新技术产业开发区（以下简称"陆河高新区"），以"总部+基地"模式，引进了比亚迪公司和世界注塑机龙头企业震雄集团，累计投资 10 多亿元；2014 年开展共建以来，深圳企业累计实现工业增加值近 80 亿元，工业增加值占陆河高新区总工业增加值的九成以上，"坪山区—陆河县"县（区）级对口帮扶协作关系能够在 2023 年度广东省推动产业有序转移工作考核中获得优秀等次，陆河高新区作出了重要贡献。陆河高新区在深圳市坪山区的帮扶协作下，加快推进产业"补链、延链、强链"工程，全力构建链主企业带动全链受益的发展格局。从 2014 年起，进驻企业从无到有，从有到优，初步形成了以新能源电池、新材料、高端装备制造、食品加工为主导产业的现代化产业体系。

比亚迪是陆河高新区第一家投产的企业,主要生产新能源汽车。截至 2023 年,比亚迪陆河生产基地累计生产新能源大巴超 10000 辆,产值超过 450 亿元。比亚迪进驻陆河,不但让陆河实现了经济腾飞,还为陆河本地人创造了超过 5000 个就业岗位。有本地员工说:"以前陆河没什么产业,就业机会不多,好多陆河人都外出打工挣钱。现在越来越多的企业在陆河县落地,大家有了回乡就业的机会,收入增加了,还能多陪陪家里人。"从 2015 年投产建设,历经近 10 年,比亚迪在陆河县从建设工厂扩展至建设工业园,在陆河高新区北部占地约 41 万平方米。2023 年新建成 1 条储能生产线,总投资超 5 亿元的比亚迪车载智能网联研发测试中心项目已动工建设,陆河县有了自己的产业。

在深圳市坪山区深耕多年的震雄集团,其总部位于香港,有 60 多年辉煌历史,是全球最大的注塑机生产企业之一,产品热销全球超 85 个国家和地区。通过深圳市坪山区的牵线搭桥,震雄集团多次考察陆河高新区,对其研发、生产、流通、配送、仓储、运输、销售等"一条龙"式综合产业园区优势非常满意,2023 年决定在陆河县投资 8.62 亿元,建设集科研设计、制造、销售于一体的产学研园区,项目建成后,将实现年产值 10.7 亿元,年纳税 4000 万元以上。[①]

罗湖区与陆丰市共建的康佳产业园,通过产业链招商,引进了康佳上下游 6 家企业,实现聚集发展,2023 年康佳产业园实现产值 6.69 亿元,2024 年 1~4 月实现产值 2.37 亿元。

广东省"百千万工程"实施后,深圳与省内对口地区共建产业园 15 个,其中市级 3 个(分别是深圳—汕头、深圳—汕尾、深圳—潮州),区县级 12 个(其中与汕头共建 6 个、与潮州共建 3 个、与惠州共建 3 个)。根据广东省的要求,深圳安排针对汕头、河源、汕尾、潮州的帮扶协作专项资金每年每市不少于 2 亿元,其中 75% 以上用于市级共

---

① 刘伟等:《大发展:新时代广东县域经济创新发展 10 强》,广东经济出版社,2024。

建产业园，各区（新区）每年安排针对每个结对县的帮扶协作专项资金不少于2000万元，重点向产业共建倾斜。目前，新共建的产业园均已取得一定进展，如深圳—汕头共建产业园2023年度实现固定资产投资18.77亿元，规模以上工业增加值17.93亿元，税收收入2.53亿元，2024年1~4月分别完成固定资产投资和规模以上工业增加值6.5亿元和5.5亿元，新引进企业15家。南山—濠江共建产业园含中海信、万顺、宏杰三个片区，规划面积0.8平方千米，已开发面积0.45平方千米，入驻企业80家，其中深圳关联企业5家。福田—博罗共建产业园创新构建同规划、同政策、同招商、同服务、同受益的"五同"机制，探索产业协作新模式，促进区域经济深度融合和产业协调发展。

广东省内新一轮的产业有序转移共建工业园工作呈现四个特点：一是共建模式从帮扶为主转向协作共赢，提出共商共建共管共享，对产值和税收分成也提出原则要求。二是激励机制从单向为主转向综合施策，出台了"1+14+15"产业转移政策体系。特别是在考核上，新一轮工作既要对珠三角城市进行考核，也要对粤东西北城市进行考核，还要对省直有关部门进行考核。考核就是指挥棒。考核机制出台前，到深圳招商的大多是省外城市，粤东西北城市到深圳招商的数量较少。考核机制出台后，到深圳招商推介的粤东西北城市无论是频次上还是规模上，都不亚于省外城市，联合招商也逐渐成为潮流。据不完全统计，2003年以来深圳对口帮扶协作的汕头、河源、汕尾、潮州四市及其19县（市、区），连同惠州市的3县，共与深圳联合招商50余次，引进项目72个。三是资金使用，从"撒胡椒面"转向集中"火力"共建工业园，规定将帮扶协作资金主要用于共建工业园工作，深圳等城市明确市级层面用于这方面的资金比例不低于75%。四是共建地点由基本在被帮扶地转向帮扶地和被帮扶地。由此，粤东西北城市与珠三角城市共建的"反向飞地"，特别是科创飞地如雨后春笋般成批涌现。[1]

---

[1] 资料来源：深圳市乡村振兴和协作交流局调研统计资料。

二　市场主导型飞地园区——以临港集团上海市域外产业园为例

临港集团目前建设运营了 7 个上海市域外产业园，其中，上海漕河泾新兴技术开发区海宁分区是市场主导型飞地园区的典型代表。上海漕河泾新兴技术开发区海宁分区成立于 2009 年 12 月，是沪浙两地首个国家级开发区跨区域合作飞地，由上海漕河泾新兴技术开发区和浙江省海宁市人民政府、浙江省海宁经济开发区共同开发建设，总规划面积 14.71 平方千米。截至 2022 年底，园区内入驻企业 112 家，其中规模以上企业 49 家，外资企业 32 家，世界 500 强投资企业 3 家，主板上市企业 2 家，通过高新技术认证企业 24 家。自成立以来，园区累计完成固定资产投资 137.5 亿元，规模以上企业总产值 518.6 亿元，实现利税 67.2 亿元。园区以电子信息、机械装备、现代服务业为主导产业，通过引进和培育高新技术企业，推动了产业升级和转型。同时，园区还积极打造泛半导体产业园、时尚产业园、东区智慧港和航空产业园等特色产业园区，形成了多元化的产业格局。

上海漕河泾新兴技术开发区海宁分区主要有以下特点和成功经验。

一是采用市场化运作、公司化管理的运作模式，激发市场主体活力。园区按照"政府推进、企业运作、市场导向、集约发展"的指导思想，采用公司化运作模式，以市场化运作释放体制机制活力，由上海临港经济发展（集团）有限公司（后变更为上海漕河泾总公司）和海宁经济开发区下属国有公司分别按 55% 和 45% 的占股比例共同出资，组建海宁分区公司作为独立运作主体，负责海宁分区范围内的规划编制、开发建设、招商引资和园区服务。海宁分区公司设立股东会、董事会和监事会。股东会议由股东按照出资比例行使表决权。公司一级开发和二级开发的成本及收入均分板块、分项目计入公司营业收入及成本，按会计准则进行计量并统计收益情况。海宁分区公司的高管和部门负责人由双方股东委派担任，薪酬由各自股东方发放。专业技术员工面向社会招聘，薪酬由公司发放。同时建立招商人员薪酬和考核体系，根据对招商人员的关键绩效指标考核结果发放绩效奖金。

二是重视产业规划编制，高质量服务园区发展。园区的定位为新兴技术产业园区，明确"5·X"产业体系，"5"即培育发展四大战略性新兴产业——高端装备产业、新能源产业、泛半导体产业、生命健康产业，改造提升一大传统产业——时尚产业；"X"即通过产学研协作聚焦发展新兴产业和前沿科技。园区通过起点规划，分别于 2011 年、2014 年完成规划区域的总体设计和控制性详规的编制。

三是导入"科技绿洲"品牌，建立"漕河泾科创"孵化器。园区导入了上海漕河泾"科技绿洲"品牌，建设了集生产、研发、办公、展示等功能于一体的海宁科技绿洲，并将其作为上海漕河泾科创中心分中心，这也是浙江省首个花园式产业园区，是走进"长三角"的示范窗口。2023 年海宁科技绿洲园区厂房去化率为 93.38%，入驻 30 余家科技含量高、创新能力强、商业模式好的创新型公司，以半导体芯片、光通讯、智能机器人等高精尖产业为主导产业，目前已形成良好的产业集聚发展形势。上海漕河泾新兴技术开发区海宁分区牵手我国首个"亚洲最佳孵化器"——上海漕河泾科创中心，借助其先进经营、管理模式和招商资源，成功将"海宁科技绿洲"创建为嘉兴市级科技企业孵化器，将区内"漕河泾创营·海宁"创建为嘉兴市级众创空间。园区与海宁经济开发区、上海漕河泾科创中心合作开展海宁·漕河泾双向科创飞地建设，海宁基地和上海基地分别在海宁科技绿洲和上海漕河泾国际孵化中心落户并投入使用。

此外，临港集团目前正在江苏省盐城市大丰区和苏州市常熟市、浙江省海宁市、海南省海口市、云南省昆明市、贵州省遵义市、云南与老挝交界的磨憨磨丁区域推进包括对口帮扶协作在内的 7 个上海市域外产业园建设运营（见表 2-3）。

表 2-3　临港集团上海市域外开发建设产业园情况

序号	共建地区	园区名称	园区基本情况
1	江苏省盐城市大丰区	沪苏大丰产业联动集聚区	由上海市政府和江苏省政府共同设立，规划面积33平方千米，启动区面积4平方千米
2	浙江省海宁市	上海漕河泾新兴技术开发区海宁分区	由海宁市政府、上海漕河泾新技术开发区、浙江省海宁经济开发区合作共建，园区规划面积14.71平方千米
3	江苏省苏州市常熟市	临港常熟绿洲芯城	由临港集团、苏州光华集团、常熟辛庄镇政府合作共建，规划面积5平方千米，首发区占地460亩
4	海南省海口市	海南科技城	由临港集团与海口国家高新区合作建设，总规划面积85.42平方千米，临港集团主要负责招商运营等工作
5	云南省昆明市	沪滇临港昆明科技城	由昆明经开区与临港集团合作共建，占地282.5亩，建筑面积约28.37万平方米，总投资14亿元
6	贵州省遵义市	临港遵义科技城	由上海漕河泾新兴技术开发区与遵义国家经济技术开发区合作共建，总规划面积7.2平方千米
7	云南与老挝交界的磨憨磨丁区域	沪滇磨憨磨丁临港磨憨产业基地	临港集团、云南省政府和老挝政府合作，中方规划面积4.83平方千米，老方16.4平方千米

由于上海市的地方国资实力非常雄厚，在全市产业中占比很高，所以上海市建立的异地产业园往往是由上海市、区国资委下属的大型国有企业集团主导，除临港集团外，华谊集团、上汽集团、宝钢集团、外高桥集团、上海纺织集团等，在江苏、浙江、安徽等地也建设有异地产业园。这些异地产业园为泛长江三角洲地区的区域协调发展提供了强大的助力，为打造长三角一体化发展的新高地提供了有力支撑。

三　企业园中园型

随着产业升级和结构调整的加速，传统的产业园区发展模式已难以满足现代企业的发展需求。因此，探索新的产业园区发展模式，提高土地利用率，促进产业集聚和产业链完善，成为当前产业园区发展的重要课题。"企业园中园"模式作为一种新兴的产业园区发展模式，以其独特的优势逐渐受到广泛关注。下面，将通过对产业园区"企业园中园"模式的探讨，分析其在推动产业发展、优化资源配置、提升区域竞争力等方面的积极作用，并以联东 U 谷为案例进行深入分析，以期为产业园区的发展提供有益的参考和借鉴。

"企业园中园"模式是指在已经建成的开发区或产业园区内，根据产业发展和市场需求，再建设一座或多座微型专业园，为入驻企业提供量身定制的研发、生产、办公场所。这种模式通过打破传统产业园区的空间限制，实现土地资源的优化配置和高效利用，促进产业集聚和产业链的完善，提高园区的整体竞争力和可持续发展能力。"企业园中园"模式的核心思想是在一个大的产业园区内部，根据产业定位和发展需求，划分出若干个专业性强、特色鲜明的微型产业园区（即"园中园"）。这些微型产业园区在功能上相互补充、相互促进，形成一个有机的整体，共同推动整个产业园区的发展。

与传统的产业园区相比，"企业园中园"模式具有以下显著特点。

一是产业定位更加精准。每个微型产业园区都围绕某一主导产业或产业链进行布局，形成专业化的产业集聚区，有利于提升产业的协同效应和创新能力。

二是土地利用效率更高。通过科学规划和合理布局，实现对土地资源的优化配置和高效利用，有效缓解土地供应紧张问题。

三是服务体系更加完善。微型产业园区在开发区或产业园区配套服务的基础上提供精准的一站式服务，包括政策咨询、融资支持、人才引进等，降低企业运营成本，提高运营效率。

四是生态环境更加优美。注重绿色发展和可持续发展，通过绿色建筑、生态景观等手段，打造宜居宜业的产业园区环境。

● 专栏 2-4　联东 U 谷案例分析

1. 基本情况

北京联东投资（集团）有限公司（以下简称"联东集团"）创建于 1991 年，专注于产业服务和园区运营。其旗下的核心品牌"联东 U 谷"，坚持走高品质园区发展道路，专注打造"区位好、品质好、邻里好、服务好、口碑好"的"五好园区"，已在全国 89 个城市投资运营产业园区 485 个，引进新兴制造业企业和科技型企业超过 17000 家，是国内实现全国化布局的行业领军品牌。联东 U 谷作为国内领先的产业园区运营商，通过创新的"企业园中园"模式，成功打造了多个具有影响力的产业园区，为地方经济发展注入了新活力。联东 U 谷的优势主要有两方面：一方面，为政府提供产业发展平台。①推动土地集约，实现高使用率、高产出率。②助力产业升级，聚焦主导产业，培育新兴产业，集聚上下游，形成企业集群。③获得持续税收，实现两次税收，包括建设开发与产业发展税收。④促进产城融合，园区统一规划、集中配套，提升城市形象，产业、配套融合发展。⑤建立退出机制，运用市场退出机制，实现产业的优胜劣汰，区域持续有产出。另一方面，为企业提供了集聚特区。①企业能够快速入驻投产，提高运营效率。②为企业提供一体化配套服务，降低企业的运营成本。③通过产业集聚提升品牌形象。④通过持续运营流通实现物业持续增值。

联东 U 谷的盈利来源主要有三部分。一是租售收益，约占总收入的 65%，采用租售结合方式，实现资金快速回笼，维持项目运营及资金滚动。二是税收分成收益，约占总收入的 20%，主要是标准厂房项目当地政府的返税。三是增值服务收益，约占总收入的 15%，除物业服务费外，还依托自身的两院四平台（产业研究院、工业建筑设计院；产业大脑平台、大数据招商平台、智慧园区平台、链上 U 谷平台），为园区企业提供人力资源、金融投资、科技信息等专业服务，获得增值收益。

2. 主要特点和经验

联东U谷作为产业园区运营的佼佼者，其"企业园中园"模式的特点和经验主要体现在以下几个方面。

(1) 精准的产业定位与合理规划

联东U谷在规划"园中园"时，精准把握了国家和地方的产业发展趋势，结合地方资源优势和产业基础，为每个微型园区量身定制了主导产业。这种精准定位不仅有助于形成产业集聚效应，提升园区的整体竞争力，也为企业提供了更加明确的投资方向。同时，联东U谷注重园区的合理规划，从空间布局、功能分区、交通组织等多个方面进行了科学设计。这种规划不仅使得园区的各项设施得到了充分利用，也为企业提供了良好的生产和生活环境。

(2) 高标准建设与优质服务

联东U谷在园区建设上始终坚持高标准、高质量的原则，注重园区的硬件设施和生态环境建设。通过引入先进的建筑技术和材料，打造了一批具有现代化、智能化、绿色化特点的园区建筑。同时，园区内的道路、供水、供电、通信等基础设施也一应俱全，为企业提供了便捷的生产条件。在服务方面，联东U谷建立了完善的服务体系，为企业提供一站式服务，包括政策咨询、融资支持、人才引进、市场推广等，全方位满足企业的需求。这种优质的服务不仅降低了企业的运营成本，也提高了企业的运营效率。

(3) 创新招商模式与精准营销

联东U谷在招商方面采用了创新的模式和策略，通过线上线下相结合的方式，积极与国内外知名企业、高校、科研机构等建立合作关系，引入了一批优质项目和人才资源。同时，联东U谷还通过举办产业论坛、技术交流等活动，扩大园区的影响力，吸引更多企业和投资者关注。在营销方面，联东U谷注重精准营销，针对不同类型的企业和投资者制定不同的营销策略和方案。通过精准定位目标客户群体，提升营销效果，降低营销成本。

资料来源：联东 U 谷官网。

~~~~~~

第四节　不同功能定位的飞地园区典型案例

飞地园区作为特定地理范围内为促进产业发展和创新而设立的特殊经济区域，具有多种功能定位。从功能定位的角度出发，飞地园区可以划分为生产制造飞地园区、科创研发飞地园区和物流贸易飞地园区等几个类型。

一　生产制造飞地园区

生产制造飞地园区是指在经济发展存在落差的两个地区之间，打破行政区划限制，通过跨空间的产业共建、园区共建、要素共建，实现资源互补、互利共赢、协调发展的新发展模式。这种飞地园区类型主要关注产业发展和经济增长，致力于推动区域经济合作和一体化进程。

生产制造飞地园区的具体划分依据包括以下几个方面。

一是经济发展水平梯度。生产制造飞地园区通常建立在经济发展水平存在明显差异的两个地区之间，两个地区通过发挥各自的优势，实现产业互补和共同发展。

二是产业布局和结构雁阵。根据区域产业布局和结构调整的需要，生产制造飞地园区可以专注于某一特定产业或产业链环节，促进产业集聚和升级。

三是行政区划和地域突破。生产制造飞地园区打破传统的行政区划和地域限制，通过合作共建的方式，实现资源的优化配置和高效利用。

生产制造飞地园区的特点包括以下几个方面。

一是资源共享和优势互补。通过共享资源、互通有无，实现优势互补，推动区域经济协同发展。

二是跨地区合作和共赢。促进不同地区之间的合作与交流，实现互利共赢，提升整体竞争力。

三是产业结构调整和优化。设立生产制造飞地园区有助于推动产业结构调整和升级，提高产业附加值和市场竞争力。

下面，以深圳南山河源高新区共建产业园为例进行分析。

为进一步加大深圳对口帮扶河源的工作力度，深入贯彻落实广东省委、省政府推动粤东西北地区振兴发展战略，深圳市南山区政府与河源市政府于 2018 年 12 月签订深圳南山河源高新区产业园共建合作框架协议，推动深圳南山河源高新区产业共建，河源市深汇通产业园开发有限公司（以下简称"河源深汇通"）应运而生，其肩负着探索深河特别合作发展模式、有序承接产业转移、创新产业帮扶新模式的三重使命。早在 2016 年，河源深汇通母公司深圳市深汇通投资控股有限公司就与连平县人民政府签订了深圳南山（连平）产业园合作共建框架协议，决定通过共建产业园来帮扶连平经济发展，后将园区交由河源深汇通运营管理。深圳南山河源高新区共建产业园以"创新发展，飞地经济"为核心，打破行政区划界限，探索"政府引导、市场主导、政策叠加、园区共建、利益共享"的跨区域合作模式，实现产业"转移—承接"无缝对接。

通过自资自建、共管共享的产业共建和撬动社会资本等多种形式，河源深汇通已顺利完成深圳南山河源高新区共建产业园的初期建设和深圳南山（连平）产业转移工业园的接管工作，目前河源区域 4 个园区（连平园区一期、二期、三期和高新区园区起步园）已顺利开园，运营面积共计 54 万平方米，投入建设资金约 18 亿元，引进项目 20 个，预计全面满产后产值可达 120 亿元。河源深汇通在河源区域建设（接管）的产业园区情况如表 2-4 所示。园区将"深圳速度"带到了河源，尤其是高新区园区起步园"年内开工，年内完工，年内招商，年内投产"，初期建设不到两年时间，示范效应逐步显现。

在招商过程中，规模较大、技术含量相对较高、落户河源意愿强烈、同意将总部留驻深圳南山的企业入驻异地共建产业园，能够较好地实现南山区政府"总部+生产基地"产业转移战略意图。

表 2-4　河源深汇通在河源区域建设（接管）的产业园区情况

园区	建筑面积（平方米）	入驻企业（部分）	建设模式	开园或投产日期
连平园区一期	10.8 万	百利佳、艺昇科技、南士科技、欢颜大健康等	国企全资建设	2019 年 4 月
连平园区二期	12 万	维敏特、莱宝通达、胜品新材料、瑞家家居	国企建设配套设施，入园企业自筹资金自建厂房	2020 年 2 月
高新区园区起步园	26.2 万	微浦科技、新隆顺、洛赛声学、合壹新能、宏泰源等	国企全资建设	2021 年 11 月
连平园区三期	5 万	砺剑特电（军民融合项目）	国企全资建设，定制化厂房	2022 年 4 月

资料来源：深圳市乡村振兴和协作交流局。

长期以来，产业共建都是深圳对口帮扶河源工作的重中之重，深圳在帮扶河源多平台多层次建设、集聚高端和特色产业要素、促进产业链优化完善等多个方面取得了亮眼的成效。作为深河产业共建的主战场，各产业园区充分利用深河对口帮扶的优势，发展飞地经济，强化"深圳基因"，进一步激发了粤港澳大湾区发展潜力。

二　科创研发飞地园区

科创研发飞地园区是飞地园区中专注于科技创新和研发的一种园区类型。它通常位于城市或区域中心附近，拥有优质的自然资源和人文资源，以便于为科技创新提供良好的环境和条件。

科创研发飞地园区的划分依据主要包括以下几个方面。

一是科技创新资源和能力。科创研发飞地园区需要具备丰富的科技创新资源和强大的研发能力，包括高校、科研机构、科技企业等。

二是科技创新政策和环境。科创研发飞地园区所在地区应出台有利于科技创新的政策措施，营造良好的创新氛围和环境。

三是科技创新需求和导向。科创研发飞地园区应根据市场需求和产业导向，确定科技创新的重点领域和方向，推动科技创新与产业发展深度融合。

科创研发飞地园区的特点包括以下几个方面。

一是地理位置重要且交通便利。科创研发飞地园区通常位于交通要道或城市核心区域，以便于人员流动和信息交流。

二是产业集聚和人才集聚。科创研发飞地园区吸引了大量的科技企业和创新人才，形成了一定的产业规模和技术水平。

三是政策协同和多方合作。科创研发飞地园区与政府、高校、企业等多方合作，形成政策协同，共同推进科技创新。

科创研发飞地园区，既有政府依托国企设立的，也有民营企业自主设立的，还有农业（养殖业）企业设立的，下面通过专栏对两个科创研发飞地园区加以介绍。

● 专栏 2-5　衢州市杭州余杭区海创园案例分析

1. 基本情况

衢州市杭州余杭区海创园，简称衢州海创园，是浙江第一个跨行政区建设的创新飞地，位于杭州未来科技城的核心位置，紧邻浙江省委党校、阿里巴巴。园区致力于打造以"数字经济、智慧产业"为主导的产业加速器，是浙江省实施山海协作工程背景下的首个省内创新飞地，首创了"研发孵化在杭州、产业转化在衢州；工作生活在杭州、创业贡献为衢州"的异地聚才模式。

2003 年，时任浙江省委书记习近平同志亲自部署、亲自推动了山海协作工程，旨在通过加强山区经济和海洋经济的合作，实现资源共享、优势互补、共同发展。2016 年，杭衢两地携手共建的全省首个创新飞地——衢州海创园一期在杭州未来科技城投入使用。2021 年 11 月，衢州海创园二期投入运营，科创飞地面积超过 75 亩，其产业项目已涵盖衢州市 6 个山区县。如今，衢州海创园成为产业发展的新引擎、人才集聚的新高地、山海协作的新典范，为衢州集聚高端要素和引进新兴产业打开了新通道，也为杭州和余杭优势产业延伸扩张提供了良好空间支撑。当前，园区占地面积约 80 亩，总建筑面积约 10 万平方米，拥有科研办公区、孵化器区、产业区、人才公寓等功能区域，为入驻企业提供了完善的配套服务。

衢州海创园作为山海协作工程的标志性项目之一，充分发挥了杭州和衢州两地的资源优势，推动了区域经济的协同发展。衢州海创园作为浙江省首个跨行政区建设的创新飞地，在地理位置、产业定位等方面具有得天独厚的优势。园区通过创新异地聚才模式、推动高质量发展等方式，为浙江省乃至全国的科技创新和产业发展注入了新的活力。展望未来，园区将继续发挥自身优势，加强与国内外其他创新区域的合作与交流，为推动区域经济社会发展作出更加积极的贡献。

2. 主要特点和成功经验

一是资源互补，以土地指标换取飞地空间。由于杭州未来科技城在开发过程中需要大量土地指标，而衢州的土地指标相对丰裕，加之杭衢两地早就有山海协作基础，衢州即以土地指标换取余杭飞地空间，衢州海创园便在这种创新模式下诞生了。2017 年 8 月，杭衢两地又积极响应浙江省委、省政府打造"山海协作升级版"的号召，再度携手谋划启动了衢州海创园二期建设，二期占地 48.96 亩，总建筑面积 13.09 万平方米，投资额 11.97 亿元。衢州海创园入驻企业达 50 余家，发挥了地处杭州未来科技城核心区块的优势，通过利用风险投资、产业基金等，发挥了资本引领产业转型升级的重要作用。

二是创新探索，从产业飞地向科创飞地转变。衢州海创园为入驻的企业提供场地、资金、优惠政策等，帮助企业快速发展起来，将想法转变为有用的产品，最终在衢州落地。园区内 A、B、C 号楼以科技企业孵化器为主，负责产业研发和企业孵化；D 号楼致力于打造"产业+资本"多业态融合平台，负责投资和吸引金融资本。衢州海创园内的企业以大健康、新材料、装备制造和电子信息四个方向为主，通过参加创新创业大赛、与高校合作建立平台、中介招引、以商招商等多种方式进行人才和项目的招揽。

三是反向操作，借助杭州高端要素推动衢州发展。通过设立衢州海创园，衢州打通了借助杭州城西科创大走廊的人才、资金、政策等高端要素来推动自身发展的渠道。人才方面，衢州海创园致力于实现人才"工作生活在杭州、服务贡献为衢州"，打造"海外—杭州—衢州"的直通型"引才链"，建立充分利用杭州城西科创大走廊的人才资源，实现聚才杭州、兴业衢州。资金方面，利用杭州庞大的投资人团队和丰富的创新创业赛事活动等，积极招商引资。衢州海创园为衢州科技型创业企业建立了接触杭州资本的窗口，也为衢州本土企业提供了获取杭州资本支持的通道。政策方面，杭州给予入驻衢州海创园的企业"同城待遇"，入驻企业可享受余杭人才、项目、金融等政策，企业高层次人才可享受子女入学、医疗服务等便利。

资料来源：根据网络资料和实地调研资料整理所得。

● 专栏 2-6 深圳三环电子有限公司案例分析

1. 基本情况

深圳三环电子有限公司（以下简称"深圳三环"）成立于 2003 年，是潮州三环（集团）股份有限公司的全资子公司。公司主要从事先进电子元器件和新能源产品的研发、生产和销售，服务于珠三角、粤港澳大湾区及周边地区的众多用户，产品包括固体氧化物燃料电池、多层片式陶瓷电容器等，主要应用于5G通信、汽车、物联网、新能源、移动终端等领域。

目前，深圳三环主要开展固体氧化物燃料电池、片式多层陶瓷电容器两大产品项目。作为国家级固体氧化物燃料电池重点示范应用项目的牵头单位，深圳三环拥有雄厚的固体氧化物燃料电池技术实力，打造了贯穿原材料、单电池、电堆的全技术链条，实现了国内首个百千瓦级的大功率固体氧化物燃料电池系统并网发电示范应用，主要技术指标达到国际先进水平。片式多层陶瓷电容器是全球需求量最大的被动元件之一，深圳三环在片式多层陶瓷电容器的高容量、小尺寸方面不断推进技术攻关，在关键的介质层膜厚技术上实现了跨越式的突破，产品先后获得了众多厂家和用户的认可。

2020年，深圳三环作为深圳市重点招商引资企业正式迁入光明区，投资建设占地19000平方米的先进功能陶瓷及装备生产研发基地项目，建设占地61735平方米的生产研发大楼和占地24000平方米的住宿生活区。公司设有花园式的办公场地、员工公寓、自助餐厅和休闲娱乐场所，致力于为员工营造优美、舒适的工作和生活环境，为企业的技术创新和人才培养提供强有力的保障。

深圳三环在职员工300余人，绝大部分来源于深圳，其中本科学历员工占比达到60%，硕士学历员工占比在30%以上。2023年，公司全年营业收入达180457.72万元，研发费用达7104.33万元，占全年营业收入的3.9%，纳税4605.74万元。

深圳三环于2021年获得国家高新技术企业认定，2022年获得广东省固体氧化物燃料电池工程技术研究中心认定，2023年获批组建国家能源高温燃料电池研发中心、深圳市高温燃料电池工程研究中心等研发平台，并获得光明区成长型企业、市创新型中小企业、市"专精特新"中小企业认定。

2. 科技创新情况

2022年，深圳三环在深圳投入运行3台具有国内自主知识产权的

35kW 固体氧化物燃料电池设备，总装机功率为 105kW，实现了系统的并网发电、工业园区自发自用。整个发电装置从单电池、电堆、模组、热平衡系统部件（如预重整器、燃烧器、换热器等）到整个系统的集成设计都是自主研发的。经国际知名第三方认证机构 SGS 现场检测，整套设备交流发电净效率高达 64.1%，热电联供效率高达 91.2%，且无氮氧化物等其他排放，主要技术指标达到国际先进水平。该设备已通过国家能源局能源领域首台（套）重大技术装备认定，并被纳入第三批能源领域首台（套）重大技术装备（项目）名单。

2023 年，设备进一步迭代为 50kW，体积功率密度和可靠性得到大幅提升，在深圳市光明区人民医院，四川德阳、广东潮州的产业园区开展发电示范。

基于深圳三环建设的成功经验，潮州三环（集团）股份有限公司相继在成都、苏州设立研究院，分别负责半导体及元器件相关技术攻关工作。

3. 固体氧化物燃料电池发展情况及与传统燃气轮机的对比

深圳三环从 2004 年开始进行固体氧化物燃料电池的研发和生产，打造了从材料到装备的全链条，是国内固体氧化物燃料电池领域的龙头企业，通过不断地研发创新、积极响应市场需求，其规模也不断扩大。

2021 年，深圳三环与广东能源集团在惠州天然气电厂合作投入了 210kW 固体氧化物燃料电池热电联供设备。2023 年，深圳三环在深圳实施了 200kW 固体氧化物燃料电池供电项目。2024 年，深圳三环在潮州三环工业城开展 500kW 发电示范项目（8 月完成），在深圳市光明区人民医院开展 300kW 发电示范项目（10 月完成），在德阳三环产业园区开展 500kW 发电示范项目（11 月完成）。

随着规模的扩大，固体氧化物燃料电池成本将大幅下降，逐步具备经济性。相比传统燃气轮机，固体氧化物燃料电池具有较大优势：一是固体氧化物燃料电池不需要高压燃气供应，可连续稳定发电，供电安全有保障；二是固体氧化物燃料电池发电可大幅降低噪音，无 $PM_{2.5}$ 产生，可降低 CO_2 排放；三是固体氧化物燃料电池发电用地面积可减少 50% ~ 80%；四是固体氧化物燃料电池可大幅降低能耗，规模化推广后，更具经济优势。

资料来源：根据深圳三环电子有限公司提供的资料整理所得。

三　物流贸易飞地园区

物流贸易飞地园区以物流和贸易为主要功能，通过建设现代化的仓储设施和高效的物流体系，为企业提供便捷、快速的贸易和物流服务。这类园区通常位于港口、机场或交通枢纽地带，为区域开展国际贸易和物流运输提供有力支撑。

（一）物流贸易飞地园区划分依据

地理位置：物流贸易飞地园区通常位于港口、机场或交通枢纽地带，这些地区因其便捷的交通网络和良好的运输条件，成为物流贸易的重要节点。

功能定位：园区根据区域经济发展需求，以物流和贸易为主要功能，致力于提供高效、便捷的物流服务，促进国际贸易的发展。

基础设施：园区建设现代化的仓储设施、高效的物流体系以及配套的信息技术系统，以满足企业的物流需求。

（二）物流贸易飞地园区的特点

一是物流贸易飞地园区能够提供高效便捷的物流服务。物流贸易飞地园区通过优化物流流程、提高物流效率，为企业提供快速、准确的物流服务。同时，园区内的仓储设施、运输工具等资源得到有效整合，有利于降低企业的物流成本。

二是物流贸易飞地园区拥有现代化的仓储设施。园区内建设有现代化的仓储设施，采用先进的仓储管理系统和自动化设备，实现货物的快速存储、检索和配送。同时，园区还注重环保和节能，采用绿色建筑材料和节能技术，减少对环境的影响。

三是物流贸易飞地园区拥有高效的物流体系。物流贸易飞地园区通过构建高效的物流体系，实现货物的快速流转和信息的实时共享。园区内的物流企业、货运代理公司、运输公司等形成紧密的合作关系，共同为客户提供优质的物流服务。

四是物流贸易飞地园区能够带动区域经济发展。物流贸易飞地园区通过提供优质的物流服务，吸引更多的企业入驻园区，形成产业集聚效应。同时，园区的发展还能够带动周边地区的经济发展，提高区域经济的竞争力。

● 专栏2-7 广清空港现代物流产业新城案例分析

1 基本情况

广清空港现代物流产业新城（以下简称"广清空港新城"）位于广东省清远市清城区源潭镇，规划面积约37平方千米，总投资预计约985亿元。广清空港新城是广州和清远两市共同打造的物流贸易飞地园区，旨在建设成为面向粤港澳大湾区的现代商贸和物流产业集聚区，以及全球一流的公路、铁路、空港多式联运现代化供应链枢纽。广清空港新城由现代物流功能组团、智能装备功能组团、商务贸易功能组团、综合产业功能组团、现代农业功能组团和生活服务功能组团六大组团组成，形成了产城融合的发展格局。

2. 主要特点

（1）地理位置优越

广清空港新城位于广州空港经济区辐射范围内，距离广州白云国际机场约35千米，具备得天独厚的交通优势。京广铁路、武广高铁、广乐高速等交通干线在此交会，形成了四通八达的对外交通网络。此外，北江 1000 吨级航道联通南沙港、黄埔港，为广清空港新城提供了便捷的水运通道。

（2）产业集聚效应显著

广清空港新城以现代物流产业为主导，集聚了众多物流、电商、智能制造等上下游企业。通过引进阿里巴巴旗下的沃天下、中国邮政等龙头电商企业，广清空港新城正逐步打造电商物流分拨中心。同时，园区内的智能装备功能组团和商务贸易功能组团也为物流产业的发展提供了有力支撑。

（3）基础设施完善

广清空港新城在基础设施建设方面投入巨大，已建成现代化高净空立体仓库、全自动分拣流水线、搬运机器人等先进物流设施。这些设施的投入使用，不仅提高了物流效率，还降低了物流成本，吸引了更多企业入驻园区。

（4）政策支持有力

广清两市政府高度重视广清空港新城的建设与发展，出台了一系列优惠政策支持园区内的企业发展。例如，对于入驻园区的企业，政府将给予土地、税收等方面的优惠；对于投资规模较大的项目，政府还将提供资金和人才引进等方面的支持。这些政策的实施，为广清空港新城的发展提供了有力保障。

资料来源：根据广清经济特别合作区提供的资料和本书调研小组实地调研资料整理所得。

第五节　不同投入模式的飞地园区典型案例

从投入模式上看，飞地园区主要可以分为重资产投入型和轻资产投入型两种。重资产投入模式和轻资产投入模式的区别主要在于固定资产的占比不同，以及主要收入来源不同。

重资产投入模式中，固定资产占比往往相对较高，在土地一级开发（拆迁、土地收储、设施配套等一系列土地整理工作）、二级开发（通过划拨、公开招拍挂等方式获取土地后进行传统房地产开发）等方面投入了大量资金。重资产投入模式为早期产业园区主要开发运营模式，将基础建设开发、配套房地产开发、物业出租等作为主要收入来源，一般模式为"开发—建设—出售—再开发"，如天安数码城、华夏幸福等。

近年来，随着外部环境的变化，依赖重资产项目扩张和土地运营的传统盈利模式受到冲击，各级可供开发土地变少，地产行业利润率下降，物业出租的增长空间受限且面临空置压力，仅靠销售和租赁难以支撑园区收入和利润的持续增长。部分产业园区的开发商及运营商开始寻求产业园区转型升级，纷纷转向"轻重并举"或"轻资产"运营，积极探索形成"物业销售+物业租赁+产业服务+产业投资"的多元化盈利模式，产业增值服务、产业投资孵化以及运营品牌输出等成为园区的主要盈利模式。例如，中南高科2021年提出从"产业园运营商"向"产业运营商"转变的升级战略，主抓园区建设招商、自持资产经营、产业运营服务、轻资产投入、产业投资五大业务单元，强调做园区和企业的终身运营服务商。张江高科、苏州高新区等均通过"直投+基金"模式开展产业投资。

一　重资产投入型飞地园区

重资产投入型飞地园区的典型代表是苏州宿迁工业园区。苏州宿迁工业园区是江苏省委、省政府落实国家区域协调发展战略、推进"省内全域一体化"发展的重要载体，是江苏省构建"双循环"新发展格局的重要抓手，也是苏州与宿迁两市最重要的合作项目、苏州工业园区第一个"走出去"项目。苏州宿迁工业园区原规划面积13.6平方千米，以通湖大道为界，东部为现代新城示范区，西部为工业区，规划总人口12.2万人，于2006年11月启动。2019年，启动拓园发展，拓园首期规划面积7.75平方千米，苏州宿迁工业园区规划总面积达到21.35平方千米，以普陀山大道为界，东侧为8.3平方千米的精致生活区，西侧为13.05平方千米的高效生产区和科技创新区，规划总人口约20万人。截至2024年3月，园区已累计实现业务总收入2056亿元，工业企业纳税162亿元，一般公共预算收入112亿元，进出口总额25亿美元。

苏州宿迁工业园区实行"封闭运作、充分授权"的管理模式，借鉴苏州工业园区的成功经验，依托苏州工业园区进行开发建设，实行"联合协调理事会—双边工作委员会—党工委、管委会"三级管理架构（见表2-5）。宿迁市人民政府授权园区管委会行使发改、资规、建设等部门的相应管理权限，并刻制10个部门"2号"公章。

表2-5　苏州宿迁工业园区管理架构

管理机构名称	人员构成	职责
苏州宿迁工业园区联合协调理事会	作为高层协调机构，前期由两市市长共同担任联合主席，2019年10月起，由两市市委书记共同担任联合主席，两市市长共同担任联合常务副主席	对园区发展的重大问题和重要工作进行决策
苏州宿迁工业园区双边工作委员会	由两市分管副市长牵头，苏州宿迁工业园区党工委、管委会主要领导和两市开发建设有关部门主要负责人组成，对联合协调理事会负责	协调处理开发建设中的重要问题
苏州宿迁工业园区党工委、管委会	宿迁市委、市政府的派出机构	代表宿迁市委、市政府行使苏州宿迁工业园区内相应管理权限

园区开发机构为江苏苏宿工业园区开发有限公司。苏州工业园区还为苏州宿迁工业园区提供融资担保，帮助园区筹集开发建设资金共6亿元，并通过BT、PPP等模式帮助园区加快土地一级开发。

苏州宿迁工业园区始终坚持"先规划后建设""无规划不开发""违规划必追究"，以高质量规划引领高质量发展。园区开发建设之初，就委托国际顶尖公司编制完成着眼未来的总体规划、详细规划和16个专项规划，明确每一寸土地的功能。园区拓园发展启动后，聘请麦肯锡、新加坡邦城等国际一流规划单位，科学编制产业规划、概念规划、国土空间规划等27项规划。按照产城融合的理念，根据"工业区、商住区科学配比和有机区隔"的功能布局原则，在商住区规划邻里中心，在土地开发中预留白地、灰地，实现了产业发展与城市繁荣的良性互动。

● 专栏2-8 苏州宿迁工业园区成功经验

一是多方支持，为园区建设发展提供各类服务。江苏省省级有关部门在开发建设、机构成立、项目报批、环境影响评价、安全评价等各项工作中对苏州宿迁工业园区给予了大力支持。例如，省住建厅批准园区成立建设工程招投标办公室，并授予其房地产开发企业的资质审批权限；省自然资源厅帮助园区调整用地规划，在土地征收、准用等方面给予支持和指导。2019年，江苏省委、省政府批复同意苏州宿迁工业园区开展高质量拓园发展创新试点，并专门出台"拓园发展十大政策"，从优先用地、机制保障、环境容量、能源结构、电力建设等方面推进园区高质量发展。苏州工业园区出台《关于对口支援苏宿工业园区发展的意见》，对到苏州宿迁工业园区发展的不同类型企业分别在财政、税收、租金补贴、土地回购、购房优惠等方面给予优惠和奖励，指导中新集团等国有企业"组团式"走出去，在苏州宿迁工业园区基础设施建设、房地产开发、商业配套等方面发挥示范和带动作用。宿迁市委、市政府授权苏州宿迁工业园区行使人事、发改、规划、建设等多个部门的市级管理权限，并刻制相应的"2号"公章。宿迁市委、市政府始终坚持在全市土地总盘子内尽最大努力满足苏州宿迁工业园区的项目用地需求，并在土地总体规划修编工作中将园区首期规划范围内的13.6平方千米土地全部调整为建设预留地。

二是多点发力，强化要素保障支撑。开发建设资金方面，园区成立之初，由江苏省、苏州市、宿迁市、苏州工业园区共同出资，保障开发公司资金及时足额到位。苏州工业园区还为苏州宿迁工业园区提供融资担保，帮助园区从国开行获得长期贷款开发建设资金 6 亿元，并通过 BT、PPP 等模式帮助园区加快土地一级开发。组织建屋发展集团、中新置地、中新苏州工业园区开发集团股份有限公司等多家国企全面参与苏州宿迁工业园区的开发建设，承担园区标准厂房、邻里中心、商住小区等多个重要配套项目的开发建设任务。人才支撑方面，苏州工业园区累计派出"苏干"200 多人参与苏州宿迁工业园区开发建设，已完成第五轮、第六轮派驻挂职干部轮换，除免费培训苏州宿迁工业园区干部之外，还与新加坡方面协调使苏州宿迁工业园区的干部享受中新合作培训的各项待遇，累计承担了苏州宿迁工业园区 300 多人次的赴新培训、500 余人次的各类赴苏培训，并全力保障在宿的苏州干部各项工资、福利、待遇落实到位，在苏州宿迁工业园区各类工作经费上给予资金支持。

三是多措并举，营造一流营商环境。苏州宿迁工业园区借鉴苏州工业园区"亲商服务""精简高效"等先进理念，为园区项目建设提供全程"空气式"贴心服务和"无事不扰、有求必应"的帮办服务。成立企业服务小组，建立"能代办就不帮办，能帮办就不交办"的服务机制，提高项目帮办服务水平，提升项目转化落地率。坚持"招商为王、项目为要"，完善项目"全流程、全周期"闭环服务工作。常态化开展企业走访，深入企业开展"服务上门、送策入企"活动，通过手把手指导、面对面交流，现场解读系列惠企政策。按照精简、统一、高效和"小政府、大社会"的原则，推动职能相近的部门合署办公，实行"大部制"，提高了运转效率和服务效能。实行"一站式"服务，企业可办理从立项到注册、从规划到土地、从招标到招聘的全部手续，并可享受从项目进驻直至投产和销售等的全过程跟踪服务。

四是规划先行，一张蓝图绘到底。园区始终坚持先规划后建设、先地下后地上、先工业后商住的"三先三后"开发模式，整体面貌与总规蓝图基本保持一致。2019年园区拓园发展启动以来，聘请了麦肯锡、新加坡邦城、新艺元等顶尖的规划和咨询公司编制27项规划，对新增区域内地块整体空间形态、公共空间预留、景观视线、交通组织、地下空间等方面进行整体研究，保证地块开发的整体性、系统性。坚持产城一体化发展模式，对工业、住宅、绿地、商务等用地的比例作出明确规定。坚持"工业区、商住区有机区隔"的用地原则，将重型交通与轻型交通、居民上下班人流和逛街人流有序分开，实现了工业区带动商住区、商住区反哺工业区的相互促进，实现了产业、城市、居民之间活力迸发、持续发展的良性循环。科学布局发展空间，坚持生产、生活、生态"三生统一"，投资5亿元建设省级高品位步行街培育街区——苏州街，建成面积达10万平方米的生态公园——苏州公园，打造380多万平方米的中高端品质住宅，借鉴新加坡经验引进邻里中心"洋品牌"，先后建成明日、阳澄两个邻里中心，引领宿迁"一站式"品质生活新时尚。

资料来源：苏州宿迁工业园区管理委员会官网。

二 轻资产投入型飞地园区

（一）福田—博罗共建产业园

福田—博罗共建产业园位于广东省惠州市博罗县，由深圳市福田区和惠州市博罗县共建。根据《珠三角地区与粤东粤西粤北地区对口帮扶协作实施方案（2023年—2025年）》要求，深圳市福田区对口帮扶惠州市博罗县，双方建立了福田—博罗对口协作联席会议制度，共建现代产业园，由"一把手"牵头推动，成立工作专班，形成"总部+基地"

的制造产业空间链，为福田工业高质量发展拓展空间，助力博罗县域经济快速发展。福田—博罗共建产业园已建成完善的路网、供水系统和污水处理厂，基础设施完善，且拥有大量可供连片开发的国有土地，可为未来的扩张和发展提供有力的土地储备支持。目前产业园以智能装备制造、高端电子信息、新能源新材料等为主导产业，2023 年博罗从深圳引进项目 49 宗，总投资 166 亿元。

● 专栏 2-9　福田—博罗共建产业园"五同"机制

福田—博罗共建产业园创新构建同规划、同政策、同招商、同服务、同受益的"五同"机制，实现资源共享、优势互补、互利共赢，促进区域经济深度融合和产业协调发展，打造区域协同和乡村振兴典范。

一是同规划。加强制度设计，制定福田—博罗共建产业园工作方案和园区产业发展规划、空间规划，建立"1+2"共建产业园规划体系，绘制高质量的发展蓝图。工作方案方面，两地联合制定共建产业园工作方案，建立联席会议制度和工作推进机制，统筹推进共建产业园的综合协调、政策规划、联合招商等工作。产业规划方面，发挥深圳资源优势，两地协同开展园区产业发展规划研究，按照"一园区一特色"的发展要求，全面衔接两地总体经济社会规划，落实总体规划的战略部署。相关规划经费由福田、博罗共同承担，比例由两地协商确定。空间规划方面，由博罗县主导，福田区做好协助指导，委托第三方专业机构开展空间发展规划研究，打造具有区域示范效应和旗舰引领作用的合作共建产业园区。

二是同政策。加强政策有效供给，制定产业园涉企优惠政策，增强政策透明度，切实为企业提供资金补贴和政策支持，提高企业投资预期。落实福田"1+9+N"产业高质量发展政策，每年迭代升级"1+9+N"产业高质量发展政策体系（"1"即《深圳市福田区加强产业高质量发展政策体系建设的实施意见》；"9"即产业发展专项资金管理办法、楼宇经济和产业空间资源协同管理办法等9个通用政策;"N"则是金融业、高端服务业等17个行业措施,涵盖487个项目),做好产业资金保障工作,融合资金、空间、人才和住房等全发展要素资源。推动区域产业协同发展,将福田优惠政策延伸至共建产业园,鼓励优质企业在福田设立总部,在博罗设立生产制造全资子公司,给予企业落户奖励、运营补贴、厂房租赁、人才政策等支持,给予福田区总部企业认定支持。抓好博罗县政策落实,推动博罗县各项惠企政策落到实处、见到实效,助力落户企业高质量发展,鼓励和引导企业加大投入力度,加快提升企业发展质量、能级。

三是同招商。充分发挥福田和博罗两地资源优势,建立两地联合招商工作机制,共同开展项目招商全生命周期工作,合理布局配套型项目,确保园区发展有效融入双方区域产业体系。招商团队方面,组建专业化的联合招商团队,开展联合办公,结合目标企业清单,主动"走出去",上门招商,以重大示范项目建设带动园区大发展。招商服务机制方面,两地共同开展投资推介和招商引资活动,构建涵盖招商洽谈、项目评审、生产建设、达产运营的全过程招商服务机制。协调机制方面,联合招商团队及时协调解决项目建设过程中的各类问题,共同推动招商项目落地,实现互利共赢。

四是同服务。推动实现"生产异地化、待遇同城化",高标准推进博罗县教育、医疗、城市公共设施建设,加强公共服务协同,打造与福田无差异的营商环境。政务服务方面,对接福田政务服务流程,博罗县搭建政务服务"跨域通办"工作机制并接入深圳福田"跨域通办"专区,营造园区统一高效、亲商便民的政务环境。教育服务方面,推动两地教育资源共享,两地协同制定便捷通道,为共建产业园企业职工及其家属提供配套服务,同时着力提升两地教育服务资源质量。医疗服务方面,推动两地医疗资源共享,因地制宜建立医疗合作模式,提高两地医疗资源的利用率,积极拓展区域医疗合作交流,助力两地医疗卫生行业高质量发展。城市建设方面，加强两地公共服务协同，高标准推进城市公共设施建设，为博罗企业打造与福田无差异的营商环境。

五是同受益。坚持互利共赢的原则，建立兼顾各方利益的成本分担机制、利益分配机制，实现两地合作共赢，获得"1+1＞2"的经济社会效益。分成指引方面，加强联合招商项目收益共享分成工作指引，通过企业内部核算方式，以福田母公司委托加工、采购成品等方式与博罗子公司合作，推动两地政府和企业三方实现共赢。收益分成方面，产值在福田—博罗共建产业园的分成比例原则上是五五分成，或者按照三方合作协议约定分成。通过合理调整母子公司之间的委托加工费用、营业利润分配比例、劳动者报酬分配比例，将项目的总体统计年报增加值和税收在两地合理分成，原则上要求归属母公司的统计年报增加值的增加值率不低于上年度深圳市行业平均增加值率。

资料来源：根据深圳市福田区相关部门提供的资料和本书调研小组实地调研资料整理所得。

（二）深贵产业园

深贵产业园位于贵州省贵安新区，首期启动选址位于贵安新区马场产业新城南部，占地面积约 4.09 平方千米，其中核心区约 3.09 平方千米，配套区约 1 平方千米。贵安新区是国务院 2014 年批准设立的第八个国家级新区，位于贵阳市和安顺市接合部、黔中经济区核心地带，规划面积 1795 平方千米，直管区面积 470 平方千米。2021 年 9 月，贵州省政府确定在贵安新区范围内规划约 3 平方千米建设深贵产业园。2022年 6 月 1 日，贵安新区管委会与深圳科技园公司达成战略合作共识并签订战略合作协议，由深圳科技园公司与贵安产控集团共同出资成立轻资产运营公司，负责对已建成的 100 万平方米存量园区物业开展规划、招商、运营等工作。2023 年 4 月，贵安新区深贵产业园有限公司（以下简称"深贵公司")在贵安综保区揭牌成立,主要负责开展深贵产业园的规划、招商、运营、管理及企业服务等工作,全力推进"两主两特"产业建设、大数据产业项目招商引资工作,借助贵安新区发展平台,积极引进资金、技术、人才、产业,打造年产值过千亿元的产业园,同时着力创新体制机制,有效吸引珠三角区域资源要素,全力把深贵产业园打造成为落实东西部协作的重要平台,这标志着黔粤两省合作共建产业园工作进入新阶段。

深贵公司依托深圳科技园公司选派的精干力量开展深贵产业园的运营管理,利用深圳科技园公司的招商大数据平台、招商项目库、招商经验等资源,对符合园区定位、可能入驻的企业进行筛选物色并初步开展接触洽谈,将落户可能性较大的企业客户推荐至贵安综保区,由贵安综保区或贵安新区领导进行具体洽谈。截至 2024 年 6 月,深贵公司已推动 4 家企业签署战略框架协议,已推动 3 家企业签订合作协议,已落地 2 个项目。①

第六节　不同飞出方向的飞地园区典型案例

飞地一般包括正向飞地和"反向飞地"两种模式。其中,正向飞地是指经济发达地区在经济欠发达地区设立的经济飞地,形成飞出地"资本+技术+管理"优势与飞入地"土地+劳动力+自然资源"优势的结合,如苏州宿迁工业园区、浙江龙泉—萧山山海协作产业园、江苏江阴—靖江工业园区、安徽宿州马鞍山现代产业园区、上海漕河泾新兴技术开发区海宁分区等;"反向飞地"是指经济欠发达地区在经济发达地区设立的科创飞地,形成飞出地"资源+政策"优势与飞入地"技术+人才"优势的结合,如衢州海创园、温州(嘉定)科技创新园、宣城(上海)科创

---

① 资料来源:根据深圳科技园公司相关调研资料和本书调研小组实地调研资料整理所得。

中心等。此外，不少正反向飞地之间存在双向互动，例如深圳宝安区与河源龙川县之间设立的"双向飞地"[深圳宝安（龙川）产业转移工业园及河源龙川（宝安）科技创新中心]，就存在企业迁出与回迁的现象。21世纪以来，飞地已成为欠发达地区引进发达地区项目、资金、人才、技术和管理等要素的重要途径和有效方式。

浙江衢州在北京、上海、杭州、深圳等地设立了"反向飞地"。如2013年底，衢州绿色产业集聚区在上海张江，设立"衢州生物医药孵化基地"，该基地成为衢州生物医药企业在上海的"孵化飞地"；2016年4月，衢州投资3.2亿元在杭州未来科技城建设面积约6.7万平方米的衢州海创园；2018年5月，面积达4000平方米的衢州绿海飞地（深圳）产业园在深圳前海桂湾金融先导区落户，这也是深圳行政区域内的第一块"反向飞地"。① 这些"反向飞地"聚焦新能源、新材料、电子化学、集成电路和生物医药等领域，逐渐形成一条完整的"孵化—加速—研发—中试—产业化"的科技创新链条。

上海作为中国的经济、金融、贸易和航运中心，拥有得天独厚的区位优势和丰富的科创资源。近年来，随着长三角一体化战略的深入实施，越来越多的地方政府倾向于在上海设立"反向飞地"，吸引更多的人才、资本等要素资源流入。例如，嘉善国际创新中心（上海）是由嘉善县政府在上海虹桥商务区设立的创新中心，总面积为1.7万平方米，聚焦发展高端装备制造、新一代信息技术、健康医疗、节能环保等领域。长三角G60科创走廊建成后，由上海市牵头，金华、宣城、芜湖等地与上海共建研发平台和科创中心。比如，宣城（上海）科创中心是宣城市在上海临港松江科技城设立的科创中心，毗邻长三角G60科创云廊、漕河泾开发区松江高科技园，聚焦汽车零部件、新能源、电子信

---

① 《"科创飞地"带动山海协作——衢州6大飞地的实践》，2022年7月1日，https://mp.weixin.qq.com/s?__biz=MjM5MDMzNDM0MQ==&mid=2651624162&idx=2&sn=713c81add9747c3e63af64e19c9a4d1e&chksm=bdbe5e088ac9d71e030173cc23c1690ab42ac1e9b9c7448321ad034368d00855f80dcbb41ddb&scene=27。

息、新材料等产业，积极践行"研发在沪、转化在宣"跨区域创新协同发展模式，依托上海高端人才和高校科研院所集聚优势，发挥宣城产业和要素优势，充分吸引长三角创新资源流动和高端产业转移，打造建设宣城异地研发中心、产业导入中心、人才集聚中心和技术交流中心，为促进宣城高质量发展提供强有力的科技支撑。

• 专栏 2-10 宣城（上海）科创中心主要经验做法

一是完善组织架构。按照"政府主导+国资管理+市场化运营"的模式，加强政府统筹协调，完善组织管理架构，建立健全议事协调机制。成立科创中心领导小组，宣城市政府分管副市长为组长，负责审定科创中心运营方案、管理办法和奖扶政策等，对重大事项进行决策；领导小组下设办公室，负责入驻项目审定、考核及政策兑现等工作。组建科创中心"双招双引"工作组，负责宣传推广、招商推介、项目洽谈、入驻项目受理和初审、科创中心运营管理等工作，推动驻上海招商机构与市政府驻沪联络处一体化，高质量推进"双招双引"工作。明确入驻项目签约主体，市国控集团负责约定落实管理公司与入驻项目的入驻场地、场地租金、物业费和水电费用等。项目入驻需要签订入驻协议书。由宣城经开区管委会牵头组建宣城经开区代办中心，负责"双招双引"项目的注册、落地、缴税等代办工作，并为落地项目协调解决土地、厂房、融资等问题；落户在其他县（市、区）的项目，由属地职能部门负责代办相关工作。

二是加强异地研发。支持宣城市龙头企业、骨干企业在科创中心建立异地研发中心，借助上海高校和科研院所众多、高层次人才富集的优势，广泛开展人才招引、项目研发和技术合作等活动，提升企业科技创新能力，促进企业创新发展。

三是突出"双招双引"。以科创中心为载体，围绕宣城市"2+8"特色产业规划，聚焦产业链及上下游配套企业，高质量推进"双招双引"工作。以宛陵科创城及各县（市、区）经开区（科技园）为平台，承接落地产业化项目，提供土地、厂房、金融等要素支持，实现"双城"联动、市县联动，保障项目落地，促进科技成果高效转化。

四是促进技术交流。利用上海高校和科研院所资源优势，围绕宣城市中小企业需求，营造沪宣两地一体化科技创新氛围，搭建科技创新服务平台。定期在科创中心组织开展技术交流活动，促进中小企业开展跨区域产学研合作，合力攻克技术难题。

资料来源：《宣城市人民政府办公室关于印发宣城（上海）科创中心运营工作方案和宣城（上海）科创中心入驻管理办法（试行）的通知》。

汕尾创新岛（深圳）是广东省内较早出现的"反向飞地"。汕尾创新岛（深圳）位于深圳市南山区金融科技大厦 26 楼，是由汕尾市政府投资建设的"研发飞地"项目，于 2021 年 1 月 17 日正式揭牌，空间面积约 2300 平方米，首批入驻企业 10 家。汕尾创新岛（深圳）旨在提升汕尾创新能力，构建"政产学研金介用"协同创新体系，结合深圳高端人才集聚、创新设备先进以及离岸创新成果多等优势，形成"研发设计在深圳、转化落地在汕尾"的创新生态。汕尾创新岛（深圳）三大功能定位为技术创新研发中心、科技成果众创平台和深汕联合招商平台。其重点工作为助力地方高企培育与新研发机构设立，助力本地企业融资发展，助力本土企业建立研发中心，解决研发需求。

● 专栏 2-11　汕尾创新岛（深圳）主要做法与成功经验

1. 主要做法

一是加强资源整合。汕尾创新岛（深圳）采用了"研发设计在深圳、转化落地在汕尾"的创新合作模式，通过引入企业、创新团队，充分利用深圳的人才、技术和科研等优势，整合了深圳和汕尾两地的优势资源，推动深汕两地在招商引资、产业链互补和产业共建方面深度合作，为汕尾的创新发展提供了有力支持。二是积极引进人才。创新岛积极引进各类科研人才，并提供一系列政策优惠和待遇保障，加强产学研对接合作，为汕尾科技能力的提升和产业高质量发展提供源源不断的动力。截至 2024 年 6 月，创新岛累计入驻企业（创新团队）125 家，其中汕尾本土企业 82 家、粤港澳创新团队 43 家；引进科技研发人才近200 人；已完成产学研合作框架协议签订的企业 6 家。三是搭建招商平台。创新岛积极搭建招商平台，举办各类创新主题活动，为汕尾吸引更多的创新资源和合作项目。同时积极对接各类企事业单位，宣传汕尾的区域优势、自然禀赋优势、经济社会发展优势，展示良好形象。四是强化政策扶持。汕尾市政府为入驻创新岛的企业提供了物业费补贴、用地保障、人才引进和税收优惠等政策扶持，为企业的创新发展提供了有力保障。截至 2024 年 6 月，入驻企业和团队已完成各类知识产权申报共计 217 项，多项科技成果在汕尾转化落地。

2. 成功经验

一是规范管理，完善制度。出台创新岛建设方案，明确建设方向，印发执行创新岛运营情况考核办法，探明功能短板，补足企业孵化、项目引进、成果转化和对外宣传等能力短板。严格执行企业、创新团队入驻审批机制，对入驻企业、创新团队年度人才招引、成果产出、成果转化等情况进行考核，对运营情况不理想的企业、创新团队予以清出。二是优化服务，助引才智。为名校大院提供科技服务，拓宽企业对外合作视野，搭建数字化创新创业、云研发两大数字化平台，为入驻企业、创新团队资源共享提供快捷路径。解决汕尾科研人才待遇难题，使科研人才安心在深圳为汕尾搞研发，切实整合创新资源，解决汕尾本地企业引进高端人才较难、推进科技创新成本高等问题。截至 2024 年 6 月，已通过 7 家企业成功引进 38 名科研人才。三是聚焦成果转化，助力产业发展。规定入驻并在一年内孵化科技成果的创新团队，必须落户汕尾注册企业，科技成果到汕尾落地转化。云母新材料加工技术等 6 项科技成果已完成落地转化，实现总产值超 2 亿元。同时，利用高新区孵化器为创新岛创新团队提供企业注册孵化服务；已有 50 个创新团队落户汕尾注册企业，其中欧名朗防水材料已在汕尾高新区产业园打造了面积 2000 平方米的生产场地，把科技成果落地转化为生产力，为创新岛企业孵化提供了又一个成功案例。固态电池、能源检测、天然物提取精深加工等多个项目正在陆续落地，创新岛不断发挥为汕尾市产业补链强链的功能。四是搭建招商平台，展示良好形象。创新岛积极对接深圳新三板上市企业协会、广东省青企协、深圳市青年企业家联合会等 50 余个商协会，搭建创新岛招商平台，举办各类创新系列主题活动 20 余场，如"开放合作、创新发展"企业家交流活动、融资主题分享沙龙等。创新岛充分利用深圳的人才、资金、技术资源，打造了一个面向企业的"会客厅"、产业环境和政策的"展示窗口"、面向国内国际的"舞台"，成为创新集群资源引进的"飞地综合体"，为汕尾市的产业发展释放了强大的新动能。

资料来源：根据深圳对口帮扶协作汕尾指挥部提供的资料和本书调研小组实地调研资料整理所得。

2023 年 3 月，广东省委、省政府发布《关于推动产业有序转移促进区域协调发展的若干措施》，鼓励探索多种形式双向"飞地经济"模式，支持珠三角各市在粤东粤西粤北地区探索布局建设"飞地经济"，同时支持粤东粤西粤北地区通过租赁办公楼宇、设置园中园、建设孵化器、打造招商展示平台等方式，在珠三角设立"反向飞地"。2024 年广东省高质量发展大会提出加快产业科技互促双强，培育新质生产力。在广东省的大力支持下，粤东粤西粤北 12 市瞄准自身短板，主动到广州、深圳等珠三角城市建立"反向飞地"，从发达地区"借智引智"。深圳也结合对口帮扶工作积极布局与推进"反向飞地"建设发展，截至

2024 年 6 月，已有超 10 个"反向飞地"陆续在深圳启用。深圳对口帮扶地区在深设立的"反向飞地"建设运营情况如表 2-6 所示。这些"反向飞地"，除个别由国有企业直接派团队运营外，大多委托专业招商机构运营，总体运营方法有待向产业园区专业运营商学习借鉴。

表 2-6 深圳对口帮扶地区在深设立的"反向飞地"建设运营情况

单位：家，平方米

对口城市	所在区域	名称	成立时间	现入驻企业数量	建筑面积
南宁	南山区	南宁（深圳）东盟产业合作创新中心	2023 年 11 月 15 日	24	1941
汕头	光明区	光明—金平产业协同发展基地（科创孵化中心）	2024 年 1 月 12 日	10	2049
	龙华区	龙华—潮阳产业协同发展基地	2024 年 3 月 15 日	9	625
	坪山区	坪山—龙湖产业协同发展基地	2024 年 3 月 18 日	4	1057
河源	盐田区	河源东源（盐田）科技创新中心暨客家青年深圳创业中心和河源东源（深圳盐田）海洋经济合作试验基地	2023 年 7 月 7 日	0	400
	前海深港合作区	河源东源（深圳）产业促进中心	2023 年 7 月 7 日	1	477
	南山区	河源连平（南山）产业科技孵化中心	2023 年 3 月 14 日	0	300 ~ 500
	宝安区	河源龙川（宝安）科技创新中心	2023 年 2 月 28 日	8	39210
	宝安区	河源和平（深圳）制造业企业创新中心	2023 年 4 月 23 日	4	130

对口城市	所在区域	名称	成立时间	现入驻企业数量	建筑面积
汕尾	南山区	汕尾创新岛（深圳）	2021 年 1 月 17 日	81	2130
	光明区	汕尾市城区创新岛（光明）	2023 年 11 月 15 日	5	2000
	坪山区	汕尾陆河创新岛（坪山）	2023 年 12 月 21 日	8	1400 平方米（办公面积 100 平方米、公共服务面积 1300 平方米）
潮州	罗湖区	潮州—罗湖创享岛	2023 年 8 月 22 日	12	1330

第七节　特别合作层面的飞地园区典型案例

全国各地合作建立的飞地园区模式多样，发展路径不尽相同，但普遍存在共建方政府的行政管理协调难、具体运营层面分歧多、经济发展理念差异较大等问题。解决这些问题的关键在于从顶层设计上突破条条框框，真正构建起务实管用的体制机制。不少地方开始探索以特别合作区、合作共建新区等深度合作的模式共建飞地园区，进一步解决区域合作管理、产业共建、利益共享等方面的问题，实现更高质量、更深层次、更广范围的区域协调发展。

一　特别合作区

特别合作区是为实现先富带动后富，解决个别城市发展滞后问题而设立的特殊的地方合作区域，是一种特殊的飞地经济发展模式，是马克思主义国家学说在我国具体情况下的创造性运用，目前典型案例有广东深汕特别合作区、江苏宁淮特别合作区、浙江滨富特别合作区、广东广清特别合作区等。

深汕特别合作区（以下简称"合作区"）是广东省委、省政府深入贯彻落实习近平总书记对广东重要讲话和重要指示精神，实施区域协调发展战略，创新区域合作模式作出的重要部署，经历了汕尾主导的产业转移园区阶段（2008年10月至2011年2月），深圳、汕尾合作共管阶段（2011年3月至2017年9月）和深圳全面主导的经济功能区阶段（2017年10月至今）。根据《广东省深汕特别合作区条例》（2023年11月1日起施行），合作区管委会负责合作区的具体工作，行使相关行政管理职权，合作区范围内鹅埠、小漠、鲘门、赤石街道有关管理机构由合作区管委会管理。合作区产业发展规划将汕尾市列入产业辐射、协作范围，深圳、汕尾协商建立合作区收益共享机制（见表2-7）。

表2-7　深汕特别合作区发展历程

时间节点	标志性事件
2017年9月	广东省委、省政府印发《关于深汕特别合作区体制机制调整方案的批复》（粤委〔2017〕123号），明确由深圳全面主导深汕特别合作区经济社会事务，按照经济功能区架构推进建设深汕特别合作区
2018年12月	深圳市深汕特别合作区党工委、管委会揭牌
2019年8月	中共中央、国务院发布《关于支持深圳建设中国特色社会主义先行示范区的意见》，明确要求"创新完善、探索推广深汕特别合作区管理体制机制"
2023年11月1日	《广东省深汕特别合作区条例》正式施行。该条例立足地方立法权限，主要对深汕特别合作区的组织机构、规划建设、管理运营、资源配置等方面进行规范和明确，探索从根本上解决深汕特别合作区长远发展所面临的障碍，加快推进深汕特别合作区开发建设
2023年12月20日	《深圳都市圈发展规划》发布，明确提出深圳都市圈要构建"一主两副一极四轴"的总体发展格局，"一极"为深汕特别合作区增长极。该规划提出，要努力把深汕特别合作区打造为重大产业项目承载地、新引进重大项目目的地和区域高质量发展孵化器、驱动器

　　近年来，合作区深入贯彻新发展理念，对标对表河北雄安新区和北京城市副中心，坚持融湾融深一体化发展，高起点规划，高标准建设，不断完善立体交通体系和市政配套设施建设，努力形成疏密有致、产城融合、城乡融合、三生协调的空间形态。合作区地区生产总值从 2018 年的 38.95 亿元增长至 2023 年的 125 亿元，年均增长 26%，固定资产投资从 2018 年的 66.74 亿元增长至 2023 年的 355 亿元，年均增长40%，呈现加快发展、提级发展、跨越发展的良好态势。

　　坚持高起点规划，以生态优先、城乡融合为指导，结合山水林田湖草湿地温泉等自然禀赋资源，打造山中林中园中城市。对全域460.41 平方千米的土地开展了国土空间规划，预留城镇开发边界 100平方千米；在新一轮国土空间规划中，初步划定城镇开发边界为58.12 平方千米。坚持集聚发展，合作区坚持制造业当家，落实大产业、大平台、大项目、大企业、大环境"五大提升行动"，按照"三化三性一力"要求加快建设符合高质量发展要求的现代化产业体系。通过不断调焦聚焦、优化布局，形成了以新能源汽车产业为主，新型储能、新材料、智能制造机器人产业为辅的"一主三辅"产业发展格局。紧抓新能源汽车产业，引进比亚迪、东风李尔、京西重工、壁虎科技、延锋国际、佛吉亚等新能源汽车产业链链主企业，不断完善汽车零部件产业链条。引进德方纳米、协鑫等项目，深汕高端电子化品产业园正式授牌，积极打造智能制造机器人产业集聚区，加快打造"平方千米级"高品质土地空间和"百万平方米级"高标准产业用房。坚持"同城同质同效"，按照深圳标准深圳质量配套建设优质的教育、医疗、住房等公共服务设施，打造民生项目精品，服务项目招引和民生福祉，努力建设高品质生活新示范区，引进深圳市南山外国语、深圳市二高、深圳中学高中园、深圳市百合外国语等学校；构建"双六十"住房保障体系（保障房建筑面积不低于总住房建筑面积的60%、保障房套数不低于总住房套数的 60%），满足约 18 万人安居乐业的住房需求；北京大学深圳医院深汕门诊部、深汕人民医院等投入运营，让群众在家门口享受深圳品质的医疗卫生服务。

● 专栏 2-12　深汕特别合作区成功经验

一是初步探索构建了责权利统一的高效管理架构。飞出地全面主导合作区经济社会事务，合作区党工委、管委会全面承担主体责任，并推动出台地方性法规《广东省深汕特别合作区条例》，为合作区发展提供法治保障。

二是初步探索形成了有效市场和有为政府相结合的内生动力。合作区充分发挥有为政府推动作用，高水平开展城市规划、高效率推进基础设施建设、高标准提升公共服务水平，同时不断完善有效市场机制，抓好龙头引领、产业引进、空间保障等，形成以大项目做实大产业、以大产业带动大发展的良好态势。

三是初步探索形成了"特区""老区"政策优势叠加、灵活适用的发展保障体系。合作区合理灵活使用深圳、汕尾两地政策，吸收借鉴深圳经济特区发展经验打造发展高地，用好革命老区要素资源优势打造成本洼地，构建政策叠加优势，实现降本增效，在高质量发展上形成独特比较优势。

四是初步探索形成了以产兴城、以城带乡、产城乡融合的可持续发展路径。合作区坚持以产兴城，扎实推进新型工业化；坚持以城带乡，加快推进新型城镇化；坚持产城乡融合，全面推进乡村振兴，努力在城乡区域协调发展上奋勇争先。

资料来源：根据深汕特别合作区提供的资料整理所得。

二　合作共建新区

除建立特别合作区外，还有不少地区探索建设跨省、市的合作新区，通过明确管理体制机制、利益分享机制等，进一步优化合作机制、丰富合作方式、拓宽合作领域，推动区域一体化发展。川渝高竹新区、陕西西咸新区等均属于该种类型。

（一）川渝高竹新区

1. 基本情况

川渝高竹新区地处重庆都市圈腹地，是川渝共同批准设立的唯一一个跨省域省级新区，肩负着成渝地区双城经济圈建设的重大历史使命，承载着经济区与行政区适度分离改革试验区的责任担当。新区规划面积266平方千米，其中四川省广安市137平方千米、重庆市渝北区129平方千米，距两江新区15千米，距江北国际机场35千米，毗邻中国（重庆）自由贸易试验区、重庆临空经济示范区等国家级功能平台，交通区位优势明显。

2. 运行架构

组建广安市—渝北区党委主要领导任组长的领导小组，选派广安、渝北两地优秀干部到新区交叉任职，共建"领导小组+管理机构+市场化运营公司"的精简扁平、统一高效的管理运行体系（由重庆市渝北区和四川省广安市党委主要负责同志担任双组长，双方各派1名厅级领导担任党工委书记、管委会主任，共同出资组建川渝高竹新区开发建设集团有限公司），大力推动新区五个一体化（即"同城共管"，实现运行管理一体化；"同城共融"，实现规划编制一体化；"同城共营"，实现开发建设一体化；"同城共建"，实现基础配套一体化；"同城共保"，实现资源要素一体化）建设。

3. 规划定位

川渝高竹新区对标国家级新区，聚焦"经济区与行政区适度分离改革试验区、产城景相融合发展示范区、重庆中心城区新型卫星城"战略定位，高规格布局基础设施和公共服务配套，高标准规划智能网联新能源汽车、新一代信息技术及核心零部件、生态文旅康养、都市近郊现代农业"2+1+1"产业体系，发挥川渝两地优势，着力实现"政策就高不就低，成本就低不就高"。截至2023年底，川渝高竹新区已成功签约重大项目38个、协议投资333亿元，累计入驻企业171家（其中80%的企业来自重庆、90%的产品为重庆配套），初步形成了以汽车研发制造为特色的现代产业集群。

4. 利益共享

按照"存量收益各自分享，增量收益五五分成"原则，广安市政府、渝北区政府共同制定川渝高竹新区存量锁定及过渡期运行管理方案，明确川渝高竹新区共投、共建、共享利益分配机制。2021年10月，川渝高竹新区挂牌成立全国首个跨省域税费征管服务中心，川渝两地801项税费征管差异事项在川渝高竹新区已统一738项，实现川渝高竹新区内企业税费征管、税费政策、纳税服务、风险应对、税费监管五大类122个涉税事项一体化即时办理。①

（二）陕西西咸新区

陕西西咸新区位于陕西省西安市和咸阳市建成区之间，是经国务院批准设立的首个以创新城市发展方式为主题的国家级新区，区域范围涉及西安、咸阳两市所辖7县（区）23个乡镇和街道，规划控制面积882平方千米。2015年，陕西西咸新区被列为第二批国家新型城镇化综合试点地区。2016年5月16日，经党中央、国务院同意，陕西西咸新区被列为开展构建开放型经济新体制综合试点试验地区。

陕西西咸新区包括西咸新区直管区和西安（西咸新区）—咸阳共管区。陕西西咸新区直管区包括19个镇街，面积715.83平方千米，常住人口103.6万人，由西安市全面管理，负责辖区内的行政、经济和社会管理事务。西安（西咸新区）—咸阳共管区包括陈阳寨街道、双照

---

① 资料来源：根据川渝高竹新区提供的资料整理所得。

街道、南位镇和泾干街道，面积 166.17 平方千米，常住人口 31.7 万人，由咸阳市在陕西西咸新区总体规划框架下，负责辖区内的行政、经济和社会管理事务。①

---

① 资料来源：陕西省咸西区开发建设管理委员会官网。

第三章 成功飞地的特征分析
与规律探讨

飞地经济作为一种新型的区域经济合作模式，在中国和全球多个地区得到了广泛的推行与实践。在这一过程中，涌现了一批成功的飞地项目，这些项目不仅展现了区域经济一体化的新趋势，推动了资源的高效配置与合理利用，更促进了区域间的产业互补、资源共享和协同发展，为各地带来了显著的经济效益与社会效益。本章通过对国内一些具有代表性、取得良好成效的飞地案例进行分析研究，探讨总结成功飞地的共同特征与共性规律，以期为其他飞地提供有益的借鉴与启示。

第一节 成功飞地的特征分析

飞地经济的发展主要以两个或两个以上主体共同合作建设开发的项目为载体，合作主体需要拥有一定的合作基础、共建意愿以及双方政府的支持和保障，项目才能顺利进行。成功的项目一般都拥有比较优越的条件，在先决条件上拥有坚实的客观基础，在建设发展中各方主体有主观上的强烈意愿，在遇到问题、解决问题时有政府的有力支持和保障。

本章从客观条件、共建意愿以及政府的支持和保障三个维度，分析探讨成功飞地的几个特征：地缘相契和区位优越、资源互补和互利共赢、规划先进和机制顺畅等（见图 3-1）。

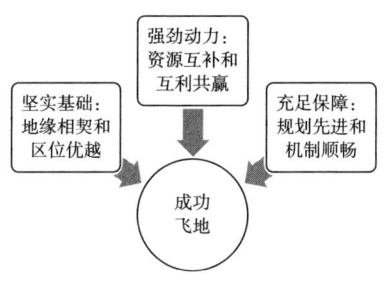

图 3-1 成功飞地的特征

一 坚实基础：地缘相契和区位优越

成功的飞地园区必然是一种地缘相契的结果，除地理位置以外，两地往往因为某种因素而具备深厚的合作基础，是有着某种"机缘"的合作。

区位条件是区位（或场所）所持有的属性或资质，是飞地园区发展的客观基础和必要前提。区位条件是相对于区位主体而言的，不同的区位主体，区位条件随之不同。比如，在选择工业区位时，劳动力、资本、原料、市场、交通等一般是主要的区位条件；而在选择农业区位时，光热条件、土壤等则构成主要的区位条件。区位因子（区位因素）是指影响区位主体分布的原因，对于生产者而言，由于场所不同而表现出的生产费用或利益的差异，既包含货币可度量的价值标准，也包含不能用货币测算的非经济因子。

（一）传统经济区位理论

在农业经济时代，人类的主要经济活动是农业活动，因而如何选择农业活动的场所是整个社会经济面临的主要问题，由此产生了杜能

(Johan Heinrich Von Thunnen) 的农业区位理论。[①] 其中心思想是，农业土地利用类型和农业土地经营集约化程度，不仅取决于土地的天然特性，更依赖于其经济状况，特别取决于土地到农产品消费地（市场）的距离。杜能采用的"孤立化"研究方法，为以后的区位论学者所采用；杜能从级差地租出发，建立了合理的农业集约化经营模型，该模型不仅被广泛地应用于农业，而且被广泛地应用于工业和地区布局。然而，随着社会的进步和经济技术的发展，杜能的理论模型与现实情况出现了差异。例如现代交通运输业的发展，使生产地与消费地之间的经济距离和时间距离较之它们的地理距离大为缩短，到了运输业高度发达、运费在农产品市场价格中所占比重愈来愈小的今天，过分突出运费，显然不符合现实情况。

到了工业经济时代早期，工业生产活动的场所主要取决于生产成本的大小，运费是影响生产成本的重要因素，因此出现了以成本（主要是指运费）最小化为目的的韦伯（Alfred Weber）的工业区位论。[②] 韦伯的工业区位论的主要分析方法是微观分析方法，即从个别企业的立场出发，以古典经济学为基础，以成本分析为依据，以寻求成本最小化为目的，作出最优区位决策。但韦伯假定的完全竞争条件不现实，没有考虑到技术进步的影响等。另外，韦伯的分析方法属于微观经济学的静态分析法。"二战"后，许多西方经济学者对韦伯的工业区位论从不同的角度进行了修正，导入了宏观因素，形成了动态、宏观的工业区位理论。

区位问题越来越受到重视，反映作为人类生活基本场所的城市和聚落的空间配置规律的理论开始形成，其中，克里斯塔勒（Walter Chrislaller）的中心地理理论（以下简称"克氏理论"）应运而生。克氏理论的目的在于探索决定城市的数量、规模以及分布的规律是否存在；如果存在，规律是怎样的。其实质是从区位选择的角度，阐述城市

---

① 施祖麟编著《区域经济发展：理论与实证》，社会科学文献出版社，2007。
② 施祖麟编著《区域经济发展：理论与实证》，社会科学文献出版社，2007。

和其他级别的中心地等级系统的空间结构，因此，克氏理论也被称为城市区位论。克里斯塔勒运用演绎法来研究中心地的空间秩序，提出了聚落分布呈三角形、市场区域呈六边形的空间组织结构，并进一步分析了中心地规模等级、职能类型与人口的关系，以及在三原则基础上形成的中心地空间系统模型。但从现在的眼光来看，克氏理论也存在一些不足。比如说现实中的消费者行为是多目标的，而在克氏理论中消费者只考虑离自己最近的中心地。再有，克氏理论对需求的增加、交通的发展和人口的移动带来的空间系统变化没有进行论述。

随着工业经济社会的发展，社会生产更多地受到市场的直接制约，市场因素备受关注，因此产生了廖什（August Losch）的市场区位理论。[①] 廖什认为工业区位应选在能够获取最大利润的市场地域，工业区位选择的最终目标是寻找最大利润地点。他把需求作为空间变量，从需求出发，认为最佳区位不是费用最小点也不是收入最大点，而是收入和费用之差的最大点即利润最大点。廖什的市场区位理论也存在许多缺陷和局限性，但他设想的经济景观符合资本主义地域结构的现实情况，如工商业集聚形成大城市；距离城市越远，经济活动越分散，受中心城市的影响越小，即距离衰减法则；交通会引起贫富地区的差异，包括城乡、工农业地区的差异等。因此他的理论受到了后来许多经济学者的高度评价。

（二）现代区位理论中对经济活动区位的影响因素

自 20 世纪 50 年代以来，现代区位理论逐渐形成。随着政府对区域经济生活干预的加强，公共投资区位抉择、宏观区位（区域）问题逐渐成为区位论研究的重要内容。这里简述一些现代区位理论中影响经济活动区位的因素。

---

① 施祖麟编著《区域经济发展：理论与实证》，社会科学文献出版社，2007。

1. 自然因素对经济活动区位的影响

自然因素是第一性的要素。土地、矿产、能源、水、空气等自然条件是人类经济活动的依托，也是人类经济活动改造的对象，它们影响经济活动区位的选择，也受到经济活动区位的影响。以下几个要素可以重点来看：①土地要素。土地作为作业的空间或活动场所（工业、交通、城市建设土地利用），对经济活动区位起决定性作用。大规模工业生产活动受地价和土地面积特性等影响，一般布局在郊外地区；小规模服装、印刷工业一般位于城区。城市区位型工业的空间收益，随与市中心距离的增加而急剧下降。②原材料要素。原材料是经济活动尤其是生产活动所加工的对象，主要通过可运性、运费大小、可替代性、自身价值及其在产品成本中的构成状况对经济活动区位产生影响。现代大规模工业生产，往往是利用多种原材料，通过原材料配合比例及价格差异，使不同区位获得不同成本。随着交通便捷性的提高和运输成本的降低，远距离获取原材料的可能性提高，因此在现代经济活动中，组织原材料的空间范围已经扩展至全球，生产的即时性、可靠性和灵活性提高。③能源要素。能源供给程度是许多企业选择区位的标准之一。能源分布差异大，生产成本差异明显。但能源技术进步（能源效率的提高、新能源的出现），以及人们环境意识的增强，影响了经济活动区位的选择。④自然环境要素。自然环境对区位的影响体现在两个方面：一方面，对空气质量要求比较高的产业（如高精密度与高技术含量的产业），在选择区位时会受到一定的空间限制，因此优美的环境成为现代经济活动（知识经济时代的经济活动）最重要的生产要素之一；另一方面，经济活动对环境影响的差异，也会导致不同的区位选择。比如废物、废水、废渣排放较多的行业与对环境产生较小影响的电子信息、精密机械等行业的区位选择不同。

2. 经济因素对经济活动区位的影响

经济因素是人类经济活动形成的"后天性"因素，包括劳动力、资本等生产要素投入，也包括经济活动形成的市场因素，这些都在区位选择中发挥着重要作用。①劳动力要素。劳动力质和量在空间上的差异直接导致了劳动成本的差异。人口密集地区对于劳动力需求较高的企业或产业具有较高吸引力。劳动力的质量体现为人力资本，指劳动力所拥有的知识、技能、经验、健康等。随着技术水平的不断进步，劳动力素质和技能水平成为制约经济活动的重要因素。因此能够获得高素质劳动力的区域，成为最适合现代经济活动发展与布局的地区。②资本要素。资本包括固定资本和金融资本等。固定资本包括厂房、设备等，是大型装置型工业企业选择区位的重要考虑因素。金融资本是生产要素中流动性最大的要素，会不断流向最具创利机会的地区。资金尤其是融资条件，对企业经济活动尤其是小型企业的创立与发展至关重要。因此，融资等优惠政策，会对企业的区位选择产生较大影响。成熟型企业或大型企业往往更关注一般性金融资本，新兴企业尤其是新兴高科技中小企业则更关注风险资本的获得。③市场要素。市场要素主要包括市场潜能和市场环境。市场潜能主要指一个地区的购买能力，与该地收入成正比。市场环境一般包括市场意识、管理秩序等。

3. 技术因素对经济活动区位的影响

伴随着现代经济活动对技术依赖程度的加大，技术与知识已经成为影响经济活动区位选择的重要因素之一。技术进步已成为经济模式转换的基本力量，以及经济增长的关键因素。正如习近平总书记所说，新质生产力"由技术革命性突破、生产要素创新性配置、产业深度转型升级而催生"，"科技创新能够催生新产业、新模式、新动能，是发展新质生产力的核心要素"。① 技术因素对经济活动区位的影响主要体现在以下方面。①技术研发与应用。技术研发对知识密集型产业或高新技术产

---

① 《习近平：发展新质生产力是推动高质量发展的内在要求和重要着力点》，中华人民共和国中央人民政府网站，https://www.gov.cn/yaowen/liebiao/202405/content_6954761.htm。

业影响较大，会促使企业在空间上集聚从而形成产业的集聚区。高新技术园区即是伴随这种产业集聚而产生的一种新的空间组织形态。②信息技术的发展。信息技术基础设施的空间分布将影响企业区位选择。"互联网+"一方面催生了电子商务、互联网金融等新的产业业态，另一方面促使经济活动更加倾向于选择信息基础设施健全、智力资源密集的地区。

4. 交通因素对经济活动区位的影响

交通技术与手段决定着空间相互作用的深度与广度，因而是影响经济活动区位选择的重要因素之一。①运费。运费是产品成本的重要组成部分，交通便利的区域，尤其是铁路交通枢纽、港口等对重工业具有很大的吸引力，钢铁工业、石油化学工业、重型机械制造工业等大多集中在港口或铁路交通枢纽附近。②交通便捷程度。交通便捷程度主要取决于交通网络的完善程度，通常直接影响一个区域的地理可进入性。③交通运输方式。交通运输方式主要包括公路运输、铁路运输、航空运输、水路运输四种方式。不同的交通运输方式具有不同的特点，从而对经济活动的区位产生不同的影响。

5. 政策因素对经济活动区位的影响

政策反映了政府对地区发展的基本导向，直接影响一个区域发展某种行业的条件和约束，是影响经济活动区位的因素之一。①区域政策。为实现特定的经济发展目标，政府通过规划和对特定地区的基础设施投入、税收优惠、财政补贴等经济政策，鼓励地区发展，引导经济活动的空间布局。主体功能区战略是我国空间角度的重要发展战略和制度安排，对区位选择具有重要引导作用。②产业政策。产业政策是为吸引特定的生产要素或开展经济活动而采取的优惠措施，政府会直接引导相关生产要素流入开发区，如高新技术开发区、国家旅游度假区等。

不同产业在不同发展时期对区位的要求是变化的。比如装备制造业，在工业化初期，在区位选择上更注重资源要素、劳动力要素、市场要素；到了工业化中期，则更注重良好的交通、通讯等公共基础设施以及优惠的政策和产业链集群；到工业化后期和信息化时期，技术研发和应用、生态环境以及全球化布局则成为新的区位选择考量。在新发展阶段，装备制造业向创新驱动和智能化、绿色化方向发展，趋向于打造科技园区和新技术开发区。

二 强劲动力：资源互补和互利共赢

两地是否适合以飞地经济方式谋求共同发展以及选择何处作为飞地，取决于两地的禀赋结构以及两地是否具有足够的互补性。根据区域比较优势理论，飞地经济发展过程中，如果飞出地和飞入地都能充分发挥资源优势，并弥补发展短板，就可以为双方创造出更高的经济社会效益。飞出地往往是资本、技术、人才、品牌、管理等要素具备优势，但在自然资源、发展空间、劳动力价格、土地价格等方面不具备竞争力；飞入地往往在生产要素价格、自然资源数量、土地价格等方面，正好满足飞出地的需求。通过飞地合作，使生产资源得到充分利用和有效整合，飞出地可以打破土地空间、能源供给、环境承载力等资源约束，并借机实现产业转型升级或者"高位过坎"，突破增长限制，飞入地则可以获得资本、技术等优势资源，突破自身发展瓶颈，实现经济的迅速发展。

飞地涉及飞出地政府、飞入地政府以及参与企业等多方利益主体，各主体之间利益共享是打造飞地的基础，各主体之间的利益持续增长是推动飞地经济纵深发展和持续壮大的强劲动力。对于飞出地政府而言，其共赢点主要在于两个：其一是"腾笼换鸟"，将对 GDP、财政收入、产值、产业结构等贡献较小又占用较多工业用地的"夕阳产业"转移至外地，为新型产业发展提供更多发展空间，推动城市产业结构转型升级；其二是"异地收获"，将部分企业、资本、技术等资源在新的产业空间里重塑，打造新的庞大的产业体系，通过 GDP 和税收分成机制共享利益。比如，深圳在深汕特别合作区打造新能源汽车产业体系，比亚迪等新能源巨头企业以未离开深圳的方式满足了自身的发展需求。对于飞入地而言，共赢点就在于承接发达地区的产业，获得一部分土地出让金、税收及就业岗位，引进飞出地的管理、人才、观念等，提升本地区的城镇化速度和现代化水平。

三 充足保障：规划先进和机制顺畅

在飞地园区共建过程中，政府起到了重要作用。政府往往是飞地园区在建设之初的第一推动力和"奠基者"，其最为重要的作用就是制定科学、有序、可持续发展的园区规划。同时，在园区的发展建设过程中扮演好"守护者"的角色，建立顺畅的机制，协调好利益各方，高效解决飞地园区发展过程中遇到的各类问题。

飞地园区规划是确保园区健康发展的关键所在。园区产业规划旨在明确园区的主导产业和发展方向，优化产业布局，推动产业链上下游企业的协同发展。园区空间规划涉及土地利用、环境、交通和基础设施等多个方面，旨在实现空间资源的合理布局和高效利用，确保各类设施、企业和产业的协调发展。成功的飞地园区规划有三个特征：一是明确的战略定位与产业布局，有清晰的发展目标和产业定位；二是科学的国土空间规划，明确不同区域的土地用途；三是全面的前期调研与市场分析，准确进行战略定位，促进园区的可持续发展。

飞地的管理机制是否顺畅有效也是决定成败的关键。由于飞地涉及多个利益主体，利益主体之间大多存在经济落差，经济社会环境异质，管理理念具有显著差异，因此飞出地、飞入地与飞地之间的关系比较复杂，各利益主体可能会基于自身利益考量而产生矛盾冲突。合理顺畅的管理机制能充分化解发展过程中的矛盾和分歧，在重大问题上高效地达成共识，降低飞地管理成本。这些机制包括政策协调、利益分配、项目推进等方面。成功飞地往往做到了政府、企业和参与各方权责利约定清晰、分工明确，形成合力；管理和运作机构协调高效，宜政则政、宜企则企；利益共享方案和路径科学务实，既有原则性，又有可操作性。

第二节　成功飞地的基础条件

一　地缘相契——合作成功的必要前提

通过深入了解一些成功园区的"前因后果"，可以提炼出 3 个地缘相契的重要类型：一是综合因素主导型，比如广清经济特别合作区的"缘起"得益于飞入地和飞出地地理位置相接，文化交流活动较多。二是历史因素主导型，比如沪苏大丰产业联动集聚区就是上海与江苏盐城的历史合作产物。三是政府力量主导型，比如深汕特别合作区。

（一）综合因素主导型——以广清特别合作区为例

多数飞地园区的建设都会受到多种因素综合影响，而非由单一的因素主导，比如广清经济特别合作区作为广清一体化进程的一个标志性区域，其影响因素非常丰富。从政治因素来看，广清一体化一直被广东省委、省政府视作广东省重大区域协调发展战略加以推进，2015 年广东省政府工作报告中提出推进广清一体化等区域融合发展，2018 年广清两市共同印发《高质量推进广清一体化发展工作方案》，进一步明确发展方向和目标。2019 年广清远两市签订《深化广清一体化战略合作框架协议》，提出高水平建设广清经济特别合作区。从地理因素来看，合作区处于广州、清远和佛山交界位置，是粤北地区全面融入粤港澳大湾区的先导区，这样的地理位置使其成为连接粤港澳大湾区与粤北地区的关键节点。合作区身处珠三角"1 小时经济圈"，交通便利，为产业转移和区域合作提供了良好的交通条件。从文化联系来看，清远是历史上广州府的"创始成员"，在明代广州府设立之初，清远就是广府文化政区版图的重要组成部分，清远南部地区长期属于广州府管辖范围，两地在文化上有着深厚的渊源关系，同时由于历史上的多次移民，广州与清远之间的民间往来密切，形成了共同的族群社会和文化习俗。两地在历史发展过程中形成的文化认同和相似价值观，提供了飞地合作的天然土壤。广清特别合作区将上述综合因素充分利用，使得综合优势充分显现，业已成为区域产业合作发展的典范。

（二）历史因素主导型——以沪苏大丰产业联动集聚区为例

沪苏大丰产业联动集聚区，位于江苏省盐城市大丰区，距上海市280公里。建设集聚区是上海、江苏两地政府参与共建"一带一路"、建设长江经济带、在新的起点上推进长三角地区协同发展的创新举措。集聚区面积33平方千米，集中开发区12平方千米，启动区面积4平方千米，由上海市政府和江苏省政府2014年共同设立，是上海市唯一市级层面与外省合作共建的开发区，由上海临港集团、上海光明食品集团、江苏省沿海开发集团有限公司、盐城国投集团、盐城大丰金茂国有综合资产经营有限公司5家国企按照4：3：1：1：1的持股比例成立沪苏大丰产业联动集聚区开发建设有限公司，统筹负责沪苏集聚区规划、开发和运营。按照新能源、新基建、新农业和战略性新兴"3+X"产业定位，滚动式开发建设园区。沪苏大丰公司沿袭临港集团市场化的园区开发模式，在高标准规划和建设下，基础配套设施已稳步运行，道路、给排水、供电、供气、污水处理、消防站、工业水厂等基础设施配套均已落实到位。产业载体项目包括地标性绿色建筑产业服务中心、智造园一二期及邻里中心均已竣工交付并投入使用，总投资逾10亿元，建筑面积近19万平方米。沪苏大丰产业联动集聚区将历史机缘与现实需求有效结合，成为长三角一体化发展国家战略的重要节点。2019年该集聚区被正式列入《长三角区域一体化发展规划纲要》，2020年入选国家发展改革委首批"绿色产业示范基地名单"。

（三）政府力量主导型——以深汕特别合作区为例

深汕特别合作区是飞地经济的典型代表。广东虽然是中国第一经济大省，但粤东西北和珠三角地区的发展差异巨大，珠三角 9 市 GDP 占全省比重高达 80% 以上，粤东西北 12 市 GDP 占全省比重不足 20%。党中央一直关心广东的区域协调发展问题，习近平总书记深刻指出，"城乡、区域发展不平衡是广东发展的最突出短板"[①]，"推进中国式现代化，必须全面推进乡村振兴，解决好城乡区域发展不平衡问题。要坚持走共同富裕道路，加强对后富的帮扶"[②]，这也是社会主义制度优越性的体现。深圳是改革开放后党和人民一手缔造的崭新城市，是中国特色社会主义在一张白纸上的精彩演绎。[③] 在区域协调发展和共同富裕工作中，深圳充分发挥辐射带动作用，以感恩回报的理念，带动省内珠三角两翼地区尤其是粤东地区的沿海经济带发展，将惠州充分承接产业转移和革命老区汕尾市海丰县发展，深汕特别合作区将海丰县纳入发展规则。党中央一直以来高度重视革命老区的振兴发展，国家发展改革委印发《革命老区重点城市对口合作工作方案》，方案安排由深圳市对口合作海陆丰革命老区汕尾市。历届广东省委、省政府都高度重视深汕特别合作区的建设发展，强调深汕特别合作区要乘势而上加快发展，锚定打造深圳产业转移承载地、新引进重大产业项目目的地和粤东高质量发展孵化器，进一步集聚产业、集聚人口，提升投资密度、开发强度，做实做强东部板块高质量发展的战略引擎，加快建设现代化的滨海新区、产业新城、田园都市。深汕特别合作区在广东省委的关注和期许下，在深

---

① 胡健、程远州、贺林平：《广东扎实推进城乡区域协调发展》，《人民日报》2023 年12 月 24 日。

② 《习近平在广东考察时强调　坚定不移全面深化改革扩大高水平对外开放 在推进中国式现代化建设中走在前列》，求是网，http://www.qstheory.cn/yaowen/2023-04/13/c_1129520128.htm。

③ 《习近平：深圳是中国特色社会主义在一张白纸上的精彩演绎》，人民网，http://jhsjk.people.cn/article/31891718。

圳经济特区的辐射带动下，成为"特区+老区"优势互补、合作共赢的典范，不仅促进了深汕特别合作区的快速发展，也推动了汕尾市干部观念转变、产业转型升级，辐射带动了汕尾市经济社会发展。2023 年，汕尾市 GDP 增长 8.2%，为广东省最高；全国排名第 218 位，上升 2 个位次①。

二 区位优越——合作成功的坚实基础

飞地经济是实现互利共赢的区域经济发展模式，飞地园区的选址需要综合考量飞出地、飞入地两地实际情况，包括地理位置、交通条件、资源禀赋、发展规划等因素。

（一）生产要素比较健全，综合成本比较低

调研发现，成功的飞地一般倾向于选择城市周边发展成熟的地区，究其原因，仍然是对劳动力、交通、资源等区位要素的需求。城市周边发展成熟的地区由于已经经历了一定时期的发展，普遍具备了一个经济体或者一个企业在生产过程中的要素，包括但不限于数量足够和具备一定技能水平的劳动力、以可规划使用的充足土地为首的自然资源、因距离大城市较近而获得的稳定市场需求和销售渠道、得天独厚的地理位置带来的交通优势等生产要素，因为这些生产要素的健全，使得土地成本、劳动力成本、原材料成本、能源成本、运输成本等生产成本具备相对优势。

临港常熟绿洲芯城位于江苏省苏州市代管的县级市常熟市，相比上海、苏州市内，其土地、劳动力等生产成本低，又因其地处苏州高铁北站创新产业核心区的黄金地段，连接多个重要城市，仅需 20 分钟便可

---

① 资料来源：《2023 年汕尾成绩单：陆丰反超海丰，市城区接近 400 亿》，2024 年 4 月 8 日，https：//mr.baidu.com/r/1smxCWqUcxO？f=cp&rs=1674221353&ruk=Cuk4OrLfVC1_AOvv0McMiQ&u=44ff3b92238cdae6。

抵达上海虹桥枢纽高铁，形成名副其实的"30分钟经济圈"，带来源源不断的客流和物流，具备其他地区不具备的交通优势和广阔市场，吸引了众多优质企业入驻，推动了产业集聚和产业链完善。如今，该芯城不仅承载常熟市产业转型升级的重要使命，更成为连接苏州和上海两大经济圈的重要节点。再比如，中新苏滁高新技术产业开发区位于滁州市东南、苏皖两地交界处，目前高铁到南京最快仅17分钟，从全椒到合肥最快32分钟，到上海、苏州最快90分钟以内，既拥有土地、劳动力、政策等成本优势，也方便承接上海、苏州、南京、合肥的产业转移，是安徽融入长三角一体化的典型代表。

珠三角融合发展的典型案例就是深圳和中山、江门共建的产业园。作为珠江口"A"字形交通网络骨架的重要"一横"，深中通道通车后，深圳、中山两地车程将从目前的约两个小时缩短至20分钟以内，深圳、江门两地车程也将从原来的约两个半小时缩短至60分钟，经港珠澳大桥从香港至江门台山市，车程仅需60分钟，已建成的港珠澳大桥与南沙大桥、虎门大桥等跨海跨江通道组成一张连接珠江东西岸的路网，为沿线城市提供更多的合作空间、发展空间、想象空间。深圳和中山、江门两地政府及企业早就瞄准这一机遇，谋划合作，共建产业园区，其中具有代表性的园区分别是湾区未来科技城和深圳科技园·江门园区。

● 专栏3-1　深圳和中山、江门两地共建产业园

深圳—中山：湾区未来科技城

湾区未来科技城由深圳科技工业园（集团）有限公司与中山翠亨集团有限公司合作开发，持股比例为7∶3，是深中国企联动的生动实践。项目于2019年12月拿地，2020年12月动工，2022年12月主体结构全面封顶，2024年5月开放营销展厅，2024年10月正式开园。项目毗邻深中通道，与深圳前海隔水相望，占地面积约7.6万平方米，计容建筑面积约30万平方米。其中，高标准写字楼21万平方米，配套宿

舍楼 8 万平方米，商业街 1 万平方米，总投资额约 27 亿元。项目将以全生命周期企业办公研发集群和配套生活空间为载体，打造以电子信息、智能制造为主，现代服务业为辅的"产、城、人"融合共生的产业新城，力争建设粤港澳大湾区产业园新标杆。目前，园区已储备超过 70 个来自深圳、广州、东莞、佛山等粤港澳大湾区城市的科创型项目，涵盖新能源、高端装备制造、生物医药等领域。未来，园区将打造"深圳科研+中山转化"和新质生产力发展的示范标杆，并将复制"启航 1985 孵化器"成功经验，按照省一级孵化器的标准来打造面积约 7000 平方米的示范基地，通过孵化器、产业基金的落地，将大湾区的初创企业吸引到中山，将深圳的运营模式复制到中山，促成产业链互动。

深圳—江门：深圳科技园·江门园区

深圳科技园·江门园区由深圳科技工业园（集团）有限公司与广东胡润企业集团联手打造，深圳科技工业园（集团）有限公司轻资产运营。园区北邻广中江高速，南靠广佛江高速，距离荷塘、古镇高速口仅 5 分钟车程，60 分钟内可以达广州、深圳、东莞、珠海，园区用地面积约 19.75 万平方米，包括滨江新区周郡地块 4.12 万平方米、荷塘镇马山工业区地块 15.63 万平方米，计容建筑面积 57.8 万平方米，是江门市和蓬江区政府重点支持发展工改工升级改造项目。园区拥有融合办公研发楼、食宿配套楼、多功能展馆以及标准化厂房的多元化空间载体，以高端装备制造、新一代信息技术、新材料、无人机产业应用等核心产业为主，打造集总部办公、创业孵化、研发设计、智能制造、工业展览展示、休闲娱乐、生态人居于一体的西江东岸产城综合体和创新型高新科技生态园区。未来，园区将进一步依托深圳科技园的产业运营优势，致力于打造粤港澳大湾区集科技研发、技术创新、高新技术成果转化、科技金融融合等功能于一体的新型科技园区。

资料来源：根据深圳科技园提供的资料和本书调研小组实地调研资料整理所得。

（二）产业配套比较完善，适合抱团发展

产业配套是指一个地区在特定产业的发展中，各种相关产业和服务业相互支持、相互补充，形成完整的产业链和供应链，以提高整体产业的竞争力和经济效益。产业配套完善的表现有以下几点：交通、通讯、能源供应的基础设施较为完善，上下游产业链协同发展，物流、仓储供应链安全高效，提供技术研发和创新的人才数量可观，形成公平竞争、消费需求旺盛的市场环境，以及提供融资、投资、保险服务的金融机构充足。完善的产业配套对于企业具有极大的吸引力，能够吸引更多的企业投资，从而形成企业集聚，促进区域内经济一体化，增强区域经济的整体竞争力。

比如苏州宿迁工业园区，坚持先规划后建设、先地下后地上、先工业后商住的"三先三后"产城一体化模式，累计建成12纵11横通车路网61千米，完成13.6平方千米范围内"九通一平"投资环境的开发，园区公舍、明日邻里中心、阳澄邻里中心、污水处理厂、苏宿工业坊和生产力中心等一批功能配套设施建成投用，形成了设施、功能比较完善的发展形态和空间，同时精准定位产业方向，不断做大核心产业、做强核心企业，逐步形成以电子信息、精密机械、新能源材料等为主导的"1+1+1+N"特色产业体系，连续11年位列江苏省共建园区考核第一名，实现"十一连冠"。

（三）生活环境比较优越，解决人才后顾之忧

生活环境优越与否，不仅要看自然环境是否优美，还要看生活环境是否舒适。优越的生活环境对于吸引和留住人才、提高员工的满意度和生活质量至关重要，有利于区域的长期繁荣和可持续发展。

比如中新广州知识城，坚持绿色发展，走可持续发展道路，充分发挥自身优良的生态禀赋优势，构建"三山屏障、一廊骨架、蓝绿脉络、

绿园点缀"的生态绿地结构，打造有特色的绿色建筑发展体系，推动绿色建筑100%全覆盖，在城市尺度上构建起"山、水、林、田、湖"一体化的海绵城市。同时，坚持宜居宜业，打造国际化知识社区，引进国内外优质教育资源，规划建设广州实验中学、华南师范大学附属中学等一批高质量中小学和幼儿园，布局了南方医院、中山大学肿瘤防治中心黄埔院区等高端医疗机构，推动社会中心、邻里中心和街坊中心三级生活圈的建设，满足园区居民在教育、医疗、社会保障等方面的需求，提供高质量公共服务，提升居民的生活质量和满意度。业内流行一句话，"二流企业员工跟着老板走，一流企业老板跟着员工走"，中新广州知识城通过优越的生活环境留住了人才，也吸引和留住了优质的企业。

（四）政府服务比较到位，政企沟通顺畅

政府为企业提供一系列服务，以促进经济发展和产业集聚。这些服务通常主要包括以下几个方面：①行政审批。简化审批流程，提供一站式审批服务，减少企业在行政审批过程中的等待时间和成本。②政策咨询。为企业提供关于税收、土地使用、金融支持等方面的政策咨询，帮助企业更好地理解和利用政策。③项目协调。帮助企业协调项目实施过程中的各种问题，包括土地、资金、人才等资源的配置。④企业服务。提供企业注册、变更、注销等服务，以及相关的法律、财务、市场等咨询服务。⑤人才引进。通过提供人才住房、教育资源等措施，吸引和培养人才，支持企业的发展。⑥信息化建设。推动政务服务信息化，实现网上办事，提高服务效率。⑦监管和服务创新。不断创新政务服务的方式和内容，提高服务质量和效率。目前，国内各地区正在积极推广实施"一网一门一次"和"一窗办、一网办、简化办、马上办"的服务模式改革，通过精简审批流程、优化再造流程，实现"一厅受理、一站式办结"，还有的地区通过建立投资项目指挥平台，实现项目审批的全程留痕、过往可溯、进度可查，优化营商环境。这些措施旨在为企业和群众

提供更加高效、便捷、透明的服务，从而营造良好的营商环境。

比如广州（英德）产业园，针对清远英德市高效承接大湾区城市汽车零部件企业、形成汽车零部件产业集群的部署要求，以及与企业联系密度、支持力度和服务力度仍有待提升的现实情况，广州（英德）产业园明确提出"以引进龙头企业促产业链招商"和"以营商环境之优助项目落地提速"两大主线，对标黄埔区广州开发区先进的管理经验和优质的营商环境，成立粤北地区首个"营商环境改革局"，推行信任筹建、信任审批、"一对一"项目对接责任服务等机制，实现"一窗式"受理、"一门式"服务，能够快速解决企业用地交付、水电、产业准入等问题。凭借着园区便捷高效的审批制度和"一对一"便企服务，园区成功于 2019 年 10 月引进总投资 6.55 亿元、年产值 10 亿元的广东戴卡旭汽车零部件有限公司投资项目，项目从签约到落地仅用了不到 2 个月时间，仅 8 个月便完成建设并投产。英德本是粤北地区相对偏远落后的地区，正是通过营商环境的改善，大力促进产业快速发展，实现了"弯道超车"。

第三节　成功飞地的发展动力

资源互补是飞地园区的应有之义，只有通过资源互补才能实现合作共赢。飞入地和飞出地想要通过资源互补实现互利共赢，关键在于找到合适的互补点，通过合作实现资源的最优配置。

一　通过资源互补实现成本降低

通过资源互补实现成本降低通常是企业合作中常见的策略，这一策略也同样适用于飞地园区。成功的飞地园区，往往通过共享各类资源实现成本的降低，使双方共同受益。

青岛红星化工集团是典型的通过资源互补降低成本的飞地园区。青岛红星化工集团原本是青岛市属国有企业,主要生产钡、锶、锰系列无机化工基础材料,产品广泛用于功能玻璃、电子元器件、一次和二次电池、建材等领域。20 世纪 90 年代初,公司实施西进战略,将工厂布局到原材料产地,设立贵州红星发展公司,该公司于 1996 年在安顺市镇宁县投产,将东部企业的人才、市场、技术、管理优势和西部地区资源优势相结合,降低了能源、运输、劳动力等诸多方面的成本,找准了发展多赢的契合点,为贵州当地打开了具有"造血"功能的产业发展之路,实现了优势互补、互利共赢,拓展了企业和当地产业发展的空间。2001 年 3 月在上海证券交易所上市,钡系列产品占全球市场 50% 的份额。2022 年红星外建企业资产总额达 35.5 亿元,实现销售收入 36 亿元,利润总额 3.4 亿元,税收 2.3 亿元。

二 通过资源互补实现效率提升

园区工作效率涉及管理水平、生产流程、技术水平、人员结构等多个层面的优化。飞地园区相比较一般园区的独到之处就在于可以充分利用飞出地、飞入地的资源禀赋,实现管理水平、生产流程、技术水平、人员结构等方面的优化升级,从而促进效率提升。

南山区—资源县产业园是一个通过资源互补实现园区效率提升的典型案例。资源县粤桂协作生物医药科技产业园位于资源县中峰工业集中区内,该项目于 2022 年底开工建设,规划占地 126 亩,总投资额 50 亿元。南山区在生物医药、高端医疗器械等生命科技产业具有研、产、销多方面先发优势,同时具有医疗器械领域专业园区建设运营经验与产业创新资源集聚优势。资源县则具有本地特色药用植物种植优势,以及基础设施完善的生物医药大健康产业园。因此,双方产业禀赋互补性强,技术、原材料、人才等方面都可以进行深入的交流合作,提升双方生产效率。截至 2024 年上半年,南山区、资源县在生物医药产业协同合作方面已取得初步成效,在双方积极推动下,资源县人民政府已与

22 家深圳地区企业签订意向投资协议，签约企业中已有 8 家核批办理证件 11 张，并实现落地生产，形成企业投资 7.5 亿元，预计年产值达 8 亿元以上。

三　通过资源互补实现竞争力增强

综合竞争力的强弱是飞地园区成功与否的关键。成功的飞地园区往往会大量吸取飞出地的经验，充分利用两地的政策、技术、资源。

比如中新苏滁高新技术产业开发区充分借鉴了苏州工业园区的成功经验，引进先进的园区管理体制机制、规划建设理念，打造优质营商环境，将园区发展与滁州市丰富的发展空间、坚实的产业基础以及优厚的政策等紧密结合，从规划入手、从拆建起步、从招商起跳、从空白起家，各项工作扎实推进，实现了"规划愿景落地成形、高端产业快速集聚、管理运营精细有效、园区面貌初展新姿"，迅速发展成为滁州市东部产城一体的现代化新城，成为中新合作的新实践、安徽园区建设的新探索和长三角一体化发展的新典范。中新苏滁高新技术开发区学习借鉴先进经验，提高综合竞争力，主要体现在以下几个方面。一是借鉴复制苏州工业园区的管理经验，实行市政府派出机构（园区管理委员会）与合资公司中新苏滁（滁州）开发有限公司"双主体"管理机制，建立了高效运转的合作共建机制。二是学习苏州工业园区"先规划后建设、先地下后地上、先产业后城市"的开发建设理念，按照"产城融合、产业先行、以人为本、宜居宜业"的思路，由中新集团投资 3000 多万元，委托新加坡邦城规划院等国际国内知名设计单位编制概念性规划、总体发展规划和专项规划 30 余项，对产业、商住、配套用地进行整体规划布局，明确产业、城市的发展节奏和实施路径，做到一次性规划、分期建设、滚动开发。三是充分借鉴苏州工业园区的产业发展思路，围绕"高端、品牌、外资"，开展全方位、全球化招商。充分利用中新集团的资源和品牌，在新加坡设立了境外招商机构，引进来自 13

个国家和地区的外资项目 61 个，成为滁州乃至安徽外资集聚区。四是引进精细化的管理品牌，全方位加强与中新集团的深度合作，引进苏州工业园区企业服务、邻里中心、城市物业、地理信息等核心管理品牌，采取"请进来"委托管理等形式，多渠道引进和培训人才，形成专业化管理团队，实现管理服务的无缝对接，实施精细化管理。设立苏州模式的"一站式"服务中心，实行"二号章"行政审批，实现封闭管理运作。借鉴苏州工业园区的成功经验，邀请苏州工业园区邻里中心发展有限公司建设了首家邻里中心——东升邻里中心，以完善服务功能为主，以方便家庭为原则，结合园区特点，开办市民学校，实现社区商业、社区管理、社区服务、社区组织建设"四位一体"；引进苏州工业园区企业发展服务中心先进模式和专业队伍，组建园区企业服务中心，打造"亭满意"营商环境的新亮点。

第四节　成功飞地的支持保障

一　规划先行——合作成功的科学引领

规划贯穿飞地园区发展始终，是政府最应该统筹协调的内容。通过深入分析可以发现，成功的飞地园区规划有以下三个特征。

（一）明确的战略定位与产业布局

园区规划之初，就应有清晰的发展目标和产业定位，能够精准把握市场需求，形成独特的产业竞争优势。科学的产业规划有助于形成完整的产业链和产业集群，实现产业间的互补和协同发展。比如中新广州知识城在规划初期，就明确以建设具有全球影响力的国家知识中心为战略定位，致力于成为知识创新、国际人才聚集、湾区科技创新策源及开放合作的典范，从而推动粤港澳大湾区的高质量发展。在产业布局方面，知识城重点发展生物医药与大健康、新一代信息技术以及新材料、新能源等产业，力求构建知识密集型的产业体系，并孵化新兴产业。中新广州知识城空间布局特色鲜明，以环九龙湖总部核心经济带为"一核"，枫下和新龙片区为"两心"，开放大道和创新大道为"两轴"，布局了包括国际生物医药创新园、湾区半导体产业园在内的多个专业园区。此外，知识城还致力于打造国际顶尖的知识产权生态示范系统，这不仅涉及强化知识产权保护，还有助于激发创造活力，加快知识产权价值的实现，提升相关的服务能级。这一系列举措共同构成了中新广州知识城全面发展、创新驱动的宏伟蓝图，有助于将其塑造成为科技创新和知识创造的全球高地，进而助力粤港澳大湾区的长远发展。通过这样的战略布局和产业规划，中新广州知识城正迅速崛起，成为引领区域乃至全球科技和产业变革的重要力量。同时，通过不断优化创新环境和提升服务水平，中新广州知识城正吸引着越来越多的国内外优秀人才和企业前来投资兴业，共同推动科技创新和产业升级。

（二）科学的土地规划与利用

土地利用是园区规划的核心问题之一。园区规划应充分考虑土地的多功能性和可持续利用性，通过土地资源评估，合理划定不同区域的土地用途。例如，将生产加工区规划在土地质量较好的区域，将研发创新区规划在交通便利的地段等。同时，园区规划还应注重土地的保护和环境的可持续性，避免对生态环境造成不可逆转的破坏。通过科学的土地规划与利用，园区能够实现经济效益、社会效益和环境效益的协调统一。比如，苏州工业园区在开发之初，就确定了包含园区性质、规模、土地利用结构和总体布局、交通体系、基础设施标准和规模、环保和防灾体系、总体景观等在内的总体规划。目前，园区已经形成了一套完整的规划技术管理体系，确保每一地块的开发利用都能有规划可依。除此之外，园区前瞻性地运用了白地与混合用地相结合的手段，引用新加坡"白色地段"（White Site）的概念，即在城市的未来发展存在不确定性的情况下，在土地利用规划上设置了一定的备用地，用于公共配套和市政设施，为未来的需求预留了发展空间，最大限度地发挥土地的使用价值，提高了土地利用灵活性和利用效率，也增强了城市空间活力。

（三）全面的前期调研与市场分析

全面的前期调研和市场分析有助于对区位、交通、产业基础、市场需求等因素进行深入了解和准确分析。在充分的市场调研和分析沟通的基础上，园区能够准确进行战略定位，包括产品定位、市场定位、客户定位和品牌形象定位，为后续的规划设计和开发建设提供有力的支撑和保障。同时，这也能够增强园区的吸引力和竞争力，促进园区的可持续发展。苏银产业园位于宁夏银川市，是连接内陆与中亚、欧洲的重要交通枢纽。公路、铁路、航空等多元化的交通网络，为园区内的企业提供了便捷的物流运输条件，助力企业迅速拓展市场。在产业基础方面，银川市拥有丰富的资源和扎实的工业基础，尤其在新能源、新材料等领域展现出不俗的实力。江苏省作为经济发达地区，其强大的制造业和科技创新能力，与银川市形成了优势互补的态势。随着国家对西部大开发战略的持续深化，西北地区的市场需求日益旺盛，新能源、新材料等高新技术领域更是呈现蓬勃的发展态势。而江苏省内的众多企业，也具有转型升级的迫切需求，亟须寻找新的发展空间和更广阔的市场。在这样的背景下，苏银产业园应运而生。园区精准定位于新能源、新材料、高端装备制造等高新技术产业，致力于打造东西部产业合作的新典范。园区不仅吸引了江苏省内众多具有竞争优势的企业入驻，更积极引进国内外知名企业，形成了强劲的产业集聚效应。在园区内，企业间的合作与交流日益频繁，产业链不断完善，产业集群效应日益凸显。苏银产业园的建设和发展，为宁夏地区注入了新的经济增长动力，推动了当地经济的转型升级。同时，它也为江苏省内企业提供了新的发展空间和市场机会，促进了东西部地区的经济协作和共同发展。更值得一提的是，园区在发展过程中始终注重可持续发展，注重环境保护和资源节约，实现了经济效益和环境效益的双赢。它的成功建设和发展，不仅为宁夏乃至全国的经济发展贡献了力量，更为其他地区的园区建设提供了有益的借鉴和参考。

二 机制顺畅——合作成功的重要保障

合理顺畅的管理机制能充分化解发展过程中的矛盾和分歧，在重大问题上高效地达成共识，降低飞地管理成本，这些机制体现在政策协调、利益分配、项目推进等方面。

（一）政府、企业等参与各方权责利约定清晰、分工明确、形成合力

部分飞地园区由政府和企业或其他合作方共同参与规划、建设、运营和管理，在这种合作模式中，政府和企业各有其角色和职责，各方权责利约定清晰、分工明确有助于提高效率和实现共赢。成功的飞地园区应具备的重要因素有：明确的园区发展目标和合作原则，确保参与各方对园区的愿景和目标有共同的理解；详细的各方权利、责任和利益的协议，包括资金投入、收益分配、风险承担等；透明的决策机制，确保参与各方都能参与到重要决策的制定过程中，决策结果能够公开透明；明确的职责分工，包括规划、建设、运营、管理等各个方面；风险管理计划，明确各方在面对风险时的应对策略和责任分担；有效的沟通和协调机制，确保各方能够及时交流信息，解决合作中出现的问题；在合作协议中明确各方在特定情况下的退出条件和接管机制，保障园区的稳定运营。

成功的飞地园区均有明确的合作协议，通过协议约定好政府、企业等参与各方的权责利，明确分工，为园区的开发、管理、运营提供保障。比如，苏州宿迁工业园区的参与方前后共签订了两次协议，第一次

是 2006 年 11 月，苏州、宿迁两市签订合作开发协议和商务总协议，第二次是 2019 年，苏州、宿迁两市签订拓园发展协议。协议明确了组织机构，成立苏州宿迁工业园区联合协调理事会，苏州宿迁工业园区双边工作委员会，苏州宿迁工业园区党工委、管委会，三个层次管理机构各司其职、分工明确。协议还明确了开发机构的组建、职能和利益分享。开发机构是江苏省苏宿工业园区开发有限公司，由江苏省、苏州市、宿迁市、苏州工业园区共同出资组建，开发公司受苏州宿迁工业园区管委会委托进行土地综合开发，在收益分成上，起初规定前 10 年内园区的财政收入和分红全部留作园区的滚动发展资金，2009 年增加了利益共享条款，规定重大产业转移项目由双方商定利益分成办法。宿迁市委、市政府授权苏州宿迁工业园区党工委、管委会在规划建设、土地管理、经济管理、环境保护、招商、财政、外事、组织人事等方面，代表宿迁市委、市政府行使省辖市管理职能和管理权限，启用行政审批"2 号"公章，并设有一站式服务中心，各局（办）派出人员进行物理集中办公。

（二）管理机构和运作机构协调高效，宜政则政、宜企则企

飞地的高效管理和运作，是实现园区可持续发展的关键，也是提升园区竞争力的重要保障。其主要作用体现在：一是提高运作效率，减少资源浪费和冗余工作；二是更好地识别和控制风险，确保园区的稳定发展；三是有效地利用和分配资源，实现资源的最优配置；四是提高决策过程的透明度，增强企业对园区管理的信任；五是形成合力，更好应对市场竞争和技术变革等挑战；六是保持管理有序、运作高效的园区形象，增强对外吸引力。飞地园区的管理和运作关键还是如何做好有为政府和有效市场的结合，找准政府与市场的边界，处理好政府管理和第三方运营之间的关系。

成功的飞地园区在管理和运作上往往呈现以下几个特征：一是明确角色定位，政府与企业或第三方机构职责互补、避免重复，政府提供必

要的监管和服务，企业或第三方机构负责运营；二是形成良好的合作关系，政府与企业或第三方机构保持密切的沟通，通过定期的沟通会议、联合工作组等建立合作机制；三是设计合理的组织结构，形成一定的管理层次，有的园区设置了园区管理委员会，在获得政府批准后，在政策允许的范围内设计了科学合理的组织架构，明确了职责权限，制定了一系列规章制度和资源配置，公开招聘了一批高素质管理人才，并在运作过程中不断发展完善；四是资源信息互通共享，建立信息共享平台，提高政府与企业或第三方机构的决策效率；五是提高政府与企业或第三方机构合作的透明度，让公众或企业了解合作的内容和进展；六是持续改进，根据合作的实际情况，不断调整和优化合作策略和方法。

比如上海漕河泾新兴技术开发区海宁分区按照"政府推进、企业运作、市场导向、集约发展"的指导思想，坚持政企分开，采用资本紧密型合作模式，由上海漕河泾新兴技术开发区和海宁市人民政府、海宁经济开发区共同出资成立经济发展有限公司。政府和企业各自发挥优势，土地征迁、社会管理等职能由政府承担，规划编制、开发建设、招商引资和园区服务等主要由分区公司承担，按照《公司法》规定的分配方式进行税后利润的分配，为政府职能转型提供了示范。同时在公司团队的组建上，采用双方互派高管和中层干部的方式，既准确把握企业发展的方向，又通过队伍的融合促进了思维方式、发展观念的融合，为沪浙两地推进共同开发合作奠定了人才和智力保障。

（三）利益共享方案和路径科学务实，既有原则性、又有可操作性

飞地园区的利益共享方案和路径是一个复杂而重要的议题，既要符合各种政策、制度规定，又要结合两地合作的实际情况，注意可能产生的社会影响。成功飞地的利益分配机制各有不同，但都体现了一些基本原则，包括：法律合规原则，确保分配过程和结果的合法性；公平性原则，避免任何一方受到不公平的待遇；透明性原则，让所有参与方都能清楚了解分配的依据和结果；合理性原则，分配方案考虑各方的贡献、投资、风险承担等因素；可持续性原则，避免短期利益损害长期利益；动态调整原则，能够根据实际情况进行动态调整；风险共担原则，根据各自承担的风险程度合理分配利益和风险；社会责任原则，利益分配还应考虑对环境、社会和利益相关者的影响。良好的利益共享方案和路径，能提升合作的公平性，避免因利益分配事项而产生矛盾，也能激励合作各方保持积极性和创造力，为合作的长期稳定和可持续发展提供保障。

比如，江苏省南北共建园区将利益共享方案和路径摆在重要位置，省政府先后出台《关于支持南北挂钩共建苏北开发区政策措施的通知》《关于推动南北共建园区高质量发展的若干政策措施》等 14 项具体政策，明确提出建立合理的成本分担和利益分配机制，促进资源有效集聚和优化配置。2012 年前，共建园区中新增增值税，所得税省、市、县留成部分，全部由省、市、县财政补贴给园区，用于园区滚动发展。根据全省建设用地年度计划总量情况，对建设成效显著的共建园区给予建设用地指标奖励。按照利益共享原则，重大产业转移项目可由合作双方商定利益分成办法，由项目输入地对项目输出地给予适当补偿，具体事宜由双方协商。

第五节 本章小结

飞地成功与否，关键在于各方能否实现多赢，企业能否赚钱，平台公司能否在一定时期内实现财务平衡并有盈利。飞地园区的建设，既取决于运营团队、商业模式以及多方的支持配合，又取决于飞地园区的主导产业和产业链。

比如，深汕特别合作区引进腾讯云计算数据中心、华润新一代数据中心、金科纳米材料等重点项目，建设交通、供水、供电、燃气等市政基础设施，邻里中心、文体中心等公共配套项目规划建设全面启动。更重要的是，园区对产业进行重新定位和规划，引进比亚迪总投资 250 亿元的深汕比亚迪汽车工业园，一期项目 167 条生产线全面投产、二期项目已实现整车批量下线，全部达产后预计年产值 2100 亿元。同时，发挥港厂联动的优势，大力建设小漠国际物流港推进汽车出口，从深汕比亚迪汽车工业园二期到小漠国际物流港仅 5 分钟车程，车辆从生产线下来，可以直达港口，实现快速出海，已开通东南亚、中东、地中海、红海、欧洲、南美等 6 条外贸滚装航线，累计出口新能源汽车 4 万辆，实现了现代物流业与汽车产业链、供应链的高度融合和协调发展。坚持"融湾融深"，全力打造深圳都市圈战略增长极，加快推进深汕西高速改扩建，2024 年下半年完工通车，实现深汕与深圳市区 90 分钟公路快速到达；加快推进深汕高铁线路工程，预计 2027 年建成通车，建成后 25 分钟可达深圳西丽枢纽站。深汕特别合作区坚持以产兴城、以城带乡、以工哺农、产城乡融合，全力打造创新发展、宜居宜业宜游的现代化滨海新区、产业新城、田园都市，一个既有产值又有颜值的新区呈现在世人的面前，让各方增强了信心。除了深汕特别合作区之外，笔者也在调研过程中整理了部分成功飞地园区情况（见表 3-1）。

表 3-1 成功飞地的经验和产业情况

单位：平方千米，年

园区	规划面积	已开发面积	平台公司是否赢利	实现赢利的周期	主导产业
苏州工业园区	278	278	是	6	"3+2+1"特色产业体系，包括生物医药、纳米技术应用、人工智能三大新兴产业，新一代信息技术、高端装备制造两大主导产业，以及现代服务业
苏州宿迁工业园区	首期 13.6 拓园后 21.35	12（左右）	是	15	电子电气、精密机械、新能源、新材料四大主导产业

园区	规划面积	已开发面积	平台公司是否赢利	实现赢利的周期	主导产业
上海漕河泾新兴技术开发区海宁分区	5.98	0.6	是	13	电子信息、半导体芯片、光通信等高精尖产业
临港常熟绿洲芯城	5	0.3	是	当年	新一代信息技术、数字经济、人工智能、生命健康等产业
青岛红星公司安顺产业园	5.94	5.94	是	2	精细钡盐产品、高端钙镁产品、高端医药中间体产品、高端专用化学品
赢家服饰于都产业园	0.09	0.09	是	当年	纺织服装设计和生产
中新苏滁高新技术产业开发区	36	22	是	10	电子信息、新能源新材料、高端装备制造、医疗健康四大主导产业

第四章 飞地园区的模式
分析与构建策略

本章将重点讨论如何构建飞地园区：通过平衡各方需求，选择合作模式；因时因地制宜，完善管理模式；明确分享办法，实现利益共享；践行法治思维，优化营商环境；坚持深化改革，加强政策保障。

第一节 平衡各方需求，选择合作模式

根据飞出地是否参与土地一二级开发①，可将飞地园区的合作模式分为三种：重资产合作模式、轻资产合作模式、轻重资产结合模式。

一 重资产合作模式

（一）出资方组成

重资产合作模式下，飞地园区项目的总体规模都比较大，需投入的资金较多，且项目周期相对较长，对现金流有着更高的要求。飞地园区的开发与运营需要依托明确的主体来承接与推进，随着园区市场化程度的不断提高，其开发运营的主体结构也逐渐呈现多元化的趋势。从出资方组成来看，重资产合作模式主要有以下几种情况。

---

① 土地一级开发，是指由政府或其授权委托的企业，对一定区域范围内的城市国有土地、乡村集体土地进行统一的征地、拆迁、安置、补偿。土地二级开发即土地使用者将达到规定可以转让的土地通过流通领域进行交易的过程。

1. 上级政府+两地政府+两地国企+民营企业

如苏州宿迁工业园区建园初期由江苏省、苏州市、宿迁市、苏州工业园区共同出资组建开发公司。广清经济特别合作区建设初期，广州、清远和广东省分别出资7亿元（其中黄埔区出资4亿元）、2亿元、1亿元成立广东广清产业园投资开发有限公司，并将该公司作为园区的开发主体。

除四方共同出资保障开发公司资本金及时足额到位外，园区还通过BT、PPP等模式引入社会资本，帮助园区加快一级土地开发建设。2019年，园区启动拓园发展，拓园区域优先采用PPP模式进行开发建设，政府方出资代表宿迁市交通产业集团有限公司和社会资本联合体5家公司共同出资5.2亿元，组建江苏苏宿工业园区开发有限公司，全面承担拓园项目2.5平方千米范围内的基础设施建设及相关公建配套开发、资产运营，深度参与和全面服务园区开发建设。

2. 两地国企+民营企业

临港常熟绿洲芯城是江苏省苏州市常熟市承接国家《长三角一体化发展规划"十四五"实施方案》中的重大项目，也是临港集团在上海以外的第一个重资产项目。由国企上海临港集团漕河泾公司、苏辛（常熟）科技产业发展有限公司和苏州市民企光华集团共同出资设立开发公司，总投资48亿元，于2023年6月正式开园。光明—金平共建产业园由深圳市光明区与汕头市金平区的区属国企合资设立园区平台公司，拟引进北京联东集团开展重资产投资合作。经多轮对接商洽和实地考察，联东集团有意向以摘地重资产投资方式联合园区平台公司合作开发建设现代产业园，拟按照联东集团持股80%，平台公司持股20%的比例成立开发公司，开发地块占地面积超85亩，重点发展医疗器械、智能装备、新一代电子信息等产业。

（二）合作分工

从重资产合作模式的分工情况来看，视飞入地政府参与园区土地一级开发的程度，可将飞地园区分为以下三类情况。

1. 飞入地政府全面负责园区及周边土地的一级开发

当地政府对园区及周边区域的土地进行统一征迁、安置补偿和适当整备，使土地达到一定的通平要求，从而符合出让条件，为后续的二级开发创造良好条件。园区平台公司获得土地使用权后即可直接在"熟地"上进行二级开发。

2. 飞入地政府将园区及周边区域土地的一级开发工作交由园区平台公司负责

飞入地政府主要负责完善交通干线、水电管网等基础设施建设，为园区建设发展提供必要的支撑服务和良好的外部环境。园区合作范围内的土地一级开发则全权交由园区平台公司负责。

3. 飞入地政府对园区内的土地一级开发给予资金支持

此种情况下，飞入地政府通过资金补贴、低息贷款等方式为园区内的土地一级开发提供资金支持，以减轻园区平台公司在土地征迁、基础设施建设等方面的资金压力。

二　轻资产合作模式

（一）轻资产合作模式的特征

轻资产合作模式的收入，一是运营服务费，二是园区增值收益或风投收益，三是股份分红等。轻资产合作模式下，飞出地企业无须承担重资产的资金投入，可以充分利用和整合各方面的资源，专注于发展自身的核心业务。这种模式能够显著降低企业的资本投入，提高资本回报率，进而全面提升盈利能力。由于园区运营企业的核心能力及独有资源具有稀缺、不易复制、较难代替的特性，采取轻资产运营模式的企业能够在激烈的市场竞争中脱颖而出，形成长期竞争优势。

部分飞入地在寻求合作时，更希望飞出地携带资金进行重资产投入合作开发，而对于轻资产合作模式往往不太"感冒"，这种认识值得商榷。这些地区认为，即使没有飞出地的参与和支持，仅凭自身的资源和力量也能进行园区开发和招商工作。这类观点固然有其合理性，然而，仅依靠本地法人资源和力量进行园区开发运营和招商引资，实力和经验往往受限。相较之下，引入来自一线城市或产业发达地区的轻资产运营服务商，能够从多方面为当地产业园区发展赋能。首先，运营服务商可以主导园区的"多规合一"编制工作，推动园区进行科学先进、可操作性强的规划布局，为园区长远发展奠定坚实基础。其次，运营服务商能够凭借丰富的园区运营管理经验，显著提升园区经营水平和经济效益。再次，运营服务商的招商资源和"背书效应"能够为园区吸引更多优质企业和项目。最后，运营服务商能够帮助当地引入一流的办事制度和营商环境。这些正是欠发达地区在加速发展中所急需的稀缺资源。

（二）服务模式

1. 运营服务输出模式

飞出地企业将自身运营能力进行拆分，通过咨询、包租、委托运营等方式，为飞入地政府或产业园区开发商提供运营管理服务，包括产品定位、招商运营、增值服务、代建与物业管理等。该模式下，飞出地企业需要具备丰富的行业管理经验、强大的品牌效应以及标准规范的服务组合，其主要收入来源为品牌使用费和运营服务费。

以深圳湾（保定）创新中心为例，深圳湾科技发展有限公司成立于 2013 年，是深圳市投资控股有限公司旗下专注于科技园区开发、产业生态运营的平台企业。近年来，深圳湾科技发展有限公司积极践行"圈层梯度、一区多园"战略，通过咨询服务、合资运营和加盟共享等轻资产合作模式，持续输出深圳湾园区运营经验，已在国内外运营管理16 个园区项目。2019 年 11 月，深圳湾科技发展有限公司与保定高新区管委会签订《深圳湾（保定）创新中心建设运营合作协议》。2020 年 9

月，深圳湾（保定）创新中心在保定市国家高新技术开发区揭牌运营。主导项目运营 3 年后，深圳湾科技发展有限公司在该园区已有一家顶尖运营商先期入驻的情况下，通过引入深圳湾园区成熟的运营模式和创新生态体系，链接深圳及大湾区的产业、创新、金融资源，为园区企业提供产业信息、政策引导、产业培育、金融投资、市场开拓等服务。截至 2024 年 6 月，园区共引进企业 42 家，其中科技型企业占比超 70%，省外企业占比超 60%，已形成数字产业集聚优势，成为保定市数字经济发展的重要支撑。①

2. 产业服务平台模式

该模式本质上是以产业为核心，聚焦产业黏性的价值，为产业提供相应的配套和服务。飞出地企业通过提高服务端的比重，打造以增值服务为核心的盈利模式，其主要收入来源为产业服务平台管理与服务费用。

以中关村产业公共服务平台为例，北京中关村在上海、浙江、江苏、安徽等国内其他地区设立"园中园"或"区中园"，设立新的共建产业园区超过 200 个。中关村基于自身科研单位密集、高层次人才众多、IT 产业为主导产业、知名公司集聚、产业环节完善等特点，打造了中关村产业公共服务平台。中关村产业公共服务平台具备五大服务功能。一是产业促进功能，立足园区定位和主导产业，集聚相关领域企业，促进产业上下游企业间的高度融合。二是技术资源服务功能，主要依托中关村 159 个开放实验室平台，为不同企业提供定制化的技术服务，促成企业和科技成果的对接。三是政策导入服务功能，结合企业发展情况，量身制定入园企业的政策导入，更为合理地调整和配置各类产业政策资源，促进企业健康成长。四是金融服务功能，根据企业的不同发展阶段，分别提供具有园区特色的投融资服务。五是综合商务服务功能，为企业提供专业商务、创业辅导、市场推广、企业培训、人力资源、科技人才引进和物资采购等多项服务，让企业更加专注

---

① 资料来源：根据本书调研小组实地调研资料整理所得。

于自身业务发展。[①]

3. 投资孵化模式

飞出地政府或企业，以产业投资商的身份将资金用于园区土地及物业的开发建设或高新科技企业培育。同时，利用优惠的扶持政策吸引企业入驻，进而实现产业园区的增值和资本溢价。

投资孵化模式的特点是将园区与园区企业的利益深度捆绑，强调对园区价值的纵向深挖，通过产业投资与孵化实现共同成长，并最终通过股权分红等方式获得收益。但该模式的投资回报周期相对较长，对投资主体的专业性和金融资源整合能力要求较高，在实际操作中难以复制。

以张江高科为例，2014 年，张江高科提出"科技投行"发展战略。2017 年，张江高科已经形成完整的产业孵化链条，利用多种途径实现权益溢价退出。2020 年，在主板上市的 24 家产业园区上市企业中，张江高科的业绩极为突出，当年利润总额几近翻番，成为园区上市企业中首位投资收益超过营业收入的企业。作为"科技投行"的代表，张江高科正在践行"新三商"战略——"全创新链产业投资商+全生命周期创新服务商+全产品线科技地产商"。其中，产业投资是张江高科的核心优势，包括直接投资与委托投资，投资领域主要集中在信息技术、生物医药和文化创意。其所投企业超过半数注册在张江园区内部，这就意味着张江高科与园区企业是同进退、共患难的。对张江高科而言，难点在于对潜力企业的筛选，通过所选企业的成长获取利润，从而形成一种可持续的增长模式。而张江高科在创新服务与科技地产领域的探索实际上是为产业投资做支撑，三者共同服务于"科技投行"角色[②]。

---

① 黄建锡：《不同案例下的轻资产运营模式，各有什么特色和优劣呢？》，2022 年 8 月 9 日，http://news.sohu.com/a/575345299_100117214。

② 郭艳艳：《张江高科：从产业地产商转型"科技投行"丨产城白皮书 13》，2020 年 4 月 27 日，https://baijiahao.baidu.com/s? id=1665139421552499925&wfr=spider&for=pc。

三　轻重资产结合模式

轻重资产结合模式是指飞出地企业与飞入地政府或企业签订产业园区合作开发协议，共同出资、共享收益、共担风险。这其中多以 PPP 模式为主，飞出地企业除参与一二级联动开发，为合作方提供土地整理、基建和公建服务外，还为其提供产业规划、增值服务等。

以中新昆承湖园区项目为例，2022 年 9 月 13 日，苏州工业园区管委会与常熟市人民政府签署战略合作框架协议，常熟市人民政府、常熟高新区与中新集团签署中新昆承湖园区商务总协议，以轻重资产结合的创新模式规划建设面积约 46 平方千米的中新昆承湖园区项目。土地一级开发方面，中新昆承湖园区项目公司提供品牌输出、软件转移服务（包括营商环境打造、规划和建设顾问、经验输出等）以及产业发展等服务，并收取品牌输出及服务费、产业发展服务费等。同时，子公司中新智地还计划在该项目范围内开发运营约 1000 亩的区中园项目；子公司中新公用也将充分发挥绿色园区规划、投资、建设和运营优势，开发屋顶分布式光伏、储能、充电桩、工业废水处理等新能源和新环保项目，助力合作园区绿色低碳发展。[①]

飞地园区合作模式比较如表 4-1 所示。

表 4-1　飞地园区合作模式比较

合作模式	飞出地企业核心能力	飞出地企业盈利模式	飞出地企业主要定位
重资产合作模式	规划、开发、招商能力	土地开发、房地产销售	园区开发商
轻资产合作模式	深度赋能能力、产业投资能力	租金、服务收入、投资收益	产业升级合伙人

---

① 张良：《"产""绿"双核驱动中新集团勾绘发展新蓝图》，《上海证券报》2022 年 10 月 14 日。

合作模式	飞出地企业 核心能力	飞出地企业 盈利模式	飞出地企业 主要定位
轻重资产 结合模式	产业综合服务能力	房地产销售、房地产 租金、服务收入	园区运营服务商

资料来源：魏麒真《轻资产模式下园区开发公司财务绩效评价指标体系构建研究》，华东政法大学硕士学位论文，2023。

综上，我们根据飞出地是否参与土地一二级开发，将飞地园区合作模式分为重资产、轻资产、轻重资产结合三种合作模式。我们也可以从飞出地参与企业的角色定位、核心能力、盈利渠道等角度，对上述三种合作模式进行分析比对：在重资产合作模式下，飞出地企业作为园区开发商，主导飞地园区的规划、开发、招商等工作，并主要通过土地开发、房地产销售来获取收益；在轻资产合作模式下，飞出地企业则定位为产业升级合伙人，基于园区产业服务培育出对园区企业升级发展的产业赋能能力，为园区发展带来价值增值。除了租金和服务收入，飞出地企业也可通过股权投资合作园内企业，帮助孵化项目，与企业共成长。在轻重资产结合合作模式下，飞出地企业主要担任园区运营服务商的角色，通过发挥产业综合服务能力来支持飞地园区建设发展，该模式下企业的收益渠道更加多元，主要包括房地产销售、物业租金、运营服务、投资收益等。

第二节　因时因地制宜，完善管理模式

一　从政府、企业主导角度划分管理模式

飞地园区作为一种跨区域合作的产业园区，其管理模式主要可以分为三种类型：政府主导模式、企业主导模式、政企合作模式。

（一）　政府主导模式

政府主导模式是目前国内最常见的园区开发运营模式，由政府统筹管理园区事务，根据城市发展及产业特点进行产业园的开发与规划，具有集中统一、规划性强、权威性高、招商引资力度大等优势。但是，受政府决策程序相对固化等因素制约，该模式存在活力不足、灵活性差等弊端，容易出现机构膨胀、政企不分等问题，进而影响园区的运转效率和运营能力。

（二）　企业主导模式

企业主导模式是指完全用经济组织方式管理产业园区的一种模式，即以市场化机构为主体、完全按照市场经济规律进行专业化运作。近年来，企业主导模式在市场化趋势下得到了大力推广，尤其在开发区的"园中园"建设和新兴产业用地开发项目中应用广泛。通过引入社会资本，将政府投资项目变为企业投资项目，既可以解决地方政府在园区开发项目上资金不足的问题，也可以发挥市场化主体灵敏度高、运作效率高以及专业化能力强等优势，有效提高园区开发和运营管理效率。

实际操作过程中，政府主要通过招标政策、用地要求等进行宏观调控，保障园区有序建设发展。同时，为了强化监督职能，政府会从产值、税收贡献等多维度对园区开发运营企业的经营效果进行考核。而企业作为园区开发运营主体，担负着园区开发与管理的双重职能，包括园区的土地征用、统一规划、设施建设、招商引资、运营服务等方面。相比政府主导型的园区，该模式下政府资源与政策支持作用减弱，要求开发运营企业自身具备较强的综合能力和资金实力。

（三）　政企合作模式

政企合作模式是指由政府和市场化运作的企业合作，联合设立园区项目平台公司，共同对产业园项目进行开发和运营。在责任、权利、利益和风险承担上，政府和企业遵循事先约定的规则进行明确划分与合理分担，项目融资由社会资本与政府方出资代表成立的平台公司负责。开发过程中，政府提供土地、税收等优惠政策，同时承担产业规划、项目审批决策等重要职责，为园区建设发展提供必要的要素保障，而平台公司则发挥其专业优势，负责项目的具体实施和后续的运营管理。

该模式兼具政府的指导性和市场的灵活性，适用于综合性、大规划开发项目或特色园区项目。一方面，能充分发挥政府的宏观把控能力，确保项目获得必要的资源支持与政策倾斜。另一方面，能撬动社会资本，引入多元化投资主体，借助企业主体的市场化运营优势和项目经验，有效提升园区建设发展质效。

当然，该模式对政企双方的协调能力、协同能力提出了较高的要求。双方只有在充分沟通、密切配合、同向发力的基础上，才能确保园区项目的顺利实施和持续发展。因此，紧密的沟通交流、高效的协同配合，是政企合作模式成功运作的关键所在。

二 从飞入地、飞出地角度划分管理模式

根据飞入地、飞出地主导情况，可将飞地园区管理进一步划分为飞入地主导模式、飞出地主导模式、两地共管模式。

（一）飞入地主导模式

飞入地主导模式下，飞入地对园区实施属地化管理，园区开发和管理主要由飞入地主导，园区规划、建设和招商等工作也主要依托飞入地政府或投资公司，而飞出地则在招商引资等方面提供协助。该模式的优点在于飞入地对当地社会经济环境有着更为深入的了解和认识，在园区的管理和运营中能够更加贴近实际需求，提高决策效率。然而，该模式也存在一定的局限性，可能形成对企业服务的不连续，无法有效利用飞

出地的管理经验，进而影响园区的整体发展。

（二）飞出地主导模式

飞出地主导模式下，飞地园区的投资、开发建设和日常运作主要依托飞出地的开发区、政府或投资公司，飞出地派遣管理团队对园区进行管理，并向企业提供全方位的服务。该模式的优点是能够确保服务和政策的连续性和一致性，为园区企业创造稳定、可预期的营商环境。缺点主要在于管理方需要一定的时间来了解并适应当地的经济文化环境。

（三）两地共管模式

飞出地和飞入地共同出资，共同负责园区的管理、开发和建设等事宜。此模式要求合作双方秉持真诚的合作态度，建立长期友好的合作机制。为此，园区管理委员会或投资公司应由双方共同选派人员组建管理团队，这样既能保证园区服务管理的连续性，又能充分利用飞入地的资源。

不管采取何种合作模式，有两个共性问题需要合作双方重点研究和明确，即园区管理主体的设置问题和行政审批的承办问题。

园区管理主体设置方面，根据中央编委关于清理规范开发区管理机构促进开发区创新发展的有关要求，对于在飞地园区新设立一定级别的管理机构，从实操层面来看实施难度较大。如飞地园区项目本身已包含在当地某开发区范围内，可依托现有开发区管委会，按照合作双方商定的合作模式，重新设置飞地园区管委会的组织架构，并选派和任命相关领导干部。如广州（梅州）市产业转移合作工业园就在梅州高新技术产业园区内，二者在管理机构上合二为一，管委会党委书记由广州对口帮扶协作的梅州指挥部指挥长兼任。也可由飞入地党委、政府发文成立飞地园区管委会，作为统筹协调园区规划建设、开发利用、招商引资等经济发展工作的临时协调机构，对合作双方推进园区合作的议事协调机构负责。

行政审批承办方面，主要有三种合作思路：一是依托飞地园区所在地现有的行政审批服务机构，设立专门服务于飞地园区的行政审批窗口。二是推动飞入地以飞地园区所在地为"试验田"，对标学习和复制移植飞出地行政审批服务先进经验做法，并逐步推广至辖区全域，带动当地营商环境整体提升。三是属国家区域发展战略的园区或其他共建产业园发展到一定规模、有单独行使行政审批等行政职权的必要时，按照法定机构试点改革的精神，依照有关法规飞出地和飞入地共同（属国家区域发展战略的园区应共同）或由当地将园区执委会或管委会设为法定机构，授权或委托其行使一定的行政职权，独立或以"2 号图章"形式，行使行政审批职能。管委会可以不定编制、不另行安排经费，由双方派出协作的指挥部人员组成，由相关工作经费保障运作。

三 深汕特别合作区政府主导型管理模式及经验借鉴①

（一）深汕特别合作区管理模式

深汕特别合作区是广东省创新区域协调发展的试验田，经历了汕尾主导的产业转移园区阶段和深圳、汕尾合作共管阶段及深圳全面主导的经济功能区阶段。

1. 汕尾市主导的产业转移园区阶段

2008 年，深圳、汕尾两地政府经多次协商，成立深圳（汕尾）产业转移工业园。园区位于汕尾市海丰县鹅埠镇，规划面积 1036 公顷，后又并入新湖工业园 272 公顷，是经广东省政府批准认定的省级产业转移工业园，由汕尾市政府和深圳市政府共建。

2. 深圳、汕尾合作共管阶段

2011 年 2 月 18 日，广东省委、省政府批复《深汕（尾）特别合作

---

① 产耀东：《飞地经济实践论——新时代深汕特别合作区发展模式研究》，中国社会科学出版社，2022。

区基本框架方案》，决定在深圳（汕尾）产业转移工业园的基础上设立深汕特别合作区，规划范围包括海丰县的鹅埠、小漠、鲘门、赤石四镇和圆墩林场，总面积 460.41 平方千米，委托深圳、汕尾两市共同管理。

深汕特别合作区早期实行"深圳、汕尾两市政府高层领导小组决策+合作区管理委员会管理"的模式，广东省推进合作区建设协调小组负责省级层面的协调工作。

一是设立深圳、汕尾两市高层决策领导小组。领导小组组长由深圳、汕尾两市政府主要领导担任，成员包括深圳、汕尾两市有关市领导、相关部门及合作区管理机构的负责人。领导小组受广东省委、省政府委托，负责指导、协调和解决合作区建设和管理中的重大问题，并定期召开例会。领导小组下设办公室，设在合作区管理委员会，作为领导小组的日常办事机构。

二是设立中共深汕特别合作区工作委员会、深汕特别合作区管理委员会。合作区党工委、管委会作为省委、省政府派出机构，享有地级市一级管理权限，委托深圳、汕尾两市共同管理。合作区党工委、管委会合署办公，主要领导按副厅级配备，由深圳、汕尾双方共同派出得力干部组成工作班子。按照统筹管理、适度分工的原则，以深圳为主负责投资、开发、招商、管理等，主导开发经营；以汕尾为主负责社会管理、征地拆迁等，主导社会环境建设。

3. 深圳全面主导的经济功能区阶段

2017 年 9 月，广东省委、省政府批复《深汕特别合作区体制机制调整方案》，明确合作区由原有的深圳、汕尾共同管理转变为深圳全面主导、汕尾积极配合。深圳市全面主导特别合作区经济社会事务，并按"10+1"（深圳 10 个区+深汕特别合作区）的模式给予全方位的政策和资源支持。合作区党工委、管委会、纪工委领导班子成员由深圳市委选任和管理，合作区统筹纳入深圳市国民经济和社会发展规划体系。合作区已事实上成为深圳市的"第 11 区"，在不改变行政区划范围的前提下使深圳的市域面积（1996.85 平方千米）增加了近 1/4，拓展了特大城市发展的新思路。

2018 年 12 月，中共深圳市深汕特别合作区工作委员会、深圳市深汕特别合作区管理委员会正式揭牌，标志着深汕特别合作区正式调整为深圳市委、市政府派出机构，以深圳市一个经济功能区的标准和要求，对深汕特别合作区进行顶层设计、资源配置、规划建设、管理运营，并从组织架构、经济社会管理、财税管理等方面对合作区的经济事务和社会事务作了详细的规定。深汕特别合作区进入深圳全面主导建设发展阶段。组织架构方面，合作区党工委、管委会调整为深圳市委、市政府派出机构，并成立深汕特别合作区纪工委，为深圳市纪委派出机构，相关领导班子成员由深圳市委选任和管理，机关的机构编制纳入深圳市统一管理。经济社会管理方面，合作区统筹纳入深圳市国民经济和社会发展规划体系，城市总体规划、土地利用总体规划由深圳市统一组织编制；深圳市全面主导合作区基本公共服务和社会管理；合作区享有深圳市行政区区级建设用地审批权限，涉及土地征收审批权限的，调整为深圳市政府实施。财税管理方面，合作区财税纳入深圳市财政体制范围，由深圳市全权管理；税收实行属地征管、就地缴库；金库由人民银行深圳中心支行设置和管理，各级次税收分成通过合作区金库就地分成；"四镇一场"的债权债务由合作区承接；合作区的土地出让纳入深圳市统一管理，土地出让收入扣除政策性刚性支出和土地征收投入后，全额返还给合作区。

2023 年 9 月 27 日，《广东省深汕特别合作区条例》正式出台并于 2023 年 11 月 1 日起正式施行，成为全国首部明确由飞出地全面主导区域协调发展的地方性法规，为新时代区域协调发展探索了可复制、可推广的制度经验。

（二）经验借鉴

深汕特别合作区原先的设想是深圳和汕尾"齐抓共管"、双方并重。但经过几年的探索，合作成效并不显著，原因在于其中的责权利不明晰，行政分割依然存在。最终广东省委、省政府决定在不改变深汕土地行政属地所有权的基础上，由汕尾让渡管理权，交由深圳一方全权管理，参照深圳经济功能区模式制定机构内部管理体制、机构设置"三定"方案，组建新的领导班子和机构等，形成一套完整的飞地经济管理体系。"深圳主导"模式下，深圳既承担权责，又负责投入，成功解决了合作区经济社会事务管理中管人和管事相分离的难题，有效降低了两地制度摩擦成本和企业办事成本，更好地激发了深圳集中优势资源投入合作区开发建设的积极性。同时，合作区通过引进深圳先进的治理体系和管理经验，持续放大深圳品牌优势，成功吸引了越来越多的企业入驻发展。同时，通过立法形式，在地方立法权限范围内破解深汕特别合作区长远发展所面临的障碍，实现了深汕组织体制的法治化，为体制机制创新、产业体系创新、城乡治理创新、人才集聚创新和民生融合创新提供了法规依据。深汕特别合作区的管理模式为区域协调合作发展提供了新路径，具有重大创新价值和推广意义。

四　苏州工业园区政企合作型管理模式及经验借鉴①

（一）苏州工业园区管理模式

苏州工业园区是中国和新加坡两国政府间最大的合作项目。1994年5月12日，苏州工业园区开工。1994～2001年是苏州工业园区奠定基础的时期，在这一阶段，园区确立了管理框架；2001年之后，园区则迈入了加速发展期。

苏州工业园区借鉴新加坡创新的开发区管理经验，建立了三个层级的管理组织。

---

① 根据本书调研小组实地调研资料整理，并参考了李琳《安康高新区飞地经济园区管理模式优化研究》，西北大学硕士学位论文，2018。

第一层级是中国—新加坡联合协调理事会，负责协调苏州工业园区开发建设中的重大问题。由两国副总理担任理事会共同主席，我国有关部委和新加坡内阁有关部门及江苏省政府和苏州市政府的负责人为理事会成员。第二层级是中新双边工作委员会，由苏州市市长和新加坡裕廊镇管理局主席共同主持，苏州市政府和园区管理委员会及新加坡有关部门和机构负责人组成。双方定期召开会议，向理事会双方主席报告工作。第三层级是苏州工业园区管理委员会，作为苏州市政府的派出机构在行政辖区内全面行使主权和行政管理职能。管理委员会下设多个职能机构，负责开发区内全部经济管理和部分社会服务职能，为投资者提供"一站式服务"。

苏州工业园区实行政企合作型管理模式。行政管理主体是园区管理委员会，为客商提供从企业设立、工厂建设、员工招聘到企业运行各个阶段的行政管理和服务。同时，园区某种程度上承担了一级政府的社会管理职能。而中新苏州工业园区开发集团股份有限公司（CSSD）是园区的开发建设主体，由中新双方财团组成。其主要职责是土地开发与经营、物业管理、项目建设管理、咨询服务、产业和基础设施开发。在园区开发的各个阶段，管委会和 CSSD 各自发挥不同的功能，共同促进了苏州工业园区的繁荣，并为入园企业提供优质的服务（见表4-2）。

表4-2　苏州工业园区管委会和 CSSD 管理职能

机构		苏州工业园区管委会	CSSD
功能定位		行政管理主体	园区开发主体
类别属性		政府派出机构	中新合资企业
园区开发活动	规划	主导规划，编制总规和专业规划	参与总规编制
	建设	投资基建、生产服务设施，设立科技研发、教育创投等	土地开发、房地产开发
	推广招商	早期没有招商部门，现有专设招商部门	早期是唯一的招商部门，目前从管委会获取佣金

机构		苏州工业园区管委会	CSSD
对入区企业的服务	投资阶段	投资指导、咨询建议	招商推介并获取佣金
	注册阶段	提供一站式服务	协助办理
	工程建设阶段	协助工程建设，解决问题	出售工业地产或代建厂房
	公司运作阶段	建立配套平台，提供金融服务和员工保障服务	提供公用事业服务、物业服务，运作商业地产

政企合作型管理模式主要借鉴了新加坡政府有关机构在建设和管理裕廊工业镇过程中调控市场的经验，以及在经济活动中有序竞争、相互合作的做法。

（二）经验借鉴

一是采用高度授权的"园区管理委员会+企业管理"模式。苏州工业园区推行"凡是符合改革开放方向的可在园区先行，一时看不准的也可在园区试行"的政策指导思想。园区发展中，享受多种特殊的审批权和发展优先权，实际上是仅次于深圳特区的一个"政策特区"。

二是以市场为主导的开发模式。苏州工业园区实行开发建设主体与行政管理机构相分离的开发管理模式，使得园区能够按照市场经济规律开发运营，充分调动了园区开发主体的积极性。园区管理委员会和各部门全力打造服务型政府，真正怀着"亲商"的理念，以企业为中心，实现了从管理职能向服务职能的转变。

三是充分借鉴新加坡的发展理念。苏州工业园区在开发建设过程中，坚持"先规划、后建设"的原则，全面引进新加坡园区城市设计理念，明确了高质量的园区总体规划及城市设计、控制性详细规划等全方位专项规划体系，充分借鉴了新加坡的经济管理和社会保障经验，打造了良好的生活服务体系，促进了产城融合发展。

五 上海市漕河泾新兴技术开发区海宁分区企业主导型管理模式及经验借鉴①

(一) 上海市漕河泾新兴技术开发区海宁分区管理模式

上海市漕河泾新兴技术开发区海宁分区 (以下简称"海宁分区") 成立于 2009 年, 坐落于浙江省级开发区海宁经济开发区北区块, 由上海漕河泾开发区和浙江海宁经济开发区共同建设管理, 是沪浙首个国家级跨省合作园区, 2019 年被纳入《长江三角洲区域一体化发展规划纲要》, 上升为国家战略的重要组成部分。

1. 开发主体

海宁分区采用企业主导型的管理模式, 由上海漕河泾总公司和海宁经济开发区下属的国有公司分别按 55% 和 45% 的占股比例共同出资组建海宁分区公司, 将该公司作为独立运作主体, 负责海宁分区范围内的规划编制、开发建设、招商引资和园区服务。

2. 议事规则

海宁分区公司采取"市场化运作、公司化管理"的运作模式, 设股东会、董事会和监事会。公司的权力机构是股东会, 股东会会议由股东按照出资比例行使表决权。董事会对股东会负责, 董事会成员 7 人由双方股东推荐并选举产生, 设董事长 1 人, 由上海漕河泾总公司推荐人选, 经董事会选举产生。设副董事长 1 人, 由海宁经济开发区下属国有公司推荐人选, 经董事会选举产生。公司的法定代表人为董事长, 公司设监事会, 监事会成员由 2 名股东代表和 1 名公司职工代表组成。公司设总经理, 由上海漕河泾总公司推荐人选, 董事会决定聘任。总经理组织实施董事会决议, 主持公司的开发、建设、经营、管理工作, 组织实施公司年度经营计划和投资、融资、并购计划等。总经理与副总经理、

---

① 资料来源: 根据本书调研小组实地调研资料整理所得。

总经济师、总工程师、总会计师组成公司高级管理人员班子。

3. 利润分配方式

按照《公司法》规定的分配方式进行税后利润的分配。海宁分区公司的所有业务包括一级开发和二级开发的成本及收入均分板块、分项目计入公司营业收入及成本，按会计准则进行计量并统计收益情况。

4. 公司运作方式

海宁分区公司内部机构设置为一室四部，分别为办公室、计划财务部、规划建设部、招商经营部和园区管理部。公司高管和部门负责人由双方股东委派担任，薪酬由股东方分别自行承担。专业技术层员工由社会招聘组成，薪酬由公司发放，划分为固定工资和绩效工资两部分，建立了合理的员工晋升机制。公司还专门针对招商人员建立薪酬考核体系，以业绩为导向分配薪酬，对招商人员进行关键绩效指标考核，根据考核结果发放绩效奖金。

（二）经验借鉴

上海漕河泾新兴技术开发区海宁分区企业主导管理模式的优点体现在以下四个方面。一是管理机构精简，有利于园区商业化和专业化开发管理，运作效率高；二是企业作为经营管理主体，对市场信息的敏感度高，有利于明确经营目标，创造经济效益；三是园区便于通过资本运作，大量筹集开发所需资金；四是公司主要领导由上海漕河泾总公司推荐，有利于为海宁分区带来上海乃至国际上先进、规范且人性化的经营管理理念，实现海宁分区招商工作国际化。

但这种管理模式也存在缺点。一是企业不具有政府职能，缺乏必要的政府行政权力，容易影响整体管理能力的发挥，对政府相关部门的协调力度较小；二是企业作为开发主体，很难从现行财税体制中获得投资补偿，如果将园区建设投资转嫁到地价上，则会导致地价过高；三是园区土地指标少，建设用地空间有限，导致区域内生产空间过多，生活空间有限，不利于扩大园区规模。

六　基于政府、企业角度的管理模式建议

飞地园区的发展是一个动态的过程，一般需要经历起步初创、发展壮大和成熟完善的阶段。当园区不断进入更高的发展层次时，园区客体对管理主体也会产生更多元的管理需求，从而管理模式的转型升级便成为客观要求。

初创期，园区需要完成基础设施建设投入、编制发展规划、行政审批等工作，这些工作需要强大的行政力量和组织优势的支持。这一时期建立以政府为主导的管理模式，可以充分发挥政府的行政优势和政策优势。在机构设置上，可参照深圳前海合作区法定机构管理的模式，将飞地园区主要的经济社会事务管理权，授予企业化、市场化机制运作的法定机构，避免飞出地与飞入地在飞地园区管理中产生管理权重叠和冲突等问题。

随着园区的建设发展，以政府为主导的管理模式对园区发展的制约效应逐步显现。这一阶段引入政企合作型的管理模式，发挥二者优势，对满足该时期飞地园区的管理需求，助推园区发展有重要作用。在园区建设逐步进入成熟期后，各项行政管理机制配套发展相对完善，相关管理职能可与所在行政区政府顺利承接移交，该阶段将飞地园区的管理模式转变为企业主导的管理模式，在保证社会民生管理有序的条件下，积极利用企业化运作的管理模式，充分发挥市场经济的主导作用，可推动飞地园区持续发展。①

七　基于飞入地、飞出地角度的管理模式建议

由飞出地主导的园区一般是具有独立运作能力的封闭式园区。除产业转移外，发达地区先进的管理经验也被带到欠发达地区，促进了

---

① 李琳：《安康高新区飞地经济园区管理模式优化研究》，西北大学硕士学位论文，2018。

园区的健康发展。例如，深汕特别合作区打破了行政区划和属地化管理原则的掣肘，机构管理体系由原来的"深圳市主导经济管理和建设，汕尾市负责征地拆迁和社会事务"转变为"深圳市全面主导建设发展"。

由飞出地和飞入地共同管理的成功园区，基本按照企业主导模式由合作双方共同成立园区投资开发公司，负责园区的运作和管理，是具有独立运作能力的封闭式管理园区，共建效果较好，如上海漕河泾新兴技术开发区海宁分区等。

由飞入地主导管理的园区依附于原有的开发区，不完全独立运营，基本延续欠发达地区开发区的运营状态和发展水平，共建优势没有得到有效发挥，代表性园区如深圳南山—河源高新区共建产业园。

在飞地园区早期阶段，考虑到理念的先进性、干部的经验及技能方面的优势，建议由飞出地派出一支强大、得力的干部队伍，全面负责园区的经营管理。但这需要飞入地政府密切配合，解决土地利用、房屋拆迁、劳动力管理、基础设施建设等问题。也就是说，飞入地要专注于飞地园区的公共基础设施建设，在运行进入正常状态后，可更多地参与飞地园区运行，向飞出地经营班子多学习，以此减少扯皮、提高效率。

第三节　明确分享办法，实现利益共享

在共建园区利益共享方面，2017年5月，国家发展改革委等八部委联合印发的《关于支持"飞地经济"发展的指导意见》中专门提出"规范指标统计口径和方法"，但对于地区生产总值、工业总产值、固定资产投资额、进出口额、外商投资额等经济指标，允许合作方进行协商划分，仅作专门用途供内部使用。对税收等实质性利益共享，在部委层面，目前仅对京津冀地区有具体规定，还缺乏全国性的具体规定；在

省级层面，原则性的规定较多。因此，有必要遵照"探索在地方，规范在中央"的思路，从多层面探索和规范利益共享的操作办法和实施路径。

在飞地经济体系中，飞出地可通过转移旧产业为新产业孕育和产业结构调整腾出空间，但需要避免短期发展资源"外溢"、动能不足、财政税收流失等问题。飞入地虽然付出了一些能耗、占用了一些土地资源，但技术、资本及产业在本地的集聚，新产品、新技术和新产业的引入及其与本土比较优势的结合，将推动地区产业结构优化、提高资源配置效率、助力经济高质量发展。根据现行的税收及统计制度，税收和GDP统计依据属地原则，造成转移企业的税收和GDP指标无法在飞出地和飞入地之间分解，而大规模的产业转移会造成飞出地区税收和GDP下降，进而影响到飞出地政府的经济发展绩效，不利于合作共建产业园区的推进。这是大多数飞地园区往往流于形式、发达地区不肯主动引导产业转移的原因。

一 利益共享模式

根据现行税收及统计制度，飞入地和飞出地可通过委外加工和分总公司形式，在企业层面实现两地产值、税收等的分享，但通常飞入地政府对委外加工和分总公司形式接受程度较低。此外，省内飞地的产值、税收等利益共享还可以通过飞入地、飞出地约定划分比例，经省级层面备案实现。省际飞地的产值、税收等利益共享不仅涉及两省之间的协调，还涉及中央事权。目前来看，省际飞地的利益共享主要还是对政府引导的大型产业转移项目划分两地产值、税收，或者通过市场化形式实现两地的利益共享。

对共建园区地方留成部分税收分享，一些地方约定在一定时间内，一般为实现第一笔新增入驻企业地方留存税收所属纳税年度起10年（也可到期后视情况适当延长），将这部分税收留在园区，用于滚动开发，即所谓"封闭运作"。不少地方在共建的产业园区设置了专门的"金库"，由园区管委会管理预算开支。有的地方还在探索税收省级地方留成部分，在一定时间内返还支持园区建设发展。对这些做法，国家和省级层面应进行专门调研总结，予以鼓励、规范和引导。

二 深汕特别合作区财税分享制度

（一）总体分成机制

根据《中共广东省委 广东省人民政府关于深汕特别合作区体制机制调整方案的批复》（粤委〔2017〕123号，以下简称《调整方案》），来源于合作区的省级应分享收入通过调库上划省级，2020年前，省财政从合作区获得的一般公共预算收入全额补助给合作区（属于财力性补助，由合作区纳入一般公共预算统筹使用，2021年开始实行项目制管理）。深圳、汕尾两市不参与合作区财税分成，全部留给合作区。华润海丰电厂等原有企业税收分成比例，按原规定和协议执行。深汕合作区仍沿用该分成机制。

（二）华润电厂税收分成情况

根据《关于深汕（尾）特别合作区基本框架方案的批复》（粤委〔2011〕11号），华润海丰电厂缴纳的税收在扣除上缴省财政部分后，由汕尾市和合作区按80%（实际汕尾市本级44%、海丰县36%）和20%比例分成。2018~2020年合作区划转华润电厂税收合计4.44亿元，其中，2018年划转0.49亿元（汕尾市直0.31亿元、海丰县0.18亿元），2019年划转0.89亿元（汕尾市直0.49亿元、海丰县0.40亿元），2020年划转1.04亿元（汕尾市直0.57亿元、海丰县0.47亿元），2021年划转0.45亿元（汕尾市直0.25亿元、海丰县0.20亿元），2022年划转0.50亿元（汕尾市直0.28亿元、海丰县0.22亿元），2023 年划转 1.07 亿元（汕尾市直 0.59 亿元、海丰县 0.48 亿元）。

三　海南省飞地经济财税分享制度

2022 年 3 月，《海南省省级园区发展建设联席会议办公室关于印发〈关于在园区实行"飞地经济"政策的实施意见（试行）〉的通知》发布，旨在针对省内飞地园区构建利益分享和投入分担机制，调动双方积极性，形成合作共赢局面。省际飞地园区探索以市场化方式构建合作共赢机制。

（一）省内飞地

税收由"转入地"负责征缴，具体分享比例可由双方协商确定，报省财政厅、省税务局备案。

相关统计工作执行现行国家统计制度规定，由"转入地"政府统计部门负责统计，具体分享比例由双方协商确定，报省统计局备案。飞地经济分享数据仅用于市县（园区）年度考核，各市县（园区）不得对外公开发布和使用，各市县（园区）的基本统计数据仍按"在地统计"口径进行统计和对外使用。

分享期限由"转入地"与"转出地"双方根据园区基础设施投入、园区项目性质、优惠政策等因素协商确定。

（二）省际飞地

省际飞地鼓励按照市场化方式开展飞地经济合作。鼓励合作方共同设立投融资公司采取政府和社会资本合作、专项债等模式，吸引社会资本参与园区开发、项目开发、产业导入和运营管理等。支持提高园区专业化运营水平，支持通过特许经营、政府购买服务等方式，将园区部分或全部事务委托给第三方运营管理，条件成熟地区可探索园区管理与日常运营相分离。

四　京津冀协同发展税收共享机制

2015 年 6 月 3 日，财政部、国家税务总局印发《京津冀协同发展产业转移对接企业税收收入分享办法》（财预〔2015〕92 号），具体内容如下。

（一）分享方案

1. 分享税种

纳入地区间分享范围的税种包括增值税、企业所得税、营业税三税地方分成部分（以下简称"三税"）。

2. 企业范围

由迁出地区政府主导、符合迁入地区产业布局条件且迁出前三年内年均缴纳"三税"大于或等于 2000 万元的企业，纳入分享范围。具体企业名单，由迁入地区、迁出地区省级政府分别统计、共同确认。属于市场行为的自由迁移企业，不纳入分享范围。

（二）分享方式

以迁出地区分享"三税"达到企业迁移前三年缴纳的"三税"总和为上限，达到分享上限后，迁出地区不再分享。具体办法如下。

迁出企业完成工商和税务登记变更并达产后三年内缴纳的"三税"，由迁入地区和迁出地区按 50%∶50% 比例分享。

若三年仍未达到分享上限，分享期限再延长两年，此后迁出地区不再分享，由中央财政一次性给予迁出地区适当补助。

第四节　践行法治思维，优化营商环境

发展飞地经济要转变理念，营造"飞得远"的环境，行政上从招

商引资思维向营商环境打造的路径转变。从建机制、强作风、优环境、提服务、稳预期入手，推动公共服务配置和运行规则等不断取得新突破，营造稳定、公开、透明、可预期的营商环境，实现合作各方的多赢和经济社会环境的共赢。

一 飞出地主导模式下的营商环境全面对标提升

飞出地主导模式下，飞地园区可全面对标飞出地来提升营商环境，并辐射带动飞入地的产业、公共服务，提升治理水平。例如，深汕特别合作区的营商环境全面对标深圳，供给侧结构性改革与深圳市区同步，落户深汕的企业同样享受深圳的产业政策。近年来，深汕特别合作区加快打造与深圳"同城同质同效"治理体系，制定了一揽子惠企政策，通过土地空间开发、人才服务等改革，打造深圳标准、深圳质量的政策配套、基础设施，群众来深汕安家立业、办事经商、投资兴业可与市区无缝连接。在深汕特别合作区的辐射带动下，汕尾市各项指标在 2023 年广东省营商环境评价中，获得粤东西北地区前三的成绩。其中，政府采购、政务服务、市场准入等指标跻身珠三角城市水平；纳税、国际贸易、市政公共基础设施报装、市场监管等多项指标显著进步。

飞出地在飞地园区设立派出机构或办事机构，为飞地园区提供了同城化服务，实现了科学化管理。例如，广东省深圳市深汕特别合作区人民法院作为全国首个"飞地"法院，围绕发展大局，充分发挥审判职能作用，践行司法为民宗旨，深化司法体制综合配套改革，助力打造"同城同质同效"营商环境，全力推进诉源治理、乡村振兴，高标准、高起点推动具有社会公信力和影响力的一流法院建设，探索打造全国首个"飞地"法院全新样板，为深汕特别合作区打造"世界一流汽车城"，建设滨海新区、产业新城、田园都市，打造新时代区域协调发展的生动范例和创新典范提供有力司法服务和保障。

二　飞出地、飞入地开展营商环境对口帮扶协作

为了加快提升粤东西北地区营商环境水平，广东将营商环境帮扶作为新一轮省内对口帮扶协作的重要内容，在珠三角地区和粤东西北地区之间建立结对关系，由帮扶方一对一指导被帮扶方优化办事流程、改造信息化系统、培训人员队伍。帮扶工作聚焦粤东西北地区营商环境的短板弱项，围绕优化政务服务、提升项目投资水平和审批便利度、维护公平竞争秩序等领域，逐条提出重点任务，设置量化目标，争取到2025年，粤东西北地区的办事标准和服务质效与珠三角地区全面接轨。

例如，深圳市在与省内对口地区共建飞地园区的同时，组织开展营商环境对口帮扶协作。2023年，深圳市出台了与汕头市、河源市、汕尾市、潮州市营商环境对口帮扶协作工作方案，建立营商环境对口帮扶协作长效机制，从提升政务服务中心服务质量、推动政务服务事项网上办理、优化产业转移合作园区营商环境、优化市场主体登记和退出机制、优化经常性涉企服务、增强融资信贷服务市场主体能力、提升跨境贸易便利化水平、维护公平竞争秩序、加强信用建设服务实体经济发展等多个方面，指导对口地区优化营商环境，开展深圳市营商环境改革相关领域经验做法专项培训，组织对口地区干部到深圳开展短期跟岗锻炼，到政务服务中心、办税大厅、不动产登记中心等现场或有关部门学习相关经验做法。

三　飞入地主动对标飞出地优化营商环境

飞地园区项目要快速落地，一方面需要硬件条件，园区基础设施要完善，另一方面需要良好的营商环境，帮助破解项目建设过程中遇到的各种难题。飞地园区为项目落地创造硬件条件，也有效提高了飞入地政府招商引资、优化营商环境的积极性。

例如，2018年，深圳（河源）产业转移工业园积极对标深圳，

出台优化营商环境"10条政策",旨在营造稳定、公开、透明、可预期的营商环境,具体包括打造国际标准的投资环境、全方位降低企业运营成本、建立有效的"投融资平台"、提供更全面的"创新支持"、打造更具吸引力的全市"人才高地"、深化"放管服"政务服务改革、推进体制机制创新、打造高品质"产业新城、科技新城、幸福新城"、加强与先进地区多方位交流合作、强化营商环境"法治保障"。① 深圳(哈尔滨)产业园区本着"能复制皆复制,宜创新即创新"的原则,坚持需求导向,累计推动126项深圳好经验、好做法在园区和哈尔滨市复制。比如,招投标评定分离、创新型产业用地、企业服务中心等很多独具深圳特色的做法落地推广,让企业享受到对标深圳的高水平服务,进一步优化了哈尔滨的营商环境,开创了黑龙江历史上第一例招投标"评定分离"和第一例 M0 创新型产业用地,对促进哈尔滨改革创新发展和营商环境优化发挥了重要作用。② 赣州市致力于实现"大湾区能做的,赣州也要能做到"的目标,对标深圳政务服务规则规制,围绕深赣协作共建产业合作园区建设,梳理形成了《深赣协作共建产业园区政务服务事项清单》,清单共 103 项,其中 3 项为省级权限,100 项为市级权限。截至 2024 年 11 月,赣州 100 项市级权限,实现与深圳"同事同标"100% 覆盖,其中有 48 项与深圳"结果互认"③。

四 提升园区专业化市场化运营水平

园区服务是园区运营管理中极为重要的一环,对于入驻企业的满意

---

① 《重磅!河源高新区出台"10条政策",优化营商环境!未来还将这么做……》,2018 年 6 月 13 日,河源国家高新区官网,http://www.hyhdz.gov.cn/zxxx/dtxx/content/post_4539.html。
② 薛婧、孙思琪:《深哈联手打造北方"深圳湾"》,《黑龙江日报》2023 年 8 月 31 日。
③ 资料来源:根据赣州市发改委提供的资料整理所得。

度、合作意愿以及整体园区形象都有着直接影响。园区服务主要包括三大块内容：首先是最基础的物业服务，其次是服务于园区企业员工的生活配套类服务，最后是服务于园区企业的产业赋能类服务。

　　传统飞地主要是采用飞入地对园区进行管理、飞出地派遣团队进行指导、双方共同派驻人员进行协调管理的模式。目前，部分飞地园区正在探索将园区运营服务交由企业负责，用市场之手将服务落到实处。同时，在运营的要求上，由政府进行监督和考核，针对税收、产业贡献等制定相应的阶段性指标。产业导入及服务运营的主体从当地政府或职能部门，转移到具备招引要素资源、成熟运营经验的企业上。例如，沪滇临港昆明科技城项目充分发挥上海临港集团在园区开发建设、经营管理、产城融合、金融服务、品牌输出等方面的经验优势，助力云南营商环境优化打造出一个"临港样本"。

　　同时，飞地园区的品牌效应可吸引一批细分领域生产性服务业企业，为产业提供各类赋能服务，包括但不限于空间载体、场景应用、资源整合、技术支持、市场拓展、人才培养、政策对接、金融服务等，促进产业更快更好地发展。例如，中新天津生态城是中国、新加坡两国政府战略性合作项目，是世界上首个国家间合作开发的生态城市。中新天津生态城引进了优合集团智能云仓冷链一体化基地项目。该基地是集国际贸易、农产品初加工、冷链仓储配送、供应链金融、食品安全监管、代理采购、水产品展示与交易、综合生活配套业务于一体的综合冷链基地。优合集团金融仓以"银企直联+物联网+区块链技术"的方式，在交易环节中的实物验收与交割、抵/质押品在库监控、货款结算支付等各流程节点严格把控风险，实时监控资产与信息的安全，实现了"企业主体信用+交易信用+物的信用"的信用交叉验证，有效降低了下游中小微企业的融资成本，解决了融资难、融资贵的问题，使优合的产业供应链下游客户的融资利率从 10%~18% 下降到 4% 左右[①]。

---

　　① 资料来源：根据本书调研小组实地调研资料整理所得。

第五节　坚持深化改革，加强政策保障

飞地经济可能涉及不同层级的管辖权纵向协调问题，建议做好顶层设计。通过上级政府进一步简政放权，给予飞地经济发展足够的制度创新"特权"或优先权，使地方政府保持合作的积极性，共同加大对飞地经济的投入力度，增强可持续发展能力。

一　国家层面做好顶层设计

飞地经济合作模式牵涉到省市政府，许多政策性问题需要国家政策的支持。例如国家层面尚未建立可操作性强的飞地经济利益分享机制。建议做好顶层设计，探索实施跨区域经济核算，允许 GDP、工业产值、税收等统计数据在飞地经济合作地区之间分解；探索跨区域经济发展的政府考核办法，将飞地经济发展状况纳入政府绩效考核范围。

二　省级层面政策支持

建议省级层面采取以下措施支持飞地经济发展。一是出台针对飞地园区合作方式的详细指导文件，明确双方权责利，完善共建共管协调机制，明确利益共享机制及其实现路径。二是出台可操作性强的扶持政策。出台土地、财政、金融、人才等方面的扶持政策。设立"飞地经济发展专项指标"，将飞地园区开发建设所需建设用地、用林、用海、能耗、取用水及财政扶持等相关指标单列，使飞地园区在享受优惠政策的同时还能享受到特殊政策。三是成立飞地园区发展专项基金。将专项基金投向重点飞地园区基础设施建设，并引导飞地园区专项基金、基础设施投资基金及产业发展基金等向飞地经济试点园区重点倾斜。四是赋予地方政府依据当地实际情况制定相应发展政策的权力，改善飞入地市场营商环境、降低交易成本，保障飞入地和飞出地按照市场化方式开展合作，对于条件允许的地区，还可以采取制定地方性法规的方式，保证政策长期有效施行。

三 省以下层面政策支持

（一）打造飞地园区惠企政策叠加优势

产值、税收利益共享机制有利于激发飞出地、飞入地打造飞地园区政策叠加优势的积极性。飞出地可将部分政策延伸至覆盖园区符合条件的企业，适度放宽人才、产业补贴、科技研发、技改投资等政策对实施主体注册地的要求。园区符合飞出地参保条件的人员可在飞出地缴纳社保，在购房、子女入学时享受与飞出地企业人员同等待遇。部分飞入地享受国家级、省级政策支持，飞地园区可纳入政策支持范围。例如，海南自贸港享受"双15%"优惠政策、赣州执行西部大开发企业享受所得税优惠政策。入驻飞地园区的企业可叠加享受飞出地和飞入地双重政策优惠。

（二）加大园区平台公司政策支持力度

要发挥地方平台公司引领效能，建议由两地政府按照一定比例出资共建股份合作公司，实行自主决策、独立运行的市场化运作，提升飞地园区开发建设和管理服务效率，同时积极吸引社会资本参与飞地园区开发建设和运营管理，放大撬动社会资本的乘数效应。

两地政府应明确给予飞地经济平台公司财政政策支持、盈利项目或资源支持、投融资政策扶持等，构建与之相适应的制度配套与柔性环境。

1. 加大财政政策支持力度

两地政府共同出台配套激励政策，加大专项债支持飞地园区建设力度；对于发生非经营性风险导致经营亏损的，可给予相应补贴。

2. 支持国企拓展园区内外业务，实现资金反哺

飞入地政府协调飞入地政府，支持国企参与当地可盈利项目或资源的开发，允许国企代建飞地园区范围内及周边的市政道路、卫生教育设施，以及当地智慧城市建设运营等政府投资项目，支持国企采用特许经营、能源供应、土地作价入资等不同方式，来保证投入和收益整体平衡。

3. 提供投融资政策支撑

借鉴深圳南山（连平）产业转移工业园二期成功经验，通过引进风投机构、战略投资者，推广 PPP 模式等途径，吸纳社会资本购买土地或投资参与开发。探索推广不动产抵押、动产抵押等信贷担保方式，解决园区融资难题。

4. 建立科学考核机制

在对国企的考核上，考虑到参与共建园区的国企在短期内很难实现利益平衡，建议飞出地政府从"长远账、整体账"角度，对参与飞地园区合作的市属国企实施差异化考核或者单列考核，放宽年度利润、内部收益率等考核要求，并以 5~10 年为周期，重点考核项目落地、经济亩产（产值、增加值、固投）、税收、产业集聚、配套承载功能、体制机制创新等贡献，切实调动企业参与飞地园区项目的积极性。例如，上海临港集团跨省跨市共建的产业园已有 7 个，这些园区就是分阶段进行差别式考核的。

共建产业园区是一项复杂艰巨、长远系统的工程，必须谋定而后动、相机行事，机遇不到、机会不成熟，是不能仓促决策的。在实际工作中，由于种种原因，容易犯"过急病"，尤其是飞入地政府，既要有"时不我待"的紧迫感，又要有"功成不必在我"的情怀和定力。如临港常熟绿洲芯城项目，常熟市于 2009 年就向上海临港集团抛出了橄榄枝，临港集团漕河泾公司在项目洽谈时，考虑到该区域产业和配套不成熟，暂时搁置了该项目。直到 2017 年，待虹桥交通枢纽与苏州连通，常熟产业基础夯实，主导产业优势显现后，上海临港集团才决定重启研究合作事宜，并于2019年签署战略合作协议。再如沪苏大丰产业联动集聚区，2012年5月沪苏两地形成合作框架协议征求意见稿，2014年6月两地联合发布《关于共同发展沪苏大丰产业联动聚集区的意见》，2016年11月集聚区总体规划通过评审，2017年项目集中开工，从确立合作意向到项目正式动工建设，足足花费了5年时间。

此外，共建产业合作园区是一项系统工程，面临复杂的内外部环境和开发风险，需要建立完善风险监测体系，并准备相应风险应对预案，最大程度降低不确定性带来的负面影响。合作园区开发风险总体来看，一是一级开发费用能否按期支付。支付延迟可能导致后续开发受阻，无法按时完成道路铺设、水电供应等关键工程，进而影响园区招商进度。二是物业去化能否达到预期。若园区定位不符合产业变化趋势，去化速度将大打折扣，面临巨大运营压力。三是各类奖励、补贴资金等能否落实。如企业与政府部门在有关资金的申报条件和额度上可能存在分歧，审核流程变化也会影响资金能否及时发放。

第五章 飞地园区合作决策及操作要点

飞地园区项目投资规模大、回报周期长，同时牵涉包括两地政府、企业、金融机构在内的众多利益主体，各方利益诉求不尽相同，合作关系也相对复杂，项目起步阶段往往需要克服政策协调、资金筹措、利益平衡等诸多方面的难题。对于飞出地而言，能否精准遴选合作对象，作出科学合理的投资决策，不仅关系到飞地项目本身的成败，还将直接影响区域经济发展的整体布局和长远规划。实践表明，飞地园区合作意向的确立，是建立在飞出地与飞入地之间坦诚相对、相互了解、彼此信任、紧密沟通的基础上的，全面系统的尽职调查、科学客观的评估研判、深入细致的谈判磨合，是推动双方达成合作共识的关键环节。

本章将重点讨论飞地园区合作决策与建设的操作程序问题，合作双方城市应通过开展多维度综合评价、多渠道尽职调查、多层面谈判磋商，明确飞入地"适不适合干"，飞地园区"能不能干""怎么干"等问题。具体而言，飞出地需深入调查飞入地的合作基础，全面评估相关要素条件，研判双方开展飞地合作的可行性，并通过反复谈判磨合，加快达成合作共识，以确保项目能够科学谋划、顺利实施，实现合作各方的共赢和飞地园区的可持续发展。

第一节　构建评价标准和指标体系

飞出地在推进飞地园区项目可行性研究工作时，需综合权衡备选合作地区的交通区位条件、资源禀赋、产业基础、开发成本、政策条件等多方面因素，科学选取与项目需求紧密相关的关键要素条件，并明确清晰、可操作的评价标准，构建起一套科学、系统的飞入地选择评价指标体系，以便对备选合作地区进行全方位、多维度综合评价，为科学决策提供参考依据。

一　要素条件选取

在进行飞入地选择时，需代入多方视角，兼顾多方利益，才能相对全面、客观地评估备选合作地区的基础条件，精准研判合作可行性。具体而言，需统筹考虑政府、企业、劳动力等方面的利益诉求。

（一）飞出地政府视角

在进行投资决策时，飞出地政府需要通过深入调研和对比分析，全面评估备选地区的软硬件综合实力，确保投资能够落在具备良好发展潜力和支持环境的地方，从而实现资源的优化配置和飞地园区的长远发展。

1. 交通区位

备选地区地理位置是否靠近交通枢纽，是否具备便捷完善的交通网络，如公路、桥梁、铁路、水运、航空、港站等，将直接影响企业的物流成本和区域合作的便利程度。

2. 资源禀赋

备选地区的自然资源，如矿产、水源、能源等的类型和质量，将对飞地园区的产业定位和发展方向产生深远影响。人文资源，如历史文化、民俗风情、人才储备等，可形成独特的发展优势，增强园区的文化内涵和人才吸引力。

3. 产业基础

备选地区是否已培育出特色优势产业，是否建立起相对完善的产业体系，是否具备整合片区资源、提升供应链效率的潜力，是决定当地能否成功吸引外部投资的关键。如果备选地区与飞出地在产业上具有较强的互补性，则双方的合作空间和潜力将会更大。

4. 开发成本

拟合作地块的土地出让价格、地块的熟化程度直接关系到飞地园区项目前期投资成本，进而影响项目整体的经济效益。选址地块周边基础设施的完善程度对于项目的顺利实施和后续运营至关重要，完善的基础设施能够提供良好的生产和生活环境，吸引更多的企业入驻。

5. 政策条件

飞出地政府需要综合考虑备选地区的财政状况、政治环境、营商环境等，选择合作决心坚决、履约能力较强、沟通协调顺畅的地区。积极寻求合作的地区往往会制定实施税收减免、土地供应、融资支持、人才引进、创新激励等优惠政策，并让渡一部分特许经营项目（如停车场、加油站、充电桩、燃气、风电、储能、光伏等），这些支持措施将大大降低双方的谈判成本，增强飞出地的合作意愿。

（二）园区平台公司视角

飞地园区项目的投资成本和经济效益是园区平台公司在投资决策过程中最为关注的两大核心要素。其中，基建成本、融资成本是园区投资成本最重要的组成部分，直接关系到项目初期的投入规模和后续的运营压力。经济效益则是评估项目投资价值和盈利能力的关键指标，拟组建的园区平台公司或参与的企业和飞出地政府需通过科学的分析方法和工具，深入研究项目的盈利模式，多方面挖掘盈利点，以期提高投资回报率，实现园区的稳健可持续发展。

1. 基建成本

基建成本是飞地园区建设初期最为显著的一项支出，包括土地购置、土石方工程、路网建设、水电管网铺设、厂房及办公设施建设等费用，园区平台公司要充分调研备选地区的基建成本情况，并对相关基建项目进行详尽的成本核算，以便为园区项目的投资决策提供重要参考。

2. 融资成本

融资成本的高低直接影响园区开发资金筹集的难易程度，是关乎园区项目能否顺利起步的关键。园区平台公司需重点关注备选地区的地方政府财政水平及其能够提供的融资支持政策。财政实力较强的地方政府往往能够为园区开发提供更多的融资支持，如设立支持产业园区发展的专项资金或引导基金、出台相关财政补贴或奖励办法、引入上级专项债资金、协调金融机构提供低息贷款等。同时，当地城投平台的债务规模、结构以及还款能力直接影响当地融资市场的稳定性，如果城投平台债务过多，可能会提高园区平台公司的融资难度和融资成本。因此，在投资决策过程中，园区平台公司还应当通过相关渠道对备选地区政府城投平台的债务情况进行深入调查，以评估融资成本和融资风险。

3. 经济效益

产业园区盈利模式主要包括土地经济、能源经济、房产经济、产业经济、商务经济和服务经济（见表5-1）[①]。

表5-1 产业园区盈利模式解析

盈利模式	盈利项目	盈利点
土地经济	土地开发	工业用地出租出售
		物流、商贸用地的出租出售
		商业与住宅用地的出租出售

[①] 陈颖仪、刘祥：《区域发展与对口协作园区开发实践》，中国经济出版社，2023。

盈利模式	盈利项目	盈利点
能源经济	水	水费
		污水处理费
	电	电费
	燃气	燃气费
房产经济	工业厂房	物业租售收入
	集中宿舍	物业租售收入
	住宅	物业租售收入
	商业及办公	物业租售收入
产业经济	股权投资	产业投资股权收益
	实业投资	产品销售收入
	物流中心	物流服务收入
	商业中心	商业收入
	酒店	酒店收入
	教育	教育产业收入
	医疗	医疗产业收入
商务经济	政府服务	招商引资服务费
	企业服务	人力资源服务费
		信息化服务费
		展览展示收费
服务经济	保安、保洁、绿化	物业管理费、卫生费
	工程维修	维修费

基于上述 6 类盈利模式，并参考当地同类型产业园区开发运营的成本情况，拟组建的园区平台公司或参与企业会对飞地园区项目进行全生命周期投入产出测算，以评估项目投资的经济效益和可行性。

（三）园区入驻企业视角

能否招引到优质企业、优质项目，是衡量一个产业园区成功与否的重要标准。在进行飞入地选址时，应遵循"产业希望去哪里布局，园区就跟去哪里布局"的选址逻辑，因此，站在潜在入驻企业的角度来审视飞入地的吸引力就显得尤为重要。对于潜在入驻企业来说，飞入地的市场规模、产业配套、政策环境、营商环境、成本因素等多方面条件是吸引其投资落户的关键考量因素。

1. 市场规模

市场拓展需求是企业到异地投资发展的根本驱动力。在全球化与区域经济一体化的背景下，企业为了促进自身发展，往往需要将目光投向更为广阔的地域空间，以寻求业务新增长点，挖掘市场潜力。因此，企业在进行异地投资前，需要深入调查和分析自身相关业务在当地的市场规模、消费需求、市场竞争等情况，以更好地把握市场机遇，准确选择投资地区，并制定相应的市场拓展策略，确保异地投资的长期可持续发展。

2. 产业配套

企业在异地投资时，会重点关注当地是否拥有一批与自身业务相关的上下游企业，以及这些企业是否已构建起紧密的产业链合作关系。一个成熟完善的产业配套体系可以显著提高企业间分工协作和资源共享的效率，为外来投资企业提供从原材料供应、生产加工到产品销售的全方位支持，有效降低企业生产成本，提高生产效率。同时，还能为企业创造技术创新与产业升级的机会，助力企业通过技术革新进一步提升市场竞争力，实现可持续发展。

3. 政策环境

飞入地的政策环境对企业的投资意愿有着直接且深远的影响，企业会提前研究当地的产业政策、税收优惠政策、财政补贴政策等，了解政策的具体内容、实施效果及可持续性，确保能够最大限度享受政策红利。

4. 营商环境

良好的营商环境是吸引企业投资的重要磁石，通常包括高效的政务服务、完善的基础设施、便捷的交通通信、健全的法治体系、开放包容的市场环境等多个方面，能够为企业创造稳定、公平、透明、可预期的发展环境，从而增强企业的投资信心和意愿。

5. 成本因素

在竞争激烈的市场环境中，成本控制能力直接关系到企业的盈利能力和市场竞争力。有意向到异地投资布局的企业会着重关注以下几方面的成本要素：一是用能成本。能源成本是企业生产经营活动中的重要开支之一，特别是对于高耗能企业来说，低廉的用能成本可以大幅降低生产成本。二是用工成本。飞入地的人力资源状况，包括劳动力市场供求情况、平均工资水平、工人技能水平和供应稳定性等，都会对企业的运营成本和效率产生直接且深远的影响。三是物流成本。对于对物流有高度需求的企业来说，园区的地理位置和交通便利程度至关重要，优越的地理位置能够保障企业快速、高效地接入各类交通网络，显著降低物流成本，便捷的交通网络能够确保产品快速流通，提高市场响应速度，同时为企业进一步拓展市场空间创造便利条件。四是租金成本。园区厂房的租金水平是企业固定成本的重要组成部分，企业倾向于选择租金成本相对较低，或者能够提供租金优惠政策的地方进行投资。

（四）劳动力视角

这里的劳动力泛指具有劳动能力的人口，包括各类技术人员、专业人才、产业工人等。一个地区如果能够吸引并留住大量优质的劳动人口，意味着该地区拥有良好的经济发展环境、充足的就业岗位、完善的生活配套和宜居的生活环境。这类地区能够为意向投资企业提供稳定、优质的人力资源支持，是飞地园区合作的理想选择。

1. 生活配套

生活配套条件主要包括医疗、教育等公共服务，商业设施和生活服务等，其中优质的医疗和教育资源对于劳动人口具有强烈的吸引力。完善的医疗体系能够为劳动人口提供及时、高效的医疗服务，优质的教育资源能够为劳动人口的子女提供良好的成长环境，这些都能够增强劳动人口在异地工作和生活的归属感。

2. 住房保障

飞入地如果能够为劳动力提供稳定、舒适的住房条件，包括合理的房价或房租水平、完善的住房保障政策体系、丰富的生活配套设施等，可以有效地吸引和留住人才。

3. 消费水平

消费水平适中、物价稳定、生活成本相对较低的地区，劳动力的经济压力相对较小，从而能够更好地平衡工作与生活的关系，更加专注于事业的发展。

4. 人才政策

一个完备的人才政策体系主要包括四个方面。一是提供良好的薪资待遇和福利保障，如住房补贴、交通补贴，完善的医疗保险、养老保险等社会保障制度。二是提供良好的职业发展空间，如通过设立各类专项人才计划、搭建各类职业发展平台等，为劳动力提供更多的职业发展机会。三是鼓励创业创新，如提供创业资金、创业场地、创业指导等支持措施。四是尊重和关怀人才，如通过举办各类人才交流活动、建立人才服务机制等方式，为劳动力营造良好的工作环境和生活环境。

综上所述，为了全面、客观、科学地评估备选地区作为飞入地的适宜程度，笔者通过代入飞出地政府、园区平台公司、园区入驻企业、劳动力等利益相关者的视角，深入分析各方发展需求和利益诉求，选取了一系列具有代表性的要素条件（见表5-2）作为构建飞入地选择评价指标体系的基础。需要说明的是，上述要素条件的选取是基于政府主导型的飞地园区项目来考虑的。但从飞出地政府视角出发，交通区位、资源禀赋、产业基础、开发成本等要素条件，对于企业主导型的飞地园区项目同样具有极高的适用性。企业在进行飞入地的选择评价时，可根据实际需求灵活选取相关要素条件作为评价依据。总之，无论是政府主导型的飞地园区项目，还是企业主导型的飞地园区项目，尽职调查团队都应该从多个维度来综合调查考量。

表5-2　飞入地选择评价要素条件

评价视角	要素条件
飞出地政府	交通区位、资源禀赋、产业基础、开发成本、政策条件
园区平台公司	基建成本、融资成本、经济效益
园区入驻企业	市场规模、产业配套、政策环境、营商环境、成本因素
劳动力	生活配套、住房保障、消费水平、人才政策

二　评价标准制定

从飞出地政府、园区平台公司、园区入驻企业、劳动力四大维度切入，对飞入地的相关要素条件进行逐一分析，明确相应的评价标准，并将其划分为基础性指标、必要性指标、加分项指标（见表5-3），以便更好地辅助合作双方开展合作谈判工作。其中，基础性指标作为衡量和评估飞入地基本状况和核心要素的关键指标，用于判断当地是否满足飞地园区合作的基本条件，是整个评价指标体系的基石，关系到评价指标体系的准确性、可行性和适用性。必要性指标的设置相对灵活，可根据飞出地的不同诉求进行调整，在合作谈判中往往作为底线条件，是判断飞地园区"能不能干"的基础门槛。加分项指标用于评价飞入地在交通区位、资源禀赋、政策条件、产业基础等特定方面的竞争力和吸引力，对飞出地投资决策具有重要的参考意义。对于飞入地而言，加分项指标是合作谈判的重要筹码，也是展现合作诚意的重要手段，如提供熟化程度高的土地、以较低价格出让土地、让渡相关领域特许经营权、提供多元化融资支持等，这些条件对飞出地政府及园区平台公司都具有很强的吸引力，在合作谈判中往往能起到决定性作用。

表 5-3 飞入地选择评价标准

评价维度	要素条件		评价标准
飞出地政府	交通区位	基础性指标	1. 地理位置通达性（是否靠近交通枢纽、港口、国内国际航线）； 2. 交通基础设施完备性； 3. 交通网络便捷程度。
		必要性指标	交通基础设施覆盖水平（交通网络基本覆盖主要的居住区、商业区、工业区等）。
		加分项指标	交通通达度（如当地是全国或区域交通枢纽城市）。
	资源禀赋	基础性指标	1. 原材料资源保障情况（是否拥有较为丰富的原材料资源，如矿产资源、农产品、水资源等）； 2. 能源保障情况（电力、天然气等能源供应是否充足）； 3. 劳动力保障情况（如劳动力资源情况，包括劳动力数量、质量、技能水平、受教育水平等）。
		加分项指标	1. 当地资源契合情况（是否契合飞出地的产业发展需求）； 2. 特色资源供给情况（是否拥有特色资源，如稀土等稀缺战略资源，光伏、风电等能源资源）； 3. 生态资源情况（如拥有独具特色的生态旅游资源，历史文化、民俗风情等人文资源，具备开发一定规模的"特色小镇"的基础条件）； 4. 劳动力素质情况（如拥有较为丰富的高素质劳动力，包括技术工人、专业人才等）。

评价维度	要素条件		评价标准
飞出地政府	产业基础	基础性指标	1. 主导产业情况（如主导产业的产值规模、产业集聚程度、产业链配套情况）； 2. 基础设施情况（如交通、能源、通信、水利等方面基础设施建设情况）； 3. 企业情况（如拥有规上企业、"专精特新"企业、上市企业等代表性企业情况）； 4. 产品品牌情况（如拥有特色技术、特色产业、特色品牌等情况）； 5. 园区平台情况（如拥有专业资质特色园区、特色平台，经济技术开发区、高新区、自贸区等平台情况）。
		必要性指标	地方产业体系及资源禀赋（如当地的产业体系和基础设施配套较为完善，优势产业发展态势良好，市场规模和发展潜力较大）。
		加分项指标	1. 产业互补性情况（如当地产业体系与飞出地具有较强的互补性，并且已有良好的产业合作基础）； 2. 战略性新兴产业发展情况（如当地重视发展战略性新兴产业、未来产业，产业发展规划符合培育和发展新质生产力的要求）。
	开发成本	基础性指标	1. 土地征收及出让价格； 2. 选址地块土地使用权出让年限； 3. 选址地块熟化程度； 4. 选址地块国土空间规划管控情况（是否符合"三区三线"等国土空间规划管控要求、是否具备成片规模开发条件）； 5. 周边产业配套基础设施情况。
		必要性指标	1. 选址地块国土空间规划管控要求； 2. 选址地块启动区连片开发规模。
		加分项指标	1. 工业用地出让条件优惠（如当地能以工业用地最低出让价格、最高法定年限一次性出让土地）； 2. 选址地块熟化程度高（如选址地块熟化程度高，具备快速启动开发的条件）； 3. 选址地块可开发边界情况（如选址范围位于城镇开发边界内的区域面积占比情况）； 4. 可拓展开发空间情况（如选址地块周边具备一定面积的可拓展开发空间）。

评价维度	要素条件	评价标准	
飞出地政府	政策条件	基础性指标	配套政策情况（如当地是否有产业引入、税收优惠、土地供应、融资支持、人才引进、创新激励等优惠政策）。
		加分项指标	1. 特许经营权情况（如当地愿意通过让渡能盈利的特许经营项目、向上争取税收留存等支持政策，支持园区项目投资收益平衡）； 2. 政策覆盖面情况（如当地优惠政策覆盖面广、力度大、执行效率高、持续性强）。
园区平台公司	基建成本	基础性指标	1. 开发成本（如选址地块的工业用地、商业用地、住宅用地获取和开发的成本情况，包括土地出让价格、拆迁补偿费用、土地平整费用及相关税费等）； 2. 基础设施建设成本（包括路网、水电管网、厂房及办公设施、环保设施建设等费用）。
		必要性指标	一级开发成本比较（当地一级开发成本较飞出地有明显优势）。
		加分项指标	1. 选址地块熟化程度（如当地已完成或愿意承担土地一级或一二级开发）； 2. 选址地块基础设施条件。
	融资成本	基础性指标	1. 当地政府近年财政状况（如财政收入与支出、债务水平、财政透明度等情况）； 2. 当地现存城投平台债务情况（是否健康，包括债务规模与结构情况、债务违约情况、债务担保增信情况等）。
		加分项指标	1. 融资支持情况（如当地政府能够为园区开发提供多元化融资支持，如出台融资奖补激励措施、依程序让渡能盈利的特许经营类项目、设立政府引导基金或产业投资基金、引入专项债资金等）； 2. 融资资质情况（如当地参与园区合作的国有平台具有较高信用等级）。

评价维度	要素条件	评价标准	
园区平台公司	经济效益	基础性指标	1. 物业出租出让收益（如当地工业用地、商住用地的出租出让收益情况）； 2. 能源使用情况（如当地工业园的水、电、燃气等能源使用费用情况）； 3. 地产开发收益情况（如选址地块周边的商业、住宅项目开发收益情况）； 4. 生产生活配套服务设施（如提供餐饮、购物、商务、娱乐等商业服务的收益情况）； 5. 园区增值服务情况（如为当地企业提供政策咨询、管理咨询、物流服务、人力资源、知识产权服务等生产性服务的收益情况）； 6. 园区基础服务情况（如为当地工业园区企业提供物业服务、维修服务、装修服务、停车服务等基础服务的收益情况）。
		加分项指标	1. 当地财政状况（财政健康，政策兑现能力较强）； 2. 当地区位条件（选址地块的区位条件优越，土地和物业升值空间大）。
园区入驻企业	市场规模	基础性指标	1. 消费市场情况（如总体规模、增长趋势及未来预期情况）； 2. 消费者购买力情况（如收入水平、消费习惯、需求结构和变化趋势等情况）； 3. 重点发展的产业竞争情况（如对于园区拟重点发展的产业门类，当地的市场竞争格局情况，包括主要竞争者的数量、实力以及市场份额等）。
		必要性指标	1. 重点产业市场规模（如对于园区拟重点发展的产业门类，当地的市场容量足够支撑意向入园企业的业务发展需要）； 2. 重点产业市场潜力（如对于园区拟重点发展的产业门类，当地的市场潜力大，意向入园企业获取市场份额的难度较低）。
		加分项指标	产业辐射带动力（如当地是全国或区域的主要市场，对周边地区市场能起到一定的辐射带动作用）。

评价维度	要素条件	评价标准	
园区入驻企业	产业配套	基础性指标	1. 产业链配套情况（如当地是否围绕相关优势产业形成了相对完整的产业链、供应链，是否具备上下游产业协同配套能力，拥有高等院校、科研机构的情况）； 2. 相关优势产业集聚程度（包括同行业企业数量、产业规模等）； 3. 基础设施和服务情况（如交通运输、能源供应、通信网络、物流仓储等基础设施和服务是否完善）。
		必要性指标	基础设施完善程度（如当地的交通运输、能源供应、通信网络、物流仓储等基础设施较为完善，较之于飞出地有成本优势）。
		加分项指标	1. 产业集聚优势（如当地已围绕主导产业引进相关领域链主企业，并形成了一定规模的产业集聚效应）； 2. 产学研合作情况（如当地拥有全国知名高等院校、科研机构，具备良好的产学研合作基础）。
	政策环境	基础性指标	优惠政策情况（如当地吸引外来投资的优惠政策情况，包括税收优惠、产业支持、创新激励、贷款支持等）。
		加分项指标	国际合作情况（如当地具备国际化的政策环境和国际合作机会，出台国际贸易和对外开放的支持政策，包括自贸区政策、进出口便利化等）。
	营商环境	基础性指标	1. 市场准入情况（如注册登记、行政审批的程序和流程是否简化和透明）； 2. 行政效能情况（如政府部门办事效率以及政策执行的一致性情况）； 3. 法治保障情况（如法律法规的完善程度、执法机构的公正性和效率等）。
		加分项指标	规则规制对接情况（如当地与飞出地已实现部分政务服务事项"跨域通办"或已建立相关合作机制）。

评价维度	要素条件		评价标准
园区入驻企业	成本因素	基础性指标	1. 用能成本情况（如水、电、气等用能成本）； 2. 劳动力市场供求情况（如平均工资水平、工人技能水平）； 3. 交通及物流设施情况（如港口码头、客货铁路枢纽、高速等交通设施及物流运输情况，仓储物流中心建设情况）； 4. 厂房租金情况（如厂房租金水平及相关优惠政策情况）。
		必要性指标	成本比较（当地用能成本、用工成本、物流成本、租金成本较之于飞出地有明显优势）。
		加分项指标	1. 物流通达性（如当地位于或毗邻物流枢纽中心，物流网络覆盖范围广、通达性好）； 2. 厂房租赁支持（如当地政府已出台相关厂房租赁优惠政策）。
劳动力	生活配套	基础性指标	1. 教育资源情况（如学校数量、教学质量、外来务工人员子女入学便利性等）； 2. 医疗保健资源情况（如医院、诊所、药店的数量及分布情况，医疗水平、就医便利性等）； 3. 商业设施完善程度（如大型商超、零售商店、餐饮场所的数量等）； 4. 文化娱乐设施完善程度（如公园、图书馆、博物馆、影剧院、体育场馆的数量等）。
		加分项指标	1. 教育资源供给（如教育资源供给充足，对外来务工人员子女的入学政策友好）； 2. 医疗水平情况（如当地拥有一定数量的三甲医院）； 3. 商业配套情况（如当地消费环境便利，能够满足就业者的多样化消费娱乐需求）； 4. 文旅资源情况（当地拥有丰富的自然景观、人文景观，文化氛围浓厚）。
	住房保障	基础性指标	1. 住房供应情况（如住宅销售市场、租赁市场的供应情况）； 2. 购房租房成本情况； 3. 住房保障情况（如针对外来务工就业人员出台的住房保障政策情况，包括购房补贴、租房补贴、公共租赁住房配租等政策）。
		加分项指标	住房保障政策及覆盖情况（如当地针对外来务工人员出台的住房保障政策较为健全，且能覆盖新就业人群、低收入人群等）。

评价维度	要素条件	评价标准	
劳动力	消费水平	基础性指标	1. 当地生活成本与收入水平匹配度（如衣食住行等基本生活开销成本，医疗、教育、休闲娱乐等服务性消费成本，各行业岗位薪资水平情况）； 2. 当地消费市场稳定性（如物价水平、消费者需求、市场供应等因素是否稳定）。
		加分项指标	1. 物价水平情况（如当地商品和服务价格稳定维持在较低水平）； 2. 消费环境情况（如当地消费文化多元且包容，能够满足不同层次就业者的消费需求）。
	人才政策	基础性指标	1. 人才引进政策； 2. 人才服务和保障机制（如提供就业指导、技能培训、住房保障、权益保障、创业创新支持等情况）； 3. 高层次人才引进情况（如当地近 5 年引进高层次人才、科技创新人才、青年人才、技能人才等情况）。
		加分项指标	1. 人才政策体系（如当地人才引进、留任、服务、保障机制完善，政策执行情况良好，且能覆盖不同层次和类型的人才）； 2. 人才发展环境（如当地重视人才、尊重人才、关爱人才的氛围浓厚，能够为外来就业者提供良好的职业发展环境）。

三　指标体系构建

从飞出地政府、园区平台公司、园区入驻企业、劳动力四大维度出发，对表 5-3 中的基础性指标、加分项指标进行逐一赋值[1]，明确相应的评分标准，形成一套四维多要素综合评价模型，用于评价备选地区作为飞入地的适宜程度。

---

[1]　必要性指标作为开展合作的基础门槛，是被评价对象需满足的最低条件，不作为评分指标。

（一）各要素条件的权重和分值确定

对各个要素条件的权重进行明确（记为 A_1，A_2，…，A_n，满足 $A_1 + A_2 + \cdots + A_n = 1$），按百分制计算相应的分值（记为 a_1，a_2，…，a_n，满足 $a_1 + a_2 + \cdots + a_n = 100$）。在此基础上，明确四大维度的权重和相应分值。

（二）基础性指标赋值与得分计算

确定好各个要素条件的分值（a_n）后，对其相应评价标准中的每一项基础性指标进行赋值，并将其评价结果划分为"优""良""中""差" 4 个等级，分值范围为 $0 \sim a_n$（见表 5-4）。如对飞出地政府维度中的要素条件"交通区位"，分值设定为 5 分，其评价标准中的基础性指标共 3 项，分别设定为 1 分、2 分、2 分。对某一地区的"交通区位"要素条件进行评价时，如当地能够在最大程度上达到该项所有基础性指标的评价标准，即可评价为"优"，记 4~5 分；如能够在较大程度上达到相关评价标准，可评价为"良"，记 3~4 分；如仅能达到 1~2 项评价标准，可评价为"中"，记 1.5~3 分；如基本无法达到相关评价标准，可评价为"差"，记 0~1.5 分。

表 5-4 各要素条件基础性指标评价结果等级及分值范围

评价结果等级	分值范围
优	a_n（0.8~1.0]
良	a_n（0.6~0.8]
中	a_n（0.3~0.6]
差	a_n（0.0~0.3]

按照上述方法对备选地区的所有要素条件的基础性指标进行评价和评分后，即可采取综合评分法计算该地区的基础性指标总得分，计算方法为：基础性指标总分 $F_{总} = F_1 \times A_1 + F_2 \times A_2 + \cdots + F_n \times A_n$（其中，$F_1$，

F_2，$\cdots$，F_n 分别为各个要素条件基础性指标的得分）。

（三）加分项指标赋值与得分计算

飞出地根据实际需求，设定加分项指标的总分（记为 P），参照上述各个要素条件的权重（A_1，A_2，$\cdots$，A_n），计算各个要素条件加分项指标相应的分值（记为 p_1，p_2，$\cdots$，p_n，满足 $p_1+p_2+\cdots+p_n=P$），并将其评价结果划分为"非常符合""比较符合""部分符合""不符合" 4 个等级，分值范围为 $0\sim p_n$（见表 5-5）。如对飞出地政府维度中的要素条件"资源禀赋"，加分项分值设定为 2 分，其评价标准中的基础性指标共 3 项，分别设定为 1 分、0.5 分、0.5 分。对某一地区的"资源禀赋"要素条件进行评价时，如当地能够在最大程度上大到该项所有加分项指标的评价标准，即可评价为"非常符合"，记 1.6~2 分；如能够在较大程度上达到相关评价标准，可评价为"比较符合"，记 1.2~1.6 分；如仅能在一定程度上达到相关评价标准，可评价为"部分符合"，记 0.6~1.2 分；如基本无法达到相关评价标准，可评价为"不符合"，记 0~0.6 分。

表 5-5　各要素条件加分项指标评价结果等级划分及分值

评价结果等级	分值范围
非常符合	p_n（0.8~1.0）
比较符合	p_n（0.6~0.8）
部分符合	p_n（0.3~0.6）
不符合	p_n（0.0~0.3）

同样，对备选地区的所有要素条件的加分项指标进行评价和评分后，采用综合评分法计算该地区加分项指标的得分情况，计算方法为：加分项指标总得分 $P_{总}=K_1\times A_1+K_2\times A_2+\cdots+K_n\times A_n$（其中，$K_1$，$K_2$，$\cdots$，$K_n$ 分别为各个要素条件加分项指标的得分）。

应当注意的是，为确保评分体系的公平性和平衡性，加分项指标的总分应控制在一定范围内，避免对基础性指标得分造成过大影响，导致评分结果失真。

（四）项目投资回报预期测算及评价

根据园区合作模式，结合前述 6 类盈利模式，并计算当地让渡的特许经营权收益、税收留存收益，综合计算项目各项预期收入，并对应计算实现各项收入所需支出的成本、税金等，进而测算项目的内部收益率（记为 R）和投资回收期（记为 I）。根据测算结果，对项目的投资回报预期进行评分（见表 5-6、表 5-7）。

表 5-6　飞地园区项目内部收益率评价规则

内部收益率（R）	分值
$R \geqslant 10\%$	10
$6\% \leqslant R < 10\%$	6~9
$0 \leqslant R < 6\%$	0~5
$R < 0$	0

表 5-7　飞地园区项目投资回收期评价规则

投资回收期（I）	分值
$I \leqslant 10$ 年	10
10 年 $< I \leqslant 15$ 年	6~9
15 年 $< I \leqslant 20$ 年	0~5
$I > 20$ 年	0

（五）综合评价得分计算

根据公式：备选地区综合评价总分（$T_{总}$）= 基础性指标总得分（$F_{总}$）+ 加分项指标总得分（$P_{总}$）+ 投资回报预期得分（R）+ 投资回报

预期得分（I），即可计算出该地区的综合评价总分。对所有备选地区进行多维度综合评价后，按照评分高低进行排序，总得分排名前列的地区，将重点推荐作为飞入地的候选地区。

需要特别指出的是，各个维度、各项指标的权重、分值设置并非一成不变，可根据飞出地合作诉求的侧重点进行灵活调整，确保维度模型能够紧密贴合飞出地的实际需求，实现更加精准有效的评价。当然，在进行某一时期的飞入地遴选工作时，应当对所有备选合作对象采用同一套评价模型进行评价，才能基于统一标准更加客观、全面地分析比较各方的优势和劣势，从而遴选出最适合的合作伙伴。

第二节　联合尽职调查摸底

全面摸清备选地区的要素条件情况是飞地园区合作的第一步，也是后续合作各方开展谈判磋商的基础。对飞入地的尽职调查是一项全面性、系统性的审查工程，一般由飞出地政府或企业牵头组建调查团队，对备选地区的开发用地、资源禀赋、产业基础、配套设施、要素成本、政策环境等情况进行调查摸底，从而较为全面地了解该地区的基础情况、合作潜力、潜在风险等，为飞入地选择提供参考依据。尽职调查的主要流程包括以下几个方面。

一　组建调查团队

政府主导型的飞地园区项目一般由飞出地政府牵头组建以相关职能部门、专业机构、意向参与企业为主体的联合调查团队。其中，政府相关职能部门包括产业、规划部门，负责指导开展飞入地产业基础、政策环境、空间规划等情况的调查工作；专业机构主要指区域经济、产业规划、空间规划等领域的咨询机构，是服务政府决策的"智囊团"和具体开展尽职调查工作的主要力量；意向参与企业往往是飞出地政府指定的市属国企，或者相关领域的央企、大型民企，这些企业站在未来飞地园区合作参与主体的立场深度参与调查工作，是尽职调查团队的重要组成部分。而对于市场化合作的飞地园区项目，主导其项目开发的企业内部往往都拥有一支专业素质过硬、实战经验丰富且市场嗅觉敏锐的尽职调查团队，能够为项目的科学决策提供强有力的支持。

二　收集资料信息

尽职调查团队一方面需要广泛收集备选地区的区位条件、资源禀赋、国民经济和社会发展规划、国土空间规划（特别是"三区三线"规划）、经济发展状况、社会文化特征、产业结构、政策环境、特许经营权事项、市场需求及竞争情况等资料信息，整体把握备选地区的发展现状和优势、劣势，分析当地承接产业转移的需求和能力；另一方面需要聚焦飞地园区合作需求，与飞出地相关部门开展对接，多渠道收集拟合作园区选址区域相关情况，包括拟选址地块的规划、征收、整备、出让等情况，基础设施如道路交通、供水供电、通信网络、排水系统等建设情况，以及周边产业配套、商业配套和同类地块的开发成本等情况。

三　开展实地调查

前往拟合作园区选址所在地，实地考察选址地块的地形地貌、开发现状、交通、周边环境、可建设用地规模、可拓展空间等情况，并对照查看土地使用规划图纸，确认土地规划用途和可供开发程度。其间，应注意收集园区选址范围的实景照片、视频等多媒体资料（包括使用无人机航摄的影像资料），以便后续进一步研究分析。同时，还要调查当地水文要素（降水、蒸发、径流、水位、流量、流速、含沙量等）、地质条件（地形地貌、地层结构、岩石类型、地质稳定性、植被情况等）、气候特征（光照、气温、湿度、风力等）等情况，调阅自然灾害（地震、洪水、干旱、滑坡等）资料档案，以评估和研判当地自然环境对产业发展的支撑能力和潜在风险。如苏州工业园区于 2010 年提出再扩园计划，中方建议实施"走出去"战略，拟从合肥市、武汉市等省会城市中寻找合作地，后来滁州市主动对接争取合作。在 2011 年首次长三角一体化座谈会上，滁州市被确定为苏州工业园区走出江苏省合作共建的第一个城市。中新公司在滁州市拟合作园区选址地块开展尽调时，详细调查了当地水文环境、降雨量、洪水灾害记录等上百项评判指标，在看到滁州市清流河贯穿拟选址园区 7 公里，还有大王公园等几个水体公园后，该地才进入中新公司视野。

现场踏勘之余，调查团队还应当与当地政府部门、相关业主和用户开展深入沟通交流，进一步调查地块开发建设和运营相关的详细情况，研讨规划选址的合理性和科学性，并收集相关书面资料。此过程要详细收集当地政府的有关规定、同类型案例的相关资料，并考虑未来 10~15 年可能发生的变动，不能"刻舟求剑"，用过去的"老皇历"。

同时，针对特许经营权事项，要实地调查其可用规模、获取难易程度，并进行投入产出测算。以赣州市为例，近年来赣州市积极推动与深圳市共建产业合作园区，并展现了较大合作诚意，提出全权负责合作园区的土地一级开发，并愿意让渡一些加油站、充电桩、屋顶光伏等特许经营项目用以保证园区投资收益整体平衡。虽然后来两市通过战略合作协议约定深圳方国企将以轻资产模式参与园区合作，但赣州方原先提出的平衡方案对于解决重资产飞地园区合作的投资收益平衡问题，仍具有一定的借鉴价值，在此也做简要介绍。

经测算，拟合作园区赣州经开区园区启动区（面积为 1.79 平方千米）二级开发成本为 87.98 亿元（其中合资公司投资为 86.31 亿元、政府投资为 1.67 亿元），假设合资公司按市场价摘地、厂房30%出售，30 年建设运营期预计营收为 130.46 亿元，预估合资公司内部收益率为 2.08%，难以实现财务平衡。南康区园区启动区（面积为 1.32 平方千米）二级开发成本为 59.63 亿元（其中合资公司投资 58.30 亿元、政府投资 1.33 亿元），假设合资公司按市场价摘地、厂房 30%出售，30 年建设运营期预计营收 73.19 亿元，预估合资公司内部收益率为 1.47%，同样难以实现财务平衡。为确保合资公司能够实现 4.50%的内部收益率，可按照"缺口补助+特许经营"的方式，按现行政策给予园区企业纳税地方留存部分前 10 年 100%奖励支持（约 19.07 亿元）后，再通过适当的特许经营填补剩余缺口 6.51 亿元。一是参与当地部分区县政府产权可利用屋顶面积（共 85.95 万平方米，规划容量 85.95MW）建设运营光伏，预计总投资 3.01 亿元，25 年运营期利润 6.67 亿元，NPV 约为1.38 亿元。二是参与建设运营当地充电桩，按照快充桩（120kW）3218 个、超充桩（480kW）129 个计算，预计投资 3.24 亿元，10 年运营期利润 4.20 亿元，NPV（净现值）约为 1.86 亿元。三是参与当地加油站建设运营（南康区 5 座、经开区 2 座），预计总投资 2.80 亿元，30年运营期利润 5.03 亿元，NPV 约为 0.81 亿元。以上 3 项在不同运营期内，可合计实现利润总额可达 15.90 亿元，NPV 约为 4.05 亿元，足以覆盖资金缺口，实现合资公司内部收益率达 4.50%以上。当然，理论模型往往难以涵盖所有复杂多变的现实因素，上述测算结果虽源于专业机构深入的实地调研和对当前市场环境的评估分析，但应用于实际操作层面时，不可避免地存在一定的偏差。因此，合作各方在实际工作推进过程中要谨慎评估平衡方案的实际效益，及时调整投资策略，以确保园区项目投资收益整体平衡。

四 分析数据信息

根据四维多要素综合评价体系，对调查收集到的数据资料进行系统整理，针对各方面的数据资料，采取定性与定量相结合的方法开展对比分析，并进行量化评分，综合评估相关备选地区作为飞入地的适宜程度。

五 编制调查报告

根据实地调研和分析评价结果，编制详细的尽职调查报告，重点分析备选地区作为拟合作对象的优势和劣势，并突出呈现投资收益平衡测算结果，提示投资潜在风险点等关键信息，为投资者或决策者提供全面、客观的调查信息和决策建议。

第三节 双向多部门联合评价

在完成尽职调查工作后，飞出地和飞入地政府分别对飞地园区项目合作的可行性开展联合评价，即对项目的发展前景、经济效益、潜在风险、政策环境等进行全面审视和评估。

一 飞出地联合评价

作为主导飞地园区项目决策的一方，飞出地政府要组织产业、规划、财政、国资、商务等职能部门对项目开展可行性综合评价。各部门应立足自身职能，以四维多要素综合评价体系为导向，对备选地区相关要素条件进行综合评价。产业部门从备选地区的产业基础、产业结构、产值规模、产业链配套、资源禀赋条件、技术水平、市场需求等方面出发，重点评估飞地园区项目的产业发展前景，以及与飞出地产业的互补契合程度。规划部门重点关注飞地园区项目选址地块情况，核查项目选址的空间布局和规划设计是否符合当地城市整体规划和发展方向，分析飞地园区项目的土地利用、交通网络、基础设施配套等规划要素的合理性和可行性。财政部门重点评估备选地区的地方财政水平和债务状况，分析飞地园区项目的投资规模、资金来源和财务预期、财政风险等。国资部门重点分析飞地园区项目的整体投资规模，对项目开发运营成本和投资回报进行测算，研判项目的投资效益和风险。商务部门重点分析备选地区的投资环境、营商环境、市场需求等情况,评估飞地园区项目的社会效益和招商引资潜力。

同时,为确保评价工作的全面性和客观性,还要充分发挥企业和智库的决策支撑作用。国企或纯市场化的直接参与方作为飞地园区项目的重要参与方,能够从实操角度为政府决策提供宝贵的行业经验参考。飞出地政府指定参与尽职调查工作的国企,一般具备异地园区开发运营经验,在飞地园区项目可行性研究、投资收益测算、风险因素识别等方面有较为丰富的实践经验,这些经验有助于决策者更好地理解飞地园区项目的复杂性和潜在风险。专业智库团队在飞地园区合作模式研究、综合规划编制、体制机制设计、政策体系研究等方面具备丰富的专业知识和实践经验,能够从第三方角度对飞地园区合作进行全方位审视,为政府决策提供专业咨询服务,以提高评价工作的科学性和客观性。

在飞地园区项目可行性综合评价过程中,飞出地相关职能部门、企业、专业机构各司其职、密切配合,全面考量评价备选地区的合作条件,并汇总形成初步研判结论,包括项目的可行性论证、投资收益预期、潜在风险分析等,作为后续开展合作谈判的重要依据。飞出地政府依据研判结论进一步研究并明确谈判底线和谈判策略,以提高谈判效率和成功率。

二 飞入地联合评价

作为飞地园区项目承接的一方,飞入地政府的主要目的在于通过飞地园区合作引入外部投资、招引产业项目,带动地方经济发展。因此,在前期对接洽谈阶段,飞入地政府除了要积极展现合作意愿并全力配合尽职调查工作,还应当组织相关职能部门对飞出地政府或企业的合作诉求进行全面梳理,针对飞出地在尽职调查中发现的问题进行一一回应,并深入剖析自身作为飞地园区项目承接地的优势和劣势,以便更加精准地把握飞出地的合作诉求,确保在后续谈判中能够最大限度地发挥优势、规避劣势，为争取成功合作做好充足准备。

依据各自的评价标准，飞出地和飞入地相关部门或企业分别对飞地园区项目合作可行性进行详细评价和审慎研判，提出是否开展合作的建议并呈报上级决策。经双方党委和政府或企业董事会（国资委）研究决策后，如明确开展合作，则双方将正式启动合作谈判程序；如双方或单方认为合作条件尚不成熟，则双方可选择耐心等待更为合适的时机再启动合作，也可及时终止合作洽谈，另寻合作伙伴。

第四节　多轮多层面谈判磨合

飞地园区合作共识的达成、合作关系的建立和合作利益的实现需要经历反复协商、谈判和博弈等过程。[①] 在充分尽职调查、审慎评价研判的基础上，飞出地政府或企业将与适合开展合作的地区正式确立合作意向，并启动合作谈判程序。在谈判过程中，双方需就飞地园区项目的合作模式、权责划分、利益分配、风险承担等核心问题进行反复沟通、磋商、磨合，逐步消除分歧，增进互信，最终达成符合双方利益的合作共识。

一　组建谈判团队

双方分别牵头组建各自的谈判团队，从相关职能部门（包括飞出地派驻飞入地的前方指挥部、工作队、工作组）、拟合作平台公司、咨询机构中选拔具备丰富经验和专业能力的人员，并明确各方的角色和职责。其中，双方政府的产业、规划、财政、国资、商务等职能部门根据前期尽职调查和评价研判情况，就园区合作模式、出资方式及比例、决策管理机制、利益分配等核心问题进行深入沟通和协商，以争取实现已

---

① 麻宝斌、李辉：《中国地方政府间合作的动因、策略及其实现》，《行政管理改革》2010年第9期。

方权益最大化。前方指挥部、工作队、工作组主要发挥对外联络的"窗口"和"桥梁"作用，负责及时收集和反馈各方意见，推动谈判进程。拟合作园区平台公司作为飞地园区项目的实施主体，需要根据项目投资收益测算提出平衡方案，在谈判中积极争取双方政府的相关政策支持。咨询机构负责为合作谈判提供必要的信息和数据支持，同时可作为中立的协调者，客观分析双方的诉求和期望，提出有针对性的解决方案，协助双方寻求利益平衡点，及时化解分歧和矛盾。

二 制定谈判策略

首先，在谈判前要深入分析、准确把握对方的合作诉求和预期目标，以便更好地把握谈判的主动权。飞出地的核心诉求在于拓展发展腹地、获取各类资源、分享经济指标等，飞入地则期望通过飞地园区合作带动地方经济发展、推动产业转型升级、优化营商环境、促进居民就业，进而提升城市的综合竞争力。其次，要明确己方的核心利益和谈判底线。飞出地的谈判底线即飞入地选择评价标准中的"必要性指标"，主要考虑合作城市的基础设施配套、选址地块条件、开发建设成本及收益率、企业经营成本等因素。产业配套状况及招商和产业发展前景是关系到飞地园区持续发展的关键，因而必须重点关注。飞入地则要确保飞地园区合作能够为本地带来实际的经济利益，包括增加地方财政收入、吸引外来投资、创造就业岗位等。引进的产业项目要符合地方发展规划和产业转型升级需求，与本地产业能够形成良性互动。同时，还要坚守土地开发、资源利用、环境保护等方面的底线，确保合作的可持续性和地方经济的健康发展。最后，双方要共同营造和维护良好的合作氛围，以达成合作共识为目标，在谈判过程中尊重彼此的立场、意见和诉求，通过友好、诚信、透明和一致的行为增进互信，确保信息准确传递和共享，逐步消除对方疑虑，为促成合作奠定坚实基础。

三　开展多轮多层面谈判

第一轮谈判，确定合作思路。双方重点针对飞地园区的合作范围（规划区、启动区、拓展区等）、合作模式（轻资产、重资产、轻重结合、先轻后重等）、是否引入第三方、资源投入（出资规模及比例、派驻团队等）、管理架构（高层决策协调机构、园区管委会、合资平台公司）等基础性问题进行商议，明确提出各自的合作思路，争取在原则性、框架性问题上达成初步共识，为后续谈判明确方向。

第二轮谈判，磋商核心问题。双方重点围绕权责关系、利益分享等核心问题展开深入讨论和磋商，提出利益诉求和具体方案。权责关系方面需重点明确土地一、二级开发由哪方负责，早期资金如何筹集，园区经济事务由哪方主导等。利益分享方面需重点讨论项目投资收益平衡方案，以及后续经济指标划分、产值税收分成等操作方式。本轮谈判直接触及双方的核心利益，双方需保持开放、坦诚的态度，在坚守谈判底线的基础上适时调整谈判策略，适度作出让步，在捍卫核心利益的同时尽可能寻求共识。

第三轮及后续谈判，逐步消除分歧。前两轮谈判主要由双方职能部门主导开展，对于在部门层面难以协商一致的核心问题，需要进一步提升谈判层级，提请双方党政主要领导牵头开展谈判，针对分歧进行集中讨论、审议和决策，逐一协商解决，推动形成符合两地长期发展利益的园区发展蓝图，从而打破谈判僵局，扫清合作障碍，最终达成合作共识。

第五节　政府和平台公司合作协议起草及送审

国家发展改革委等 8 部门联合印发的《关于支持"飞地经济"发展的指导意见》（发改地区〔2017〕922 号）明确指出"支持'飞地

经济'合作方共同研究商定规划建设、运营管理、利益分配等事项，签订规范、详细、可操作的合作协议，做到分工明确、权责对等、共建共享"，"支持各方合理分担园区建设运营成本，征地拆迁、基础设施建设、招商引资、社会管理、环境保护等事项产生的投入和费用，由合作方根据协议商定分摊比例"。在中央文件指导下，地方飞地园区合作一般通过订立合作协议的方式提供实施保障。

一 飞地园区合作协议起草要点

合作协议一般包含主体间在合作过程中权力运行方式、利益分配方式和责任承担方式的约定，是明确合作各方权利和义务的重要依据。飞地园区合作中，订立合作协议是合作启动阶段的关键，标志着各方的合作共识正式形成书面协议，为后续开展实质性合作打下基础。飞出地与飞入地以协议约定的形式，对园区的资金投入、规划编制、开发建设、经济事务管理、社会事务管理、收益分享等事权进行分配，明确各方的权利和义务。[①] 一般而言，双方政府间主要签订战略性框架协议，重点就园区开发范围、合作模式、体制机制、职责分工、利益共享等方面的政策和制度作原则性约定，为企业间或企业与飞入地政府间的具体合作提供指引和保障。拟设置园区管委会的飞地园区项目还需在协议中明确飞入地政府相关行政管辖权的让渡方式，以确保土地审批、要素保障、环境保护、项目规划建设、财政等管理服务职权能够依法有序授予园区管委会。作为飞地园区项目的实施主体，双方的企业间或飞出地企业与飞入地政府间则要签署实质性的合作协议，明确合作原则、开发时序、组织架构、是否引入第三方（如需引入，应明确其权责利）、出资方式及比例、发展规划、决策管理机制、利益分享机制、权责归属、保障机制等内容，以确保各方能够依据明确的协议条款开展工作，共同推进园区的建设与发展。特别要根据宏观经济形势、合作飞地园区条件和招商

---

① 苏海雨：《飞地经济协议的法律属性及其规范》，《理论月刊》2022 年第 3 期。

的可行性，以及先期筹措资金等情况，合理确定首开区范围，力求"首战告捷"，为后续滚动开发创造良好条件。

二　合作协议送审及签署

为确保飞地园区合作协议的全面性、有效性和可操作性，在起草过程中需反复征求两地相关单位及企业的意见和建议，充分吸纳各方的专业意见和合理需求，确保相关条款能够真实反映各方意愿、合理分配项目收益、明确划分各方责任义务、有效保障合法权益，同时对实际工作起到指导作用。飞地园区合作协议草案成熟后，还需经过司法部门的合法性审查，确保协议内容符合法律法规要求。审查通过后，再依循既定程序提请两地党委和政府或企业董事会（国资委）进行最终审定。审定通过后，双方即可择机签署合作协议，正式开启飞地园区的合作之旅。

第六章 飞地园区发展的问题
与误区分析

飞地经济作为一种特殊的经济模式，在推动区域经济发展和产业优化升级方面起到了积极的作用，但也存在一些易陷入的误区，比如发展飞地经济过程中盲目追求规模扩张，忽视飞出地与飞入地的协调发展、市场规律和产业生成特点、风险管理和可持续发展等重要问题，导致有规定缺规划、有生产缺生态、有硬件缺软件、有专干缺专业、有机遇缺机制、有共建缺共享、有延续缺持续、有跨境缺环境。本章聚焦国内外飞地园区的突出问题，总结出在推进飞地园区建设过程中容易产生的误区，并提出相应的对策建议。

第一节 注重规定落实，缺乏规划引领

一 问题与误区

在早期合作共建产业园区的实践中，由于缺乏详细的政策指引和成熟的建设经验，忽视了规划的重要性，一些园区规划的前瞻性、系统性、指导性不强。比如在脱贫攻坚阶段，园区建设缺乏完备的尽职调查、可行性研究、规划，存在"先结婚后恋爱"的问题，具体体现在以下几个方面。

（一）规划滞后

前期调研不充分，便达成合作框架协议；尽职调查和规划未跟上，

便单方面为了宣示等需要，匆匆宣布项目上马，结果往往导致合作受阻。比如，2018 年 9 月，广西、深圳联合签署了一项支持某市加快推进大健康合作特别试验区建设协议，但在项目启动时发现，该地经济、产业及城市配套基础均较弱，现阶段飞地园区建设不具备可操作性，以致该项目有名无实。

（二）规划缺失

早期共建园区往往存在国土空间规划与产业发展规划"一条腿长、一条腿短"的问题，导致国土空间规划无法衔接产业发展规划，无法满足产业发展需求。比如深圳与某省会城市共建产业园，原产业规划比较粗糙，产业定位不清晰，后在深圳市主要领导的重视和主导下，由深圳专业机构为园区重新编制发展规划，并借助 2023 亚布力论坛夏季高峰会在深圳举办的契机，发布园区新规划并作招商推介，帮助园区精准有效对接 38 家高质量企业。

（三）规划肤浅

部分共建园区的产业规划不科学，区域比较优势、主导产业不突出，特点不明显，甚至与当地产业发展定位不符。比如，深圳市某区与广东省某市共建产业园时，未对两地比较优势和产业基础进行充分调研，仓促引进深圳的无人机项目，而当地既没有无人机上下游产业，又不具备科技创新领先优势，导致该项目"骑虎难下"。

二　对策建议

（一）坚持规划先行

坚持规划先行是确保合作双方共建飞地园区持续健康发展的关键策略和必备步骤。要在双方达成战略合作之前，确定一个长远目标和宏观控制指标的"概念规划"。这个"概念规划"要统一愿景，确保所有参与方对园区的未来发展有共同的愿景和目标；要初步预测风险，通过预先规划，识别潜在风险并谋划应对策略，减少未来可能出现的问题；要摸清资源禀赋，掌握资源整合的可能性和性价比，确保双方资源基本可以实现互补；要把握产业发展的大方向，构建园区产业链和产业圈层，明确园区在各产业链中的位置。

（二）推行多规合一

"多规合一"是指将涉及飞地园区发展的各项规划，如土地利用规划、产业发展规划、城乡建设规划、环境保护规划等，进行统筹整合，形成一个统一协调、互为支撑的规划体系。其核心问题是国土空间规划与产业发展规划的衔接问题。园区空间规划要按照产业组团发展和产业圈层规律对各主导产业进行组团式和单元式布局，为产业发展构建适宜的空间载体。园区产业发展规划与空间规划的关联性分析如表 6-1 所示。

表 6-1　园区产业发展规划与空间规划的关联性分析

关联维度	产业发展需求	空间规划落地
总体定位	主导产业类型（劳动密集型、资本密集型、技术密集型、知识密集型）	园区代际
用地与功能	产业规模与细分产业类别	工业用地类型和面积
	从业人口数量与结构、职住平衡要求	住宅面积配比
	产业人口的层次与需求	商业和公共服务的配置方案，以及商业业态
交通组织	原材料和产品销售地、运输方式	对外交通联系需求（如港口、铁路站点、机场、保税区等）
	产品规格与物流方式	内部道路等级和规格
基础设施与公共设施	企业生产、生活所需能源供应量	水、电、气等基础设施场站规模及管网布局方案

（三）细化规划颗粒度

提高园区规划科学性的前提是对园区开发运营的相关方面进行全面深入的调研。其关键体现在以下几个方面。

一是市场分析。研究目标市场的现状和趋势，包括市场需求、消费者行为、竞争对手分析等。

二是产业定位。根据区域经济发展规划和市场需求，明确园区的主导产业和特色产业以及目标招商项目和企业。

三是资源评估。评估园区内可利用的自然资源、人力资源和物质资源，以及周边地区的资源状况。

四是环境影响。进行环境影响评估，了解园区发展对当地生态系统的潜在影响。

五是基础设施。评估现有基础设施条件，如交通、物流、通信、供水、供电等基础设施，并规划未来的基础设施建设。

六是风险评估。识别园区发展可能面临的风险，包括市场风险、财务风险、技术风险等，并制定相应的风险管理策略。

七是社会影响。评估园区发展对社会的影响，包括对当地社区、就业、居民生活质量等的影响。

八是经济分析。进行经济效益分析，评估园区发展的经济可行性和投资收益。

九是技术评估。评估园区发展所需的技术水平和创新能力，以及技术发展趋势。

十是规划协调。确保园区规划与国家和地方的总体规划、土地利用规划、城乡建设规划等相协调。

十一是公众参与。鼓励公众参与规划过程，收集和反馈公众意见，提高规划的透明度和公众满意度。

十二是专家咨询。邀请行业专家和学者参与规划过程，提供专业意见和建议。

十三是案例研究。研究国内外成功和失败的园区规划案例，成功的案例如苏州工业园区和中国·越南（深圳—海防）经济贸易合作区。

第二节 注重生产制造，缺乏生态培育

一 问题与误区及其原因

产业园区作为产业集聚载体，在地方产业发展过程中发挥着关键作用。然而，一些生产型飞地园区产业方向较为分散，产业链不完善，难以形成规模效应和产业集聚效应。一些飞地园区即便引入大型企业，也难以在当地构建相对完整的产业链生态，最终导致大型企业陷入"孤军奋战"的局面，变成"寡头企业"。究其原因，有以下几点。

（一）园区产业定位未结合实际情况

园区产业定位未结合区域优势、资源禀赋和市场需求，选择不适合本地的主导产业，自然无法形成产业集聚。以武汉香港工业城为例，该工业城期望通过结合香港企业的管理特征，依托武汉市汉南区优势产业打造汽车零部件、农产品深加工基地，但因为很难和与之毗邻的"中国车都"——武汉经济技术开发区相竞争，后来被迫放弃原有定位。随后这里被改为美国新都市工业城镇，按照当时的招商宣传口径，美国新都市工业城镇的招商定位中，60%为美国客户，10%为欧洲客户，产业以IT和光电子产业为主。但金融危机的持续发酵让美国新都市工业城镇的定位再次成为败笔，失策的定位导致美国新都市工业城镇慢慢沦为"工业孤岛"。

（二）技术和科创能力不足

多数飞地园区由较发达的飞出地和较落后的飞入地共建，飞入地的

技术和科创能力相对较弱，如果盲目引进飞出地的高科技企业，就容易产生高科技企业不适应的情况。比如，深圳一些对口地区的高校、科研院所、实验室、高端科技人才等数量有限，对企业突破研发瓶颈、解决行业共性技术难题等支撑作用不足，深圳本土的高科技企业在当地难以享受良好的创新创业环境。一些地方提出要对接深圳的"20+8"战略性新兴产业，结果能真正对接上的凤毛麟角。四川广安、河北保定与深圳共建产业园，起初是想导入珠三角地区的电子信息等产业及其龙头企业，结果由于当地缺乏相关的产业基础和产业生态而难以实现初衷。在这种情况下，两个产业园区及时调整产业规划，思路一转天地新，这两个园区焕发出新的生机与活力。

（三）　与当地资源优势和产业脱节

部分飞地园区对产业链的培育不够精确，在优化产业链的布局时，对链主企业和龙头企业的培育力度不大，产业链上下游企业结合得不够紧密。一些飞地园区通过"一企一策"引进了看似前沿的产业和项目，但园区本身缺乏支撑产业和项目更新迭代的条件，导致园区无法可持续发展，还可能对园区的整体形象和声誉造成负面影响。比如与深圳有对口帮扶协作关系的某地市，其工业经济发展主要依靠纺织服装制造业、文体娱乐用品制造产业、橡胶塑料制造产业三大产业，在承接新能源汽车、高端装备等深圳优势产业上比较吃力，因为来自深圳的相关企业主要集中在整车制造、显示面板、线路板制造等环节，在当地并没有产业基础，难以形成一条完整的产业链。又如某东西部协作一二三产业融合发展示范项目，当初设想利用当地的中药材优势，引导东部对口地区生物医药产业梯度转移，规划"启动区、拓展区、储备区和中药材种植示范基地"的空间梯度体系，通过东西部协作、融资、专项债等渠道筹集6000多万元资金，建成一期3万多平方米的标准厂房。在招商引资上，虽然以"引老乡、回故乡、建家乡"的方式引回了几位乡贤返乡创业，其中个别乡贤采用"总部+基地"的模式,将设在一线城市的医疗器械企业生产制造环节搬回家乡,但由于产业链配套不足、物流成本较高等,企业发展受限,特别是原来准备作为龙头引进的某企业,计划利用当地的中草药提炼加工有保健功效和体验感的时尚产品,但因有关医药生产许可证件临床时间不足又被投诉可能涉及雾化电子烟而被叫停,该产业园只能从事医疗器械生产,与最初设想的效果有较大的差距,实现可持续发展需要再次谋划,再次进行阶段性评价和冷静总结思考。

二 对策建议

想要发挥飞地园区的产业集群效应,必须充分分析产业集聚的影响因素,有针对性地进行产业定位、科学配套以及制定招商政策。影响产业集聚的因素很多,主要体现在以下几方面。

一是区位因素。在产业集聚初期,多数产业倾向于在地理条件优越的地区集中,这是企业为降低运营成本、缩短市场距离而作出的战略选择。特定行业更是对气候、地貌等自然资源条件有着严格的要求,这些自然资源条件在产业集聚的过程中发挥了关键作用。然而,随着经济社会的进步,技术和资本的发展逐渐削弱了自然资源条件对产业集聚的影响力,区位条件对产业集聚的制约作用也相应减弱。

二是技术与科研创新能力。技术进步提升了企业的流通能力,降低了产品运输成本,从而增强了企业的市场辐射力。同时,技术进步有助于企业减少对特定区位的依赖,形成竞争优势,提高生产效率,更有效地利用资源,进而增强市场竞争力,吸引更多的资本、劳动力和自然资源等生产要素,推动产业集聚的形成与发展。此外,技术进步还可能引发生产模式转变,促使原有产业集聚模式向新的模式转化,为产业集聚区带来新的参与主体。

三是产业配套。交通通信基础设施、咨询机构、智库等辅助支撑机构对于产业集聚的形成至关重要。这些相关的产业支持不仅会影响企业的区位选择决策，还会推动产业集聚的深化和发展。

四是政府行为。政府通过出台税收优惠等扶持政策影响特定地区的产业集聚。在产业集聚初期，政府的产业政策往往对地区产业集聚的形成具有决定性影响。

基于以上产业集聚的影响因素，对于飞地园区解决有生产缺生态问题提出三点建议。

（一）做好园区定位

推动飞地园区发展首先要评估目标区域的交通便捷性、地理位置、土地供应状况、资源条件、政策环境，深入市场调研，了解目标区域的产业环境和市场需求，明确产业园区的区位优势。同时，考虑人才储备、科研实力以及合作与竞争态势。比如，位于成都市中心城区锦江区锦江软件园的白鹭湾科技生态园，是锦江软件园"一道九园"的核心起步区，携手一江之隔的天府软件园，共同打造成都软件产业集聚高地。白鹭湾科技生态园充分利用处于成都发展东进、南拓战略交汇处的战略地位和便利的交通位置，紧密依靠深圳、成都两地技术和产业发展优势，促进各类资源在粤港澳大湾区与成渝经济圈高效协同、联动共享，建设集生产、生活、生态于一体的科技生态圈，打造深蓉合作示范标杆园区。

（二）强化优势互补

在推进飞地园区共建时，必须深入调研、科学规划，通过深入分析，紧密结合两地的比较优势，有针对性地开展园区招商工作，以期实现互利共赢，确保项目的引进与园区的整体发展战略相契合，实现优势互补和双向赋能的目标。比如，青岛与陇南首个东西部协作产业项目——利和味道（青岛）陇南利和萃取工厂（简称"利和味道"），将超临界萃取技术与陇南大红袍花椒产地优势结合，2022年8月一期项目全面建成投产后，实现年产值 1 亿元以上，不仅为利和味道带来了可观的收益，也为陇南市的经济增长注入了新的动力。以陇南成县为例，当地在西部 9 个乡镇新栽无刺花椒 60.5 万株，占地 1.37 万亩，为群众拓宽了增收途径。又如，保定与深圳合作共建的保定深圳园、深圳湾（保定）创新中心项目，及时改变招商策略，承接京津冀产业转移需求以及北京非首都功能疏解转移项目，许多北京、天津的企业积极入驻，招商效果发生逆转。

（三）精细分析产业契合度

对产业契合度进行精细分析是园区规划建设的必要步骤，目的在于实现产业的精准导入，上海临港集团在这方面的做法值得借鉴。上海临港集团在市域外建设产业园，对两地的产业契合度进行分析，包括产业定位、产业细分领域及导入时间、开发建设周期匹配度等，并将厂房需求、周边地区产业一并纳入考虑。在此基础上，实行"一园一策"，根据园区产业定位选择合适的管理平台，实现精准配对。再如，广安（深圳）产业园在两地领导的直接指导和相关部门的帮助下，立足广安差异化资源禀赋，找准与深圳产业协同发展的契合点，及时调整产业定位，制定实施产业集群培育方案，使共建了 10 年的产业园如"老树逢春"，产业比较单一、产业生态差的状况迅速得到改变，焕发勃勃生机。

• 专栏 6-1 广安（深圳）产业园集群培育方案之产业发展定位调整计划

1. 发展目标

到 2026 年，广安（深圳）产业园围绕"1+2"主导产业（新型储能 1 个特色产业，高端装备制造、新一代电子信息 2 个优势产业），依托产业核心区和拓展区的承载空间，聚力育产业、壮龙头、优环境，推动产业建链延链补链强链，加快形成新质生产力，规模以上工业企业在30家以上，培育形成3~5家链主企业，打造100亿级新型储能、50亿级高端装备制造和新一代电子信息产业集群，工业总产值突破150亿元，全口径综合税收10亿元，带动就业1.5万人。

2. 产业发展定位

（1）新型储能产业

选择理由：一是上游企业比较集中。广安经开区新桥化工园区已落户7家新型储能产业上游企业，且产能较高。二是产业向下延伸的内驱动能较强。依托广安经开区充足的储能原材料，在广安（深圳）产业园重点发展新型储能产业，有助于产能就近配套、产品就地转化。三是园区毗邻连片。广安（深圳）产业园产业核心区、新桥化工园区同属广安经开区，两园区直线距离约15公里，新桥化工园区已形成新型储能上游产业集群，在广安（深圳）产业园布局新型储能中、下游产业，有利于降低综合物流成本，促进新型储能产业连片发展。细分领域：广安（深圳）产业园产业核心区重点发展储能电池关键原材料（正极材料、负极材料、隔膜等）、储能电池（锂离子电池、超级电容、燃料电池等）、储能系统及集成（电池管理系统、能量管理系统、储能变流器等）、应用（发电侧储能、电网侧储能、用电侧储能等）等新型储能细分产业，深广·渠江云谷产业板块重点引进高科技锂离子电池生产等项目。

（2）高端装备制造产业

选择理由：一是区域化工和医药装备制造行业需求旺盛。广安已落户化工企业26家，其中百亿级企业4家；落户医药企业66家，年均采购化工装备10亿元、药品生产设备近4亿元，化工和医药装备制造下游需求旺盛。二是区域缺乏化工和医药装备制造企业。广安及周边地区缺乏化工装备、医药装备等制造企业，相关装备需要从外地采购或进口，化工和医药装备制造已是广安产业发展的断点和短板，亟须补齐产业发展环节。细分领域：广安（深圳）产业园产业核心区重点发展化工装备（储罐、集装箱、气柜等储存设备，反应釜、塔式反应器、微反应器等反应设备，蒸馏器、萃取器、吸附器等分离设备，管道、泵、风机等输送设备）、医药装备（清洗器、破碎机、搅拌器等原料处理设备，制粒烘箱、沸腾干燥机、湿法机等制药专用设备，炼药锅、蒸发器、药品罐装机等制剂设备，胶囊罐装机、泡罩式包装机、颗粒包装机等包装设备）等高端装备制造细分产业。

（3）新一代电子信息产业

选择理由：一是区域行业市场规模巨大。广安借助成渝地区双城经济圈建设国家战略的实施和毗邻重庆的地理区位，为重庆新一代电子信息产业发展配套的优势明显。二是广安已有良好的产业基础。广安华蓥已建成四川省电子信息产业重点布局区，入驻电子信息企业112家；广安（深圳）产业园内新能源汽车电池托盘等产能已达4.5万吨/年，汽车线束产能达1.0万吨/年，在相关细分行业领域具备融入重庆、深化协作的基础。细分领域：广安（深圳）产业园产业核心区重点发展电子元器件、消费电子、汽车电子、医疗电子、大数据等新一代电子信息细分产业。

资料来源：广安（深圳）产业园集群培育方案。

最后，一些县域在发展经济的过程中，将产业融合发展和建设产业园区作为工作基点，但这是一个综合、复杂的过程，只有注重因地制宜、因势利导，才能实现飞地园区的可持续发展。为此，本章提出如下思考和对策。

一是当地的第一产业优势资源如何为第二产业和第三产业所用？这不仅应从第一产业的品质、功效、规模等方面进行考量，更应从第二产业和第三产业的技术、许可、市场、模式、运营等多方面进行充分尽职调查。广东援疆东纯兴100万锭纺项目，虽然对口的东莞没有纺织基础，但最初聘请一流的设计团队和运营团队，引进世界顶尖自动化流水线，与新疆优质棉花的优势很好地对接，实现年销售收入 30 多亿元，累计带动 4200 余人就业，其中少数民族员工占比超过 80%，助力南疆地区 1147 户 2300 余人脱贫致富。目前，集团员工人均税后收入达到 4300 元/月，1000 余名员工购买了汽车。同时，企业近年来累计培训技术工人 4300 多人、技术骨干 250 余名。[1] 这些做法，值得借鉴。

二是近年来一些地方招商引资打"老乡牌"，这无疑是一条很好的路子。但乡贤回乡投资，应全面评估时机、配套、成本，既要算"经济账"，又要算"社会账"，没有良好的"经济账"，就没有良好的"社会账"。立讯精密先后在汕头澄海投资汕头立讯技术有限公司和在东海岸新城龙湖地段实施全球电子信息产业中心项目的做法，打破了社会上关于潮汕有的乡贤宁可捐资也不愿意回乡投资的固有观念。农首农业科技有限公司回汕尾市城区投资生态产业园，也取得了较好的经济、生态和社会效益。这方面的成功案例不少，值得分析借鉴。

三是在招商引资上，应精准细分行业门类，瞄准与本地资源优势关联紧密的行业和企业，实现真正的优势互补，不能泛化。广药集团旗下王老吉有限公司发挥自身技术优势，将广州对口的贵州安顺的特色水果刺梨加工成食药同源的保健饮料，有望在贵州打造全国首个刺柠吉饮料年销售额过亿元的省级市场。[2] 同时要把招商前置的理念切实落地，将招商项目评估工作切实做细。

四是在规划和决策上，一些市县（区）出于财政和发展的压力，对搞工业有某种冲动，因为一般来说，发展工业对当地财税贡献相对高一些，且容易包装成融资项目，协作资金在项目谋划和使用进度上也有要求，容易导致项目前期调研论证和决策不够全面、不够充分。建议政府主导投资的项目，引进真正有核心技术、有市场前景、有实战经验的企业和专业团队来合作，由专业的人做专业的事。对产业梯度转移应做

---

① 资料来源：根据本书调研小组实地调研资料整理所得。
② 资料来源：根据本书调研小组实地调研资料整理所得。

客观的分析，多方听取意见。对已上马的项目、已开办但遇到困难的园区，也应仔细"体检"和"诊断"，开出合适的"药方"。

第三节　注重硬件打造，缺乏软件配套

一　问题与误区

部分飞地园区高度重视基础设施建设，致力于达到"三通一平""五通一平""七通一平"甚至"九通一平"的高标准。然而，一些共建园区在发展过程中过分偏重硬件建设，而对软件建设，特别是政策落实和政务服务质量的提升，则显得不够重视。这种倾向导致前期承诺的优惠政策难以兑现，进而造成多个重大招商项目流失，对园区的可持续发展和区域经济的稳定增长造成了严重影响。

此外，部分地方领导和相关部门的市场意识、服务意识、法治意识和诚信意识不足，往往过度干预市场经济活动，对市场主体管得过多、过细、过严，这不仅会限制企业的自主经营权，也会阻碍园区的市场化进程，导致园区引进的企业出现外迁现象。以消防验收为例，有的园区在消防验收环节存在部门间协调不畅、流程繁琐、时限过长等问题，企业需要反复与消防、应急、公安等多个部门沟通，这不仅会增加企业的运营成本和时间成本，也会影响企业的运营效率和市场竞争力。

二　对策建议

（一）平衡软硬件建设，注重政策落实与服务质量提升

飞地园区在制定发展规划时，应综合考虑硬件和软件建设，确保两者协调发展，避免过分偏重基础设施建设，而忽视政策环境的改善和服务质量的提升。着力优化政策环境，梳理和完善园区政策体系，确保政策的有效性和连续性。加强政策宣传，提高政策透明度和知晓

率，确保企业能够及时了解和享受政策优惠。提升政务服务质量，简化政务服务流程，提高办事效率。加强政务服务人员的培训和管理，提升其服务意识和专业水平。建立企业服务机制，定期收集企业意见和建议，及时解决企业面临的问题。上述几个方面固然重要，但最关键的是飞入地党委和政府主要负责同志要敢于和善于建立亲清政商关系，把握好遵守契约精神和落实政策节奏的关系。一些地方尽管财力有限，但仍应有节奏、分步骤地落实支持政策，这对稳商、以商招商无疑是十分重要的。

（二）增强市场意识，转变政府职能

树立市场导向，尊重市场规律，减少行政干预。在招商引资和园区管理中，应注重发挥市场的决定性作用，激发企业活力和创新力。打造公平、透明、可预期的营商环境，降低企业运营成本。加强法治建设，保护企业合法权益，维护市场秩序。建立健全信用体系，对失信行为进行惩戒。加强政府诚信建设，确保政策承诺兑现，促进政府良好形象树立。在这方面，深圳"免申即享""不见面审批"的成功率几乎达到100%，这是很值得效仿的。

（三）重视引导扶持，培育龙头产业

政府在产业培育中扮演着至关重要的角色。政府通过提供资金支持、政策优惠和技术指导等方式，帮助企业降低成本、提高竞争力，并在关键领域取得突破。以京东方为例，京东方正是得益于政府的大力支持，才得以在液晶显示领域崭露头角，迅速发展壮大。在京东方面临资金困境时，北京市政府和国家开发银行等金融机构及时介入，为其提供了关键的资金支持，使其得以渡过难关。同时，政府的贷款转股、贴息和补助等政策，也使京东方在市场竞争中占据了有利地位。

第四节 注重专干管理，缺乏专业运营

一 问题与误区

在飞地园区的运营管理模式中，两地政府主导的园区往往过度依赖选派的干部或国企团队的参与，然而这种过度依赖会使园区发展陷入误区。以深圳为例，除少数国企二级公司外，其他国企普遍缺乏园区运营方面的专业经验，导致专业人才稀缺、管理经验匮乏、招商能力有限等问题日益凸显。在这种模式下，管理人员的三年轮换制度反而成为园区持续稳定发展的障碍，使得运营策略难以持续，给园区的长远稳定发展留下隐患。不少国企擅长传统的房地产工程建设和物业管理，园区运营中专业人才不足、管理经验缺乏、招商能力薄弱。如对口支援的某市深圳产业园，尽管深圳方面派遣干部担任园区管委会的领导职务，但园区尚未形成市场化且可持续的运营模式，对园区的长远发展构成了挑战。深圳与广东某地市共建的产业园也面临类似困境，深圳某国企团队的参与虽有一定帮助，但受限于管理人员三年轮换制度以及团队在园区运营方面的实战经验不足，园区仍处于摸索阶段。好在近几年发展较好的河源高新技术园区联合招商，该园区也借势借力，得到发展。

二 对策建议

（一）打造善经营、懂市场的高素质专业队伍

组建高素质专业队伍，尊重市场规律分类施策，是开发运营园区的前提和保障。笔者在实地调研上海临港集团漕河泾开发区、江苏启东高新区（含外高桥启东产业园和浦东祝桥启东产业园）、中新苏滁高新技术产业开发区获得启示。从调研情况看，选聘高素质、宽领域、专业性

强的人员，组建专门的机构独立从事园区建设和运营是确保产业园区可持续发展的前提。无论是上海临港集团还是其下属企业漕河泾公司，都充分证明开发运营园区涵盖园区选址、项目评估、产业规划研究、财务核算、招商推介、园区管理服务等方方面面，需要组建专业的人才队伍。如果两地合作共建产业园区要因地制宜选择合理可行的开发共建模式，首要任务就是组建专业的人才队伍，并在此基础上分类施策，如上海临港集团在充分履行国企职责义务的前提下，尊重市场规律，立足本市，在区位优势明显的长三角江苏盐城、浙江海宁、江苏常熟开发园区采取重轻资产结合的方式，在有帮扶协作任务、区位优势相对较弱且空间距离较远的海南海口、云南昆明、贵州遵义的运营园区则采取轻资产运营方式。中新苏滁高新技术产业开发区，不仅可以依托行业翘楚——中新集团来获得发展，而且在滁州当地培养了一支懂经营、善招商、能管理的专业团队，形成了"1+1>2"的效果，近几年园区主要经济指标每年提升 40% 以上。

（二）引入园区运营商

园区运营商通过其专业化服务、资源整合能力、市场化运作等，对产业园区的转型升级和可持续发展起到了关键的推动作用，既可以为园区提供专业化管理与服务，又可以降低运营成本，减少园区自建团队和培养人才的时间与经济成本。高质量的园区运营商能够构建包括政务服务、专业服务、金融服务、科创服务等在内的全要素服务体系，为园区企业提供全方位的支持。比如，保定引进深圳湾科技打造深圳湾（保定）创新中心，由该中心负责办公大厦招商，在保定中关村创新中心负责专业运营的基础上，深圳湾科技只派了两名专业人员，依托专业的招商运营方案，就取得了可观的招商业绩，深圳湾（保定）创新中心项目获批"市级科技企业孵化器"资质，深圳湾保定公司获得"河北省科技型中小企业"以及"2023 年协同发展突出贡献单位"荣誉。

（三）集聚高端创新人才

人才是科技创新的核心要素，是推动科技发展的第一资源。通过建设人才高地、优化人才环境、完善人才政策等措施，吸引和集聚一批高端创新人才，可以为科技创新提供强有力的人才保障。这些人才不仅应具备深厚的专业知识和丰富的实践经验，还应具备创新思维和创新能力，是推动科技创新的重要力量。

第五节　注重机遇把握，忽略机制构建

一　问题与误区

2017 年国家发展改革委、原国土资源部、商务部等八部门联合印发了《关于支持"飞地经济"发展的指导意见》，强调"政府引导、市场运作""遵循市场规律，引导企业积极参与，发挥行业协会作用，着力提升合作园区开发建设、经营管理的市场化和专业化水平"。但我们也必须清醒地认识到，我国飞地园区合作各方的权责利不对等，在合作机制等方面存在问题。

（一）合作机制不完善

合作机制较完善的园区，其发展好于合作机制不完善的园区。如深圳南山（连平）产业转移工业园积极探索"国企主导+民企自资自建"模式，园区二期由深汇通公司与 4 家民企联合开发，招商率达100%，2023 年实现产值超 8 亿元。

（二）管理机制未理顺

以深汕特别合作区为例，在两地共管阶段，管理机制未理顺导致

土地征收与项目落地脱节。自 2015 年 4 月起，园区先后下达给海丰县 89 份征地任务书，预拨 28.66 亿元委托其完成 30.79 平方千米的土地征收任务。到 2016 年底，海丰县移交的符合收储条件的土地只有 6.36 平方千米，不足下达任务的 21%。[①]

（三）权责利不对等

两地缺乏争议纠纷裁决机制，会导致前期谈判政策难以落地，履约能力不足。以深圳（哈尔滨）产业园区为例，两市合作协议约定，园区税收地方留存部分按照 5∶5 的比例进行分配，且前十年两市税收分成全部作为产业政策资金，用于支持园区滚动开发建设和企业招引等。但因财政支持不足及责任主体权责利不对等等原因，并未出台相关产业政策，这导致惠企政策难以落地，招商引资力度不足。

二　对策建议

（一）优化管理机制

飞地经济管理机制应根据实际情况和需求进行灵活调整。管理机制应确保双方利益的平衡和协调，推动飞地经济项目的健康发展。同时，政府应加强对飞地经济项目的监管，确保其符合区域经济发展战略和规划要求。如可采取飞入地属地化管辖、飞出地主导管辖、托管建设模式、两地共同管理模式等管理机制，成立两地共管机构，明确权力分配和利益协调机制，强化监督考核，加强园区建设。

---

① 产耀东：《飞地经济实践论：新时代深汕特别合作区发展模式研究》，中国社会科学出版社，2022。

● 专栏 6-2 深圳与省内对口协作地区飞地园区管理体制设计

定位		主要面向省内对口协作地区，落实国家、省有关区域协调发展部署，围绕"20+8"产业集群发展需要，统筹深圳和对口地区的资源，形成互补互利、合作共赢的良好态势。省内产业园区原则上合作期限 30 年
管理体制	管理架构	高层决策机构—园区管委会—园区投资开发管理公司三级管理架构
	决策机制	由两地党委和政府主要领导牵头，各部门参与，组建党政联席会议，共同研究两地经济协作和飞地发展的重大问题
	管理机制	采取"管委会+公司"模式，园区管委会和指挥部合署办公，平台公司负责人兼任园区管委会副主任，代表两地党委和政府行使园区内党的领导、经济管理及其他相应的行政管理权 园区管委会实行主任负责制，根据园区建设发展进度，按照实际需求增设园区管委会财政、组织人事、规划建设、行政审批等机构 通过授权、委托或者下放等方式，赋予园区管委会环保、市场监管、自然资源管理等相关省级、市级行政职权，使其在园区内进行行政经济事务管理

资料来源：深圳市乡村振兴和协作交流局。

● 专栏 6-3 深圳跨省飞地园区管理体制设计

管理体制设计	跨省飞地园区一般采取"一会、一办、两委"机制
"一会"	两地市政府共同建立的园区联席会议制度，负责处理园区政策、园区发展方向等原则性问题
"一办"	园区联席会议制度下设的联席会办公室，由当地常务副市长、深圳方合资公司董事长作为联席会办公室共同召集人，联席会办公室负责定期组织召开会议，协调园区开发建设及招商过程中的重要事项
"两委"	①园区规划建设联审委员会，由当地政府相关职能部门代表及乙方代表、外部专家组成，负责园区项目具体规划、立项、用地、建设、环评、验收等方面的联审决策工作；②园区招商项目联审委员会，由当地政府相关职能部门代表及乙方代表、外部专家组成，负责园区招商项目的政策研究以及税收减免、"绿色通道"建设等方面的决策工作

资料来源：深圳市乡村振兴和协作交流局。

以上省内和跨省飞地园区，一般是政府牵头的共建园区。市场主导型飞地园区可不设管委会，如上海临港集团漕河泾开发区，从开发建设之初即组建上海市漕河泾新兴技术开发区发展总公司负责开发、建设、经营、管理、协调和服务，并行使政府授权的开发区部分管理职能，未设置园区管委会，实行"人大立法、政府管理、公司运作、区区合作"的管理模式。

（二）优化合作机制

在"输血模式"和"造血模式"的基础上，积极探索"共赢模式"和"融合模式"，推动合作机制的升级。加强两地政府间的沟通协调，推动政策协同和资源共享，为合作机制升级提供有力支持。鼓励企业参与合作共建，发挥企业在技术创新、市场开拓等方面的优势，推动园区高质量发展。

（三）提升市场化运作水平

引入市场化运作机制，鼓励社会资本参与园区建设和运营，提升园区的市场化程度，着重加强园区规划和管理，确保园区的科学布局和高效运营。比如，外高桥启东产业园98%以上的厂房由入驻企业自建，减轻了合资运营公司资金压力，常熟绿洲芯城一期8栋厂房，开园时企业入驻率就超过50%，实现了开园当年财务盈利。供地企业自建在产业用地资源比较充足的情况下是有明显的优势的，但随着"三区三线"的划定，产业用地越来越紧张，供地就应慎重。同时，过度供地自建，也会导致一些企业由于经营不善而闲置产业用地，变成僵尸企业，这是令不少园区感到头痛的问题。在走访中，本书调研小组发现中新苏滁高新技术开发区在破解这一问题上，有一个成功的案例：河南国能电池有限公司（以下简称"河南国能公司"）在中新苏滁高新技术开发区获得300多亩工业用地，用于建设磷酸铁锂电池生产线，已完成两座主要生产车间建设和部分动力站、供电房等配套设施建设，但由于公司资金困难，磷酸铁锂电池项目停滞，高新区出现土地闲置，该项目成为不良资产。为妥善解决此问题，中新苏滁高新技术开发区管委会通过多渠道，了解到比亚迪集团正急于寻找现成的磷酸铁锂电池生产线。根据双方公司需求，在管委会主导下，河南国能公司和比亚迪集团迅速达成合作。2021 年 11 月双方在比亚迪深圳总部签订合作协议，12 月比亚迪集团设备进场安装建设；2022 年 6 月完成设备调试；截至 2023 年，比亚迪磷酸铁锂项目年产值已达 18 亿元。管委会通过精准化服务，不仅解决了高新区土地闲置问题，而且同时为两家公司解了燃眉之急，推动了高新区有序开发建设。

又比如，保定深圳园虽然由深投控投资 60%、保国控投资 40% 成立的河北深保投资发展有限公司建设运营，但保国控仅只派了一名负责行政事务的副经理参与园区事务，其他决策、运营事务基本由深投控负责，这样既提高了建设运营的效率，又很好地发挥了深投控市场化运营的优势，该项目近几年取得了较好的营业收入。

第六节　注重共建投入，缺乏共享落地

一　问题与误区

目前国内的飞地园区主要以经济发达地区为飞出地，以欠发达地区为飞入地，由飞入地承接飞出地的产业转移，省内飞地园区利益分配问题可以通过省内部门协调来解决，但是跨省飞地园区利益分享面临的问题更加复杂，主要体现在以下几个方面。

（一）分享方案缺乏具体性和可操作性

分享方案往往停留在原则性的表述上，没有针对具体的情况制定详细的执行指南，导致在实际操作中难以准确把握和执行。由于受到地理位置、资源条件、政策环境等多种因素的制约，一些飞入地在兑现与飞出地制定的分享方案时存在困难，导致分享方案难以得到有效执行，出现兑现分享方案的欠账问题。

（二）各方诉求难以统一

飞地园区涉及的各方（如政府、企业、第三方机构等）往往有不同的利益诉求，在园区共建和利益共享的过程中难以达成共识和形成统一的行动方案。

（三）共享机制建立困难

国家统计局现行工业统计报表制度的调查方法指出，"按照经营地在地原则对辖区内规模以上工业调查单位进行统计"，受限于行政区划的刚性障碍，飞入地政府与飞出地政府在推进产业园区合作的工作实践中，在 GDP 和税收等方面缺乏可行的分配制度，难以建立起有效的跨区域利益分享实施路径。以深圳为例，深圳与广东省内其他地市共建产业园以"总部+基地"合作方式为主，其产值、税收大部分计入深圳的产值、税收，但其 GDP 计入飞入地 GDP。这种方式在短期内可能导致飞出地 GDP 指标下降，而飞入地虽付出了土地、资源、资金等，却无法获得相应的产值和税收，导致各方政府的合作积极性受挫。通过实地调研发现，由于共享机制不完善，在发达地区产业升级、企业转移中，基层政府很难有动力促进产能外溢或企业集体搬迁。

二　对策建议

（一）建议国家和省级层面出台具有可操作性的利益共享指引

国家和省级层面从战略和全局角度出发，出台具有可操作性的利益共享指引，分区域、分时段明确飞出地、飞入地利税共享比例，并监督各部门、各地区履行职责。推动"反向飞地"建设，并在省级层面加强体制机制设计，加大扶持力度、精准发力。配套出台"反向飞地"利税共享指引也是适应当前飞地经济发展形势的必要举措。如浙江探索出的"反向飞地"新模式——余杭—柯城消薄飞地。衢州柯城区86个经济薄弱村整合扶贫资金3284万元，用于购买余杭未来科技城柯创园楼宇进行出租，从而获得稳定的物业租金和税收收入分成，确保每年不少于328.4万元的收益。该飞地采取"收益保底+税收分成"的方式，年保底收益按不低于飞出地总投资额的10%计算，依据投资比例协商税收分成；省、设区市两级财政对征收入库的税收（地方留成部分）通过"以奖代补"的方式直接返还给消薄飞地。

（二）因地制宜探索合理利益共享机制

立足飞出地、飞入地两地经济发展情况，通过平等协商、合作共赢的方式，以5年、10年为周期，研判飞地园区产生的产值、税收等经济效益，明确两地利益分成，实现产值、税收共享。部分飞地园区尝试自行探索路径，目前仅在委托加工企业产值分成方面有成功案例。比如，河源和深圳南山区构建产值按3∶7、税收按7∶3的分成机制，南山区企业采购主要原材料，通过直接外发飞地园区子公司加工或委托加工的方式，将相当一部分的产值和税收留存深圳。

（三）创新思路落实分享协议

针对飞入地兑现分享协议存在的困难，建议各方创新思路，探索多元化的解决方案。比如广安（深圳）产业园关于落实出资问题的协议，2016年深圳、广安先后签订关于共建产业园区的两市政府协议和合资公司注资协议，明确深圳方出资10亿元，占合资公司51%的股权；广安方出资约9.6亿元，占合资公司49%的股权。因广安方存在财政问题，便约定"首期现金注资5000万元，其余按照确定的产业配套用地，按照每亩 40 万元的标准注入合资公司，实现不低于 2402 亩商住用地注资"，后因土地注资而造成重复缴税、审计风险以及注资所需时间较长的问题，采取变更股权的方式注资，将广安原 49% 的股权一分为三，从而分担其权利和义务，减轻注资压力。

第七节　注重延续推进，缺乏持续动力

一　问题与误区

飞地园区作为跨地区经济合作的一种模式，在初期可能展现强劲的发展势头，但随着时间的推移，部分园区出现萎缩和衰退的现象。其主要存在以下三个方面的问题。

（一）服务缺乏持续增值能力

政府无法在长期内为园区创造更多的价值，一些政策的吸引力会逐渐下降；政府服务水平随着园区发展需求的不断变化而降低。此外，政府和运营服务还存在缺乏创新、质量下降等问题，为企业提供的服务缺乏长期性和周期性，未构建全周期的服务体系。

（二）产业缺乏持续升级能力

部分园区因技术引进和转化困难、创新体系不健全等，未及时进行产业培育、迭代升级、"腾笼换鸟"，园区内的产业长期停留在传统低附加值的领域，未能及时适应市场变化和产业升级的需求，竞争力下降。

（三）空间资源缺乏持续拓展能力

由于受"三区三线"的限制以及低效能企业和"僵尸企业"挤压发展空间，部分园区的土地资源、空间资源不足，无法适应转型升级要求，发展缓慢甚至停滞。

二 对策建议

（一）建立健全园区全生命周期增值服务体系

建立健全从初创期到成熟期的全方位服务体系，从园区企业创业孵化、招商引资、技术研发、人才培养、市场推广、法律咨询、金融服务等方面，深入了解企业需求，定制个性化的服务方案，为园区内的企业提供从成立、成长到成熟各个阶段的支持和服务，以促进企业的发展和园区的整体增值。园区应依靠其良好的软硬件环境而不能仅依赖优惠政策来吸引企业入驻。单纯依赖优惠政策的企业，往往不是优质的企业，优惠期一过，就"企去楼空"。这里有两个案例，一是 BPW（梅州）车轴有限公司，1995 年该公司落户梅州后，梅州为其提供了与时俱进的服务，该公司滚动发展到第 8 期，还将亚洲研发中心设在该公司，并带动了 12 家上下游企业集聚，年产值 8 亿元人民币。二是广州（梅州）产业转移工业园（见专栏 6-4）。

● 专栏 6-4　广州（梅州）产业转移工业园、梅州高新技术产业园区"评、考、清"三措并举提质增效

一是把好入园项目评审关。新入园项目实现税收刚性考核全覆盖，部分企业改变最初多拿地的想法，根据实际需要主动缩减拿地面积。

二是将租金优惠政策与企业年度经营效益和税收贡献挂钩。出台考核规定，要求评估新入驻企业从第二年度开始，根据上一年度完成固投或纳税强度决定当年度的租金优惠。着力引进一批经济效益好、带动性强的"打粮食"项目，此举招租了 5 万多平方米的国有厂房。

三是激励现有企业补充签订带有经济数据刚性考核的协议，同时，进一步盘活低效用地，大力整治闲置土地。2023 年开展亩均效益评价，

促使企业早日"打粮食",入园项目实现税收刚性考核全覆盖;盘活的低效用地面积及其占比、闲置土地处置率均居梅州全市第一。

在广东对口帮扶协作和"百千万工程"的推动下,经过广州、梅州两地多年携手努力,园区打造了一流的营商环境。以上措施,使园区发展如虎添翼,近几年实现逆势上扬,2020~2023年园区工业总产值连续4年同比增长超过20%,2023年园区工业总产值比2020年翻一番。2024年上半年,园区工业总产值约45亿元,同比增长33%,预计全年园区工业总产值将突破100亿元。在2023年全省产业园区高质量发展考核中,广州(梅州)产业转移工业园和梅州承接产业有序转移主平台均获"优秀"等次。

资料来源:根据本书调研小组实地调研资料整理所得。

(二)编制实施园区产业升级规划

对园区内的产业进行深入分析,明确产业发展方向和重点。制定具体的产业升级规划,包括传统产业的转型升级规划和新兴产业的培育引进规划。通过政策引导、资金扶持等方式,推动园区内产业升级换代。如深圳在布局半导体与集成电路、网络与通信、生物医药、智能机器人、海洋产业、智能终端智能传感器等20个产业集群时,制定了合成生物、区块链、细胞与基因、空天技术、脑科学与类脑智能、深地深海、可见光通信与光计算、量子信息未来八大产业集群的发展方案,出台各项支持政策支持产业集群发展,向世界一流水平看齐。

(三)创新土地空间盘活供给机制

一是针对"三区三线"管理越来越严、产业用地越来越紧张的新情况,制定灵活的土地使用政策,推广多层厂房、立体仓库等集约用地模式,提高土地利用率。如深圳推广"工业上楼"模式,"向天空谋发展"，在高层大厦中开展企业生产、办公、研发设计，将传统扁平式厂房汇聚为高楼层的垂直化空间形态。不过，"工业上楼"要吸取新加坡、中国香港等地的经验教训。位于裕廊工业区的兀兰飞腾大厦是典型的新加坡"堆叠式厂房"，租售率一直保持在95%以上。裕廊工业区仅用不到新加坡10%的国土面积，贡献了新加坡超过20%的GDP，"工业上楼"在其中起到了至关重要的作用。"工业上楼"除了要解决垂直运输、招商落地、成本收益等技术问题，更要考虑实体产业集聚和哪些产业、企业和环节适合"上楼"，否则就会成为"空楼"。

二是制定科学的厂房招租使用管理办法，解决长期闲置、"僵尸企业"等问题。要注重建立严格的招商选资标准，提高入驻企业水平，提高厂房使用率。在提高厂房利用率方面，可以根据实际情况和市场需求，制定合理的租售比例，平衡企业投资或租赁厂房的收益和风险。也可以探索先租后卖的方式，提高企业入驻的积极性，加快消化厂房库存。另外，还可以通过与企业签订"对赌协议"，共同面对未来的不确定性，促成企业入驻，调动企业发展经营的积极性。

三是结合产业转型提高空间的产业承载率和贡献率。在园区企业转型升级过程中，通过规划引导、政策扶持等方式，推动园区企业向高技术、高附加值的方向转型，减少占用较大面积却产值较低的低端产业企业。

第八节　敢于跨境投资，疏于环境研究

一　飞地园区外部环境影响因素

中国到国外建设飞地园区虽然有助于扩大市场，参与全球市场竞争，但也容易加剧内外部环境的影响，园区发展受限于地缘政治风险、全球市场环境的波动、飞地园区所在国家和地区政策变动的冲击、发展水平不平衡。

（一）地缘政治风险的影响

地缘政治是影响国家和地区经济发展的核心要素。在全球化的宏大背景下，各国经济彼此依存，共同构成了一张紧密相连的网络。此时，政治稳定不仅成为经济繁荣的坚实基石，更是稳定全球经济秩序的前提。一旦地缘政治陷入动荡与不安，国家间微妙的经济联系将受到严重冲击，全球经济也将面临严峻挑战。

（二）全球市场环境的波动

随着经济全球化遭遇逆流，新一轮贸易保护主义、"逆全球化思潮"的兴起正在影响世界经济格局。当前国际市场需求疲软，国际贸易环境不确定性增强。例如，苏州工业园区作为外向型工业园，国际环境的变化极大地影响了其"外资+出口"的运营模式，经营风险迅速增大。中国·越南（深圳—海防）经贸合作区2007年由中国商务部进行招标，2011年确定园区选址，此后一段时间项目遭遇停滞，2016年作为广东省委重点项目重启，2017年园区开放招商，招商对象以浙江企业为主，受中美贸易摩擦影响，国内部分产业向越南转移，园区招商引资活动在2018年5月和10月经历两次热潮，这反映了在全球经济波动和政治因素的交织下，企业对于稳定投资环境的追求以及对于策略性布局的考量。①

（三）相关国家和地区政策变动的冲击

1. 关税政策

当相关国家和地区政府调整关税政策，如对中国出口商品加征关税时，中国企业的出口业务会受到直接影响。这可能导致企业面临更高的成本和市场准入障碍，从而压缩利润空间或导致销量下降。

---

① 资料来源：根据本书调研小组实地调研资料整理所得。

2. 国际贸易协议

国际贸易协议，如《全面与进步跨太平洋伙伴关系协定》（CPTPP）和《区域全面经济伙伴关系协定》（RCEP）等，对中国企业在全球市场的竞争地位具有重要影响。

3. 外汇政策

相关国家和地区的外汇政策变动也可能影响中国企业的进出口业务。汇率波动可能导致企业面临财务风险，需要谨慎评估原材料成本与产品价格，以应对利润衰减或亏损的风险。

4. 市场准入和监管政策

相关国家和地区在市场准入和监管政策方面的调整也会影响中国企业在当地市场的运营。例如，一些国家可能会加大对外资企业的审查和监管力度，提高市场准入门槛。

（四）发展水平不平衡的挑战

中国的基建水平及工业现代化水平高于大多数东南亚国家。国内企业到东南亚布局，往往会遇到基建水平低、成本上升等问题。如基础设施建设尚未完善，尤其是电力供应紧张和道路交通的问题得不到解决，会在一定程度上制约企业生产和运营。为解决此类问题，2023年广西与越南正式签署了110千伏深沟至芒街联网工程购售电协议，缓解越南北部由干旱带来的用电紧张问题。此外，随着第四次产业转移，越南城市化水平也在快速提升，随之而来的问题是成本逐渐增加，如随着越来越多企业在越南河内、海防、胡志明等城市投资设厂，土地和厂房租金上涨，人工成本也逐渐提高。

二 对策建议

（一）建立健全风险评估体系与预警机制

建立健全风险评估体系，定期对飞地园区面临的风险进行全面评估，包括政治、经济、社会等多方面的因素。加强与国内外专业机构的合作，及时获取最新的风险信息和数据，提高预警的准确性和时效性。建立风险应对预案，明确风险事件发生时的应对措施和流程，确保在风险事件发生时能够迅速、有效地应对。

（二）灵活调整经营策略

根据国际市场的变化和飞地园区所在国家和地区的政策调整，灵活调整企业的经营策略，包括产品定位、市场布局、产能规划等。加强与上下游企业的合作，建立稳定的供应链和销售渠道，降低市场风险。提高企业的创新能力和技术水平，增强核心竞争力，以应对市场波动和政策风险。避开国外已有产业和已存在产品，实现错位发展，优势互补。

一是产业错位。充分利用当地资源和产业优势，发展具有竞争力的产业。同时，园区需要避免与所在国家和其他地区的产业同构，形成错位发展的格局。

二是市场错位。针对特定市场或客户群体，提供独特的产品或服务。例如，企业可以针对当地市场需求，研发符合当地文化习惯的产品，提高市场竞争力。

三是技术错位。引进先进技术和管理经验，提升园区的整体发展水平。同时，园区需要注重技术创新和研发，形成自己的技术优势和核心竞争力。

（三）推动多元化市场布局

积极开拓新的市场，减少对单一市场的依赖，降低市场风险。加强与共建"一带一路"国家的合作，推动飞地园区与共建"一带一路"国家的经贸往来，拓展新的合作领域。利用自由贸易协定等机制，降低关税和非关税壁垒，推动贸易自由化、便利化。

（四）加强基础设施建设与成本控制

加大对飞地园区基础设施建设的投入，改善电力供应、道路交通等基础设施条件，提高园区的生产和运营效率。优化土地和厂房的利用方式，降低租金和人工成本等运营成本。加强与当地政府和企业的合作，共同推动园区的基础设施建设和成本控制工作。

（五）提升政策沟通与协调能力

加强与飞地园区所在国家和地区政府的沟通与合作，推动政策协调和对接，减少政策变动对企业的影响。参与国际经贸规则的制定和谈判，争取更多的利益和发展空间。加强与国际组织的合作与交流，学习借鉴其他国家的成功经验和做法。

（六）抓住"一带一路"和国际产业合作机遇

在中国高质量共建"一带一路"八项行动及相关积极因素推动下，国际产业合作和飞地园区协作迎来新机遇。例如，新疆喀什凭借"五口通八国"交通与综保区政策等优势，利用对口支援机制，引入深圳经验共建喀什综保区。2022 年深圳港集团进驻运营，实行市场化运作，常态化开行大湾区"中吉乌"铁公多式联运班列。综保区近 90% 进出口贸易面向共建"一带一路"国家和地区，2024 年，进出口总值达 571.58 亿元，同比增长 19.5%，居新疆四个综保区之首。这不仅凸显喀什在"一带一路"建设中的重要地位，也为其他地区开展国际产业合作提供了路径借鉴。

第七章　飞地园区的运营策略与建议

从实际操作来看，飞地园区在运营中会涉及诸多难点，包括地块选择、招商策略、产业集聚、资金来源、人才激励、盈利模式、合作模式及利益分配等。这些难点相互关联，共同构成了飞地园区发展的整体框架，要求两地政府、企业等多方利益相关者进行有效沟通与协作，采取综合性措施来解决。成功的飞地园区需要平衡各方综合因素，实现政策目标、经济目标、社会目标的协调统一。上述问题有的在前面章节中做了较为详细的阐述，本章将从合作园区地块选择、招商稳商、资金筹措、人才服务等方面提出可供借鉴的实务运营建议。

第一节　园区地块选择的因素与实务操作

成功飞地园区的地块选择基于几个相互关联的因素：一是土地的可用性和适宜性。具体包括地理、地质等自然条件，如地形、地貌、自然灾害状况、工程地质与水文地质状况等。二是地块的交通便利水平。交通是园区成本和效率最直接的影响因素之一。园区选址应靠近交通枢纽、交通主干道出入口、港口等，便于人流、物流的顺畅往来，实现空间延伸拓展。三是地块的基础设施条件。包括供水系统、供热系统、供电系统、排污系统、油气管道、通信传输系统等。四是地块周边的劳动力供应。劳动力供应是否充足与当地生活服务、交通水平、产业集聚密切相关。

同时，不同要素的相对重要性与园区类别密切相关。例如，对于高新科技园区来说，与高校、科研院所等研机构在空间上的联系协同至关重要；而对工业制造业园区来说，则应重点考虑低成本劳动力可获得性和交通便利程度。

另外，关于选地规模还需考虑实际开发难易程度。理论上来讲，园区规模要足够大，便于提高产业承载能力，发挥规模效应。但从一些成功园区的实际运作来看，一般按照"政府引导、规划引领，滚动发展、良性循环"的开发模式，先以小规模园区为起步区或首开区①（这样可以避免起步区规模太大带来的招商压力，从实务来看，起步区招商30家企业比较合适，多则难度较大，少则规模不足），再分阶段推进园区业态建设。

最后，园区选址还要注意地块与当地"三区三线"②的空间位置关系，将需要成片开发的项目向城镇建设区域集中，避让永久基本农田、生态保护红线，避免盲目选址与空间底线产生冲突和矛盾，提升工作效率，保障国土空间安全底线。

从实务操作来看，园区选地可以从宏观和微观两个层面展开分析。

一　宏观层面：城市发展能级

通过考察城市的产业基础与产业承接能力，判断城市是否能在区域范围内形成竞争优势，是否具备较大的产业发展潜力。具体来看，需要全面评估当地城市发展现状、城市发展规划、产业发展现状、产业发展趋势、独特资源禀赋、要素综合成本、营商环境、地域文化等。

---

① 如上海临港集团常熟项目、联东U谷的园中园项目，一般首开区面积都是100亩左右。
② 根据深圳市规划和自然资源局官网："三区"是指城镇空间、农业空间、生态空间三种类型的国土空间，"三线"分别对应在城镇空间、农业空间、生态空间划定的城镇开发边界、永久基本农田、生态保护红线三条控制线。

（一）是否纳入国家级、省级发展规划

城市一经纳入国家级、省级有关发展规划，将获得持续的政策、资金投入和支持，对城市未来发展能级提升起着至关重要的作用。

● 专栏 7-1　汕尾城市规划纳入情况及区位优势

规划纳入情况：国家层面，汕尾周边围绕着粤港澳大湾区（2019年）、赣闽粤原中央苏区（2014年）和海峡西岸经济区（2011年）三个国家级区域发展规划城市群，但汕尾均尚未被纳入。省层面，广东省级发展规划明确要求汕尾融入珠三角。深汕特别合作区使汕尾与深圳合作内容逐步深化。2017年《广东省新型城镇化规划（2016-2020年）》要求汕尾加入深莞惠大都市区，成为区域性中心，2020年广东省发改委等部门联合印发的《广东省开发区总体发展规划（2020—2035年）》明确将汕尾纳入深圳都市圈。

汕尾地处广东沿海、紧邻粤港澳大湾区。近年来汕尾内连外接的交通基础设施日趋完善，通过高速铁路与公路路网建设，逐渐进入粤港澳大湾区"一小时交通圈"。

铁路方面，汕尾将形成"七横一纵"的铁路运输格局，包括东西走向的5条高铁、2条城际和南北走向的1条货运铁路。公路方面，汕尾外连的高速公路规划形成"四横三纵"的高速路网，增加与省内及全国的道路联系。港口方面，汕尾拥有汕尾港区（老港）、汕尾新港区、陆丰港区以及海丰港区4个港区，位于深汕合作区的小漠港区现已被纳入深圳港，将建成国际物流港，被定位为粤东核心海港枢纽及综合性海港商贸区。内部交通方面，汕尾市域内部交通现已建成"两横一纵"的高速公路网，逐步实现"五纵三横"主骨架高速公路网的建设目标，实现汕尾市区与市区组团的快速通达。

资料来源：《汕尾市综合立体交通网规划（2021—2035年）》。

（二）城市发展现状

从区位交通、人口、宏观经济等方面，全面了解一个城市发展现状与城市能级。

区位交通方面，重点关注交通网现状与交通规划，包括水路、公路、航空、铁路等现状与规划。

人口方面，重点关注总人口、城镇人口、城镇化率、劳动力人口、高水平人才数量等指标。

宏观经济方面，重点关注 GDP 及其变化趋势、固定资产投资、消费水平、企业数量与经济活力等指标。

（三）产业发展现状和趋势

产业发展现状和趋势包括区域产业发展水平、产业规模、企业规模、产业结构、产业分工、产业转移趋势以及资源环境约束等。除需要了解飞地园区所处片区的产业发展现状外，还需要对周边片区、周边城市的产业发展现状尤其是中心城市的产业发展现状有准确的了解与把握，并从各大产业的企业基数来判断目标企业数是否足够支撑项目运行。另外，需要从政策及周边地区的要素对比情况找出项目所处区域的比较优势，判断产业发展趋势，从而更好地制定主导产业和园区发展规划。

二 微观层面：地块发展环境

微观层面重点关注地块周边环境和产业配套环境。

（一）地块周边环境

地块选择上，需要考虑土地是否方正、平坦，交通方面是否与城市主干道路网接驳，餐饮、居住、商业等生活配套设施是否完善，周围是否存在高压线、垃圾场、地下电缆等不利因素以及水渠、古迹等因素。最好选择道路已基本建成，周边区域有明确规划等的地块。详见专栏7-2。

- **专栏7-2　地块周边环境选择要点**

一是尽量选择方正、平坦的土地，并考察是否有市政绿化带、市政道路、市政沟渠等因素分割土地。

二是交通上尽量选择与城市路网接驳的主干道附近或交通可达性较好的道路附近，有地铁最佳，至少也要有公共交通配套。

三是地块周边各类生活配套尽可能完善，按重要性排序依次为餐饮、居住、商业、教育、医疗、娱乐、银行。

四是拒绝不利因素较多的地块，不利因素包括垃圾场、坟地、高压线、地下电缆、空气污染、放射性污染、易燃易爆物品生产加工和集散物流中心等。

五是尽量不选择存在水渠、沟壑、池塘、古迹等对开发产生较大影响的因素的地块。

六是道路已基本建成（或有明确的近期规划），供电管网、供水管网、污水雨水排放管网、通信管线、燃气管线等基础设施已完成。

七是地块周边区域有明确的规划，最好是多数土地已经出让。

（二）产业配套环境

- **专栏7-3　地块产业配套环境选择要点**

一是当地有适合园区主导产业发展的基础条件，包括上下游的配套企业，产业相关的人才、资本、技术资源，以及原材料、行业牌照等特殊资源。

二是当地对园区主导产业发展有针对性、清晰的扶持政策。

三是当地政府设定的企业准入门槛，如产业目录、投资强度、产值税收等在合理范围内。

四是当地能够提供企业服务配套，包括财税、法务、人事、市场营销、企业咨询等。

五是有特定行业的基础配套，比如大宗商品的生产需要靠近货运物流，布局大数据行业需要电力支持等。

六是当地营商环境较好。

七是区域内同质化园区较少。

八是周边有科研机构或高校最佳，有助于园区建立产学研合作平台，且易于企业招聘。

● 专栏 7-4　惠州华润华城绿谷产业园

2023 年 7 月，华城新产业与惠州惠城区政府签约绿谷产业示范园项目，总建筑面积超 21 万平方米，预计投资 12.9 亿元，实现年均产值 17.2 亿元。产业园位于与惠州仲恺高新区只有一路之隔的地块，由于位置十分优越，可享受到成熟的开发区配套资源，一期项目尚未竣工就销售一空，为招商引资和产业发展打下良好基础。

资料来源：根据本书调研小组实地调研资料整理所得。

第二节　园区招商稳商工作机制与策略

招商引资包括制定招商引资政策、确定招商团队和招商引资手段等。招商是产业园区永恒的主题，以招商为核心的产业构建和资源整合能力，是园区最有价值的核心竞争力。

笔者通过实地与访谈、线上与线下等途径调研了国内诸多先进的合作共建园区，比较典型的招商案例有如下几个。一是苏州和宿迁共建的苏宿产业园。二是广州和清远共建的广清产业园，2014 年广清产业园投入启动资金 10 亿元，瞄准广清产业链深度融合，按"充分授权、封闭运作"原则，高标准推进产业园建设，2023 年该产业园规上工业总产值 243.94 亿元，同比增长 24.27%。三是深圳和哈尔滨共建的深哈产业园，截至 2023 年，园区累计注册企业 569 家，注册资本 213.95 亿元，科创总部正式入驻企业 62 家。四是中新苏滁高新技术产业开发区，坚持"企业为本、项目为王、环境是金"，从"抓项目"到"造环境"，从"要你来"到"你要来"，从"父母官"到"店小二"，用便捷高效的苏滁服务努力打造长三角一体化高质量发展的新磁场，瞄准汽车及装备制造等四大主导产业搭建"产业+金融"服务平台，推动产业链高质量发展。五是赣州经开区，创新实施"四个一"招商机制，盯紧世界 500 强、中国 200 强、央企、上市企业及行业龙头企业开展"招大引强"，2022 年吸引总投资 101 亿元的富士康工业互联智能制造项目落户。

在西方，产业的形成与集聚基本是由市场自发调节，因此经济欠发达地区一般不具备形成产业集群的条件。但在中国特色的飞地经济建设中，可以通过飞地园区这一平台载体，依靠有为政府的力量"自上而下"加速产业启动，然后逐渐转为依靠有效市场的力量"自下而上"发展产业集群。采取这种"两只手"协同作用的方式，能够有效地推动飞地经济发展。飞地园区应遵循产业发展规律，一般认为，产业集聚和发展可以分为"从 0 到 1"和"从 1 到 10"两部分，对应园区全生命周期的六个阶段，具体见专栏 7-5。

● 专栏 7-5　飞地园区全生命周期建设运营重点

园区建设发展周期	园区发展主题	工作要点
第一阶段	产业规划	从飞入地与飞出地要素禀赋结构出发，并依据宏观政策趋势和市场需求等外部环境因素，研究确定飞地园区的最优产业、技术结构，确定未来发展的目标产业
第二阶段	环境营造	通过优势互补式的要素投入，因地制宜地建设适应最优目标产业发展的基础设施环境，营造、改善当地的营商环境，完成硬件、软件两个方面的准备，以降低企业的生产、交易成本
第三阶段	招商引资	吸引"先行企业"进入。先行企业一般是具有战略眼光、雄厚实力与行业带动能力的龙头企业。先行企业进入时，未能享受产业集聚效应给企业带来的好处，因此政府需要给予优惠政策，提供有针对性的精准服务，对其进行有力扶持
第四阶段	验证入园企业自我"造血"能力	在具备生存、发展的基础条件后，企业会显现自我"造血"能力，自我"造血"能力指一家处于开放自由竞争的市场环境中具有正常管理水平的企业，无须依靠政府或外部补助就可以获得的社会可接受的正常利润水平的能力。而先行企业的成功与否会影响同行或上下游企业进驻，亦即对能否形成产业集聚有至关重要的影响
第五阶段	产业集聚	先行企业获得成功，则会吸引更多同类企业、上下游企业投资、进驻，在飞地园区逐步形成产业集聚。此时，政府继续完善基础设施体系，继续改善营商环境，当园区企业达到一定数量后，适时绘制本园区和周边产业园企业上下游产业图谱，向相关企业发布，并引导、帮助、鼓励就近配套，延伸园区产业链，飞地园区产业形成与发展即可步入良性轨道
第六阶段	创新升级	产业集聚效应产生之后，技术创新和产业升级就具有了基础，产业呈现蓬勃发展的状态，技术创新能力被激发，吸引更多的相关企业来此集聚。企业的劳动生产率持续提高，收入水平持续提升，并推动地区劳动力水平和整体收入水平的提升，实现地区经济增长

从飞地园区全生命周期的各个阶段发展主题及工作要点可见，产业规划、招商引资与产业集聚之间有明确的递进关系，招商"一张蓝图绘到底"的前提是产业规划具有前瞻性、科学性和可操作性，产业能够充分集聚的前提是首批招引的企业能够健康活下来、活得好。在调研中笔者发现，不少园区在成功运营前需要不断经历从产业规划到招商引资的

试错迭代过程，从招商引资到择商选资，从"放进篮子都是菜"招引多个产业门类到聚焦重点精准招商。但最终目标产业形成、发展的成败关键在于能否招到理想的先行企业，并为其提供完备的生存、发展的基础条件，缩短其从投资到盈利的周期。换言之，通过政府的积极作为，帮助企业实现"从0到1"的突破，并加速先行企业的成功，从而快速打开局面，撬动市场力量实现"从1到10"的发展。

此外，必须指出的是，为加强全国统一大市场建设，防止一些地方在招商引资过程中出现"内卷式"恶性竞争，国家提出坚决纠治招商引资"内卷"问题，《中共中央关于进一步全面深化改革 推进中国式现代化的决定》（以下简称《决定》）明确提出"清理和废除妨碍全国统一市场和公平竞争的各种规定和做法。规范地方招商引资法规制度，严禁违法违规给予政策优惠行为""全面落实税收法定原则，规范税收优惠政策，完善对重点领域和关键环节支持机制"。

各地在共建产业园中要深入学习贯彻《决定》精神，积极转变工作思路，摆脱惯性思维，科学、透明、精准、合规招商，一方面加强定点招商、出海招商、链主招商、以商招商等以产业链牵引为标志的精细化招商；另一方面强化招引企业的全生命周期管理和服务，通过努力提供更优质的环境和服务吸引企业落户，避免违规出台财税、土地、能源资源消耗、生态环境保护等优惠政策，并且要防止只注重招商而忽视稳商导致不重视为企业提供增值服务的问题，最终实现从比拼优惠政策搞"政策洼地"向比拼营商环境创"改革高地"的转变。同时，《决定》提出推动国有资本向前瞻性战略性新兴产业集中，各地宜把握机遇，积极深化与重点央企合作对接，结合国务院国资委关于央企加快布局发展新一代移动通信、人工智能、生物技术、新材料等15个重点产业领域方向的最新部署，瞄准目标央企洽谈对接，共同培育新质生产力相关产业落实落地。在工作中，要更加突出"心诚+行程"，发挥好各类数据平台作用，持续完善政策体系、丰富招商机制、加强要素保障、创新工作办法，切实解决企业发展遇到的实际困难，始终做到"全国一盘棋"、避免"内卷""互挖"，持续提高招商引资水平和质量。

总体而言，做好招商稳商工作需要把握好以下工作机制、常见策略和工作先后关系。

一　机制方面

在调研中，笔者注意到，无论是省内还是省外，无论是一线城市还是二线城市，破题招商痛点的关键在于构建常态化招商工作机制。

（一）建立常态化联合招商工作机制

建立健全招商引资信息跟踪机制和重大招商项目全流程跟踪服务机制，要持续关注和跟踪企业的政策申报需求、投融资需求、业务拓展需求、上下游产业链合作需求，及时做到企业、政府、金融机构、园区运营部门等层面的信息共享和资源嫁接。加强与企业沟通联系，及时主动掌握企业转移意向，每年组织开展产业对接洽谈，引导推动一批企业优先到共建园区投资发展，并为入园企业提供一整套包括产业研究、政府辅助申报落地、产业投融资、协助拓展业务订单、原材料和技术资源对接、人才获取提升、能源管理等在内的赋能支持。

（二）切实完善精准招商机制

随着各地招商引资同质化竞争日趋激烈，传统的"广撒网"招商方式成效越来越低。以招商数据库和产业图谱为代表的精准招商模式愈发受到重视。可与合作园区联合编制产业链全景图和招商需求清单，共建招商数据库和共绘招商地图，精准匹配产业链招商，实现招商平台、招商网络共建共享。

- **专栏 7-6　产业图谱勾画方法**

1. 按从原料到市场的顺序，勾画行业生产流程图。

2. 了解行业的大体轮廓后，找出行业关键环节及各流程之间的互动关系。

3. 在每个环节列举若干头部企业。

4. 研判产业链各环节附加值。若园区有条件，可尝试控制整条全产业链，这样的利润最大，稳定性最强；如果园区体量不足以承载起一整条产业链，就要对产业链各环节进行研判，选出附加值最高的两三个环节去做。

- **专栏 7-7　产业链价值判定方法**

1. 基于"微笑曲线"理论，一类产业，处于中间环节的生产与制造附加值最低，而前端和后端多由企业的无形资产构成，更容易产生较高的附加值。

2. 针对某一细分行业，通过查阅政府统计数据、行业白皮书等，计算该细分行业的生产总值、利润率等在全产业链中的占比，判断该细分行业在整条产业链中的地位。

3. 通过拆解产业链的终端产品，计算各零部件采购价格与终端产品价格的比值，从而得出终端产品的成本结构，进而判断各环节的产业链地位。

而为了尽可能保证数据的可靠性，需将多渠道获取的数据进行横向和纵向的比对，减少数据和信息的误差。

（三）健全市场主体参与机制

对于有对口合作关系的城市，可以支持引导两地国有企业到结对市投资布局，建立双方国有企业联动发展机制；支持各类企业将生产制造环节、新产品线转移到对口地区，以"总部+基地""研发+生产""生产+服务"等形式延伸布局产业链；建立健全民营企业、外资企业服务机制，对落户结对市的重点企业、重大项目实施台账式管理，强化全流程跟踪服务；鼓励商会、行业协会围绕产业链供应链组建跨行业商协会联合组织，借助商协会了解到哪里去找哪类企业、其中谁是牵一点而带动一条线的核心企业，围绕这些内容，制定招商目标与指标、路线与步骤。

另外，近年来"乡贤"资源也成为招商工作不可忽视的一股重要力量。以广东为例，广大海内外杰出乡贤是广东经济社会发展的重要推动者，特别是潮汕、客家地区的外出乡贤，对回归家乡投资兴业意愿强烈。如景旺电子股份有限公司（上交所主板上市公司，是全球领先的印制电路板及高端电子材料研发、生产和销售的高新技术企业）董事长刘绍柏，广东河源龙川人，为回报家乡，2006 年他在龙川与深圳宝安区共建的宝龙产业园投资设厂，成立景旺电子科技（龙川）有限公司（以下简称"龙川景旺"），大力实施技术攻关，创建专利群保护核心技术。龙川景旺先后被认定为"国家级高新技术企业""广东省金属基印制电路板工程技术研究开发中心""广东省省级企业技术中心"，2023 年实现产值 58.15 亿元，纳税总额近 1.4 亿元，带动就业 6500 人，还带动了 2 家配套企业落地。

（四）建立完善以企业发展为导向的运营服务体制机制

在招商引资阶段，打造"一站式"企业入园服务体系。园区作为产业发展的载体，主要服务于入园企业、企业家及企业员工。根据企业所处发展阶段，为企业提供全方位的配套服务，在招商引资阶段重点是提供招商引资服务和人力资源服务。首先需要明确锁定目标客户，并在充分了解客户需求之后，与客户进行洽谈、签约乃至为其设计个性化的入驻方案。在入园阶段，主要为入园企业提供一站式便利化服务，如企业注册代办、入园手续办理、开荒清洁等。

如中新苏滁高新技术产业开发区，汽车及装备制造是园区四大主导产业之一，为推动产业链搭建"产业+金融"服务平台，以金融为产业注入新的"血液"和活力，中新苏滁高新技术产业开发区企业服务中心创新开展苏滁金融沙龙–汽车"产业"链交流会，联合中国工商银行、中国建设银行、中信银行和皖东农村商业银行举办了汽车产业链金融沙龙活动，傲威电动车、嘉远微车和明豪汽车等园区企业代表针对产业链供需进行了深入交流，与金融机构达成初步合作意向，构建行业交流的平台通道。除此之外还定期举办上市资本市场训练营、高企培育辅导、创新创业大赛辅导会等一系列助企赋能业务，解决了企业的后顾之忧，真正体现了园区全方位精准服务。

园区企业在发展过程中经历种子期、初创期、成长期、稳定期和蜕变期五个时期①，各阶段企业特点不同，对应的配套需求也大不相同。设立企业综合服务平台，能够了解企业在发展过程中需要解决的困难和问题。打造企业全生命周期"服务链"不仅有利于扩大服务对象，还能为企业提供全面的综合性服务。

● 专栏7-8　企业全生命周期服务清单

	种子期	初创期	成长期	稳定期	蜕变期
特点	项目处于创意和发明阶段	各类资源要素的组合使用 公司生存有基本保障	企业以扩大经营为目的，形成规模化生存	企业进入大规模发展阶段	企业规模和产品类型发生增量变化

---

① 陈颖仪、刘祥：《区域发展与对口协作园区开发实践》，中国经济出版社，2023。

	种子期	初创期	成长期	稳定期	蜕变期
为园区企业提供的专项服务	工商注册 税务代办 投融资对接	办公家具、文具采购打印机设备租赁 企业管理咨询 人才招聘 厂房租赁 知识产权咨询 投融资对接 产业链上下游对接服务	产品整合营销推广 企业管理咨询 法务服务 企业品牌策划 知识产权申报 上市服务 投融资对接 公共检测平台服务	企业品牌推广 产品设计 后期市场调研 后期企业所在行业调研 投融资对接 对外投资服务 企业交流服务 IPO辅助对接	知识产权交易服务 高端人才培训、交流、招聘服务 股权债权辅助管理 证券商对接 银行对接
为企业家提供的专项服务	创业辅导 法务咨询 产品、行业市调 提供决策信息 商务服务	政策辅导 搭建政府关系网 企业经营管理辅导 企业家圈层组建 经营所需信息收集 商务服务	政策传递 拓展政府关系网 对接高端企业家圈层 企业家知识、技能培训服务 子女入学辅助服务 企业经营管理辅导 财务管理知识辅导	高端人才对接 企业家圈层对接 私人订制商务、生活配套服务 高级技能、知识培训 资产管理咨询 企业经营咨询 财务咨询	企业转型升级辅导 政府资源对接 行业资源对接 区域资源对接 商务配套服务
为企业员工提供的专项服务	食住行协助服务 员工技能、知识体系培训	食住行协助服务 员工技能、知识体系培训 人才交流服务 食住行协助服务 员工技能、知识体系培训	员工技能、知识体系培训 高端人才交流、游学交流 员工职称、资质申报	员工技能、知识体系培训 高端人才交流、游学交流 员工职称、资质申报 商务服务	员工技能、知识体系培训 高端人才交流、游学交流 员工职称、资质申报 商务服务

二　常见招商稳商策略

（一）抓好顶层设计，加速培育新质生产力

习近平总书记强调，发展新质生产力是推动高质量发展的内在要求

和重要着力点。新质生产力是由技术革命性突破、生产要素创新性配置、产业深度转型升级而催生的先进生产力，通过劳动者、劳动资料、劳动对象及其优化组合的质变实现全要素生产率的提升。产业园区作为产业集聚和培育的重要载体，是培育新质生产力的重要平台。为确保向着先进生产力发展，在顶层设计层面，需要立足本地产业发展战略环境和战略优势，对园区主导产业进行研判，制定最适宜本地的产业发展规划和优惠政策，在人才引进、科技研发、企业上市等方面给予园内企业奖励。通过优化营商环境，完善公共服务，加强软、硬环境建设，吸引优质项目落户。

另外，合作园区要实现高质量发展，创新管理模式是关键。"管委会+平台公司"模式作为一种高效的资源配置方式，能够实现政企分开、政企合作，充分发挥管委会的战略引领与资源配置作用和平台公司的市场化运作功能，是合作园区发展升级的首选路径。如苏州工业园区，采用"管委会+中新苏州工业园区开发集团股份有限公司（CSSD）"的管理模式。前者负责在辖区内行使经济和社会综合管理权限，后者负责园区内的基础设施建设、招商引资、物业管理等开发事项，按现代企业制度和市场经济原则运作，苏州工业园区对外合作园区，也采取这种合作管理模式。上海张江高科技园，通过"管委会+张江集团"的模式，重点发展集成电路、生物医药、人工智能等战略性新兴产业，以"科技投行"为战略核心，不仅专注于园区的开发与运营，更通过"房东+股东"的双重身份，形成物业销售、企业服务和高科技投资三位一体的业务架构。

特别要注意的是，随着我国市场经济体制不断完善和政府治理水平不断提高，政府更注重加强公平竞争审查刚性约束，经国务院常务会议通过，于2024年8月1日起施行的《公平竞争审查条例》对审查规则、审查标准作出明确规定，对政府制定的各类政策措施进行全面、细致的评估和审查，确保这些政策在实施过程中不会对市场公平竞争产生不当的限制或排除效应。园区及所在地政府对于拟出台的补贴等支持政策，要按照相关政策要求做好公平竞争审查，确保相关政策措施对所有符合政策导向的企业普遍适用。

（二）明确产业定位，聚焦重点精准招商

中国—越南（深圳—海防）经贸合作区（以下简称"深越合作区"）成立初期产业定位不清晰、招商效果不理想，经深入全面梳理分析后，深越合作区主动"做减法"，从原来的八大产业定位缩减到聚焦轻工制造、电子加工、机电制造三大产业，打造代表"中国制造"的高品质园区，助力中国制造业"走出去"发展，培育"中国总部+海外工厂"的跨国企业。已有卧龙电气、三花智控、大洋电机、普联技术、华懋新材料、欧陆通电子等科技企业入驻，预计深越合作区首期可容纳30~40家企业，吸引企业投资10亿美元。广州中新知识城在招商引资过程中，注重产业集群发展，充分发挥了龙头企业的上下游带动作用，形成了以生物医药、集成电路和新能源汽车为代表的三大千亿级产业集群。在城市建设和产业发展上坚持"一张蓝图绘到底"，使得知识城锚定目标更加明确，攀登科技高峰有了更足的底气，对发展产业有了更清晰的布局。河北保定深圳园，运营初期招商较慢，近两年调整思路，将招商主攻目标定位为承接北京非首都功能疏解转移项目，落户园区的北京企业有20余家，占园区入驻企业的约20%；而北京非首都功能疏解转移到该园区项目中，40%以上为保定人投资。①

（三）发挥本地优势，外引内联协同招商

一是以优势资源招商。如汕头利用海上风电招商，深能源以第一名中标，计划投资150亿元，落户深圳汕头共建产业园。依托濠江国际海缆登陆站，吸引某大型互联网企业落户，与厦门象屿集团入驻产业共建

---

① 根据本书调研小组实地调研资料整理所得。

园区并投资建设汕头数字经济产业云平台。创立"濠江珍好"品牌平台，甄选濠江地道好食材、好产品，通过品牌、设计、科技、新零售赋能，带动产业高质量发展，与林丹丹选平台、4AM电竞俱乐部选品基地强强联合，扩大濠江特色产品的消费场景和市场渠道。引入岭南健康菜研发中心，打造数字营养餐饮解决方案展示平台及研发基地，补齐濠江健康预制菜产业链。二是以产业链招商。通过动员飞入地企业在共建园区企业采购零部件、与飞出地有供货关系的企业联合投资等，支持共建园区发展。如汕头引进深圳爱你实业有限公司，与龙湖区供应链企业合作投资5000万元建设潮牌生产工厂。三是赋能本地传统优势产业提升。汕头成立深圳-汕头数字化转型服务联盟和纺织服装产业数字化生态联盟，为企业提供企业数字化相关的转型咨询、建设规划、技术对接等服务，挖掘行业数字化转型共性问题解决方案，促进企业合作和市场对接。潮州抓住大规模设备更新契机，对传统食品机械和陶瓷机械补链强链，鼓励企业更新机械设备，据此招引制作食品机械和陶瓷机械的企业在潮州建设生产基地和售后服务点。

（四）深化沟通互动，提升招商服务水平

通过建立潜在进驻企业数据库，利用各种渠道紧盯目标企业，为之量身打造商业投资计划，以及提供个性化的园区问题解决方案，说服企业进驻。并通过参加外地举办的各类投资洽谈会、经济贸易研讨会、经济交流展示商谈会，以重点项目或专题考察、友情访问等形式赴外地招商引资。同时，在各地招商让利条件同质化的今日，"走心"的招商往往效果更佳，一是打造一支懂产业、懂企业、能"作战"的招商团队，与企业高效开展政策宣讲、诉求回应、需求对接。二是招商团队负责人经常与企业沟通协商，交流国内外政策和产业发展趋势，增强企业的"被重视感"，从而获取企业信任与认可。比如深圳在越南设立的中国·越南（深圳—海防）经贸合作区，在招商初期，为了打开局面，

招商团队负责人顶着越南夏季的炎炎烈日，挨家走访有关企业，在没有空调的工地帐篷内向企业介绍园区未来规划，凭着耐心和真心吸引了第一批优质企业入驻园区，为后续招商工作开好局、起好步打下坚实基础。

另外，还有中新苏滁高新技术开发区职业经理人招商成功案例。中新苏滁高新技术开发区于 2012 年 4 月成立，温州胜华波公司（主要生产汽车雨刮器、汽车座椅微特电机等产品，设立在温州市塘下镇）于 2013 年 8 月到高新区考察，是第一批入驻园区的企业。温州胜华波公司在苏滁高新技术开发区项目一期占地 167 亩（设立安徽胜华波电器有限公司、博大精工公司），2018 年总公司计划把二期项目落地江苏南通，时任安徽温华波汽车电器有限公司副总经理的张伟兴，通过与滁州政府接触和沟通，认为滁州在投资环境、政府服务（政务环境、营商环境）等方面适合投资，力荐总公司将二期项目改为在中新苏滁高新技术开发区投资，并通过各种渠道向公司董事会反映情况。在积极争取下，二期项目原本在江苏南通与政府签订投资协议，但最终公司董事会选择听取公司职业经理人张伟兴的建议，决定在滁州投资建设二期项目，占地 160 亩。2022 年，温州胜华波公司又与园区签约投资三期项目，占地 47.5 亩，2023 年底建成投产。截至 2023 年底，胜华波公司生产的汽车雨刮器、汽车座椅微特电机已成为国际隐形龙头企业，市场占有率不断提高，公司年产值达 33.4 亿元，纳税 1.53 亿元。

张伟兴先后在浙江温州等地区将产业链上下游企业介绍到高新区投资建厂，共推荐了 38 个项目，已落地项目达 18 个。2021 年，滁州向对全市发展有巨大贡献的四位市民授予荣誉市民称号，其中，职业经理人张伟兴因积极宣传滁州投资营商环境，先后带动纳百川、日泰汽车、森森汽车等一批新能源和汽车产业链上下游企业落户园区，总投资达 70 亿元，在推动园区汽车产业集聚发展中作出突出贡献，被授予"滁州市荣誉市民"称号。

（五）完善平台建设，赋能产业高质量发展

针对特定行业对实验室、检测中心、认证中心、计算中心等相关平台的刚需（如互联网、软件类企业存在大算力需求，医药类企业存在资质检验需求），可以通过引进相关平台，带动吸引有关企业突破地理限制，向园区集聚。

比如，园区内落户一家算力中心，有大算力需求的企业就会自发聚集到园区来。如杭州滨江区有全省唯一的锂离子电池强制性产品认证国家指定实验室，省内研发生产锂离子电池的企业就必须到这里来做检测；南京市投促系统依托宁聚校友投资服务中心、生物医药和智能制造装备两个产业促进会、粤港澳大湾区企业家联盟南京投资服务中心等平台，精耕行业细分领域，掌握了大量的企业信息和投资动向。通过以上平台，园区能够第一时间接触这些企业，再配合政策、空间保障，招商推进水到渠成。

（六）强化信息共享，塑造大招商格局

以近年发展势头较快的贵阳为例，贵阳以"强省会"行动为主线，将市政府驻外办事处划归市投资促进局管理，整合招商力量，发挥开发区招商"主战场"作用，统筹市属国有企业、工商联、产业部门，大力开展以房招商、以商招商、园区招商，优化重塑产业大招商格局。调整优化以市长为组长的产业大招商领导小组，健全完善市领导领衔"1+7+1"重点工业产业专班招商机制，定期召开常务会议、专题会议安排部署招商引资工作，分别确立"1+5+8"省级以上开发区主导产业和特色产业，围绕全市招商"一盘棋"谋篇布局，精准定位产业招商路径与方向，推动产业集群化发展。优化全市30条产业链"两图两库两池"，突出央企招商、以链招商、以房招商、以商招商、以乡招商、基金招商等多元化招商模式，建立招商引资动态机制。在全市范围内推

进招商信息共用共享，根据企业需求和产业匹配情况，将企业推荐到合适的园区。

（七）完善产业图谱，构筑全流程招商体系

建立以产业图谱[①]为指导，分类循序招商的招商流程（见图7-1）。一是建立招商数据库，以产业规划和细分产业定位为指引，从核心产业集聚区域、重点产业园区、上市企业、独角兽企业、行业隐形冠军及优质中小企业等多个方面建立招商大数据。二是进行企业筛选，输出产业目录，并绘制产业图谱。三是搭建招商平台。该平台具备招商实施及运营服务两种功能，招商实施层面主要通过产业图谱进行企业筛选，输出符合产业定位的企业名录。四是分类循序招商，根据企业名录按照龙头企业、创业企业、基础商业、服务平台及配套合作机构进行分类，通过招商小组进行分类招商，从而达到精准招商的目的。

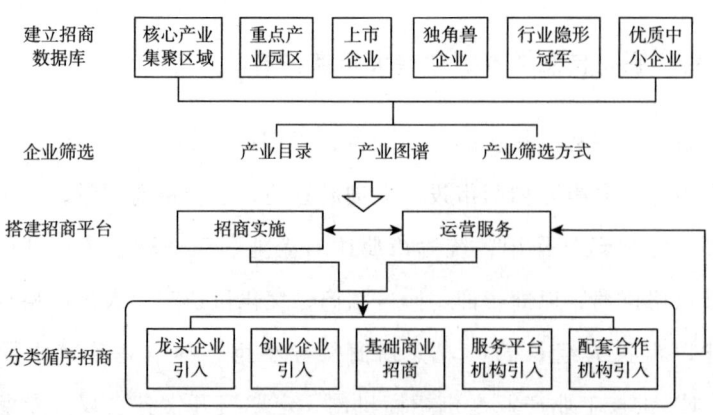

图7-1　产业招商流程

---

① 陈颖仪、刘祥：《区域发展与对口协作园区开发实践》，中国经济出版社，2023。

● 专栏7-9 联东集团运用大数据精准招商模式分析

1. 通过邮箱、短信、电话等方式联系企业。邮件或短信内容要全面、简洁，让企业能在较短时间内了解意图。同时，内容也要新颖、有创意，能博得企业的眼球，如果信息平平淡淡，无法引起企业兴趣，就难以产生下一步接触。

2. 上门拜访。经过招商大数据的记录、整理、汇总、分析、筛选等过程，能够初步确定有投资意向的企业，接下来就需要招商团队主动出击，上门沟通推介园区规划、区位优势、政策力度等。这需要招商人员展现专业素养与诚意尊重，一方面要充分了解产业的核心痛点、发展趋势，另一方面要做好政府与企业之间的"政策翻译器""诉求转换阀"，以专业、真诚、有耐心的服务获取企业信任，为进一步合作奠定良好基础。

3. 针对重点企业开发定制化产品。不同产业对于厂房的容积率、层高、荷载、柱间距、卸货平台、货运电梯、车辆转弯半径等产品要素都有不同的需求，比如半导体和生物医药行业，对洁净车间、恒温恒湿有严格要求，并对园区环评和污水处理有明确诉求。在确定具有较大投资意向的企业后，可针对企业诉求设计开发定制化厂房产品，比如为精密制造公司预留设备抗微震机房，为生物科技公司预留摆放生物发酵罐的结构空间，等等。例如知名的产业地产建设主体君泰集团，会结合不同产业的特性，来设置厂房楼面荷载、柱距宽度等重要硬件参数和厂房空间形态，配置必要的设施设备，确保产品充分贴合客户诉求，做到产品能用、好用。

4. 提供公共配套设施和平台支持。园区公共配套设施和平台的功能一般体现在以下几个方面：一是直接降低入园企业的生产运营成本；二是缩短产品的研发和上市周期；三是帮助企业拓展业务市场；四是为企业提供技术赋能。园区的稀缺配套（污水处理厂、固废处理设施、蒸汽供热站等）往往能成为产业招商的重要助力。另外，针对某些特定行业，引入相关的产业公共服务类平台，也能令招商事半功倍。例如生命科学类园区，可以围绕医疗器械产业的特点，建立从培训、研发到检验检测全流程的实验室和产业平台。不仅联合产学研等机构和平台开展培训、研究活动，还运用自身的专业资源为园区配套实验室，满足中小企业对于生物实验的需求。又如电商园区，可以和各大物流企业合作，打造集中快递收发平台，为入园企业实打实降低运营成本；智能智造园区，可以通过建设和运营园区供电和储能设施，为入园企业提供更稳定和性价比更高的供电服务。

（八）发挥数字优势，深入挖掘招商潜力

随着互联网、物联网、云计算等技术的不断发展，大数据逐渐走入人们的生产生活，并以非常快的速度改变着人们的生产模式和生活方式。大数据已经由理论概念过渡到实际应用，运用大数据招商，正在成为政府招商的主要模式。各地大数据招商经验做法，可以概括为以下两个步骤。

一是大数据智能挖掘跟踪。搭建大数据精准招商平台，构建以"数据为基础、平台为支撑、运营为保障"的新兴产业精准招商运营体系。围绕产业链企业分析、企业家需求等，智能挖掘全国全量企业工商数据，结合园区所在地现有产业基础与优势，梳理产业链企业、精准构建产业招商地图，并在产业链可视化平台中进行展示，形成精准招商地图，精准锁定重点产业链上下游目标企业，确保后续招商可按图索骥。并且提前针对目标企业情况，为企业量身定制投资项目，促进招商引资目标清晰化和提升招商洽谈效率。

二是大数据智能筛选推送。围绕重点产业链深度分析，梳理覆盖行业内主要龙头企业、知名企业、头部企业、核心企业的产业链企业，从企业综合能力、企业活跃度、企业发展潜力等维度测评产业链图谱目标

企业价值，智能判断目标企业所属的重点产业集群和所在环节，将企业对应到产业链图谱中，实现产业大数据链、企业大数据链、本地产业需求链的多链有效融合，精准捕捉产业短板及产业链所需的延、展、扩、补、强环节，重点筛选产业关联度高、上下游匹配的行业龙头企业，精准输出延链补链强链目标企业清单。

三 招商稳商工作的三组关系

（一）先里子后面子

从实务角度来看，产业园区需要有"面子"，园区形象做得好，不仅会树立一个企业、一个园区乃至一个城市的美好形象，给企业留下深刻印象和记忆，同时也有助于园区对外宣传推介。但是，园区的形象需与产业相契合，如果不顾实际条件，为了美而美，反而会脱离产业主题，成为"面子工程"。只有扎实做好园区配套服务体系建设和营商环境优化，千方百计提升园区产业承载力、企业服务力，才是推动园区招商高质量发展的"正道"。例如，苏州工业园区及其对外合作的园区，在建设时序上，坚持"三先三后"，即"先规划后建设、先地下后地上、先产业后城市"。当然，一般地上会先建设集招商、服务、展厅于一体的标志性建筑，但也是为了产业和招商需要。

（二）先招大后招小

从成功园区的建设运营经验来看，园区招商的大部分成本一定要花在龙头项目的引进上，必须下苦功夫，先招来一个有带动性的龙头企业。产业发展快，全靠龙头带。一个产业链能不能做成、能不能做大，关键是看有没有龙头企业。龙头企业在产业链上游有长期合作的原材料和核心零部件供应企业，在产业链下游有业务高度依赖龙头企业的配套服务商和耗材生产商，通过龙头企业的辐射、示范、信息扩散和销售网络的核心作用，能够引导资金、技术、人才等各类资源向园区集聚，扩大产业集聚规模，增强产业竞争优势。龙头企业作为产业集群建设的领航者与资源提供者，可以利用自身产业资源、资金优势、产业整合能力领导集群产业发展，形成一批相互配套、功能互补、联系紧密的龙头企业集群。另外，龙头企业进驻后，可以直接围绕其调整优化园区产业定位。从实际来看，大部分产业集群基本是自发形成或是市场驱动形成的，其很少能在缺乏产业经济基础和特定社会文化的条件下人为生成；园区的产业发展和企业培育是由小到大、由弱到强、逐步升级的过程。因此在实际招商过程中，也要从实际出发，逐步推进。

（三）先起量后提质

园区招商需要三气——人气、名气、财气，三者是循序渐进的关系，先有人气，再有名气，最后转化为财气。从招商的角度看，如果园区入驻率高、人气兴旺，在"从众"心理驱动下，能够降低企业决策风险，吸引企业入驻。反之，如果一家园区冷冷清清，哪怕定位再高、环境再好，企业的决策压力也会非常大。

另外，随着越来越多企业的进驻，以商招商的路径也被打开，进而会慢慢形成一种良性的互引生态，园区可以逐渐从招商迈向"选商"。反之，如果园区一开始就把门槛定得很高，容易导致企业望而却步，招不满商，无法为园区后续建设运营提供稳定的现金流保障，不利于园区后续的搭平台、做服务等一系列工作。

从运营的角度来看，载体空间和产业资源要有一定规模，但也不宜铺开太多，要考虑招商实际与产业承载能力，从成功园区经验来看，一次招商以 30~40 家企业为宜，在前期良好招商的基础上滚动开发、良性循环才是园区可持续发展的制胜之道。

第三节 园区融资环境与渠道

资金是园区建设的源头活水，是开展各项活动的重要保障。融资难是绝大多数园区面临的较大问题之一，而且随着我国市场经济体制改革深入推进，产业园区等各类产业基础设施的投资开发愈发体现出提升运营效率、鼓励公平竞争、严控债务风险的导向，在实际建设中需要通过更好地发挥政府和市场、国有资本和社会资本多方面作用，打造完善分层分类优势互补融资体系，因地制宜开展园区投融资开发建设。

2024 年 4 月 30 日，中共中央政治局召开会议分析研究当前经济形势和经济工作，会议强调，"要积极发展风险投资，壮大耐心资本"。这是"耐心资本"首次在中央政治局会议上被提及。"耐心资本"是指长期投资资本，泛指对风险有较高承受力且对资本回报有较长期限展望的资金。"耐心资本"通常不受市场短期波动的干扰，能够长期为投资项目提供稳定的资金支持，帮助企业更好地解决融资难、融资贵等"成长的烦恼"，是加快培育新质生产力的重要引擎。产业园区建设运营周期较长，面临的风险和不确定性较高，起步阶段园区内往往以初创企业为主，更加需要吸引更多可以承受短期波动、从投资理念到考核机制都具有长线性质的"耐心资本"参与。

2024 年 5 月 27 日，中共中央政治局召开会议审议《防范化解金融风险问责规定（试行）》，将金融风险防范化解提升到新的高度。会议指出，防范化解金融风险，事关国家安全、发展全局、人民财产安全，是实现高质量发展必须跨越的重大关口。强调要坚持严字当头，敢于较真碰硬，敢管敢严、真管真严，释放失责必问、问责必严的强烈信号。园区建设投资为典型的重资产投资，一直以来部分城市存在单纯依赖土地财政增长预期无节制融通资金大搞基础设施建设，导致资金链断裂、园区烂尾等问题，必须予以充分重视。在实务中，要科学规范产业园区的建设和发展，严格避免园区融资平台扩大政府隐性债务，确保防范化解金融风险，助推当地经济高质量发展。

一　融资环境和主体分析

首先，围绕园区投资环境，包括市场因素（市场构成及容量、当地消费能力及消费习惯等）、资源因素（资源蕴藏量、开发水平和利用程度等）、劳动力因素（劳动者数量及素质等）、其他因素（管理水平及技术能力等）进行分析论证；其次，对地方政府、园区管委会、金融机构、社会投资者等各利益相关方进行量化评估，并建立财务模型；再次，在现行相关法律法规和各项规章以及各类规划框架下，进行财务测算，试算出各利益相关方的利益均衡点，以便实现各利益相关方的利益平衡，达到资金和项目的有效匹配；最后，在全面深入分析的基础上，制订园区资金计划。

深圳在对口帮扶实践中，积极探索通过市场化方式提升对口帮扶综合效益，成立平台公司为产业发展提供"耐心资本"，进一步吸引撬动社会资本，为产业合作积累深圳经验。2024年5月28日，由深圳对口帮扶协作汕头指挥部、汕头市国有资本、省粤科集团联合组建的广东粤科深汕协作股权投资合伙企业（有限合伙）正式完成工商注册登记，落地汕头。基金总规模10亿元，首期出资2亿元，专项投向汕头"三新两特一大"产业重点项目、深圳与汕头产业转移项目。首期资金由深圳对口帮扶协作汕头指挥部通过汕头市财政局下属企业汕头市宏财投资有限公司出资5000万元，汕头市投控集团出资5000万元，撬动省粤科集团1亿元的资金投入，共同助力汕头产业高质量发展。该指挥部还安排帮扶协作资金4000万元，出台《关于推动汕头企业上市发展"486"行动方案》，通过贷款贴息、供应链融资补贴、并购重组和扩大本地投资奖励等方式，推动汕头40余家上市企业提质增效，加快80余家后备企业上市步伐，促成60余家专精特新企业被纳入后备培育对象，构建完善的企业上市培育链条。

二　投融资模式和渠道分析

首先，明确政府和市场的投融资边界，通过合理划分边界，协调政府主体和市场主体之间的利益关系，进而设计相应的开发模式来提高盈利能力、控制风险、稳定预期；其次，根据产业园区各类开发建设项目特征及资金需求，可以合理选择 BOT（Bulid-Operate-Transfer，建造-运营-移交）、BT（Build-Transfer，建设-移交）等不同投融资模式；最后，根据各类项目投融资模式，选择一种或多种融资渠道，包括使用直接融资和间接融资、债务性融资和权益性融资等多种方式，如银行贷款、债券、股票融资、创业投资、公募或私募股权、风险投资、企业自筹等，来确保资金渠道畅通，合理设置投融资结构。

总体来看，合作园区的融资模式可以分为政府主导型融资、市场拉动型融资两种类型。政府主导型融资模式是以国家或地方政府为主体融通资金，包括财政出资、专项债、国企自筹等。市场拉动型融资模式通过打造市场化运作的投融资平台（园区开发公司），借助上市、项目融资（BOT、BT 等）、资产证券化等方式广泛吸纳社会资金，发挥市场机制调节作用。

在合作园区发展初期，由于规模效应和集聚效应尚未显现，投资回报能力较低，在此阶段，应主要选择政府主导型融资模式，有利于快速集中并动员资金和迅速启动项目基础设施建设，迅速形成良好的招商引资环境。

在合作园区启动区建设运营进入正轨、招商引资取得一定成效、园区自身"造血"能力得到验证，并具有稳定的收益来源时，可以通过市场拉动型融资模式，形成多层次、多渠道和多元化的投融资体系，发挥市场杠杆撬动作用，实现投资—经营—增值—再投资的良性循环。

三　常见的项目融资模式

项目融资是以项目的资产、预期收益为基础的一种无追索权或有有限追索权的融资，包括 BOT、ABS、PFI 等。项目融资是近年来逐渐兴起的一种市场化融资模式，优点是相对银行贷款等传统融资更关注项目主体的资信和资产情况。项目融资更关注项目未来现金流产生能力和项目资产的价值，属于表外融资，对债务人无追索权或仅有有限追索权，缺点是项目融资涉及面广，融资程序比传统融资复杂，对项目的收入、现金流要求相对较高，同时，项目融资容易导致项目主体失去对项目所有权和经营权的控制。

常见的项目融资模式有：

1. BOT：这种模式最大的特点就是将项目未来的经营权有期限地抵押，以获得项目融资。

2. BT：指根据项目发起人与投资者签订的合同，由投资者负责项目的融资、建设，并在规定时限内将竣工后的项目移交项目发起人，项目发起人根据事先签订的回购协议分期向投资者支付项目总投资及确定的回报的过程。

3. TOT（Transfer-Operate-Transfer，转让-经营-转让）：是一种通过出售现有资产以获得增量资金进行新建项目融资的新型融资模式。在这种模式下，首先，私营企业用私人资本或资金购买某项资产的全部或部分产权或经营权；然后，购买者对项目进行开发和建设，在约定的时间内通过经营项目收回全部投资并取得合理回报，特许期结束后，将所得到的产权或经营权无偿移交给原所有人。

四　常见的融资渠道

（一）银行贷款

银行贷款是产业园区融资中最常见的融资模式，贷款银行包括政策性银行和商业银行。由于地方政府举债唯一的途径是发行地方政府债券，因而，地方政府不得通过银行举借债务，银行贷款的发放对象主要是参与园区建设的市场主体。银行贷款的优点是银行资金成本低，在满足项目资金使用的情况下，可以以低成本推动项目进展。缺点是门槛高，大部分银行信贷产品对园区建设的融资主体都设有过高的门槛；同时，贷款审批流程长，手续较为烦琐，贷款面临的不确定性因素较多，需要补充有担保能力的公司担保或提供其他资产抵押。

（二）债券融资

债券融资模式包括地方政府发行的地方政府债券和企业发行的信用债券。企业发行的信用债券主要有证监会主管的公司债和私募债，央行和中国银行间交易商协会主管的短期融资券、中期票据、定向工具等。债券融资的优点是融资成本较低，融资期限灵活，能够与园区项目期限相适应，不需要抵押担保；缺点是对发行主体信用资质要求较高，融资规模受到一定的限制。

（三）基础设施基金

城市基础设施基金是近年来兴起的一种城市建设融资模式，属于私募性质的股权基金，通过非公开方式向特定投资者募集资金，主要服务于城市基建项目建设，是一种利益共享、风险共担的基础设施建设投融资工具。相比其他融资方式，城市基础设施基金通过整合各方优势资源，多元筹集资本金，推动项目实施，但也面临与目前城市基础设施建设投资回报收益水平、项目期限等匹配性不强的问题，且退出机制不明确，面临实施上的诸多障碍。

（四）上市、发行股票、增发、公募 REITs 等股权融资方式

园区建设企业可以通过上市、发行股票、增发、公募 REITs 等方式

获得园区建设资金来源。上市和增发等股权融资方式有利于增强企业资本实力和竞争力，但发行股票对于企业质量的要求较高；增发要求发行主体是上市企业，且具有一定的条件；基础设施 REITs 有利于广泛筹集项目资本金，降低债务风险，是稳投资、补短板的有效政策工具，该方式的缺点是对项目质量的要求较高，发行门槛较高。

第四节　园区人才激励与保障策略

一　多措并举、内外联动，解决人才"从哪来"的问题

人才是推动发展的源头活水，要最大化人才集聚效应，打造人才高地，需要建强多层次的人才引育体系。实践中，各园区在"抢人"过程中，逐渐构建以领军人才为引领，以创意人才、创业人才为支撑的人才金字塔体系，同时明确城市发展提质和产业转型升级的人才需求结构，有侧重点地出台人才引进策略。

（一）以"借""引"为主引入高端人才

建立重点人才管理目录与体系。建立重点产业核心关键技术人才需求目录并动态更新，组织龙头企业、创新型领军企业以及科研机构等招募核心关键技术人才，每年遴选引进一批海内外核心关键技术人才，对符合条件的给予资助。重点加强与行业、专业领域一流的国内外著名高校、智囊机构等合作，建立战略性人才交流合作关系，动态充实人才智库专家资源。坚持精品立库，突出需求导向，重点会聚八大重点发展行业领域及公共事业领域相关专家，对入库专家予以支持。

引进培育重点产业高层次人才。依托重点创新项目、重点实验室、研发创新平台等载体，引进并重点支持能够突破关键技术、发展高新技术产业、推动公共事业升级的高层次人才。支持高层次人才参与国家、省科技攻关等项目，并给予相应支持。积极利用"人才寻聘"等政策

措施，激励企业、社会团体、中介机构等为园区招才引才。加大柔性引才力度，实施高端人才智库建设计划，柔性使用海内外高端人才智力资源。

建设人才"反向飞地"。在深圳、北京、上海等地设立人才"反向飞地"。秉持"不求所用、但为所用"的开放合作理念，以人才"反向飞地"打通创新资源合作渠道，促进创新发展要素跨区域流通。顺应高端人才集聚一线城市的趋势，充分利用发达城市完备的科技创新生态环境，并提供科技创新成果在本地落地转化的优惠政策通道，建立与发达地区产业、资金、人才等创新要素的自由流通渠道。

（二）以"育""留"为主增加技能人才

根据国家发展改革委 2022 年针对 9 万家规模以上工业企业所做的调查，约 44% 的企业反映招工难是当前面临的最大问题。[①] 一是一线普工与高技能人才缺口大。据人力资源社会保障部公布的 2021 年第四季度全国招聘大于求职"最缺工"的 100 个职业排行中，包装工、车工、电工、汽车生产线操作工等制造业普通操作工人的需求缺口较大。二是季节性用工缺口大。如食品加工业 7 ~ 8 月是淡季，对人员需求较低，导致工人流动性较大，但到春节前的生产旺季，又面临缺乏快速上手的熟练工，影响旺季生产效率。三是数字经济有关行业降低年轻人进入制造业工作的意愿。年轻人普遍认为制造业企业工作环境恶劣、工作内容单调乏味、工作时间较长、管理严格苛刻，更倾向于选择工作自由度较大、环境更舒适、入职门槛较低的数字经济服务行业。目前，我国从事外卖、快递、网约车等新兴服务行业的人数分别突破 700 万人、300 万人、2000 万人。这些岗位具有入职门槛低、形式灵活、受地域影响较小且工资水平相对较高等特征，对制造业产生了较强的劳动力吸纳

---

① 国家发展改革委国家信息中心：《数字经济时代制造业企业"招工难"与对策》，2022 年 6 月 22 日。

效应。

为解决园区制造业普遍面临的熟练工人、高技能人才短缺问题，笔者通过对比国内园区典型做法提出如下建议。

第一，提高园区制造业灵活用工比重，拓宽企业就业来源。一是搭建制造业灵活就业服务平台。鼓励人力资源服务机构搭建线上线下信息服务平台、用工余缺调剂平台等，实时监测重点制造业企业用工缺工情况，广泛发布短工、零工、兼职及自由职业等需求信息，通过共享用工、业务外包、产线外包、岗位外包等多种方式，支持有用工需求的制造业企业精准、高效匹配人力资源。二是加大针对制造业灵活就业的政策保障力度。通过提高保险资金投资收益、加快国资划转等途径，优先考虑提高制造业灵活就业人员参加企业职工基本养老保险的总体覆盖率与保障水平，将更多制造业领域灵活就业者纳入城乡居民养老保险。持续推进制造业领域非全日制从业人员按项目参加工伤保险，对于为制造业领域非全日制从业人员缴纳工伤保险的平台或企业予以一定比例的补贴。

第二，以就业为导向优化人才培养模式，保障制造业人才供给质量。一是可以积极向省政府申请设立服务园区产业发展的省级职教城，争取与先进的职教资源合作，以省市共建模式，导入省和发达地区优质职教资源，整合本地的职业教育学校，组建职业教育集团，高标准建设省级职教城。二是创新产教融合的职教办学模式。办学理念上，坚持产教融合、以工为主，培养适应产业发展需要的技能人才。学科设置上，借鉴德国、瑞士等国应用技术高校专业设置经验，面向产业发展的人才需求进行专业设置。培养方式上，坚持"双元制"办学模式，积极引入企业参与办学，包括建设实训基地、定制培养企业人才、聘请企业人员来校授课等形式。

二　强化激励、全面赋能，解决人才"怎么用"的问题

（一）探索多层次、全方位人才激励措施

探索建立科研项目全球悬赏制度，鼓励海内外优秀人才以多种方式参与突破产业技术瓶颈，对通过项目合作等方式解决重要技术难题的引才单位，给予其相应资助。探索实施更加积极、更加开放、更加有效的专项人才政策。积极构建与园区建设一体化的人才服务体系，为人才创造良好的创业创新、宜居宜业的生态环境，推动资金、人才、技术等资源要素向园区内流动集聚。

（二）提高人才职业技能及管理水平

开展中小企业家培训工程，支持非公领域企业管理人才参加研修培训、挂职实训等，着力提升资本运作、品牌运作、团队管理和资源掌控能力，造就一支职业化、市场化、专业化、国际化的企业经营管理人才队伍。着力引进培育一批具有国际视野、敢于创新、熟谙经营的企业家。重点扶持培育一批领军型企业家及具有一定社会影响力的知名企业家和具有高成长潜力的青年职业经理人。

（三）加强干部人才交流合作

在两地人才引进互融互通、人才培养共育共培、人才评价互认等领域进行大胆探索，支持干部异地挂职交流，积极推动区域人才一体化协同发展。一是探索建立人才合作机制。借鉴深汕合作区建设经验，建立人才合作机制，设立园区博士服务站和人才驿站。二是创新人才交流方式。可考虑柔性挂职与脱产挂职相结合的方式，灵活进行人才交流或引进。在行政管理、高新技术、创新创业等园区发展各阶段的重要领域，不拘一格引进人才。

三 创新政策、夯实保障，解决人才"留得住"的问题

（一）创新人才政策

研究制定人才扶持政策，争取港澳高端人才和紧缺人才个人所得税优惠政策，吸引境内外优秀科技人才到共建园区就业和创业。积极推进与毗邻国家签署跨境人力资源合作协议，探索建立外籍务工人员管理长效机制。研究实施外籍员工办理就业许可、签证及居留许可便利措施。进一步为来园区开展商贸、旅游等活动的境外人士提供出入境便利。

（二）创新人才住房供给方式

研究制定人才住房建设管理实施办法，创新人才住房供给方式，加快建设一批人才公寓，推行"职住平衡"住房保障模式。采取财政资金、贷款资金及社会资金并举的方式，通过新增用地、土地整备、村集体用地入市等筹建模式，挖掘各种安居潜力。鼓励用人单位按城市规划与土地出让管理有关规定自建人才公寓，提供给本单位基础人才租住。对园区新开发楼盘，要求配建一定比例的人才公寓用房，人才可通过政府容积率奖励移交或回购方式取得。

（三）完善人才挂职交流保障制度

要研究制定人才挂职交流办法，完善人才挂职交流保障机制，多方协调，争取共建园区相关地市人才机构的支持，确保人才挂职交流的可持续性。

第八章 飞地案例选编

第一节 案例1：苏州工业园区①

一 基本情况

苏州工业园区位于苏州市城东，诞生于独特的时代背景下，当时，中新两国都在为各自的经济发展寻求改革和创新机遇。1994年2月，经国务院批准设立；3月，中国共产党江苏省委员会、江苏省人民政府成立苏州工业园区领导小组，并将园区开发建设作为全省对外开放的"重中之重"；5月，国务院批准建立中新联合协调理事会中方理事会，园区开发建设启动。园区行政区划面积约278平方千米（其中中新合作区80平方千米）。开园当年，园区实现全口径财政收入3937万元，地区生产总值11.32亿元。截至2023年底，园区常住人口130万人，下辖娄葑、斜塘、唯亭、胜浦、金鸡湖5个街道。苏州工业园区是中国和新加坡两国政府间的重要合作项目，被誉为"中国改革开放的重要窗口"和"国际合作的成功范例"。

2023年，园区实现地区生产总值3686亿元，同比增长5.9%；一般公共预算收入411.1亿元，同口径增长6.1%；规模以上工业总产值

---

① 资料来源：根据苏州工业园区管理委员会官网资料和本书调研小组实地调研资料整理所得。

6509.4 亿元，同比增长 0.1%；固定资产投资 592.9 亿元，同比增长 25.3%；工业投资 226.4 亿元，同比增长 26.1%；社会消费品零售总额 1173.1 亿元，同比增长 6.9%；进出口总额 6069.7 亿元；实际使用外资 19.51 亿美元。历经多年发展，苏州工业园区成为全国开放程度最高、发展质效最好、创新活力最强、营商环境最优的区域之一，在国家级经开区综合考评中实现八连冠（2016~2023 年），跻身科技部建设世界一流高科技园区行列，2018 年入选江苏省改革开放 40 周年先进集体。

二 发展历程

园区发展历程可以划分为四个阶段。

第一阶段（1994~2000 年）：奠定基础阶段。这一阶段园区主抓基础设施建设。1994 年 5 月 12 日，首期开发建设正式启动。1997 年底，首期 8 平方千米基础设施建设基本完成。自 2001 年 1 月 1 日起，中新苏州工业园区开发集团股份有限公司实施股比调整，中方财团股比由 35% 调整为 65%，中方承担公司的大股东责任，自此，园区发展进入新的阶段。

第二阶段（2001~2005 年）：跨越发展阶段。2001 年 3 月 23 日，苏州市委、市政府召开苏州工业园区加快开发建设动员大会，园区二、三期的开发正式启动，园区进入了大动迁、大开发、大建设、大招商、大发展阶段。2005 年，园区启动制造业升级、服务业倍增和科技跨越计划，为园区转型升级拉开序幕。

第三阶段（2006~2011 年）：转型升级阶段。2006 年，中新合作区规划面积扩大 10 平方千米，为苏州工业园区推进自主创新和现代物流等生产性服务业发展提供了更大的发展空间。2010 年，在转型升级"三大计划"的基础上，园区又先后提出生态优化、金鸡湖双百人才、金融翻番、纳米产业双倍增、文化繁荣、幸福社区等"九大行动计划"，逐步形成转型升级的完整体系。

第四阶段（2012 年至今）：高质量发展阶段。2015 年，国务院批复同意园区开展创新综合实验，要求建立开放型经济新体制，构建创新驱动发展新模式。国家生物药技术创新中心、国家第三代半导体技术创新中心双双落地，以园区为核心的苏州纳米新材料集群入选首批国家先进制造业集群，以园区为核心先导区的国家新一代人工智能创新发展试验区得到科技部复函支持。苏州工业园区各发展阶段具体内容如表 8-1 所示。

表 8-1　苏州工业园区各发展阶段具体内容

发展阶段	发展内容
奠定基础阶段 （1994~2000 年）	1994 年 5 月 12 日，首期开发建设正式启动
	1997 年底，首期 8 平方千米基础设施建设基本完成
	1999 年 6 月 28 日，中新双方签署《关于苏州工业园区发展有关事宜的谅解备忘录》，确定从 2001 年 1 月 1 日起，中新苏州工业园区开发有限公司实施股比调整，中方财团股比由 35% 调整为 65%，中方承担公司的大股东责任
跨越发展阶段 （2001~2005 年）	2001 年 3 月 23 日，苏州市委、市政府召开苏州工业园区加快开发建设动员大会，园区二、三期的开发正式启动，园区进入了大动迁、大开发、大建设、大招商、大发展阶段
	2003 年，苏州工业园区主要经济指标达到苏州市 1993 年的水平，相当于十年再造了一个新苏州
	2004 年，苏州工业园区开发建设十周年。中新双方一致认为园区开发建设取得了令人瞩目的成就，一个国际化、现代化的工业园区已经初具规模
	2005 年，苏州工业园区相继启动制造业升级、服务业倍增和科技跨越计划，为后续转型升级奠定基础
转型升级阶段 （2006~2011 年）	2006 年，经国务院批准，中新合作区规划面积扩大 10 平方千米，为苏州工业园区推进自主创新和现代物流等生产性服务业发展提供了更大的发展空间
	2009 年，苏州工业园区开发建设十五周年，取得了地区生产总值超千亿、累计上交各种税收超千亿、实际利用外资折合人民币超千亿、注册内资超千亿"四个超千亿"的发展成就

发展阶段	发展内容
转型升级阶段 （2006~2011 年）	2010 年，在转型升级"三大计划"的基础上，又先后提出生态优化、金鸡湖双百人才、金融翻番、纳米产业双倍增、文化繁荣、幸福社区等"九大行动计划"，形成转型升级的完整体系
高质量发展阶段 （2012 年至今）	2013 年，苏州工业园区确立了争当苏南现代化建设先导区的发展目标，全面实施镇改街道，高水平推进区域一体化发展，开启了深化推进改革创新的新征程
	2014 年，苏州工业园区开发建设二十周年，国务院批复同意苏州工业园区等 8 个高新技术产业开发区建设苏南国家自主创新示范区
	2015 年 9 月底，国务院批复同意苏州工业园区开展开放创新综合试验，要求探索建立开放型经济新体制，构建创新驱动发展新模式
	2016 年起，苏州工业园区战略性布局人工智能产业，计划用 3~5 年时间，打造国内领先、国际知名的人工智能产业集聚中心，布局国家级人工智能创新中心，建设产业公共服务平台
	2017 年，园区在国家级经开区综合考评中蝉联第一，在国家级高新区综合排名第五，并跻身科技部建设世界一流高科技园区行列
	2018 年，商务部向全国推广苏州工业园区开放创新综合试验的 11 项举措，园区在国家级经开区综合考评中实现三连冠，入选江苏省改革开放 40 周年先进集体
	2019 年 4 月，苏州工业园区举行开发建设 25 周年成果汇报会，时任中共中央政治局常委、国务院总理李克强和新加坡总理李显龙分别致贺信
	2019 年 8 月，国务院批准设立中国（江苏）自由贸易试验区，其中苏州片区（面积 60.15 平方千米）全部位于苏州工业园区。在当年底公布的国家级经开区综合考评中，苏州工业园区实现四连冠，在国家级高新区综合排名中位列第五
	2021 年 1 月，商务部、科技部分别发布 2020 年国家级经开区综合发展水平考核评价结果、2020 年国家级高新区综合评价结果，苏州工业园区实现国家级经开区综合考评五连冠，在国家级高新区综合排名中位列第四

三　发展举措

（一）合作管理机制

1994 年，中国和新加坡两国政府正式签署《关于合作开发建设苏州工业园区的协议书》，后设立了三个层次的工作架构（见图 8-1）。

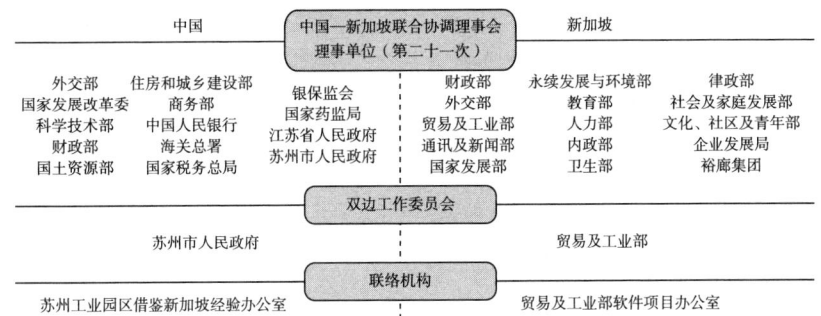

图 8-1　苏州工业园区工作架构

园区的整体治理由中国—新加坡联合协调理事会（JSC）负责，该理事会每 12~18 个月会面一次，以审查进度、解决重大的执行问题，并设定未来的发展目标。中国国务院副总理和新加坡副总理担任该理事会的共同主席，理事会还包括了两国部级首长、江苏省和苏州市政府的高级官员，以及裕廊集团（JTC）的负责人。第二层级为中新双边工作委员会。第三层级为苏州工业园区借鉴新加坡经验办公室（简称"借鉴办"）和新加坡贸工部软件项目办公室（简称"软件办"），负责具体操作层面的事宜。这种通过顶层设计设立的高位协调、职能清晰的三层工作架构，自上而下地为政策创新和制度供给提供了保障。

苏州工业园区的直接管理和监督机构是苏州工业园区管理委员会（SIPAC，以下简称"管委会"），这是由苏州市政府授权的独立地方政府机构。管委会也是园的一级土地开发商。中新苏州工业园区开发集团股份有限公司在创建伊始是园区主要的土地开发商，如今仍然是园区主要的房地产开发商和工业地产代理商，但是权责关系在发展过程中有相应的转换。管委会与中新苏州工业园区开发集团股份有限公司的功能比较如表8-2所示。

表8-2　管委会与中新苏州工业园区开发集团股份有限公司的功能比较

对比项		管委会	中新苏州工业园区开发集团股份有限公司
功能定位		行政管理主体	园区开发主体
类别属性		政府派出机构，承担很多社会管理职能	中新合资企业，初期新方控股，2001年中方控股。企业化运作，以利润为导向
园区开发活动	规划	主导规划，编制完善总体规划和300多项专业规划	参与总体规划，初期新方专家起了重要作用
	建设	对基建投入资金，兴建各类生产服务设施、商业载体，设立科发、教投、创投等国资开发主体	土地开发、房产开发，早期唯一的开发主体，后期是多个开发主体中的一员
	推广招商	早期没有招商部门，现在有专门的招商部门	早期是唯一的招商部门，目前通过招商从管委会获取佣金
对入园企业的服务	投资阶段	提供投资指导、咨询和建议，热情接待，主动出击。赋予懂专业的招商员充分的权限	招商推介，吸引投资以获取佣金
	注册阶段	帮助完成注册，一站式服务中心简化手续，给客户良好的建议	可帮助办理注册
	工程建设阶段	协助工程建设，解决困难	出售地产或代建厂房
	公司运作阶段	建立配套平台；积极引入商业、物流、银行及其他专业服务机构；便捷通关；兴建房地产，打造优美生活工作环境；兴办学校，协助培养、引进人才；定期拜访企业，了解并解决问题	提供公用事业服务，物业管理，出售商品房地产，为园区国际儿童提供国际教育

（二）运营招商举措

一是坚持亲商政策。项目是园区的生命线，苏州工业园区在招商引资过程中借鉴新加坡经验，树立"亲商"观念，完善服务体系，以制度创新营造招商优势，这是苏州工业园区管理模式的又一大特色。负责提供管理软件的新加坡方面认为，园区最重要的是在"亲商"基础上提高竞争力。"亲商"的目的是招商引资。新加坡的招商"软件"可以概括为"一个观念三个手段"。"一个观念"即强烈的"亲商"观念，就是指管委会各个部门都需要强化为客商服务的思想，一方面要帮助客商从园区得到满意的回报率；另一方面要使园区得到相应的收益。"三个手段"是"敲门"式国际招商网络、综合性的竞争优势和具有吸引力的优惠政策。苏州工业园区注意到，低地价等优惠政策并不是最具吸引力的对外招商措施，与劳动密集型中小投资商相比，以高技术产业为主的跨国公司更注意综合优势。跨国公司希望园区拥有比较优惠、透明的固定税费，基础设施完备又相对廉价的土地房产，素质合格又相对廉价的人力资源，快捷的通信系统、运输系统和进出口渠道，高效、廉洁的政府，健全、透明又严格执行的制度等，而我国为数不少的开发区不具备这些综合优势。为此在招商引资上，园区强化了对各部门及有关单位工作人员的"亲商"教育，组建了高素质的招商队伍，为客商提供无微不至的服务。

二是"不特有特、特中有特"的政策优势。园区在项目审批、财政税收、金融债券、公积金制度、外事管理、海关监管、保税物流、高新区政策共享以及合作区域扩大等方面被授予了国内独一无二的管理权限，形成了"不特有特、特中有特"的政策优势，这是国内一般开发区所无法比拟的。具体而言，园区拥有自行审批特权，凡符合国家产业政策的外资项目，园区均可自行审批；拥有灵活高效的外事管理权，享有公务出境任务审批、颁发公务护照、向外国驻华使领馆申办签证及签发境外人员入境签证通知函电等管理权限；拥有中国唯一的区域性公积金制度；拥有快速的物流通关优势。作为中国率先进行通关作业制度改革和现代物流试点的区域，苏州工业园区不仅拥有独立的海关、高效的绿色通道、具有内陆口岸功能的进出口货物分流中心，而且经国务院批准在园区内设立现代物流园、成立外商独资或中外合作经营的国际物流公司，上海机场监管仓库可直接延伸至园区，区内企业通关效率大幅度提高。此外，苏州工业园区享有"先行先试"的特殊政策，"凡是符合改革方向的均可在园区先行，一时看不准的也可在园区试行"。

三是推动职能部门精简提效。园区为投资者提供"一条龙"业务、"一站式"服务和"一支笔"审批，责任到人。人员精简了，部门减少了，工作效率却大大提高了，实现了精简与效率的统一。只要客商进入管委会大门，便有专人引导、接待或承接委托，能够高效办理从项目登记、工商注册、建设审批、劳动用工直到开工建设的"一条龙"业务。其中，一站式服务中心是园区实行行政审批改革的具体实践机构，是直属园区管委会的事业单位（在分类上应归入非政府部门的范畴）。园区实行的"一站式"服务不仅提高了政府工作效率，还方便了广大投资者。在园区，投资者从开始申请到最终拿到营业执照一般不超过10天，这在全国开发区都是领先的。

四是坚持政企分开的原则。园区自创立以来坚持行政管理主体与基础设施开发主体相分离的原则，经济和社会综合管理由管委会负责；双方合资成立的中新苏州工业园区开发集团股份有限公司作为企业法人，负责园区基础设施建设、招商引资、物业管理等开发事项。社区规划管理职能与经济项目决策职能严格分开，除经济发展方向的制定外，具体的经济决策皆交由企业自己做主，城区建设等基建项目实施公开招标，政府只负责公共事务管理，明晰职责范围，不对经济主体的经济决策强加干涉。这种首创性的探索符合政企分离的国际化大趋势，最大限度地调动了开发主体的积极性，避免了政府与民争利等不正常的市场现象的发生。

（三）利益共享机制

新加坡—苏州园区开发财团与苏州财团按照出资比例分享合资经营企业的利润。合资经营企业在支付当年应付的本金与利息之后，才可分配利润。其中，中新双方建设工业园区所获取的利益不仅包括公司利润，还包括中新苏州工业园区开发集团股份有限公司发展带来的资本利得。2022 年 8 月 19 日，中新苏州工业园区开发集团股份有限公司股价已增至 8.68 元/股。新方财团拥有的 25.20% 的股权，可兑换 32.78 亿元人民币，相较于初始投资 3250 万美元（根据 1994 年 1 月 1 日汇率可兑换 2.8275 亿元人民币），实现了每年 37.94% 的价值增值。

合资经营企业对其向境内外银行的贷款融资和合营各方为其提供的有息贷款承担债务责任。合营各方对合资经营企业的贷款不承担债务责任，各方所提供的担保除外。若银行或其他金融机构有要求，合营各方应按出资比例分别提供贷款的担保。

四　建设经验

（一）坚持超前规划，"一张蓝图绘到底"

园区规划超前，体系完善，具有前瞻性。在开发之初，园区就确定了长远目标和宏观控制指标等"概念规划"，确定了园区性质、规模、土地利用结构、总体布局、交通体系、基础设施标准和规模，环保和防灾体系、总体景观等"总体规划"。园区已经形成了一套完整的规划技术管理体系，确保每一地块的开发利用都有规划可依。除此之外，园区前瞻性地运用了白地与混合用地的手段，提高了土地利用灵活性和效率，也增强了城市空间活力。

园区规划理念先进，以人为本、规划引领、集约节约、弹性预控、产居商平衡、产城融合、先规划后建设、先地下后地上、先产业后居住的理念引领了园区的科学可持续发展，有助于打造经济、社会、环境协调发展的和谐城市，生活配套完善的宜居城市。在数字智慧城市建设上，城市规划设计地理信息系统为园区规划建设起到了强大的支撑作用，目前已积累了800多个图层，为20多个部门、90多个业务系统提供数据服务。

规划强调组织、制度保障，具有严肃性。规划贵在实施，园区坚持以规划引导建设、以城市设计指导地块开发，强调规划执行的权威性与强制性，对不符合规划要求的项目，坚决实行"一票否决制"；对开发建设过程中投资者超出规划范围的要求，严格执行"违规申请"相关程序。为保证规划的严格执行，管委会树立起"全员规划意识"，建立简洁、高效、统一的规划管理体系，公布政府批准的规划，授权规划师审批各类规划申请，行政管理层不干预正常的规划审批，技术管理层也无权更改已通过法定程序的规划。

除此之外，园区还先后出台了《苏州工业园区规划建设管理办法》《苏州工业园区规划审批程序和工作周期的规定》《苏州工业园区社区配套规划管理规定》等文件，动态更新《苏州工业园区城市规划管理技术规定》，保障规划管理的严肃性、权威性。园区的规划编制和成果公开、透明，且规划一经确立，就成为所有部门必须遵守的规定，调整规划也要严格履行相应程序。

（二）实施创新驱动，促进产业落地

大力集聚高端创新资源。全力建设重大科技平台，国家生物药技术创新中心、国家第三代半导体技术创新中心、国家新一代人工智能创新发展试验区获批启动，建设一批公共技术平台。大力培育创新型企业梯队，加强创新型企业培育，实施高企培育攻坚计划与独角兽企业、瞪羚

企业培育工程及企业上市"金色苗圃工程"。2023 年，园区入库科技型中小企业近 5000 家，认定高新技术企业总数约 2800 家；新增国家级专精特新"小巨人"企业 56 家，累计 85 家，占苏州市总数的 21%；入选中国独角兽企业 5 家、潜在独角兽企业 49 家，占江苏省总数超 30%；新增上市公司 5 家，累计 66 家。加快建设外资总部经济集聚区，新增省级总部 8 家、总数达 67 家，占江苏省总数的 17%；6 家企业上榜江苏省重点文化科技企业，占苏州市总数的 86%；出台新能源"新三样"（新能源汽车、锂电池、光伏电池）、ESG（环境、社会、治理）产业发展行动计划，成立集成电路产业公司、产业园及总规模 50 亿元的产业基金，高水平运作国家工业母机产业投资基金，获评首批国家级碳达峰试点园区。

（三）回应人才需求，促进高端人才集聚

加速集聚高端创新人才，出台"人才新政 30 条"、生物医药产业专项人才政策，建成江苏省首个外籍高端人才工作、居留"单一窗口"，并发挥"金鸡湖科技领军人才创新创业工程"品牌效应，还有针对性地出台了《关于外国人才工作生活便利化服务若干举措》等创新性政策，持续回应人才需求，通过扬优势、补短板、强弱项，展现园区人才政策"综合更优"。2023 年，园区高层次人才总量达 6.3 万人，新增国家级重大人才引进工程 55 人、增长 25%、占苏州市总数近 1/3，累计达 343 人；积极打造"才聚金鸡湖"人才服务品牌，扎实推进高品质人才社区建设；园区还被评为国家级"海外高层次人才创新创业基地""海外人才离岸创新创业基地"。大力推动创新成果转移转化，鼓励知识产权创造。2021 年"金鸡湖合伙人计划"赋能人才事业发展，遴选投融资、知识产权、财税、法律等领域的本土头部服务机构，组建合伙人成员单位，为科创人才企业提供覆盖全生命周期的服务。

第二节　案例2：中新广州知识城①

一　知识城建设发展情况

（一）发展背景

中新广州知识城（以下简称"知识城"）是中新两国跨国合作四大旗舰项目之一〔其他三个分别是苏州工业园区、中新天津生态城、中新（重庆）战略性互联互通示范项目〕，是新加坡以及广东省人民政府共同倡导创立的广东省经济转型的样板和广东省战略发展新平台。2010年，知识城奠基。2011年，知识城南北起步区8.08平方千米项目正式获得国家发展改革委核准批复同意建设，按照"企业先行、政府推动、市场运作"的开发模式运作。2016年，《国务院关于同意在中新广州知识城开展知识产权运用和保护综合改革试验的批复》发布，同意在知识城开展知识产权运用和保护综合改革试验。2018年，《中华人民共和国政府和新加坡共和国政府关于中新广州知识城升级合作的框架协议》正式在新加坡签订，知识城上升为中新两国国家级双边合作项目。2020年，《国务院关于中新广州知识城总体发展规划（2020—2035年）的批复》发布。

（二）地理区位

知识城位于广州市黄埔区、广州开发区北部，规划面积约123平方千米，其中规划建设用地面积约60平方千米。知识城地处粤港澳大湾区湾顶，区位优势明显，发展空间充裕，生态环境与资源环境承载能力较强。黄埔区是改革开放后我国设立的首批经济技术开发区，2022年

---

① 资料来源：根据中新广州知识城提供的资料和本书调研小组实地调研资料整理所得。

实现地区生产总值超 4300 亿元，规模以上工业总产值超 8800 亿元，综合实力居全国经开区第二，位列"中国工业百强区"前三，是广州实体经济主战场、科技创新主引擎、改革开放主阵地。

（三）战略定位和发展目标

知识城围绕建设具有全球影响力的国家知识中心，着力打造知识创造新高地、国际人才自由港、湾区创新策源地、开放合作示范区，成为粤港澳大湾区高质量发展重要引擎。到 2035 年，知识城建设取得全面成效，治理体系和治理能力实现现代化，领军人才高度集聚，知识密集型经济高度发达，高质量创新活动高度活跃，相关领域自主研发能力处于国际领先水平，知识科技管理与知识产权保护成为全球典范。营商环境位居国际前列，宜居宜业新城全面建成，知识城全面建成具有全球影响力的国家知识中心。

（四）发展现状

产业发展方面，开展百济神州、诺诚健华、GE—龙沙、康方生物等创新制药项目 40 多个；集聚粤芯芯片、深南电路、光掩模等上下游企业超 80 家，多项核心技术实现国内零的突破，预计 2035 年总营收超 3000 亿元；小鹏汽车智造基地、百度 Apollo 全球首个自动驾驶出行服务平台等项目已落地。创新生态方面，西安电子科技大学广州研究院、中新国际联合研究院、新加坡国立大学广州创新研究院、广东粤港澳大湾区国家纳米科技创新研究院等 40 多个创新平台落地，吸引了 1300 多名高层次人才、4000 多名研究生、3 万多名本科生开展创新创业活动。知识产权改革方面，作为全国唯一经国务院批准开展知识产权运用和保护综合改革试验的区域，知识城打造了知识产权要素最集中的服务园，拥有国家级、省级创新举措清单 30 余项，形成了"行政+司法+仲裁+调节+行业自律"的知识产权保护格局。

二 有关经验及启示

（一）中新合作层面的经验启示

一是产业高度适配是合作的现实基础。据了解，在中新双方政府达成合作之前，知识城所在的广州开发区已经与新加坡有一些商业合作。中新双方产业集群具有互补性，知识城聚焦战略性新兴产业，重点推进生物医药与大健康、新一代信息技术、新材料新能源等产业发展。而有"东南亚硅谷"之称的新加坡，不仅在先进制造业、电子产业和生物医药领域拥有核心竞争力，还积极布局数字经济、人工智能和5G等未来新兴产业，这与粤港澳大湾区的产业发展规划不谋而合。在双方的共同努力下，中新智慧园于2022年6月正式开园。不到两年，园区已入驻60余家高精尖企业，其中包括新加坡能源集团、星展银行、恩士迅、新加坡南洋理工大学和新加坡国立大学等"国家队"力量，还有来恩生物、新果科技和费雪派克等国际顶尖企业。

二是形成更高平台是合作的发展要求。知识城不仅是新加坡企业在粤港澳大湾区的第一站，更是中国企业和高校连接新加坡、走向国际的重要窗口。比如，两国政府支持共建的中新国际联合研究院，依托新加坡南洋理工大学和中国华南理工大学的优势学科资源及人才资源，重点引进新加坡成熟的科技创新模式，打造出一批具有特色的产业化项目，搭建起中国与新加坡科技创新和成果转移转化互联互通的桥梁。华南理工大学本土科研团队创立的广州博依特科技正以该平台为跳板，链接更多新加坡、东南亚的资源。一方面，新加坡南洋理工大学在人工智能领域有研究优势，可以进一步强化博依特科技在工艺AI开发领域的技术引领地位；另一方面，与新加坡益海嘉里等知名制造企业的合作，能提高博依特科技的市场知名度，打造行业标杆。

（二）知识城建设发展方面的经验启示

一是坚持规划引领，"一张蓝图绘到底"。在城市建设上，知识城由享有"新加坡规划之父"美誉的刘太格领衔设计，借鉴新加坡先进的规划建设理念，构成区域生态网络系统，科学规划城内路网与功能分区，建设高标准的基础设施，并全面推行绿色建筑，最大限度地节约资源，保护生态环境，发展低碳经济，致力于实现人与自然的和谐共生，荣获了国家三星级绿色生态城区认证。在发展规划上，2020 年 8 月，国务院批复同意《中新广州知识城总体发展规划（2020—2035 年）》，赋予了知识城深化改革、先行先试的重任，揭开了知识城发展的新篇章，使得知识城锚定目标更加明确，攀登科技高峰有了更深的底气，对发展产业有了更清晰的布局，对于城市更新也有了更加强劲的内生动力。

二是坚持绿色发展，走可持续发展道路。知识城建设尊重城市发展规律，敬畏历史、敬畏文化、敬畏生态，充分发挥自身优良的生态禀赋，践行"绿水青山就是金山银山"的理念。生态空间规划方面，知识城构建了"三山屏障、一廊骨架、蓝绿脉络、绿园点缀"的生态绿地结构。绿色建筑推广方面，知识城致力于打造有特色的绿色建筑发展体系，推广装配式、可循环利用的建筑方式，推动绿色建筑 100%全覆盖。海绵城市建设方面，知识城编制了海绵城市建设顶层规划与实施方案，在城市尺度上构建起山水林田湖一体化的海绵城市，为山区型城市开展海绵城市建设提供了有益的借鉴。

三是坚持宜居宜业，打造国际化知识社区。知识城注重满足居民在教育、医疗、社会保障等方面的需求，为居民提供高质量公共服务，提升居民的生活质量和满意度。在教育方面，知识城引进了国内外优质教育资源，规划建设了一批高质量中小学和幼儿园，如广州实验中学、华南师范大学附属中学、广州新侨学校等。在医疗方面，知识城布局了高端医疗机构，如中山大学肿瘤防治中心黄埔院区、广州皇家丽肿瘤医院等，加快知识城南方医院建设，推进广州高博研究型医院落地及投入建设。此外，知识城还加快建设社区卫生服务中心，以构建15分钟医疗服务圈，提供优质的医疗服务。在社会保障方面，知识城致力于打造高品质、全覆盖的社会保障体系，推动了社会中心、邻里中心和街坊中心三级生活圈的建设，提供了集社区商业服务、政务服务和社区服务于一体的综合服务。

（三）知识城招商引资方面的经验启示

一是打造产业集群，发挥龙头企业的上下游带动作用。知识城在招商引资过程中，注重产业集群发展，充分发挥了龙头企业的上下游带动作用，形成了以生物医药、集成电路和新能源汽车为代表的三大千亿级产业集群。

二是坚持多方发力，形成全方位招商引资统筹力量。知识城积极融入广州开发区、黄浦区招商引资安排，由广州开发区在招商引资方面采取多维度的统筹策略，形成强大的招商引资力量。强化组织领导方面，将招商引资作为"一把手"工程，由主要领导亲自抓招商，定期听取工作汇报，研究部署推动工作，形成强大的组织推动力。组建专业招商团队，统筹"政府部门+园区国企+社会招商"超400人的招商人员队伍，培养专业的招商人才库，加强与第三方投资机构、咨询机构的合作，拓宽项目来源渠道。强化政策支持方面，出台一系列优惠政策，如"高质量30条""促经济8条"等，提供资金投入、税收优惠、土地供应等多方面的扶持，为企业提供良好的发展环境。引进高端人才方面，注重招才引智，引进战略科学家、一流科技领军人才和创新团队，为区域经济发展提供强有力的人才支撑。

三是坚持"有为政府"和"有效市场"相结合，打造良好的营商环境。知识城致力于打造具有国际竞争力的营商环境，采取了一系列创新措施和政策支持，以吸引和留住企业。在制度创新上，知识城作为全国唯一开展知识产权运用和保护综合改革试验的区域，大胆先行先试，成立粤港澳大湾区知识产权调解中心，创立内地知识产权司法案件全过程调解合作机制，形成了完备的知识产权创造、运用、保护运作模式。在优化政务服务上，实施一系列营商环境改革创新措施，大幅提升企业落地投产效率。在强化人才政策上，推出"国际人才自由港10条"等政策，对重点科技攻关项目给予补助，对符合条件的院士给予高达1亿元的资助，吸引高层次人才和创新团队。在企业服务上，广州开发区成立了全省首个营商环境改革局，提供特大城市营商环境改革的"广东经验"。同时，建立了信任筹建工作机制，实行工业项目"一个部门、一枚印章审批"，为企业提供全生命周期的服务。

第三节　案例3：中新苏滁高新技术产业开发区①

一　基本情况

中新苏滁高新技术产业开发区（原名"苏滁现代产业园"）是苏州工业园区走出江苏省实行市场化合作共建的第一个开发园区，由苏州工业园区开发主体——中新苏州工业园区开发集团股份有限公司与滁州市人民政府合作共建，规划面积36平方千米。2012年4月开工建设以来，苏滁现代产业园在苏皖两省、苏滁两市党委和政府的正确领导下，全面学习借鉴苏州工业园区的成功经验，从规划入手、从拆建起步、从招商起跳、从空白起家，各项工作扎实推进，园区经济社会呈现"厚积薄发、加快发展"的良好态势，实现了"规划愿景落地成形、高端产业快速集聚、管理运营精细有效、园区面貌初展新姿"，迅速发展成为

---

① 资料来源：根据中新苏滁高新技术产业开发区提供的资料和本书调研小组实地调研资料整理所得。

滁州市东部产城一体的现代化新城。从 2016 年起，园区连续 7 年在省级以上开发区综合考核中进入三十强，成为中新合作的新实践、安徽省园区建设的新探索和长三角一体化发展的新典范。2019 年 2 月，园区经安徽省人民政府批准为省级高新区，更名为中新苏滁高新技术产业开发区。开发区主要经济指标增速连续多年在滁州市保持领先。2023 年开发区 GDP 增速为 12.5%，一般公共预算收入同比增长 16.1%（绝对值为 8.2 亿元，其中税占比 90.1%），规模以上工业增加值同比增长 28.1%，均居全市第一；外商直接投资 8331 万美元，占全市近一半。

2015 年 9 月，国务院批准将园区纳入苏州工业园区开放创新综合试验区，要求"将苏滁现代产业园打造为实施长江经济带战略的重要平台和示范窗口"；2016 年 5 月，中共中央、国务院印发《长江经济带发展规划纲要》，提出要"推动安徽滁州和江苏苏州合作共建，打造跨省、跨江承接产业转移园区"；2016 年 9 月，国家发展改革委批准滁州市以园区为主体设立国家级滁州产城融合示范区；2019 年 5 月，中共中央、国务院印发《长江三角洲区域一体化发展规划纲要》，要求"加快推进中新苏滁现代产业合作园等一批省际合作园区建设，推动产业深度对接、集群发展"。

二 主要经验做法

（一） 建立市场运作的合作机制

借鉴复制苏州工业园区管理的成功经验，实行"双主体"管理机制，成立园区管理委员会（以下简称"管委会"），将其作为市政府派出机构，履行行政管理职能，负责征地、拆迁及政府性投资的公益性基础设施项目投入（包括水电气源厂建设）。滁州市政府通过滁州市城投公司与中新苏州工业园区开发集团股份有限公司成立合资公司——中新苏滁（滁州）开发有限公司，负责规划、基础设施建设、招商引资、软件转移等工作。在此基础上，管委会与中新苏滁（滁州）开发有限公司建立了"一会两委"工作机制，即定期召开管委会、开发公司联席会议，成立了招商引资工作委员会和规划审批工作委员会，重大事项坚持平等协商、共同决策，建立了高效运转的合作共建机制。

（二）建设高标准的承接平台

按照苏州工业园区"先规划后建设、先地下后地上、先产业后居住"的开发建设理念，围绕"美丽、健康、智慧"新型园区要求，推进园区高标准、高品质建设。累计完成固定资产投资 500 亿元，建成道路、河道 120 公里和绿化 280 万平方米，22 平方千米实现"九通一平"，配套建成蓝白领公寓、标准化厂房、邻里中心、安置房、国际商务中心、学校、医院、酒店等综合服务设施 220 万平方米，开发建设商品房 480 万平方米，已建成建筑面积约 43.3 万平方米的三产服务业载体。滁宁城际铁路、九梓大桥等重点外联工程全面开工建设，园区实现内通外联，形成了以产业为支撑、以城市为依托的发展格局。

（三）集聚高端化的主导产业

围绕"高端、品牌、外资"，开展全方位、全球化招商。累计注册成立各类企业超 1000 家，其中引进工业项目超 300 个，引资超 900 亿元，已运营投产工业企业超 220 家，其中，来自长三角区域的项目数占比达 76%。充分利用中新苏州工业园区开发集团股份有限公司的资源和品牌，在新加坡设立了境外招商机构，立足东南亚、面向欧美，积极开展全方位、全球化招商，已引进来自 13 个国家和地区的外资项目 61 个，成为滁州乃至安徽外资集聚区。目前园区拥有比亚迪、苏州星恒电源、台湾达亮电子、新加坡先进半导体、美国普立万新材料、美国安特普新材料、新加坡欣阳科技、京东物流、胜华波汽车电器、长久专用车、寒锐钴业、艾隆科技、纳百川、鑫铂瑞、日泰紧固件等一批国内外知名企业，其中国内外上市公司投资企业 42 家，世界 500 强投资企业 8 家，电子信息、新能源新材料、高端装备制造、医疗健康四大主导产业初具规模，现代服务业要素加快集聚。园区全面推进产业向中高端迈进，确立医疗健康产业为下一步园区发展的首位产业，促成滁州市政府与安徽省药监局合作共建中新苏滁高新区医疗健康产业园，签约引进东方医疗滁州生命科技产业基地、筑医台医疗健康产业基地等优质平台。

第四节　案例 4：苏州宿迁工业园区①

一　建设背景及基本情况

2006 年，中国共产党江苏省第十一次代表大会明确提出"全省达小康，关键在苏北，重点在宿迁"。时任省委书记李源潮指出，苏州和宿迁代表江苏的两个极，要重点帮助宿迁实现更大突破。时任江苏省省长梁保华要求，宿迁要扩大与苏州南北合作共建开发区的对接，加大推进对接的力度，为更有力地推进南北挂钩合作，实现区域共同发展，苏州和宿迁两市决定紧密合作，共建苏州宿迁工业园区，这一构想得到了江苏省委、省政府的充分肯定和大力支持。

2006 年 11 月 1 日，苏州、宿迁两市正式签订了合作开发协议，11 月 21 日签订商务总协议，12 月 11 日苏州宿迁工业园区开发建设工作正式启动。苏州宿迁工业园区是江苏省委、省政府落实国家区域协调发展战略、推进"省内全域一体化"发展的重要载体，是江苏省构建"双循环"新发展格局中内循环格局的重要抓手，也是苏州、宿迁两市最重要的合作项目，苏州工业园区第一个"走出去"项目。苏州宿迁工业园区原规划面积 13.6 平方千米，以通湖大道为界，以东

---

① 资料来源：根据苏州宿迁工业园区提供的资料和本书调研小组实地调研资料整理所得。

为现代新城示范区，以西为工业区，规划人口 12.2 万人，于 2006 年 11 月启动。

2019 年，为进一步贯彻落实习近平总书记关于推动长三角一体化高质量发展的重要指示精神，江苏省委、省政府决定"在更高层次上推进苏州、宿迁合作共建"，批复同意苏州宿迁工业园区在全省共建园区中率先开展高质量拓园发展创新试点，并专门出台"拓园发展十大政策"。苏州、宿迁两市正式签订拓园发展协议，新增规划面积 15 平方千米，拓园首期规划面积 7.75 平方千米，园区规划总面积达到 21.35 平方千米。以普陀山大道为界，东侧为 8.3 平方千米精致生活区，西侧为 13.05 平方千米高效生产区和科技创新区，规划总人口 20 万人，园区正式迈上高质量发展的新阶段、新征程。

园区发展目标是：充分发挥苏州、宿迁两市优势，推动产业梯度转移，通过先进制造业、服务业等城市功能的综合开发，把苏州宿迁工业园区建设成为产城融合发展示范区、高质量创新发展引领区、体制机制改革试验区、南北共同富裕样板区和国内一流的区域跨界合作园区。当前，苏州宿迁工业园区累计引进投资 400 多亿元，每亩投资强度达 500 多万元，每平方千米创造一般公共预算收入 1 亿元，产出水平已相当于苏州工业园区的 80%。

二　发展历程

园区开发建设历程可以划分为 3 个阶段。

第一阶段（2006~2010 年）：奠定基础阶段。2006 年，两市政府签订《苏州市和宿迁市关于合作开发建设苏州宿迁工业园区的协议》，苏州工业园区派出 10 名干部到位，苏州宿迁工业园区启动。2007 年，园区工商注册，税务登记，园区给水、排水等 8 个专项规划获批。2010 年，苏州工业园区二轮选派 5 名干部履职，园区开发公司增资扩股。

第二阶段（2011~2019 年）：跨越发展阶段。2011 年，园区联合协调理事会第二次会议审议通过苏州宿迁工业园区三年腾飞计划。2012 年，园区被批准为省级开发区，获评"省先进开发区"。2019 年，完成第四轮、第五轮"苏干"交接，两市签订《关于苏州宿迁工业园区拓园发展的协议》。

第三阶段（2020 年至今）：拓园高质量发展阶段。2020 年，园区拓园发展开工仪式举行，举办（拓园）产业规划发布暨投资环境推介会，由麦肯锡（上海）咨询有限公司编制的《苏州宿迁工业园区（拓园）产业规划》正式发布。《苏州宿迁工业园区高质量发展总体方案》获批。园区荣膺江苏省南北共建园区考核"十一连冠"，获奖励资金 1 亿元。2021 年，园区管委会获评全国脱贫攻坚先进集体。"速舒办·一网通办"平台正式上线运行。苏州宿迁工业园区各发展阶段具体内容见表 8-3。

表 8-3　苏州宿迁工业园区各发展阶段具体内容

发展阶段	发展内容
奠定基础阶段（2006~2010 年）	2006 年，两市政府签订《苏州市和宿迁市关于合作开发建设苏州宿迁工业园区的协议》，苏州工业园区派出 10 名干部到位，宿迁市派出 3 名干部，苏州宿迁工业园区建设工作启动
	2007 年，园区工商注册，税务登记，园区给水、排水等 8 个专项规划获批，宿迁市人民政府授权园区管委会行使市发展改革委、建设局等 12 个部门的相应管理权限并刻制 2 号公章
	2008 年，园区管委会正式进驻苏宿工业坊管理楼，总投资 6 亿美元的可成科技项目开工
	2010 年，苏州工业园区二轮选派 5 名干部到宿履职，园区开发公司增资扩股，江苏长电科技股份有限公司与园区正式签订投资协议

发展阶段	发展内容
跨越发展阶段 （2011~2019 年）	2011 年，苏州宿迁工业园区联合协调理事会第二次会议审议通过苏州宿迁工业园区三年腾飞计划。中新（宿迁）市政工程施工进场，园区商住区南部新城开发正式启动
	2012 年，园区被江苏省人民政府批准为省级开发区，园区获评"省先进开发区"。园区联合协调理事会第三次会议召开
	2013 年，园区工委、管委会领导班子成员和内设机构负责人等 10 名"苏干"完成第二轮、第三轮轮换调整
	2014 年，园区和宿迁市教育局签订《合作共建宿迁市苏州外国语学校协议（备忘录）》，标志着园区学校合作共建工作正式启动。2015 年，园区首个产业配套住宅设施——"梦家园"项目一期工程开工建设
	2016 年，园区颁发首张营业执照，园区市场监督管理局正式履行职能。2017 年，园区发放区内首张企业电子营业执照，园区企业登记全程电子化，全面实施"不见面审批"
	2019 年，完成第四轮、第五轮"苏干"交接，两市签订《关于苏州宿迁工业园区拓园发展的协议》
拓园高质量 发展阶段 （2020 年至今）	2020 年，园区联合协调理事会第四次会议召开。园区拓园发展开工仪式举行，举办（拓园）产业规划发布暨投资环境推介会，由麦肯锡（上海）咨询有限公司编制的《苏州宿迁工业园区（拓园）产业规划》正式发布
	2020 年 11 月，江苏皓峰电器有限公司成功竞拍园区 GB96258 号宗地，签订建设用地使用权出让合同，并现场领取《不动产权证》《建设用地规划许可证》《建设工程规划许可证》《建筑工程施工许可证》，在全省率先实现项目土地成交当日"交地发四证，拿地即开工"
	2020 年 12 月，《苏州宿迁工业园区高质量发展总体方案》获省委、省政府批复，开启共建园区高质量发展创新试点新征程。江苏省南北共建园区 2019 年度评估结果公布，园区蝉联考核第一，荣膺"十一连冠"，获奖励资金 1 亿元
	2020 年全年新签约亿元以上项目 21 个（百亿元项目 1 个，50 亿元项目 1 个），计划投资额 211 亿元，招引项目数和投资额达园区创建以来最高。全年高新技术产业产值占园区工业总产值的 91%，高技术产业产值占全市总量的 46%，居全市第一。计划总投资 13 亿元的 3 个战略性新兴产业项目、计划总投资 11 亿元的 5 个先进制造业项目、计划总投资 6.5 亿元的 2 个现代服务业项目均相继开工建设
	2021 年，园区管委会获评全国脱贫攻坚先进集体。园区联合协调理事会第五次会议召开。园区"速舒办·一网通办"平台正式上线运行

三 开发管理模式

根据两市协议，苏州宿迁工业园区的运作以苏州方为主，依托苏州工业园区组织实施开发、建设、管理。建立相对独立、具有开发区功能与权益的管理机构和具备市场运作主体功能、能进行独立投融资的开发主体，实施滚动开发。

(一) 组织机构

一是苏州宿迁工业园区联合协调理事会。作为高层协调机构，理事会前期由两市市长担任联合主席，2019 年 10 月起升格为由两市市委书记担任联合主席、两市市长担任联合常务副主席。联合协调理事会在每年两市党政代表团互访期间召开，负责对园区发展重大问题和重要工作的决策。二是苏州宿迁工业园区双边工作委员会。由两市分管副市长牵头，苏州工业园区党工委、管委会主要领导和两市开发建设有关部门主要负责人参加，协调处理开发建设中的重要问题，对联合协调理事会负责。三是苏州宿迁工业园区党工委、管委会。作为宿迁市委、市政府的派出机构，代表宿迁市委、市政府行使工业园区内党的领导、经济管理及其他相应的行政管理权，实行"充分授权、封闭运作"的管理模式。

(二) 开发机构

开发机构是江苏省苏州宿迁工业园区开发有限公司（注册资本由最初的 4 亿元人民币增加到 6 亿元人民币），由江苏省、苏州市、宿迁市、苏州工业园区共同出资组建。公司按《公司法》等有关法律组建，实行现代企业制度管理。公司受苏州宿迁工业园区管委会委托进行土地综合开发。苏州、宿迁两市支持公司的开发建设，并采取必要措施帮助其实现收支平衡、良性发展。

（三）职能权限

宿迁市委、市政府授权苏州宿迁工业园区党工委、管委会在规划建设、土地管理、经济管理、环境保护、招商、财政、外事、组织人事等方面，代表宿迁市委、市政府行使省辖市管理职能和管理权限，启用行政审批2号公章，并设有一站式服务中心，各局（办）派出人员进行物理集中办公。

苏州宿迁工业园区党工委、管委会领导班子成员共7人，其中，苏州派出4人，宿迁派出3人。党工委、管委会内设机构享有与宿迁市对应职能部门同等管理权限。管委会内设机构包括工委管委会办公室、招商与经济发展局、规划建设局（国土房产局、环境保护局、城市管理局）、财政局、劳动保障和社会事业局（安全生产监督管理局），这5个局（办）享有设区市一级行政管理权限，从项目审批到发放证件均可在区内办结。其中，财政局、劳动保障和社会事业局主要领导由宿迁的派出人员兼任。

四　发展成果

苏州宿迁工业园区深入贯彻落实习近平总书记关于"做好区域互补、跨江融合、南北联动大文章"①的重要指示精神，坚持以借鉴、吸收、运用苏州工业园区成功经验为工作主线，紧紧围绕建设"国内一流区域跨界合作园区"的总目标，初步形成了设施、功能比较完善的发展形态和空间，连续11年位列江苏省南北共建园区考核第一，实现"十一连冠"，曾获评江苏省省级开发区、"省先进开发区"、省电子信息特色产业基地、苏州自贸片区联动创新区、全国脱贫攻坚先进集体等。

---

① 《江苏积极推动区域协调发展　构建一体化发展新格局》，江苏省人民政府网站，https：//www.jiangsu.gov.cn/art/2022/10/11/art_60095_10625518.html。

（一）经济发展方面

苏州宿迁工业园区从零起步，经济总量快速增长，成为宿迁经济发展的重要增长极。截至 2023 年，园区累计实现业务总收入 2111 亿元，工业企业纳税 165 亿元，一般公共预算收入 112 亿元，进出口总额达 25 亿美元。2023 年，苏州宿迁工业园区以 99 名机关工作人员和占宿迁 0.16% 的土地，完成全市 3.4% 的一般公共预算收入、4.5% 的到账外资、3.9% 的规模以上工业增加值、5.2% 的企业所得税和 18.5% 的高技术产业产值，高质量发展创新试点推进、单位规模以上工业增加值能耗、基础研究支出、技术合同成交额等反映高质量发展要求的相关指标位居功能区第一。

（二）招商引资方面

苏州宿迁工业园区精准定位产业方向，坚持与周边开发区错位发展，保持定力、精耕细作，不断做大核心产业、做强核心企业，逐步形成以电子信息、精密机械等为主导的特色产业体系。苏州宿迁工业园区产业发展呈现五大特点，即"5 个多"（数据除另有注明外，均截至 2022 年）：一是增资项目多。可成科技 10 年 7 次增资，总投资达 24 亿美元；长电科技投资从 15 亿元追加到 100 亿元。新建元集团的 6 个项目、苏州创元集团的 3 个项目相继在园区落户，总投资超过 60 亿元。二是新签约项目多。2022 年成功举办苏州宿迁"1+5"共建园区联动发展推介会等专题招商活动 13 场，新签约苏大天宫、协鑫储能等亿元以上工业项目 17 个（其中 10 亿元以上项目 6 个），总投资 86 亿元，上述项目涵盖精密机械、新能源新材料等园区主导产业，项目质态好，企业成长性高，为园区社会经济高质量发展奠定了坚实的产业基础。三是工业项目多。累计完成投资 800 多亿元，其中工业项目占比 70%。四是外资项目多。累计完成投资 28.8 亿美元，占工业项目投资的 40%。五是苏南项目多。来自苏南的投资占工业项目投资的 60%。

（三）开发建设方面

18 年来，苏州宿迁工业园区坚持先规划后建设、先地下后地上、先工业后商住的"三先三后"产城一体化模式，从一片农田发展成为设施完善的现代新城。积极借鉴苏州工业园区规划建设成功经验，苏州宿迁工业园区已形成以国土空间规划为纲领、以 27 个专项规划为实施依据的科学全面的城市规划体系。累计建成 17 纵 17 横通车路网 68 千米，完成全区 18.1 平方千米范围内"九通一平"投资环境的开发。园区公舍、污水处理厂、苏宿工业坊和生产力中心等一批功能配套设施建成投用。坚持品牌发展，万科、碧桂园等一批知名品牌开发商均是园区开发商主力。借鉴新加坡经验，引进邻里中心"洋品牌"，先后建成明日、阳澄两个邻里中心。以苏州特色文化为主，融入宿迁地方元素的集商业、购物、休闲、文化于一体的大型商业综合体苏州街建成投用，获批省级示范步行街。聚焦整体生态环境提升，科学改造中央商务区 6 块简易绿化地块及健身公园"城市样板"，入选 2023 年江苏省体育消费场景典型案例，项目位于商住区核心区，面积约为 25 万平方米，项目总投资 1160 万元，满足周围群众休憩、娱乐等功能性需求。坚持特色发展，编制《苏州元素设计导则》以及商住区环形步道、苏州公园及明日邻里公园提升改造方案。坚持绿色发展，响应"生态大公园"建设要求，率先创建省级生态工业园区、"省级绿色生态城区高品质建设示范区"（苏北唯一）、国家健康社区。提升发展"含绿量"，园区单位工业增加值综合能耗、废水排放量、二氧化硫排放量、固体废弃物排放量等生态指标分别仅为全国平均水平的 2/9、1/8、1/312、1/20。

（四）社会事业方面

打造优质教育环境，两市合作共建品牌学校宿迁市苏州外国语学校，南校区于 2016 年秋季建成投用，北校区于 2019 年秋季建成投用。宿迁市苏州外国语实验学校于 2023 年秋季建成投用，目前共有在校师生 10000 余人，持续引领全市义务教育优质均衡发展。深化和谐关系，职工劳动合同签订率、机关事业单位职工养老保险参保率和企业按时支付工资率均达 100%，2019 年获评"全国模范劳动关系和谐工业园区"（苏北唯一）。2022 年揭牌成立"劳动和社会保障研究与创新基地"，协办全国劳动人事争议典型案例研讨会。优化党建引领基层社会治理体系，创新构建"大党委、大工委、大治理"工作格局。规范化推动社区、社工、社团"三社"联动，全力打造新型社区治理体系。在全市率先建成两个民众联络所，常态化开展"社情民意日"活动，群众自治能力显著提升。完善就业和社会保障体系，建立园区人力资源市场，创建全市唯一省级人力资源产业园，促进劳动力在地区间合理有序流动；积极拓宽就业渠道，增加公益性岗位，鼓励发展就业容量大的劳动密集型产业；建立特殊困难群体帮扶、退役军人优抚等居民社会保障体系。

（五）区域协调发展探索、实践方面

园区取得宿迁乃至苏北范围内多项争先创优成果，这些成果是园区先进理念的体现，对推动全市工业经济发展起到了引领示范作用。在江苏省南北共建园区年度考核中，苏州宿迁工业园区蝉联第一。在发展过程中，苏州宿迁工业园区通过"苏南方传理念、转项目、带资金，苏北方提供要素支撑、发展环境保障""苏南方做到人员、资金、项目三为主，苏北方确保规划建设、社会管理、政府服务三到位"的模式，为区域协调发展作出了积极探索和成功实践，受到了广泛关注和充分肯定。中央财经领导小组、国家发展改革委、国资委先后来到园区考察，新华社、《人民日报》、《经济日报》、中国新闻社、《南方周末》以及新加坡《联合早报》、香港《大公报》等国内外媒体对园区进行报道，省内其他共建园区和广东、辽宁、安徽、山东、湖北、贵州等地考察团先后来园区考察合作共建经验，苏州宿迁工业园区已经成为江苏省南北共建的一面旗帜，成为全国区域协调发展的一大亮点。

五　发展经验

（一）多方支持，为园区建设发展提供各类服务

一是省级部门倾力服务，主动关心园区建设。江苏省省级有关部门在开发建设、机构成立、项目报批、环评、安评等各项工作中对苏州宿迁工业园区给予了大力支持。例如，江苏省建设厅批准园区成立建设工程招投标办公室，并授予其房地产开发企业的资质审批权限；江苏省国土厅帮助园区调整用地规划，在土地征收、准用等方面给予支持和指导。2019年，江苏省委、省政府批复同意苏州宿迁工业园区开展高质量拓园发展创新试点，并专门出台"拓园发展十大政策"，从优先用地、机制保障、环境容量、能源结构、电力建设等方面推进园区高质量发展。

二是苏州工业园区无私服务，从讲政治、讲大局的高度主动发挥作用。招商引资方面，苏州工业园区出台的《关于对口支援苏州宿迁工业园区发展的意见》中明确，对到苏州宿迁工业园区发展的不同类型企业分别在财政、税收、租金、土地回购、购房等方面给予优惠和奖励。国资带动方面，指导中新苏州工业园区开发集团股份有限公司等国有企业"组团式""走出去"，在苏州宿迁工业园区基础设施建设、房地产开发、商业配套等方面都发挥了示范和带动作用。此外，在政策支持、融资担保、组织人事、干部培训等其他方面苏州工业园区也都不遗余力，起到了有力的保障推动作用。

三是宿迁市全力支持服务，赋予园区发展所需的管理权限。宿迁市委、市政府授权苏州宿迁工业园区行使组织人事部门、发改委、规划

局、建设局等 16 个部门的市级管理权限，并颁授相应的 2 号公章。始终坚持在全市土地"总盘子"内尽最大努力满足苏州宿迁工业园区的项目用地需求，并在土地总体规划修编工作中将园区首期规划范围内的 13.6 平方千米土地全部调整为建设预留地。宿迁市委、市政府在全市明确提出学习推广苏州宿迁工业园区的规划理念、开发建设经验、亲商服务和"充分授权、封闭运行"的模式，兄弟开发区、各县（市、区）各部门都组织管理团队来园区考察交流，在全市上下形成了齐心协力、共同发展的浓厚氛围。

（二）多点发力，强化要素保障支撑

一是组织保证落实到位。为加强共建工作，两市共同成立了市委、市政府主要领导、分管领导担任主席的联合协调理事会和双边工作委员会。苏州工业园区专门成立了以管委会主任为组长的走出去领导小组和推进苏州宿迁工业园区领导小组。宿迁市专门成立了推进苏州宿迁工业园区建设领导小组和苏州宿迁工业园区遗留问题工作小组。两市市委、市政府领导和苏州工业园区主要负责人多次莅临苏州宿迁工业园区实地指导工作，及时有力地帮助解决苏州宿迁工业园区开发建设过程中遇到的各种问题。

二是人才支撑落实到位。截至 2024 年 8 月，苏州工业园区累计派出"苏干" 200 多人参与苏州宿迁工业园区开发建设，已完成第五轮、第六轮派驻挂职干部轮换。为进一步推动经验转移和观念对接，苏州工业园区不仅免费培训苏州宿迁工业园区干部，还与新加坡方面协调，使苏州宿迁工业园区的干部享受中新合作培训的各项待遇，累计承担了苏州宿迁工业园区 300 多人次的赴新培训、500 余人次的各类赴苏培训，并全力保障在宿的苏州干部的工资和各项福利、待遇落实到位，在苏州宿迁工业园区各类工作经费上给予资金支持。

三是资金保障落实到位。一方面是开发建设资金，园区成立之初，

由江苏、苏州、宿迁、苏州工业园区共同出资，保障开发公司资本金及时足额到位。苏州工业园区还为苏州宿迁工业园区提供融资担保，帮助苏州宿迁工业园区从国开行长期贷款开发建设资金 6 亿元，并通过 BT、PPP 等模式帮助苏州宿迁工业园区加快一级土地开发建设。组织建屋发展集团、中新置地、中新苏州工业园区开发集团股份有限公司等多家国企全面参与苏州宿迁工业园区的开发建设，承担园区标准厂房、邻里中心、商住小区等多个重要配套项目的开发建设任务，截至 2021 年总投资额达到 50 多亿元。另一方面是行政经费，苏州工业园区每年支持苏州宿迁工业园区 1500 万元行政经费，用于承担苏州宿迁工业园区管委会行政经费开支，当前已累计拨付苏州宿迁工业园区各类工作经费超过 1.57 亿元。

（三）多措并举，营造一流营商环境

一是亲商、稳商、安商、富商的发展理念。苏州宿迁工业园区借鉴苏州工业园区"亲商服务""精简高效"等先进理念，为园区项目建设提供全程"空气式"贴心服务和"无事不扰、有求必应"的帮办服务。成立企业服务小组，建立"能代办就不帮办，能帮办就不交办"的服务机制，加强项目帮办服务，提升项目转化落地率。坚持"招商为王、项目为要"，建立和完善项目全流程、全周期闭环服务。常态化开展企业走访，深入企业开展"服务上门、送策入企"活动，通过手把手指导、面对面交流，现场解读系列惠企政策。

二是创新招商方式，拓宽招商渠道。围绕电子信息、精密机械两大核心产业，与周边园区错位招商。发挥苏州、宿迁联动优势，构建以苏州为主导的招商网络，苏州工业园区定期召开支持苏州宿迁工业园区招商引资联席会议，毫无保留共享招商资源，对外转移的项目优先推荐到宿迁。采取专业招商和全员招商相结合的思路，构建"14312"招商体系，形成由 1 个招商引资办公室、4 个招商分局、3 个驻点招商中心和

各部门组成的 12 支招商小分队的招商组织体系，整合各类资源，实现"联手招商"。

三是建设精简、高效、统一的服务型政府。按照精简、高效、统一和"小政府、大社会"的原则，园区管委会内设机构不要求与市级机关对口设置，职能相近的部门合署办公，实行"大部制"。管委会仅设置局办 5 个，机关工作人员仅有 67 人。以园区招商与经济发展局为例，仅经济管理工作就对应宿迁市 10 个职能部门，大大提高了运转效率和服务效能。

（四）规划先行，"一张蓝图绘到底"

一是坚持规划引领，秉承"无规划不开发""违规划必追究"原则，以高质量规划引领高质量发展。18 年来，园区始终坚持先规划后建设、先地下后地上、先工业后商住的"三先三后"开发模式，整体面貌与总规蓝图基本保持一致。园区开发建设之初，就委托国际顶尖公司编制形成以总体规划和控制性详细规划为发展基础、以 16 项专项规划为实施依据的科学全面的城市规划体系，实现工业区商住区有机区隔、科学配比，通过精心设计明确每一寸土地的最佳效益功能。2019年园区拓园发展以来，聘请了麦肯锡、新加坡邦城、新艺元等顶尖的规划和咨询公司编制 26 项各类规划，对新增区域内地块空间形态、公共空间预留、景观视线、交通组织、地下空间等方面进行整体规划，保证地块开发的整体性、系统性。

二是坚持产城一体化发展模式，构建以产兴城、以城促产、产城互动的良好格局。苏州宿迁工业园区在建设之初就被当作一个城市来规划，对工业、住宅、绿地、商务等用地的比例作出明确规定。巧妙构建"工业区、商住区有机区隔"的功能用地布局，重型交通与轻型交通、居民上下班和逛街人流有序分开，实现了工业区带动商住区、商住区反哺工业区的局面，实现了产业、城市、居民之间的良性循环。

三是坚持品牌带动，科学布局发展空间，坚持生产、生活、生态"三生"统一协同并进。丰富苏州元素，打造形神兼备的苏式舒适生活，投资 5 亿元建设省级高品位步行街培育街区——苏州街，建成占地10 万平方米的生态公园——苏州公园。引入全国房地产前三名品牌开发商，打造 380 多万平方米中高端品质住宅。借鉴新加坡经验引进邻里中心"洋品牌"，先后建成明日、阳澄两个邻里中心，引领宿迁"一站式"品质生活新时尚。苏州、宿迁两市合作共建的宿迁市苏州外国语学校南北校区建成投用，随着宿迁市苏州宿迁工业园区人口不断扩增，2021 年启动宿迁市苏州外国语学校南北校区扩建工程和第三所义务教育学校建设，预计新增学位 5000 多个。

第五节　案例 5：华东地区及上海临港集团重点产业园[①]

一　产业园开发运营情况

（一）上海临港集团漕河泾开发区

漕河泾开发区地跨上海徐汇、闵行两区，总面积 14.284 平方千米，本部规划面积 5.984 平方千米。漕河泾开发区从开发建设之初即组建上海市漕河泾新兴技术开发区发展总公司负责开发、建设、经营、管理、协调和服务，并行使政府授权的开发区部分管理职能，未设置园区管委会，实行"人大立法、政府管理、公司运作、区区合作"的管理模式。开发区现有中外企业 14000 多家，累计上市（挂牌）企业超 150 家，每平方千米税收收入达 37.5 亿元，集聚了全市元宇宙、集成电路、生命健康产业的大量跨国公司和行业头部企业。

---

① 资料来源：根据上海临港集团提供的资料和本书调研小组实地调研资料整理所得。

（二）上海临港集团市域外开发建设园区

上海临港集团是上海市漕河泾新兴技术开发区发展总公司的母公司，目前正在江苏盐城大丰区和常熟、浙江海宁、海南海口、云南昆明、贵州遵义、云南与老挝交界的磨憨磨丁区域推进包括对口帮扶协作在内的 7 个上海市域外园区建设运营（见表 8-4）。

表 8-4 上海临港集团市域外开发建设产业园区情况

序号	共建地区	园区名称	园区基本情况
1	盐城市大丰区	沪苏大丰产业联动集聚区	由上海市政府和江苏省政府共同设立，规划面积 33 平方千米，启动区面积 4 平方千米
2	海宁市	上海漕河泾新兴技术开发区海宁分区	由海宁市人民政府、上海漕河泾新兴技术开发区发展总公司、浙江省海宁经济开发区合作共建，园区规划面积 14.71 平方千米
3	常熟市	临港常熟绿洲芯城	由上海临港集团、苏州光华集团、常熟辛庄镇人民政府合作共建，规划面积 5 平方千米，首发区占地 460 亩
4	海口市	海南科技城	由上海临港集团与海口国家高新区合作建设，总规划面积 85.42 平方千米，临港集团主要负责招商运营等工作
5	昆明市	沪滇临港昆明科技城	由昆明经开区与上海临港集团合作共建，占地 282.5 亩，建筑面积约 28.37 万平方米，总投资 14 亿元
6	遵义市	临港遵义科技城	由上海临港集团漕河泾开发区与遵义国家经济技术开发区合作共建，总规划面积 7.2 平方千米
7	云南与老挝交界的磨憨磨丁区域	中国老挝磨憨—磨丁经济合作区	上海临港集团、云南和老挝合作，中方规划面积 4.83 平方千米，老方 16.4 平方千米

(三) 上海临港常熟绿洲芯城产业园

临港常熟绿洲芯城由上海临港集团漕河泾公司、苏州光华集团、常熟市辛庄镇人民政府等共同打造，委托上海临港集团漕河泾公司全权负责建设开发和运营管理，规划面积 5 平方千米，实行滚动开发，首发区占地 460 亩，项目 2021 年 7 月 17 日奠基，2022 年 4 月正式开工，2023 年 6 月 21 日首发一期正式开园，当年即实现财务盈利。园区以"敢首创、汇数智、聚要素——临港沪苏产业联动集聚"为核心理念，以"数字、智造、技术、金融、品牌"五大共享为驱动力，围绕"1+3+X"（"1"是汽车，"3"是新一代信息技术、生命健康、新能源，"X"包括泛智慧、大智造、高科技等）产业发展定位，着力打造"数智力全渗透"的科创园区。值得一提的是，2009 年上海临港集团漕河泾公司在洽谈该项目时考虑到该区域产业和配套不成熟而暂时搁置，随着长三角一体化工作的推进，2017 年重启合作事宜并于 2019 年签署战略合作协议。

(四) 上海外高桥启东产业园和浦东祝桥启东产业园

外高桥启东产业园由启东市政府和上海外高桥集团有限公司共同开发，双方按 4∶6 的入股比例成立合资公司，注册资本 3.2 亿元。园区规划面积 5.33 平方千米，按照"统一规划、成片开发、分期建设"的模式开发。该产业园是启东高新区滨海工业园的"园中园"，上海外高桥集团有限公司负责园区的自主招商、厂房管理、企业服务等工作。浦东祝桥启东产业园属于政府对接的合作，有一定历史机缘，园区占地面积约 1 平方千米，当时主要满足上海浦东祝桥镇涉及园区拆迁改造需由该地区外迁企业的需求，由两地政府指定专门部门对接协助企业迁移并稳定发展后，上海方不再参与管理，由启东高新区管委会统一管理，园区重点迁入 30 家无污染、低能耗、高科技、高产出的装备制造、精密机械、船舶汽配、电子电器等行业企业。

二　有关经验及启示

（一）组建高素质专业队伍，尊重市场规律分类施策是开发运营园区的前提和保障

从调研情况看，选聘高素质、宽领域、专业性强的人员，组建专门的机构独立从事园区建设运营是确保产业园区可持续发展的前提。无论是上海临港集团还是其下属企业漕河泾公司，都充分证明开发运营园区涵盖园区选址、项目评估、产业规划研究、财务核算、招商推介、园区管理服务等方方面面，需要专业的队伍。如果两地合作共建产业园区要因地制宜，选择合理可行的开发共建模式，首要任务是组建专业的人才队伍，在此基础上分类施策。如上海临港集团在充分履行国企职责义务的前提下，尊重市场规律，"两条腿走路"，立足本市，在区位优势明显的长三角地区的江苏盐城、浙江海宁、江苏常熟开发园区以重轻资产同步结合对没有帮扶协作任务、区位优势相对较弱且空间距离较远的海南海口、云南昆明、贵州遵义运营园区则以轻资产运营为主，特别是与遵义的轻资产合作园区，因东西部协作关系调整和原合作园区选址问题，对原合作园区适时终止，两地重新商议新的更为成熟的园区，这些措施都非常值得学习借鉴。

（二）选择配套成熟地块是园区开发建设的基础

此次调研参观的产业园，基本都是周边基础设施完善、交通便利、整体配套成熟的地块，为产业园后续建设打下了坚实基础。比如，临港常熟绿洲芯城选址位于苏州高铁北站创新产业核心区，作为江苏苏州市代管县级市的常熟市，西侧毗邻苏虞张公路，东侧直通 G524 快速路，北侧横通锡太高速，距苏州高铁北站 15 公里，至上海虹桥枢纽高铁站

仅需 20 分钟，现已与沪西片区形成了"1 小时经济圈"。此外，苏州区位优势在长三角地区名列前茅，坚持制造业当家，是发展产业的沃土，近年来江苏制造业能级不断提升，取得许多不亚于上海乃至整个长三角地区的惊人成绩，经济社会全方位发展，地域人文及营商环境接近国际化大都市上海，上海临港集团选择在苏州常熟投资产业园是实实在在的强强联手，合作共赢。

（三）对产业契合度进行分析是园区规划建设的必要条件

共建产业园区要保持长久生命力，必须结合两地产业实际，实现产业精准导入。比如，海南科技城选择发展自贸产业，上海临港集团选择旗下自贸联发团队作为管理平台。

（四）注重产业投资和项目导入培育是园区建设的关键

产业园区建设能否实现可持续性运营，关键在于要有项目落户，要有产业实际投资，能把企业吸引入园，对产业投资引入要投早投小，同时将园区建设的土地财政转变为投资财政。常熟绿洲芯城和上海外高桥启东产业园注重项目前期招引，确保有项目落地，有企业入驻。

第六节　案例 6：长三角 G60 科创走廊[①]

长三角 G60 科创走廊包括上海松江区、江苏苏州市、浙江杭州以及安徽合肥等 9 个市（区），推动中国制造迈向中国创造、科技和制度创新双轮驱动、产城融合发展。2022 年，上述 9 个市（区）的地方财政收入合计占全国的比重为 1/13；高新技术企业数量合计超过 4.4 万家，占比超 1/8；市场主体数量合计占比上升至 1/15；累计发行"双创债"

① 全国干部培训教材编审指导委员会编《推进和拓展中国式现代化案例选（经济篇）》，人民出版社、党建读物出版社，2024。

68 单，融资金额 435.5 亿元，占同期全国已发行总规模的 1/6；G60 科技成果转化基金启动运行，建立了包含 500 个项目的拟投库，对接企业 230 余家、立项企业 12 家、投委会过会企业 6 家；科创板受理 9 个市（区）企业 160 家、发行上市企业 106 家，占全国的比重超过 1/5。

一 发展历程

（一）缘起松江

2016 年 5 月 24 日，习近平总书记对上海提出建设具有全球影响力科创中心两周年之际[①]，松江提出沿 G60 高速公路 40 公里松江段两侧布局"一廊九区"，构建"党建引领、对标一流、双轮驱动、开放共享"的 G60 科创走廊，G60 科创走廊 1.0 版——G60 上海松江科创走廊就此诞生，取得了创新驱动发展强劲、产业结构调整强劲、先进制造业投资强劲、辐射带动力强劲"四个强劲"的显著成效，被国务院认定为全国供给侧结构性改革典型案例，被上海市委、市政府增列为上海建设具有全球影响力科技创新中心的重要承载区。

（二）联通嘉杭

2017 年 7 月 12 日，上海松江与浙江杭州、嘉兴签订《沪嘉杭 G60 科创走廊建设战略合作协议》，G60 科创走廊 2.0 版启动建设，三地在建立要素对接常态化合作机制、推动产业链布局、打造科创平台载体等方面取得了显著成效。

（三）九城共建

随着长三角一体化进程的加速与深化，2018 年，松江提出以沪苏

---

① 科学技术部编写组：《深入学习习近平关于科技创新的重要论述》，人民出版社，2023。

湖高铁建设为契机，深化拓展 G60 科创走廊从"高速公路时代的 2.0 版"迈向"高铁时代的 3.0 版"。在 2018 年 6 月长三角地区主要领导座谈会期间，G60 科创走廊第一次联席会议在上海召开，三省一市党政主要领导见证九城市签订战略合作协议，G60 科创走廊形成贯穿沪苏浙皖三省一市，覆盖松江、嘉兴、杭州、金华、苏州、湖州、宣城、芜湖、合肥九个城市的"一廊一核九城"总体空间布局。

（四）纳入顶层设计

2019 年 5 月 13 日，中共中央政治局全体会议审议通过《长江三角洲区域一体化发展规划纲要》。其中，分别在第一章第一节和第三章第一节两处提到 G60 科创走廊，标志着 G60 科创走廊从秉持新发展理念的基层生动实践，上升为国家战略的重要平台。同年，科技部牵头成立国家层面推进 G60 科创走廊建设专责小组。

（五）印发方案

2020 年 11 月 3 日，科技部、国家发展改革委、工业和信息化部、中国人民银行、中国银保监会、中国证监会联合印发《长三角 G60 科创走廊建设方案》，明确了"三先走廊"（全力建设中国制造迈向中国创造的先进走廊、科技和制度创新双轮驱动的先试走廊、产城融合发展的先行走廊）的战略定位，提出到 2025 年基本建成具有国际影响力的科创走廊，成为我国重要创新策源地。

（六）写入国家"十四五"规划

2021 年 3 月，《中华人民共和国国民经济和社会发展第十四个五年规划和 2035 年远景目标纲要》明确提出："瞄准国际先进科创能力和产业体系，加快建设长三角 G60 科创走廊"，"提高长三角地区配置全球资源能力和辐射带动全国发展能力"，长三角 G60 科创走廊迎来新的重大发展机遇，进一步深化国家方案、国家行动。

二 主要经验做法

（一）强化协同发展

一是实现联席会议办公室实体化运作。2018 年，松江牵头成立长三角 G60 科创走廊联席会议办公室，由首批 9 个市（区）不同职能部门派出人员在位于 G60 科创云廊 8 号楼的办公室集中办公。到 2022 年底，各成员单位已累计派出 5 轮共 134 名工作人员到岗履职，开展统筹协调工作，确保了联席会议办公室的实体化运作。二是探索"央地联动"工作机制。2019 年，科技部会同国家发展改革委、工信部、中国人民银行、银保监会、证监会、沪苏浙皖科技部门和 9 个市（区）政府，成立推进 G60 科创走廊建设专责小组，作为议事协调机构，持续有序推进 G60 科创走廊建设重点任务落实。央地层面，出台《推进长三角 G60 科创走廊建设专责小组工作规则》《推进长三角 G60 科创走廊建设专责小组办公室工作规则》等制度，研究提出走廊建设的重要规划、重要政策、重要项目、重要研究和年度工作安排等。区域层面，制定《长三角 G60 科创走廊联席会议工作制度》《长三角 G60 科创走廊建设报告评议制度》等制度，形成联席会议、要素对接、高质量一体化发展合作研究和成果发布、组团参加进博会、专题会商等机制。三是建立多元主体合作交流机制。建立 G60 科创走廊 9 个市（区）人大工作交流合作机制和政协共商共建协作机制，组建 9 个市（区）人大代表和政协委员企业联盟，推动开展全方位深层次交流合作；成立长三角 G60 科创走廊创新研究中心，着力打造政策研究中心、金融赋能中心、要素配置中心、创新合作中心；培育高效便捷的政务服务生态，9 个市（区）试点长三角政务服务"一网通办"；构筑知识产权保护体系，实体化运作全国首个跨区域知识产权行政保护协作中心，发布长三角 G60 科创走廊重点商标保护名录等。

（二）构建创新生态

G60 科创走廊 9 个市（区）发挥高端人才汇聚、市场主体集聚、科研院所云集优势，合力共育国际一流创新生态。一是加快建设重大创新平台，构建原始创新先发优势。依托区域内 1262 个国家和省级重点实验室及工程技术研究中心、196 所高等院校，推动建设松江 G60 脑智科创基地、合肥综合性国家科学中心、国家生物药技术创新中心、之江实验室、科恩实验室、优图实验室等一批重大研发平台。克隆猴、量子通信、人造太阳、大硅片等重大原始创新成果持续涌现，实现"卡脖子"领域新突破，加快"从 0 到 1"和"从 1 到 10"的全过程创新。二是围绕产业链部署创新链，持续强化科技创新策源功能。制定实施《长三角 G60 科创走廊联合攻关行动方案》，开展任务型、体系化关键技术联合攻关。促成 9 个市（区）与中国科学院上海分院、上海科学院以项目化、清单化、制度化方式开展战略合作，其中 10 余个项目已先后在松江、芜湖、湖州、宣城落地。三是破除创新要素流动障碍，让科技成果加速转化。组建长三角 G60 科创走廊高水平应用型高校协同创新联盟，实现 9 所 G60 高速公路沿线高校、50 门优质课程互选互认，以市场化方式推动产学研用深度融合，促进创新链产业链人才链紧密衔接。推进 9 个市（区）科学仪器开放共享和科技创新券跨区域通用通兑。设立包括上海临港松江科技城在内的科技成果转移转化基地 11 个（首批），共储备项目 2700 多项。搭建国家知识产权国际运营（上海）平台等 36 家单位组成的 G60 科技成果转移转化基地矩阵，开展常态化转移转化。运用"G60 科创云"微信小程序等平台，建设 43 家 G60 科创走廊路演中心联合体等载体，加强科技成果供需对接，加快推动重大科技成果转化应用。

（三）推动产业协同发展

长三角 G60 科创走廊 9 个市（区）产业基础厚实，又各有优势。2021 年，9 个市（区）联合编制的《长三角 G60 科创走廊"十四五"先进制造业产业协同发展规划》出台，从规划层面引领各城市重点产业协同、错位发展。一是强化产业链分工合作。强化中国商飞、腾讯等头部企业引领带动产业链合作，仅中国商飞一家头部企业，就吸纳 9 个市（区）1700 余家企业进入 G60 科创走廊大飞机供应商储备库。以集成电路产业为例，松江聚焦做大做强设备材料、设计、封测"三位一体"的产业格局；嘉兴围绕核心企业、关键领域、重点产品，壮大集成电路配套产业；杭州以设计业为突破口，重点发展特色工艺技术等；金华做好国产通用芯片的研发、制造和推广；苏州重点发展 IP 融合通信芯片和微机电系统（MEMS）产品；湖州、宣城以应用和配套拉动集成电路产业发展；芜湖重点发展射频器件和功率器件；合肥聚焦高端通用芯片、材料和装备、第三代半导体等领域。二是搭建跨区域产业要素对接平台。截至 2023 年 6 月，长三角 G60 科创走廊已成立产业联盟 16 个、产业合作示范园区 13 个，松江牵头成立人工智能产业联盟，集聚 9 个市（区）首批成员单位 139 家，携手推进人工智能赋能"万物互联"；苏州牵头成立集成电路产业联盟，集聚 9 个市（区）首批成员单位 44 家，合力推动长三角地区集成电路产业基础科学、技术科学和工程技术的协同发展；金华牵头成立新材料产业技术创新联盟，集聚 9 个市（区）首批成员单位 83 家，并肩向新材料高端化、量产化、全球化进军；芜湖牵头成立机器人产业联盟，集聚 9 个市（区）首批成员单位 138 家，抱团做大做强机器人产业万亿元市场。物联网、光电光伏、生物医药、金融科技等合作示范园区接连挂牌成立。

（四）完善金融服务支撑

针对长三角 G60 科创走廊不同行业、不同成长阶段的科创企业多元化的金融服务需求，近年来，在三省一市金融监管部门的支持下，长三角G60科创走廊逐步完善构建债权、股权、基金、上市等联动的"七位一体"综合金融服务生态，为科创企业提供全牌照、全产业链、全生命周期的金融服务，服务建设具有更优营商环境的科创生态。一是深化落实央行"28条"金融支持政策，完善G60科创贷、园区贷、质量贷、标准贷、人才贷等金融产品矩阵。二是精准对接科创板及注册制改革，做实做精上交所资本市场服务G60科创走廊基地。目前，9个市（区）科创板受理企业、发行上市企业数量占全国的比重超过1/5。三是开发运行长三角G60科创走廊综合金融服务平台。四是成立长三角G60科创走廊金融服务联盟，为企业提供全生命周期金融对接、上市培育等服务。五是设立长三角首只由政府引导基金参与、9个市（区）共同出资、社会资本投资的跨区域科技成果转化基金，总规模超100亿元，支持跨区域科技成果项目化、产业化，强化战略科技力量引领。六是常态化、精准化、菜单式开展"金融赋能 铸就品牌"产融对接活动，搭建政府、园区、企业和金融机构交流合作平台，拓宽企业融资渠道。七是建立产融结合高质量发展示范园区。

（五）打造人才集聚高地

G60科创走廊通过打造国家移民政策实践基地、建设产业人才协同中心、轮值举办G60科创走廊人才峰会和联合开展高层次人才培训，打造共建共享人才新高地。出台实施《长三角G60科创走廊人才引领创新高地建设实施方案（2023—2025年）》，组建跨学科、跨领域、跨区域的创新联合体，聚焦"从0到10"全过程创新，推进政产学研用金深度融合。加速产业协同创新中心（创新飞地）建设，依托上海高端人才和科研金融机构等创新资源集聚优势，推动金华、宣城、芜湖、浙商、皖投等城市和投资集团在松江建设产业协同创新项目，不断强化飞地科技创新、产业孵化、招才引智等功能，形成科创及产业合作一体化发展新模式。例如，长三角 G60 金华（上海）科创中心、人才大厦于 2020 年 9 月在松江揭牌，这是首个落地上海的人才科创飞地，入驻科创中心的企业可同等享受金华的人才科技政策。截至 2023 年 6 月，该科创中心已引进院士工作室 1 个，集聚高层次人才 200 余名，其中"双龙计划"人才 2 名、博士 10 名、硕士 43 名；来金创业硕士以上人才 21 名、促成技术委托开发协议 1 份；吸引医药、科技、新能源等领域 15 家企业入驻研发中心。

第七节　案例 7：沪苏大丰产业联动集聚区①

一　基本建设运营情况

沪苏大丰产业联动集聚区（以下简称"沪苏集聚区"）是由上海市政府和江苏省政府于 2014 年主导成立的省际合作园区，也是上海市唯一市级层面与外省合作共建的开发区。规划面积 33 平方千米，集中开发区 12 平方千米，启动区 4 平方千米，现有开发区域 5 平方千米，已开发面积 1.9 平方千米，重点发展新能源、新基建、新农业"三新"产业和主导型新兴产业。沪苏集聚区是上海、江苏两省市政府积极参与共建"一带一路"、贯彻长江经济带建设国家战略、在新的起点上推进长三角地区协同发展的创新举措，是长三角一体化国家战略的先行实践。沪苏集聚区于 2019 年写入《长江三角洲区域一体化发展规划纲要》，获评"长三角共建省际产业合作示范园"，并入选国家发展改革委、科技部首批"绿色产业示范基地"。至 2023 年，区域内成功孕育诞生首个百亿元级企业。

沪苏集聚区沿袭临港集团市场化的园区开发模式，在高标准规划和建设下，配套基础设施已稳步运营。在产业导入方面，沪苏集聚区确立

―――――――
① 资料来源：根据本书调研小组实地调研资料整理所得。

了"3+X"产业定位，即新能源、新基建、新农业以及战略性新兴产业，引进了正泰光伏新能、泓顺硅基等江苏省和盐城市级重点产业项目，致力于建成具有新质生产力发展的共享平台。

二　开发管理模式

沪苏集聚区实行三级运作机制，明确沪苏分管领导牵头，两地发改部门协调，沪苏集聚区管委会和沪苏大丰产业联动集聚区开发建设有限公司（以下简称"沪苏大丰公司"）执行具体事项。

沪苏大丰公司是前期唯一的开发主体，依据"上海主导、江苏参股"的原则，由上海临港集团等五家知名国企共同出资组建，注册资本5亿元。其中，上海临港集团占40%的股份，上海光明集团占30%的股份，江苏沿海投资公司、盐城国投集团以及大丰城投集团各占10%的股份。沪苏大丰公司统筹负责集聚区的区域规划、产业导向、开发建设、招商服务、运营管理，坚持"突出重点、强化创新、扩大辐射、打造优势"的产业发展思路，深化大丰区与上海市、长三角产业联动，把集聚区打造成为长三角区域合作发展全国飞地经济示范区、产业集聚创新区、生态环境样板区。

在产值、收益分成和效益考核方面，沪苏集聚区坚持科学管理与市场化运作相结合，通过制定合理的产值分配和效益考核机制，确保各参与方的利益最大化，同时激励团队不断提高运营效率和服务质量。

在招商方面，沪苏集聚区采取专业化、市场化的模式，通过制定优惠的招商引资政策，为入驻企业提供全套的服务保障，吸引优质企业入驻。目前，已经签订了航空产业园、上海集韧新材料等一系列战略性新兴产业项目，为集聚区发展注入了强大动力。

在运营管理方面，采取现代化的管理机制，通过创新服务整合沪苏两地的优势资源，打造集产业、产品、应用和服务于一体的园区生态，形成具有竞争力的园区生态圈。

第八节　案例8：浙江山海协作产业飞地①

浙江省飞地经济经历了从依托"山海协作工程"的 1.0 时代到"借船出海"的 2.0 时代，再到"山""海"携手共富的 3.0 时代。浙江省在"山海协作工程"战略的推动下，较早探索发展飞地经济，并使之成为产业分工合作、区域均衡发展的普遍共识和有力抓手。

一　浙江飞地经济发展历程

（一）依托"山海协作工程"开启飞地经济 1.0 时代

2002 年，浙江正式实施"山海协作工程"，通过杭州、宁波、绍兴等地的发达县（市、区）与衢州、丽水等地的 26 个欠发达县（市、区）开展对口合作，带动欠发达地区加快发展，促进全省区域协调发展。10 余年的探索和实践证明，飞地经济是深入实施"山海协作工程"的有效途径和重要举措。2012 年 8 月，浙江省委、省政府办公厅印发《关于推进山海协作产业园建设的意见》（浙委办〔2012〕83 号），明确要求在衢州、丽水有条件的县（市、区）启动建设首批 9 个省级山海协作产业园，详见表 8-4。

表 8-4　首批 9 个省级山海协作产业园

山海协作产业园	飞出地	飞入地	主导产业
柯城—余杭山海协作产业园	杭州市余杭区	衢州市柯城区	装备制造业、新材料产业、软饮料产业和现代服务业
衢江—鄞州山海协作产业园	宁波市鄞州区	衢州市衢江区	特种纸、矿山装备制造业

---

① 《最重视"飞地经济"的浙江为什么值得学习》，上海华略智库，2022 年 7 月 20 日，https：//baijiahao. baidu. com/s? id=1738833843801650917&wfr=spider&for=pc。

山海协作产业园	飞出地	飞入地	主导产业
江山—柯桥山海协作产业园	绍兴市柯桥区	衢州市江山市	绿色食品产业、装备制造业、节能环保产业、现代家居制造业
龙游—镇海山海协作产业园	宁波市镇海区	衢州市龙游县	特种纸产业、绿色食品产业和先进装备制造产业
常山—慈溪山海协作产业园	宁波市慈溪市	衢州市常山县	农机产业、轴承产业、胡柚产业
莲都—义乌山海协作产业园	金华市义乌市	丽水市莲都区	装备制造产业、健康制造产业、中小企业孵化
龙泉—萧山山海协作产业园	杭州市萧山区	丽水市龙泉市	装备制造业、现代物流、文化创意
遂昌—诸暨山海协作产业园	绍兴市诸暨市	丽水市遂昌县	金属制品、特种纸、新能源、新材料和节能环保产业
松阳—余姚山海协作产业园	宁波市余姚市	丽水市松阳县	先进装备制造业、泛家居行业、节能环保产业、精深农产品加工产业

　　山海协作产业园是最传统的飞地经济模式，杭州、宁波等发达县（市、区）和结对的欠发达县（市、区）合作共建园区，通过要素导入和优势互补，带动飞入地加快发展。日前，浙江 2021 年山海协作相关工作考核及绩效评价结果揭晓，遂昌—诸暨山海协作产业园、江山—柯桥山海协作产业园、常山—慈溪山海协作产业园荣获 2021 年省级山海协作工业类产业园一等奖。其中，遂昌—诸暨山海协作产业园于 2012 年 11 月由诸暨市和遂昌县共同成立，开发面积为 5.223 平方千米，双方按照"共建、共管、共招、共赢"要求，共同组建成立了产业园管委会和开发公司，由双方共同管理、共同运营。2021 年，遂昌—诸暨山海协作产业园完成政府投资 2.4 亿元、社会投资 12.88 亿元，实现规模以上工业产值 38.04 亿元，增幅高达 61%。自成立以来，产业园已累计完成政府投资 40 亿元、社会投资 85 亿元，建成投产企业项目 64 个，培育规模以上工业企业 37 家，带动就业 6000 余人。此外，为了进一步

放大区域优势，浙江在山海协作产业园的基础上，充分结合浙西南山区
生态资源禀赋，围绕"大旅游、大健康"发展理念，打造了一大批山
海协作生态旅游文化产业园，如开化—桐乡山海协作生态旅游文化产业
园、云和—北仑山海协作生态旅游文化产业园等，成功为山区带来更多
的客流，进一步带动了乡村旅游业发展。

如果说山海协作产业园是浙江省内由政府自上而下统筹实施的结
果，那么浙江与上海合作共建飞地园区则更符合市场规律，也更具普适
性。以上海漕河泾新兴技术开发区海宁分区为例，早在 2009 年，上海
漕河泾新兴技术开发海宁分区就由浙江省海宁经济开发区和上海漕河泾
新兴技术开发区联合成立，总规划面积 14.71 平方千米，是浙沪首家跨
省合作共建的飞地园区。海宁分区参照上海漕河泾新兴技术开发区公司
化运作模式，由双方联合成立分区公司，采取"市场化运作、公司化管
理"的运营模式。到 2019 年成立 10 周年之际，海宁分区已拥有规模以
上工业企业 204 家，其中世界 500 强企业 2 家、主板上市企业 3 家，累
计实现规模以上工业总产值 1997.17 亿元，完成固定资产投资 491.19
亿元。

（二）"借船出海"推动飞地经济迈入 2.0 时代

上述由经济发达地区到欠发达地区共建飞地园区的合作模式，虽然
能为后者带来大量产业落地，助力当地经济快速发展，但这种合作本质
上属于产业梯度转移的范畴，其科技含量、体量能级等往往较低。随着
经济发展，特别是在创新驱动发展的大背景下，欠发达地区不甘于也不
应该只承接产业转移，更应争取打造产业创新策源地，从而实现迎头追
赶、换道超车。然而，人才、技术等创新要素对城市功能和创新生态有
天然偏好，往往集聚在经济发达的大城市，不愿意落户欠发达地区。对
此，浙江依托"山海协作工程"进行了大量新的探索和实践，推出了
山海协作升级版，即在省级层面和发达地区的支持下，由欠发达地区主

动出击、借船出海，到经济发达、创新资源集聚的地区建设科创飞地。这种由欠发达地区飞入发达地区的飞地模式被称为"反向飞地"。

科创飞地本质上是欠发达地区通过跨越空间的形式，来集聚和整合发达地区人才、技术等创新资源，并在条件成熟后落户飞出地，赋能当地产业，从而促进飞出地产业高质量发展。以科创飞地为窗口和枢纽，欠发达地区得以集聚高科技企业、高端人才、研发机构和风投机构等创新主体及要素资源，并通过引导飞地内孵化成熟的项目向欠发达地区转移，或通过与发达地区联合研发、协同制造和共建产业生态等方式，实现对欠发达地区产业的科技赋能和发展带动。科创飞地税收（地方留成部分）原则上全额归飞出地所有。

衢州海创园、杭州柯城柯创园、江山—江干科创飞地等均属于此类模式。其中，衢州海创园于 2016 年 4 月正式运营，占地 26.7 亩、总建筑面积 6.76 万平方米，是浙江省实施"山海协作工程"的首个科创飞地，首创"研发孵化在杭州、产业转化在衢州，工作生活在杭州、创业贡献为衢州"的异地聚才研发模式（衢州市的水田指标置换到杭州余杭区，余杭区从未来科技城拿出 26 亩土地，供衢州建立海创园，园区所有管理权限、日常事务都由衢州统一管理）。园区建成 2 年时间内，累计招引项目 162 个，入驻企业 84 家，其中落地衢州项目 8 个，总投资额 16 亿元，引进海内外高层次人才超过 50 人。2012 年以来，衢州先后在上海、北京、深圳等一线城市创建科创飞地，开创了浙江跨省建立科创飞地的先例。2013 年，衢州在上海张江成立了衢州生物医药孵化基地，探索"孵化在上海、生产在衢州"的发展模式。目前，上海张江衢州生物医药孵化基地建筑面积已达 1.25 万平方米，入驻生物医药企业 10 余家，包括疫苗、抗病毒药物及抗癌新药等国际前沿生物医药项目，且已有两个项目完成孵化并在衢州实现产业化。除了衢州，嘉兴、温州等浙江制造业有基础的地区也纷纷主动到创新资源更丰富的上海建立科创飞地，如温州（嘉定）科技创新园、嘉善国际创新中心

（上海）等。

浙江飞地经济的创新不仅是模式上的迭代升级，更是结合实际发展需要而进行的内容上的创新，如在"反向飞地"的基础上结合脱贫攻坚、生态保护等发展需要，探索出消薄飞地和生态补偿飞地。消薄飞地即欠发达地区经济薄弱村集中资金、土地等资源配置到结对的发达地区，发展物业经济、楼宇经济等项目来实现收益。其中，以实缴股本金的 10% 左右作为投资固定收益，同时还可享受税收分成，以确保经济薄弱村获取长期、稳定的收益。余杭区明确每年消薄飞地税收（地方留存部分）全额结算给柯城区。2020~2021 年，柯城区 86 个经济薄弱村共计获得 860 万元收益，超过预期目标。生态补偿飞地指浙江针对受资源禀赋和生态保护需要制约的西南山区（生态功能区）创建的反向飞地。以淳安县为例，淳安县作为生态功能区，全域近九成面积处于水源保护区红线内，发展瓶颈明显。为此，杭州为淳安县打造了千岛湖智谷大厦、千岛湖智海大厦等一批生态补偿飞地，使淳安形成了"有楼宇、有产业、有税收"的异地发展新格局。

（三）"山""海"携手共富走向飞地经济 3.0 时代

2018 年 1 月，《中共浙江省委浙江省人民政府关于深入实施山海协作工程促进区域协调发展的若干意见》（浙委发〔2018〕3 号）印发实施，明确了产业飞地是浙江当前和今后一段时期飞地经济发展的主要方向之一。2021 年 1 月，浙江省政府办公厅出台的《关于进一步支持山海协作"飞地"高质量建设与发展的实施意见》（浙政办发〔2021〕5 号）提出，到 2025 年，在大湾区新区、省级高能级平台等相关产业发展平台为山区 26 县布局以先进制造业为主的产业飞地。至此，浙江山海协作产业飞地既不是落在欠发达地区的山海协作产业园，也不是落在发达地区的科创飞地，而是两者有机结合，即经济欠发达地区主动到发达地区（反向飞地属性），共同建立以先进制造业为主的飞地园区（正向飞地属性）。如果说山海协作产业园是浙江先富带动后富、市场要素向欠发达地区流动的一项举措，那么山海协作产业飞地则是浙江贯彻落实中共中央、国务院发布《关于支持浙江高质量发展建设共同富裕示范区的意见》的重大创举。

为解决产业飞地发展的核心问题——土地指标，提高飞入地的积极性，2022 年 5 月，浙江出台了《加强自然资源要素保障助力稳经济若干政策措施》，明确规定统筹安排山区 26 县每县 1500 亩建设用地规划指标，且定向为飞入地核减 750 亩永久基本农田保护任务。余姚—松阳山海协作产业飞地、临平—柯城山海协作产业飞地、慈溪—常山山海协作产业飞地等 10 余个产业飞地完成签约。其中，于 2021 年 7 月，余姚、松阳两地政府签订《共建产业飞地框架协议》，成立余姚—松阳山海协作产业飞地，用地面积约 1500 亩，规划建设期限为 2021 年至 2025 年。产业飞地明确由双方国资公司共同成立开发公司，采取市场化运作模式。飞地开发方面，余姚市作为飞入地负责项目用地征收拆迁以及相关配套的投入，松阳县作为飞出地负责保障土地、占补平衡、能耗等指标。公司出资方面，由松阳方面控股，余姚方面出资比例不低于 30%。管理人员方面，由两地共同选派优秀干部任职或挂职。税收分配方面，原则上产业飞地内地方留成部分全额归飞出地，具体由两地协商。产业选择方面，结合两地的主导产业和发展规划，瞄准前沿领域，发展有区域特色、有竞争优势的新兴产业，如高端装备、生物医药、新材料和节能环保等。

二 浙江飞地经济发展的四大经验

（一）全省统筹是前提

浙江飞地经济持续高效发展的前提是浙江省委、省政府的统筹协调，以浙江省山海协作领导小组为例，小组组长由省委常委、常务副省长担任,每年定期召开一次浙江省山海协作领导小组会议。正因为有省一级的长期推动框架机制,市、县、镇、村各层级在执行上才能有支撑、有督导、有考核,产生较好效果。浙江省级层面出台了《关于推进山海协作产业园建设的意见》《关于进一步支持山海协作"飞地"高质量建设与发展的实施意见》等系列指导意见和《关于印发浙江省山海协作资金管理办法》《加强自然资源要素保障助力稳经济若干政策措施》等配套政策,从省级层面解决了资金、土地指标等核心问题。

(二) 产业选择是核心

发展动力要靠产业来支撑,其成效最终也要通过产业效益来体现。浙江充分挖掘 26 县的比较优势,坚持"一县一业"发展原则,引导山区 26 县因地制宜培育发展 1~2 个具有地方特色的主导产业,形成一批百亿元级优势产业。如淳安水饮料、龙游特种纸、天台汽车零部件、缙云机械装备、永嘉泵阀、青田不锈钢、遂昌金属制品、江山门业、仙居医药、松阳不锈钢管等,均是本地有基础优势的绿色食品、机械装备、汽车零部件、生物医药等产业。同时,浙江还大力支持有条件的山区县升级原有产业,大力发展高端装备、生物医药、电子信息、新能源、新材料等战略性新兴产业。

(三) 系统谋划是保障

浙江搞飞地经济并非一阵热、一头热,而有着长期系统的谋划。整体上,浙江对飞地开发建设、运营管理、利益分配、绩效考核等方面的体制机制都有全面、系统、清晰的要求。例如,《浙江省山海协作产业园管理联席会议及办公室、成员单位工作职责》明确山海协作产业园管理联席会议作为山海协作产业园的最高决策机构。《关于做好年度从基层选派干部到省级机关挂职锻炼、民主党派省委会干部及无党派人士到省直委办公局挂职锻炼、省级山海协作产业园互派干部挂职锻炼工作的通知》对山海协作产业园互派工作作出了全面部署，山海协作产业园管委会主任由发达地区委派干部挂职担任，每批挂职时间为 2 年 6 个月。《浙江省山海协作资金管理办法》明确，2022～2024 年，浙江省财政按照"基础奖励+中期绩效奖励"方式，共计给予每个产业飞地和特色生态产业平台各 4000 万元，专项用于飞地和平台建设。

（四）模式创新是关键

浙江结合发展需要，不断创新飞地经济发展模式，从积极承接产业转移的山海协作产业园（1.0）到主动求变的科创飞地（2.0），浙江省用活飞地经济模式，将反向飞地模式与传统正向飞地进行有机结合，开创了"山""海"携手共富的产业飞地（3.0）。如浙江衢州在以山海协作产业园承接杭州等城市产业转移的同时，还在杭州、上海、北京等地以多种方式发展科创飞地，设立研发中心，异地孵化企业和项目，如今又打造山海协作产业飞地，不断开辟产业升级的新战场。新模式的诞生并不意味着原有模式被替代。浙江迭代推出新模式的同时，也在优化既有的发展模式，运用不同发展模式发挥各自的独特功能和作用，充分体现了浙江省政府干在实处、走在前列、勇立潮头的工作作风。

第九节　案例9：衢州绿海飞地
（深圳）产业园①

一　背景介绍

科创飞地是统筹区域协调、"山海协作"，推动高质量发展，建设共同富裕示范区的有力抓手。2021 年浙江省继续践行"八八战略"，出

---

① 资料来源：根据衢州绿海飞地（深圳）产业园提供的资料和本书调研小组实地调研资料整理所得。

台《关于进一步支持山海协作"飞地"高质量建设与发展的实施意见》，明确了飞地经济的发展目标：在大湾区新区、省级高能级平台等相关产业发展平台为山区 26 县布局以先进制造业为主的"产业飞地"，并强调支持衢州市本级、丽水市本级等到沿海经济发达市县布局建设科创飞地。自 2012 年以来，浙江衢州先后在上海、杭州、北京、深圳等地创建六大科创飞地，取得了诸多探索经验和阶段性成效。

二　基本情况

2018 年 5 月，总建筑面积 3897 平方米，总投资额 3.44 亿元的浙江衢州绿海飞地（深圳）产业园正式落户深圳前海桂湾金融先导区，位于卓越前海壹号 8 号楼三、四两层，这是在深圳行政区域内的第一个反向飞地。飞地的建立是衢州飞地招商经验在珠三角区域的重要落地，重点对接珠三角区域的优势产业开展了一系列投资宣介活动，为衢州打通与深圳乃至珠三角区域产业链、资金链、人才链打好前站。

三　新的情况

衢州探索科创飞地的经验表明，飞地作为城市的小型片区，同样绕不开人、钱、地、体制机制"四大难题"，人才引育、资金资本、土地空间是发展的"果实"，而体制机制是土壤下的"根系"。飞地经济因其独特的发展方式，需要梳理并破解更为复杂的体制难题，包括飞入地和飞出地的政策、办事、数据打通问题，联络处（如原衢州"驻杭办""驻京办"）的多头管理、缺乏统筹问题，跨省跨市的财政体制结算问题，科创企业从孵化到落地的引、育、奖、留问题，资产所有权和经营管理权的代理人问题，园区考评考核的专业性问题，人才享受飞入地公共服务和子女教育问题等，衢州发展科创飞地的成果为飞地经济下一步的发展提供了方向和借鉴。

第十节　案例10：广清经济特别合作区[①]

一　合作区背景情况

2021年5月，广东省委、省政府批复实施《广清经济特别合作区建设总体方案》，合作区下辖"三园一城"（广清产业园、广德产业园、广佛产业园、广清空港现代物流产业新城），总面积112.5平方千米。该方案明确，合作区由广州主导开发建设、管理运营，清远主要负责社会管理事务，双方按约定分享开发收益。广清两市组建投资开发公司，按规定开展合作区开发运营业务。合作区享有地级市经济管理权限，并承接省政府及其有关部门赋予的部分省级经济管理权限。合作区管理机构方面，依托两市及"三园"现有机构编制等行政管理资源来统筹设置，"三园"均设立管理机构，由黄埔区（广州开发区）、园区所在县（区、市）政府派人共同管理，共派出正式编制人员50人左右；"一城"不单设行政管理机构，由广州城投集团、岭南商旅集团和清远交投公司3家出资（分别占45%、35%、20%）组建广清空港建设公司，作为政府平台公司来主导开发建设。

2021年8月，广清两市召开广州—清远对口帮扶党政联席会议暨国家城乡融合发展试验区广东广清接合片区、广清经济特别合作区建设推进大会，提出要做好"巩固融合共赢"三篇文章，以建设"两区"重大平台为契机，发布任务清单和项目清单，加快推动广清一体化高质量发展。广清两市联合印发《高质量推进广清经济特别合作区建设实施方案》，明确了38项具体推进任务事项。9月，广清指挥部牵头起草了《关于设置广清经济特别合作区管理机构和完善体制机制的方案》，但未达成统一共识。

[①]　资料来源：根据广清经济特别合作区提供的资料和本书调研小组实地调研资料整理所得。

2022 年 6 月 6 日，王伟中省长在清远主持召开工作协调对接会议，明确完善广清经济特别合作区管理机制，广州、清远市要协商论证，按照"撤一建一"原则和正处级管理机构的标准，研究提出广清经济特别合作区管理机构具体设置方案，明确管理机构名称、机构性质、管理体制，按程序报省委编办，请省委编办给予指导支持。6 月 24 日，省委编办副主任黄胜楷带队赴合作区调研管理机构设置工作，提出"新增2 个处级管理机构"的工作思路。7 月 5 日，广州市委编办主任周军带队到"三园"调研，广州对口帮扶清远指挥部总指挥严志明以及省委编办、清远市委编办负责同志参加。会议就合作区管理机构设置有关事项达成共识，初步考虑设立广清经济特别合作区党工委、管理委员会及分别设立"三园"党工委、管理委员会。目前两市编办就相关机构设置事宜正联合向省作请示，待省同意后即可开展机构组建和人员配备工作。

二 "三园一城"开发建设情况

截至 2024 年上半年，"三园一城"累计引进项目超 600 个，总投资近 2000 亿元，投试产项目上百个。合作区拥有世界 500 强企业投资项目 6 个，高新技术企业 54 家，上市企业 10 家。广东长鹿集团、万洋集团、中国华电集团、欧派家居、立邦涂料、富强汽配、联东 U 谷、特威机械等一大批知名企业和"专精特新"企业进驻园区。

广清产业园已初步形成现代智能家居、汽车零部件、新材料（精细化工）、高新现代农业生物技术、食品美妆五大产业集群，累计签约项目 268 个，累计投（试）产项目 84 个，拥有高新技术企业 21 家、规模以上企业 44 家。2021 年园区工业总产值 134 亿元，同比增长 30.1%；固定资产投资 55 亿元，同比增长 51.5%。2024 年上半年实现工业总产值 67.57 亿元，同比增长 29.2%；规模以上工业增加值 18.67 亿元，同比增长 25.3%；实现全口径税收 2.16 亿元，同比增长 7.53%。超六成规模以上企业的产品为先进制造业产品。园区已成为清远工业经济增长的重要引擎，是全省产业转移工业园、产城融合发展的示范园区，多次在全省工业园区大会上作为先进典型宣传介绍等。通过打造"广州总部+清远基地""广州研发+清远制造"等模式，发挥产业帮扶协作带动广泛就业的强大效益。截至目前，带动清远本地就业近 7000 人，占园区企业员工总数的 40%。

广德产业园依托广州开发区产业基础和园区生态环境优势，做大做强新型建材、先进金属材料、装备制造、生物科技、生态旅游、茶六大产业。累计引进 262 个项目，计划总投资 543 亿元，成功落地戴卡旭、广建集团等世界 500 强项目，引进刘仲华院士担任英德红茶产业研究院院长等。2021 年实现全口径税收 2 亿元，同比增长 21.4%。2024 年上半年实现工业总产值 16.4 亿元，同比增长 52.7%，规模以上工业增加值 10.05 亿元，同比增长 43.4%；固定资产投资 8.19 亿元。

广佛产业园致力于打造智能装备制造、新材料、精细化工三大主导产业，新一代信息技术、生物医药两大战略性新兴产业，现代服务业辅助产业协同发展的"3+2+1"核心产业体系。目前已形成"两谷两园两院"产业格局，累计引进项目 108 个，计划总投资 206 亿元。推动中山大学华南生物安全四级实验室项目落户园区。2024 年上半年固定资产投资 8.06 亿元。

广清空港现代物流产业新城以广州和珠三角城市生产生活分拨中心、粤港澳大湾区产业协同发展基地、大宗农产品等的"中央厨房"、全球一流的国际化现代供应链基地为定位，推动区域产业合理分工，形成"三核两轴三带六组团"的空间格局，已启动建设综合服务中心，与广州城投智能科技、广州越秀风行食品集团等 12 家公司签订合作框架协议或达成合作意向，总投资 178 亿元。2021 年招商储备项目累计达到 40 个。

第十一节　案例 11：河套深港科技
创新合作区^①

一　基本情况

河套深港科技创新合作区（以下简称"合作区"）位于广东省深圳市福田区南部与香港特别行政区北部接壤的落马洲河套地区，是粤港澳大湾区建设的重点项目之一。合作区总面积约 3.89 平方千米，分为深圳园区和香港园区两个部分，其中深圳园区面积 3.02 平方千米，香港园区面积约 0.87 平方千米。合作区地理位置优越，拥有福田口岸和皇岗口岸两个连接深港两地的陆路口岸，是深港科技创新合作最直接的对接点。

合作区自 2017 年深港两地明确开展科技创新合作以来，始终坚持以科技创新为主题，以深港合作为核心，致力于打造具有国际影响力的科技创新高地。合作区不仅拥有扎实的外向型经济基础、成熟的产业配套和高效的通关环境，还具备深港跨境接壤、一区两园的独特优势，为科研项目的进驻提供了得天独厚的条件。

二　发展历程

2017 年 1 月 3 日，深港两地政府签署《关于港深推进落马洲河套地区共同发展的合作备忘录》，共同发展"港深创新及科技园"。同年 7 月 1 日，粤港澳三地政府和国家发展改革委共同签署《深化粤港澳合作 推进大湾区建设框架协议》，明确提出支持"港深创新及科技园建设"。

---

① 资料来源：根据河套深港科技创新合作区提供的资料和本书调研小组实地调研资料整理所得。

2019 年，合作区成为《粤港澳大湾区发展规划纲要》唯一以科技创新为主题的特色平台，并被《中共中央 国务院关于支持深圳建设中国特色社会主义先行示范区的意见》明确为建设的重大平台。

2020 年 10 月 14 日，习近平总书记在深圳经济特区建立 40 周年庆祝大会上发表重要讲话，要求"规划建设好河套深港科技创新合作区"①。这一重要指示为合作区的未来发展指明了方向。

至 2021 年 3 月 12 日，河套深港科技创新合作区已成为国家"十四五"规划纲要的粤港澳重大合作平台和综合性国家科学中心建设的"两廊两点"科技创新极点。

2023 年 8 月，国务院印发《河套深港科技创新合作区深圳园区发展规划》，这也为合作区发展带来了新机遇。

2024 年 11 月 20 日，香港特区政府正式公布了《河套深港科技创新合作区香港园区发展纲要》。

经过多年发展，合作区取得显著成果。截至 2024 年底，深圳园区已经落地高端科研和产业化项目超 200 个，集聚了一大批海内外院士专家和高端科研人才。这些项目涵盖了量子科技、生物医药、集成电路、人工智能、新能源、工业软件等前沿科技领域，形成了国家重大科研平台、世界 500 强研发中心、香港高校科研项目、突破关键核心技术项目、深港"独角兽"企业、港澳青年创新创业平台等科创产业集群。

第十二节　案例 12：一家养殖企业在粤港澳大湾区设立的科创反向飞地②

深圳数影科技有限公司（以下简称"数影科技公司"）成立于

---

① 《习近平：在深圳经济特区建立 40 周年庆祝大会上的讲话》，中国政府网，2020 年 10 月 14 日，https://www.gov.cn/xinwen/2020-10/14/content_5551299.htm。

② 资料来源：根据深圳市南山区对口帮扶协作部门提供的资料整理所得。

2021年，位于南山区粤海街道，公司注册资金1000万元，占地1200平方米，代工生产车间5000平方米，员工已超100人，研发人员75人。公司致力于与产业专家强强联合，先后与谯仕彦院士、陈焕春院士深度合作并启动在深筹备院士工作站，特聘12位副教授以上产业和技术专家助企服务。拥有授权专利80多件，负责主持国家攻关专项子课题研发1项，参与编制行业标准1项。被授予深圳市创新型和"专精特新"中小企业、国家高新技术企业。近三年研发总投入累计2.2亿元，研发投入占比61.2%。

数影科技公司是一家专注于从农场到餐桌的AIoT系统软硬件设备产品研发、生产、销售、服务的创新型技术企业，公司致力于将前沿的物联网、人工智能等科技与养殖业务场景及管理经验深度融合，研发全场景产业互联网智能解决方案，已形成一批具有创新性和实用性的研究成果，正以新质生产力驱动"从农场到餐桌"全产业链高质量发展，助推畜牧业向数字化、智能化转型升级。

数影科技公司前身为广州影子科技有限公司深圳研发中心。广州影子科技成立于2018年6月，公司以大数据、云计算、区块链、智能平台等软件开发为主，团队规模已超400人，其中有硕博学位的65人，研发人员占比超60%，现有自主设计的软件系统级平台应用53项，授权专利115项。母公司为广西扬翔股份有限公司，该公司1998年成立于广西贵港市，是一家集料、养、宰、商于一体的产业互联网科技型农牧企业，是农业产业化国家重点龙头企业，国家种业阵型企业，业务遍布广西、广东等地。该企业为借助粤港澳大湾区人才、技术、市场、融资配套和机制等优势，依托粤桂协作机制，在广州和深圳先后设立科创企业和研发机构，以助推传统养殖业与创新链产业链资金链人才链及一、二、三产深度融合，加快传统产业赋能应用转型升级，促进畜牧养殖产业高质量发展。

数影科技公司已完成自主研发、设计、生产制造查情宝、精喂仪、饮水宝、种猪测定育种设备、分栏器、群喂仪、智能生物安全设备等60多款智能畜牧养殖 IoT 硬件产品；自主开发了生猪实时在线管理系统、智慧监管检疫系统、全域精准节粮系统、全域数字化育种系统等11 项软件平台。

在餐桌端，数影科技公司结合产业链延伸自主研发设计万得厨智能餐厨解决方案，使用物联网技术连接厨师、厨房、食谱、食材、食品、消费者，通过万得厨影子科技产业操作系统与互联网平台相连，实现智能烹饪。搭建数字美食平台，开展"助残、敬老、爱幼"公益活动，在广西落地爱心长者食堂 59 家，在南山对口帮扶连平县，落地长者食堂 11 家。为长者食堂创新应用数字化解决方案和模式提供了参考。

未来 3 年公司将继续深耕产业全链条数字化、智能化发展，结合粤港澳地区的地域优势、人才优势、融资优势和粤桂协作机制成果，深耕产业链科技深度研发，在智慧畜牧垂类大模型、畜牧疾病预警大模型等数据模型研发，畜牧养殖具身机器人、无人猪场的打造上加大投入力度，同时在餐桌端打造智慧无人厨房和家庭端智能烹饪，为产业的应用和新质生产力的落地发展做贡献。

为支持这家畜牧养殖领域的科创反向飞地，深圳市及南山区对口帮扶协作部门给数影科技公司提供了一系列政策支持，协调产业部门给予 100 万元研发补贴，推动研发和产业用房补贴、人才补贴工作，协助与广西等对口协作地区对接，开拓对口地区市场，有力地支持公司发展壮大。2023 年，数影科技公司产值达 10881 万元，目前服务中粮集团、湖北农发集团、扬翔股份 3 家国家级重点农业龙头养殖企业，其他规模以上养殖企业有 17 家。覆盖服务国内 300 多个母猪养殖场及 1900 多个商品猪养殖智能化应用；使用实时在线智能设备超过 20 万台，实时在线用户数量超过 1.2 万人，业务数据量 1000 万条/日，遥测数据量 5 亿条/日。目前整套智能化方案已部分出口韩国、俄罗斯等国外市场。

第十三节　案例 13：深圳（哈尔滨）产业园区[①]

一　基本情况

2017 年 3 月，国务院办公厅印发《东北地区与东部地区部分省市对口合作工作方案》，深圳市与哈尔滨市正式建立对口合作关系。2019 年 5 月，深圳市人民政府、哈尔滨市人民政府在哈尔滨签订了《合作共建哈尔滨深圳产业园区协议》，哈尔滨深圳产业园投资开发有限公司注册成立，注册资本金 39.2157 亿元。其中，深圳方现金出资 20 亿元，控股 51%；哈尔滨方出资 19.2157 亿元，参股 49%。8 月 30 日，按照时任黑龙江省委书记张庆伟关于园区要突出体现深圳元素、学习深圳做法的要求，在得到深圳市的认可后，公司更名为"深圳（哈尔滨）产业园投资开发有限公司"（以下简称"深哈公司"）。

深圳（哈尔滨）产业园区（以下简称"深哈产业园"）规划面积 26 平方千米，深哈公司作为深哈产业园的开发建设主体，负责深哈产业园 1.53 平方千米核心启动区的规划设计、投资建设、招商运营及深圳先进经验和成功做法的"带土移植"等工作；哈尔滨新区管委会负责园区基础设施建设、支持政策的制定与实施及行政社会事务管理等。

二　建设进展

2023 年 11 月，中共中央政治局常委、国务院总理李强到深哈产业

[①]　资料来源：根据深圳（哈尔滨）产业园区提供的资料和本书调研小组实地调研资料整理所得。

园考察，充分肯定深哈产业合作模式和园区建设发展成效。全国人大原委员长栗战书、黑龙江省委书记许勤等国家、省市领导先后到园区调研，"新闻联播"栏目四次对深哈产业园建设进展进行了报道，中央深改办还专门就深哈合作模式形成内参呈报国家领导人参阅；国家发展改革委将深哈产业园合作共建创新模式列为对口合作典型向全国推广，求是网刊登《深哈产业园：深哈牵手向未来》等文章，深哈合作经验做法入选国家自主创新示范区改革创新典型案例。

2022年8月，深圳市市长覃伟中率队赴深圳（哈尔滨）产业园考察，提出两市要将深哈产业园打造成深圳"20+8"战略性新兴产业集群和未来产业的合作飞地，并要求市发展改革委牵头编制园区产业规划。多年来，深哈产业园按照"短期有效果、长期可持续"的发展要求，坚持"政府引导、企业主体、市场运作、合作共赢"的原则，积极推动了园区建设、产业招商、政策复制等各项工作。短短4年时间，园区建设实现了良好开局，为哈尔滨新区创新发展发挥了积极作用。截至目前，园区累计注册企业654家，注册资本金238.51亿元。科创总部项目签约企业74家，包括华为"一总部双中心"、深圳善行医疗、哈工大人工智能研究院等项目，发起成立黑龙江省信创产业促进会，初步形成了以人工智能、机器人、信息软件、智慧农业为核心的数字经济产业集聚发展趋势。同时，深哈产业园按照"能复制皆复制、宜创新即创新"的要求，向哈尔滨新区"带土移植"了126项深圳创新制度和政策经验。深哈产业园还参与成立了1亿元深哈天使基金和10亿元深哈新兴产业发展基金，通过机制建设和资本力量推动哈尔滨科技成果产业化，助推哈尔滨创新发展。

第十四节　案例 14：深赣港产城
一体化合作区[①]

2020 年 5 月 12 日，赣州市政府与深圳市政府签署《共建深赣港产城一体化合作区协议》，明确以赣州国际陆港与深圳盐田港港务合作为切入点，在赣州市南康区共建深赣港产城一体化合作区（以下简称"合作区"）。

一　规划情况

合作区位于赣州市南康区，远期规划面积 49.5 平方千米，近期规划面积 14.5 平方千米，核心启动区 6000 亩。两市按照"政府引导、市场运作、企业主体、合作共赢"的原则，坚持"规划引领、港务先行、基础跟进、平台带动、产城融合"的发展路径，以赣州国际陆港与深圳盐田港港务合作为切入点，以赣州国际陆港为核心，布局赣州综合保税区、临港经济区、深赣智能制造电子产业园、现代家居产业园、国际汽车小镇、绿色智慧社区、现代森林小镇和战略发展区八大功能区，重点引入新能源、新材料、无人机研发制造、航空航天、新一代电子信息等新兴产业，促进港产城融合发展，打造高质量产业合作示范平台。

二　合作模式

一是由深赣两市成立合资平台公司开发建设和运营合作区项目。2020 年 9 月，赣州国际陆港发展集团与深圳盐田港集团成立合资公司——江西省深赣港产城发展有限公司，具体负责合作区项目的投资、建设和运营。合资公司注册资本 26 亿元，其中深圳盐田港集团以现金

---

① 资料来源：根据深赣港产城一体化合作区提供的资料和本书调研小组实地调研资料整理所得。

形式出资，占股51%，赣州国际陆港发展集团代表赣州方以"土地+资产+现金"组合方式出资、占股49%，同时后续出资具体由双方依据项目开发进度协商而定。

二是合作区部分项目及配套基础设施由赣州国际陆港发展集团通过引入社会资本等方式进行开发建设。通过"股权合作+EPC"模式，引进中铁第四勘察设计院集团有限公司等联合体，与南康区口岸公司组建了合作公司——赣州深赣合作区建设发展有限公司，具体负责深赣港产城一体化合作区一期项目建设。合资公司注册资本2亿元，其中中铁第四勘察设计院集团有限公司联合体、南康区口岸公司均以现金形式出资，分别占股80%、20%。

三　建设进展

目前，《深赣港产城一体化合作区发展规划》获江西省批复，明确了合作区内的产业空间布局。合作区已启动首批项目建设，总投资约58亿元。其中，合作区一期项目主要建设综保区仓储和标准厂房及附属设施、进出口商品展示中心及附属设施、国际木材集散中心二期项目及附属设施等，总投资47.1亿元。在港口板块方面，2020年7月正式全面接管赣州国际陆港场站管理和受托班列运营。先后开通"赣深组合港""五定班列"、新能源汽车专列以及"粤煤入赣"海铁联运班列等。2021年港口吞吐量22.1万标箱，同比增长18.82%；2022年港口吞吐量24万标箱，同比增长8.60%；2023年港口吞吐量26.1万标箱，同比增长8.75%。在产业板块方面，通过发挥深圳盐田港集团物流板块优势资源及运营管理经验，推进实施赣州综合保税区国际物流中心项目，项目规划用地面积126.91亩，项目前期投资决策及可行性研究工作积极推进。在产城板块方面，推进实施赣州国贸中心项目，用地面积120.85亩，规划打造以生产性服务业和临港总部基地为核心的临港服务业集聚区，目前正在推进场地平整、工程勘察设计等前期工作，计划

2024 年底动工建设。

从赣州国际陆港运营情况来看，2020 年 4 月，赣州国际陆港发展集团与深圳盐田港集团成立合资公司——赣州国际陆港港务有限公司，全面负责赣州国际陆港场站管理和班列运营业务。合资公司注册资本 2900 万元，其中深圳盐田港集团以现金方式出资 1479 万元、占股 51%，赣州国际陆港发展集团以现金方式出资 1421 万元、占股 49%。2021 年 4 月，赣州国际陆港发展集团与深圳盐田港集团联合建设的"赣深组合港"项目正式开通运营，构建了内陆江西"湾区+老区"双区联动快速通道，增强了赣州国际陆港的开放核心引擎功能，推动铁海联运"三同"班列高质量发展，开行数量累计突破 11000 列，实现了内陆、沿海港口通关一体化，打造了一条通关效率高、服务功能优的内陆出海通道。相比传统模式，"组合港"模式不仅提高了码头场地和集装箱周转效率，还提高了货物运输和通关时效，运输时间可缩短 40%，运输成本减少 30%，极大地提升了贸易便利化水平。2022 年 6 月，赣州国际陆港发展集团联手深圳盐田港集团、广州铁路局、南昌铁路局，成功开通了赣（州）深（圳）城际高速货运班列"融湾号"，全程运行平均时间将由原来的 12 小时压缩至 6 小时，进一步降低了外贸物流成本，强化了赣州国际陆港的货物集散功能。

第十五节　案例 15：河北保定深圳园[①]

一　基本情况

促进保定深圳高新技术科技创新产业园（以下简称"深圳园"）高质量发展是深保两地贯彻落实习近平总书记关于区域发展的重要指示精神、发挥各自比较优势倾力打造的聚集创新要素资源的高新技术产业

---

① 资料来源：根据河北保定深圳园和本书调研小组实地调研资料整理所得。

园的必然举措。

自深保发展公司成立运营以来，始终坚持"政府推动、市场主导；优势互补、互利共赢；点面结合，有序推进；改革创新，示范带动"的合作原则，深入贯彻执行深圳市城市规划设计研究院制定的总体规划，以"产城融合"的理念，充分发挥深圳经济特区创新发展的示范带动作用，发掘京津冀地区广袤的市场资源，全面推进园区各项工作。

二 主要经验做法

深圳园以"工程建设、营销去化、招商运营"三驾马车为核心，坚持现金流为上的原则，健康、持续、滚动经营发展。

（一）工程建设方面

深圳园以平台公司即深保发展公司领投，带动产业投资的方式开发建设，截至 2024 年上半年已启动 35 个项目（含一级开发项目），累计土地出让 2822 亩，累计总投资约 345 亿元。其中深保发展公司投资建设项目 11 个，总投资约 130 亿元，总占地面积 937 亩，总建面约 200万平方米，涵盖住宅、写字楼、研发楼、厂房、酒店、商业、学校以及展示中心等多个业态；与此同时引入产业类项目 12 个，11 个项目获取土地并开工建设，总投资额约 62 亿元；园区一级开发由保定市国控集团负责，投资额约 153 亿元。深圳园项目主体框架基本搭设完成，万亩园区已初具规模。

（二）营销去化方面

深保发展公司持续在品牌势能和项目价值感塑造双条线协同发力。始终坚持立足产城全局，凸显产业新城的综合优势，提升园区整体品牌影响力，全面呈现园区建设、产业优势和招商进程，塑造"产业新城"的风貌和品质感，以"产城融合"理念领跑环京片区房地产市场。

2020 年 10 月，首个住宅项目燕云城入市，首批投放市场的房源开盘即售罄，后续入市房源也出现排队购房等现象级销售景象，燕云城、燕华城连续几年均为环京片区单体项目销冠，目前燕云城已清盘交付，交付率 96%，燕华城项目顺销中，去化率为 65%。住宅项目的高效去化实现了资金快速回笼，为公司的健康发展提供了有力的支撑。

（三）招商运营方面

一是深入推进"政企联合"招商。深保发展公司联合保定市深保办、莲池高新区等政府部门共同招商、考察、评估，提供政策响应，缩短决策流程，优化服务保障。二是积极探索招商新渠道。深保发展公司借助政府、行业协会、深投控等的影响力，积极组织筹办、参与各类招商推介会、高峰论坛等活动，扩大深圳园品牌影响力，寻找投资信息。三是利用好金融招商工具。深保发展公司成立园区专项基金，利用基金和基金公司的项目资源，撬动、吸引项目考察，促进项目落地。四是积极推进大客户落地工作。深保发展公司针对大客户需求，汇集招商、营销、投资、设计、工程、成本、财务、风控等部门，成立工作小组，制定大客户价格策略及定制合同范本，建立快捷高效的工作机制，中国工商银行、保定市国控集团、英飞拓股份有限公司等企业均在创投中心和创业广场置业办公。五是全力推进服务配套设施。创投中心 2 号楼原本作为公寓销售，在园区住宅项目入市以后，公寓销售市场劣势明显，经多方市场调研、论证，公司果断调整经营策略，将创投中心 2 号楼改为商务酒店和长租公寓，与华住共同经营合作，引入其旗下"美仑美奂"酒店和"馨乐庭"公寓品牌，丰富园区配置；引入保定小学、市直机关二幼等优质教育资源；以创投中心和创业广场商业网点为载体，筹开"星潮里"商街；协调当地政府推进市政综合管廊、综合能源站、污水处理厂等先进城市基础设施配套，极大地提升园区整体价值。六是搭建高效运营服务平台。协调保定市政府、金融局、科技局在创投中心 11

层设立保定市科技金融服务中心，目前已进驻深交所、北交所、高新投、深担等 10 余家金融和科技服务机构，运营以来，举办线上线下科技金融培训、科技成果转换对接、知产运用、项目路演等活动 20 余场；积极配合保定市政府，联合莲池高新区管委会，在展示中心设立临时行政审批中心，未来在创业广场正式落成一站式服务大厅，落实各项业务审批权限，深圳园内封闭运行，简化入园企业办事流程。

（四）资金保障方面

一是积极推动股东认缴注册资本金拨付到位，为园区起步奠定坚实基础。二是积极主动协调保定市政府落实合作协议中关于园区发展专项资金条款。深保发展公司多次组织法律、税务专家研讨园区发展专项资金的使用路径和使用方式，创新以资本溢价方式进行资金返还，迄今为止，已实收园区发展专项资金 4.2 亿元。三是与多家银行开展融资磋商、合作。各项目融资贷款均顺利通过投控公司审批，以较低的融资成本保证了深圳园项目快速开发建设。

未来深圳园将打造"房东+股东""园区+社区""基金+基地"的产业园区运营模式；集中商业、医院、学校等优质配套资源，构建邻里、教育、健康、创业、建筑、交通、低碳、服务、治理九大场景，实现 10~15 分钟工作生活圈，打造具有归属感、舒适感和未来感的新型产城社区。

第十六节　案例 16：深圳湾（保定）创新中心①

深圳湾（保定）创新中心（以下简称"保定创新中心"）自 2020 年 9 月揭牌运营以来，立足保定市情，依托深圳湾园区资源平台，把握

---

① 资料来源：根据深圳湾（保定）创新中心提供的资料和本书调研小组实地调研资料整理所得。

京津冀协同发展和雄安新区建设机遇，与保定市相关职能部门紧密协同，大力开展招商工作，不断完善产业生态，实现了项目稳健可持续发展。项目概况及运营情况说明如下。

一　保定市经济社会发展情况

保定地处京津石金三角，雄安新区战略腹地，市中心距北京 140 公里，距天津 145 公里，距石家庄 125 公里，处于首都政治"护城河"的最前沿。在京津冀协同发展重大国家战略中，保定处于推动京津保地区率先联动发展的核心区，是京津冀世界级城市群中重要的区域性中心城市。2023 年保定生产总值达 4012.2 亿元。

保定制造业质量竞争力指数连续 9 年排名全省第一。2023 年长城汽车全年销量 123 万辆，同比增长 15.3%，其中海外销量首次突破 30 万辆；电力及新能源高端装备集群产值达 1470 亿元，同比增长 17.6%，"中国电谷"产业名片在央视推介。被动式超低能耗建筑新开工面积连续 3 年全省第一。数智赋能产业发展，东湖云端、深圳湾等 5 个数据服务产业示范基地初具规模，截至 2023 年，全市数据服务企业 500 家，从业人数 2.5 万人，跻身全国数字经济百强城市。县域经济活力增强，"2+1"产业布局不断完善，竞秀、曲阳经开区获批，省级开发区实现全覆盖。白沟市场和安国中药材交易市场上榜"中国商品市场综合百强"。

保定国家高新区于 1992 年经国务院批准设立，面积 60 平方千米。经过多年发展，高新区形成了以新能源及电力装备制造、新一代信息技术、生命医疗健康为主导的"3+N"现代高新技术产业体系，重点打造了"中国电谷"品牌，聚集了天威英利、风帆集团、国能联合动力等龙头企业。

以电谷企业为核心组成的保定电力及新能源高端装备集群，成功入围国家级先进制造业集群；光伏产业国际领先；风电产业集群发展；智能电网产业全面崛起；以数据服务、人工智能、第三代半导体为主攻方向，新一代信息技术产业加速聚集，一批行业知名企业相继落地；生命医疗健康产业蓬勃发展，积极打造保定生物医药谷。

二　保定创新中心基本情况

（一）项目背景

深圳湾（保定）创新中心是深圳与保定战略合作框架协议明确约定的合作项目，也是深投控和保定国家高新区的重要合作内容。根据深投控工作部署和要求，2019 年 11 月 29 日，深圳湾科技发展有限公司与保定国家高新区管委会签订《深圳湾（保定）创新中心建设运营合作协议》，明确在保定国家高新区合作建设深圳湾（保定）创新中心。协议约定，深圳湾（保定）创新中心致力通过导入深圳湾园区成熟的运营模式和丰富的产业资源，打造保定市高端产业集聚区，培育新兴产业，助力保定产业转型升级，为保定高质量发展提供重要支撑。

2020 年 9 月 28 日，深圳湾（保定）创新中心正式揭牌运营，同年 11 月 30 日，深圳湾（保定）创新发展有限公司（以下简称"深圳湾保定公司"）在保定国家高新区注册成立，为深圳湾科技全资控股子公司，全权负责运营保定创新中心。

（二）基本情况

深圳湾（保定）创新中心位于保定国家高新区乐凯北大街和北二环路交汇处，距保定市政府、城市核心商业中心均约 5 千米；总建筑面积约 10.2 万平方米，地下 2 层约 2.6 万平方米，地上 25 层约 7.6 万平方米；由 A、B 两座塔楼及裙楼构成，塔楼楼高 99.9 米，塔楼标准层面积约 1430 平方米，停车位共 434 个；园区交付标准为精装修。

（三）合作协议主要内容

一是引入深圳湾创业广场成熟运营机制和创新生态体系，为深圳湾

（保定）创新中心内企业提供产业信息、政策引导、产业培育、金融投资及市场开拓等精准服务，为当地高技术研究、技术创新、科技双创提供支撑，助推保定新兴产业快速成长。

二是以深圳湾（保定）创新中心为载体，通过以商招商、委托招商、产业链招商等形式，围绕智能汽车、智慧城市、新能源、新材料、新一代信息技术等产业，向保定国家高新区引入科技创新项目、双创孵化项目、科技配套服务企业等，引进产业链上下游企业，打造高端行业聚集区，培育新兴产业，积蓄保定发展新动能。

三是对接深圳高端智力、前沿技术资源，承接深圳产业转移，推动深圳人才、资本、技术、信息等要素资源在保定国家高新区的集聚。

（四）项目运营发展情况

截至 2024 年 2 月，保定创新中心共计引进企业 43 家，其中科技型企业占比超过 80%，省外企业占比超过 70%，整体出租率约 60%。入驻企业所属行业主要为数字经济、新一代信息技术、新材料、新能源以及金融和工程服务类。企业类型主要为京津等外地企业、区域总部企业以及全市重点孵化的成长型企业。保定创新中心形成了数字产业集聚领先优势，打造了保定市首屈一指的数据服务产业集聚高地，被保定市工信局认定为"保定数据服务产业创新示范基地"，成为保定数字经济发展的重要支撑。

2023 年 1 月，保定国家高新区向深圳湾科技发出感谢信，对保定创新中心发展给予高度褒扬。2023 年 8 月，保定国家高新区再次致函深圳湾科技，盛赞保定创新中心"为高新区创新驱动发展提供了有力支撑，成为保定创新发展的一张靓丽名片"。深圳湾保定公司 2022 年获评"河北省科技型中小企业"，2023 年获保定国家高新区年度"协同创新突出贡献奖"。

三　保定创新中心招商运营规划

（一）项目定位

保定创新中心依托深圳湾以及深投控丰富的产业和金融资源，秉承深圳湾园区产业生态发展理念，立足保定，面向京津冀。通过链接深圳以及大湾区丰富的产业和创新资源，全方位融入深圳元素，全流程提供深圳服务，全周期共享深圳资源，构建具有深圳特色的园区、创新资源丰富的产业生态体系，为保定市产业升级和实体经济发展提供强有力的支撑。

（二）"3+N"现代产业体系

1. 三大主导产业

依托深圳在战略性新兴产业领域的发展优势，保定创新中心瞄准新一代信息技术、数字经济、生命健康三大产业，围绕京津冀协同发展和雄安新区建设重大机遇，引导具备条件的深圳企业在保定市设立分支机构，加强深保两地经济资源与产业要素高效融合，提升保定创新中心"深圳元素"的含金量，构筑具有深圳特色的产业格局。

2. N 项优势产业

结合保定产业发展情况，对于新能源及智能电网、高端装备制造、新材料、节能环保等保定市传统优势产业，积极围绕产业链招商，充分发挥行业龙头企业对产业链的带动作用，营造产业生态氛围，促进产业集聚。主动对接北京、天津等转移到保定的产业资源，与"三大主导产业"协同打造"3+N"产业体系，形成具有深圳基因、体现产业链特色的产业生态体系。

（三）创新发展"三大平台"

1. 中小企业区域总部平台

积极引进财富500强、中国企业500强、行业龙头企业、独角兽企业等重点企业的区域性、功能性总部，围绕重点企业布局总部、研发、销售等分支机构的功能诉求，营造楼宇经济氛围，打造中小企业区域总部基地。

（1）集聚重点企业区域总部

充分利用优质的空间资源，积极把握保定市多重发展机遇叠加的政策利好，围绕"3+N"现代产业体系，引进全球产业领域重点企业、行业龙头企业，在保定创新中心设立分支机构，构建保定市具有影响力的产业高地。

（2）共享深圳产业资源

发挥好深圳和保定两地企业的桥梁和纽带作用。依托深圳，立足保定，积极引导有条件的深圳企业来保定发展，提升保定创新中心"深圳企业"的含金量，为深圳企业布局雄安提供支撑，打造深圳企业北上发展的桥头堡。同时，整合深圳优势资源，为保定企业共享深圳优质的产业创新资源搭建平台，使之成为深保两地产业协同发展的重要载体。

（3）打造产业生态圈

充分发挥产业链招商的价值，瞄准云计算、5G通信技术、生命健康等保定市重点落地的关键项目，依托产业链核心企业，打造产业生态圈，促进产业链关联企业在保定创新中心落地生根，协同发展，为保定创新中心产业招商提供有力支撑。

2. 产业创新发展加速平台

规划建设保定创新中心产业创新空间，引进具备品牌影响力和专业实力的孵化器运营机构，争取打造1~2家具有国家级/省级资质的科技孵化器，集聚各类要素资源，构建良好的科技创新生态。

（1）建设科技企业加速器

为成长型科技企业搭建专属平台，服务保定中小企业转型发展。依托保定创新中心丰富的创业孵化资源和运营经验，规划建设智能制造、医疗器械、区块链等专业领域科技企业加速器，为保定实体经济转型升级、科技创新创业生态发展提供支撑。

（2）完善科技金融服务

构建完善的科技金融服务体系，集聚创投、天使、基金等金融服务要素，发挥"创新、创业、创客、创投"四创联动效应，完善创新孵化闭环，让科技"原创力"加速迸发，助力科技创新。

（3）培育优质项目资源

营造开放的项目投资环境，突破区域性资源限制，集聚保定具备投资价值的优质创业项目资源，形成及时更新、筛选、反馈的优质项目池，联动深圳优质的 VC/PE、天使投资及金融服务机构，为保定创新型企业发展提供融资渠道，打造保定市最具价值的活力创新中心。

3. 综合服务平台

充分整合保定创新中心周边配套的公共服务资源，并与保定发改、科技等职能部门协同，引入科技成果交易、人力资源、管理咨询、金融等专业服务，构建综合服务体系，提升运营品质，为保定创新中心发展营造良好氛围。

（1）整合公共服务资源

充分利用周边配套的公共服务资源，包括保定市民服务中心、高新区税务局办事大厅、电谷科技中心党员活动中心等公共服务资源，构建公共服务体系，作为保定创新中心发展的重要支撑。

（2）完善产业服务体系

建立完善的产业发展配套服务体系，与东侧科技局创新超市（含众创空间、科技服务办事大厅及科技展厅）积极协同，共享科技服务资源，联动招商，同时，策划产业服务产品，为保定创新中心科技企业提供专业服务，切实提升保定创新中心产业服务能力。

（3）构建专业服务体系

整合专业服务机构，为入园企业提供一站式工商、税务、法律、人力资源等专业服务。同时，针对企业需求，促进入驻企业之间资源共享，引入共享机房等专业服务。为中小企业减轻负担，促进企业协同发展，互利共赢。

四 保定招商及发展策略

一是坚守发展定位，全力打造保定创新中心。积极整合北京和深圳等地产业和创新要素资源，打造保定创新中心，为保定市产业转型升级提供有力支撑。保定创新中心 A 座规划为科创高地，引进专业机构合作建设国家级科技企业孵化器，协同保定市政府，整合人力、科技服务资源，打造公共服务平台。保定创新中心 B 座规划为中小企业区域总部基地，突出数字经济产业特色，承接北京、深圳等地外溢产业，促进产业集聚。

二是多维度构筑产业生态体系，发挥产业生态招商引商优势，围绕主导产业开展精准招商活动，多元拓宽招商渠道，提升招商工作实效。紧密围绕数据服务产业发展规划，不断完善数据服务产业生态，发挥产业链招商优势，协同保定国家高新区招商局、保定深圳园建立联动招商工作机制，组织赴北京、深圳开展精准招商活动，参加北京、上海、深圳等地举办的产业论坛及展会活动，多维度宣传推广保定创新中心，充分发挥产业生态招商平台优势，做强做大数据服务产业，彰显产业集聚领先优势。

三是积极链接深圳湾资源，突出保定创新中心"深圳特色"。引入数据服务产业生态，联合保定创新中心的数据服务企业开展协同创新活动。嫁接深圳湾园区科技金融超市资源，在保定创新中心设立远程服务中心。引入深圳湾产业发展基金，助力建设完善的科技创新生态体系，提升保定创新中心的"深圳元素"含金量。

四是充分依托深圳湾园区平台，宣传保定创新中心，搭建深圳、保定两地企业信息沟通桥梁。构建保定创新中心微信公众号、官网等传播平台，实时发送园区资讯。借助深圳湾园区电梯广告等传播平台宣传保定创新中心，与深圳湾园区保持品牌联动，积极融入深圳湾园区产业生态体系。

五是持续增进与保定市及保定国家高新区的沟通，推进务实合作。推动加强与保定国家高新区之间的互动交流，适时邀请管委会主要领导前往深圳开展工作交流活动，提升保定国家高新区领导对深圳湾园区发展理念及模式的认知，加强联系，增进沟通，促进合作。

五　保定创新中心运营经验

保定创新中心开园运营以来，虽然取得了一些成果，得到了保定当地合作单位和业务主管部门的充分肯定，但也存在很多不足之处。深圳湾保定公司作为异地项目公司，实行属地化管理，团队人员以当地人员为主，专业性需要加强，业务能力亟待提升；企业文化建设需要加强，需要加大新员工培训力度，切实增强团队凝聚力；深圳湾保定公司需要进一步强化与深圳湾公司总部的业务协同，以加快发展等。总结而言，项目主要运营经验如下。

一是需要夯实与当地政府及相关单位的协同基础。深圳湾保定公司既是异地项目公司，又是轻资产管理的平台公司。为保障公司顺利运营，与当地政府机构、产权单位的协同关系至关重要。深圳湾保定公司成立以来，与保定市发改委、工信局及高新区管委会等相关单位建立了良好的沟通机制，并与产权单位和物业管理单位建立了友好的协作关系，为深圳湾保定公司发展奠定了良好的基础，需要进一步夯实协作关系，强化合作机制，以保障保定创新中心高质量发展。

二是需要充分依托深圳湾园区平台，发挥总部资源优势。保定创新中心发展，深圳湾公司总部的支持不可或缺。深圳湾保定公司成立以来，深圳湾公司党委办公室、财务管理部、招商运营部提供了强有力的支持，这些都是保定创新中心茁壮成长的支撑力量，为加大深圳产业资源招商力度，提升保定创新中心"深圳元素"含金量，深圳湾保定公司需要进一步强化和深圳湾公司总部之间的协同关系，深度融入深圳湾公司发展战略，成为深圳湾园区产业大生态中的一员，搭建保定和深圳两地产业资源协同发展的平台，依托深圳湾公司丰富的产业资源和运营经验，将保定创新中心打造成体现"深圳标准"的高质量园区。

三是需要加强企业文化建设，打造专业人才队伍。深圳湾保定公司成立以来，按照深圳湾公司发展战略要求，打造了高质量的专业团队。通过加强新员工培训力度，提升深圳湾保定公司新员工对深圳湾公司企业文化的了解，增强团队凝聚力和向心力，切实增强业务能力，提升服务水平，展现深圳湾公司良好的品牌形象。结合深圳湾公司发展战略要求，加强深圳湾保定公司企业文化建设，提升团队人员专业素质，是保障保定创新中心高质量运营的基础，对于深圳湾保定公司未来可持续发展极其重要。

第十七节　案例 17：白鹭湾科技生态园①

白鹭湾科技生态园紧密依靠深圳、成都两地技术和产业发展优势，促进各类资源在粤港澳大湾区与成渝经济圈高效协同、联动共享，建设集生产、生活、生态功能于一体的科技生态圈，打造深蓉合作示范标杆园区。现将项目概况说明如下。

---

① 资料来源：根据白鹭湾科技生态园提供的资料和本书调研小组实地调研资料整理所得。

一　成都市经济社会发展概况

成都产业升级优化和动能培育势头强劲。过去 10 年来，成都规模以上工业增加值年均增速达 7.4%，居全国副省级及以上城市第四位，从过去制造业相对落后的城市发展为全国排名前 10 的制造业强市。成都已形成电子信息、装备制造、医药健康、新型材料、绿色食品五大支柱产业（合计占规模以上工业增加值比重超 70%），软件和信息服务、高端能源装备、电子信息三个集群入选国家先进制造业集群。成都产业高质量发展基础扎实。成都抓住长江经济带、西部沿海新通道建设等战略机遇，正在由内陆腹地变为开放前沿。在物流成本、人力资源成本、生活居住成本等方面优势凸显。与深圳相比，成都物流成本低 40%（深圳物流 2.5 元/台、成都 1.5 元/台），人工成本大约低 30%（深圳 6000~7000 元/月、成都 4000~5000 元/月），电费成本低 50%（深圳电费 1.2 元/千瓦时、成都 0.6 元/千瓦时）。全市 600 万产业工人中，技能人才总量突破 200 万人，其中高技能人才占技能人才的比在 30% 以上。成都推动高质量发展意愿强烈。成都大力培育电子信息和装备制造两个万亿元级先进制造业集群，深入实施"建圈强链"战略（"建圈"指建立"链主企业+领军人才+产业基金+中介机构+公共平台"的产业生态圈，"强链"指通过"稳定供应链、配置要素链、培育创新链、提升价值链"达到强化产业链的功能），努力强化产业空间保障，在全市布局 12 个产业生态圈和 66 个产业功能区，支持国有企业参与园区建设运营，形成良性滚动开发模式。成都人才集聚效应加速形成。成都是充满烟火气的"休闲娱乐之都"，被联合国教科文组织评为亚洲第一个"世界美食之都"，连续 14 年蝉联"中国最具幸福感城市"第一名，被誉为"一座来了就不想走的城市"。成都近年来成为年轻人的重要就业选择地，最近 10 年人口增长超 580 万人，大专以上学历人才多达 536 万人，仅次于北京、上海，位居全国第三。

二 白鹭湾科技生态园项目简介

(一) 项目背景

2020 年 10 月 20 日,成都市锦江区白鹭湾新经济总部功能区管委会、深圳市投资控股有限公司(以下简称"深投控")下属全资子公司深圳湾科技发展有限公司、成都产业功能区投资运营集团有限公司(以下简称"成都产投集团")共同签订了《成都深圳湾科技园项目合作备忘录》,就合资设立白鹭湾项目公司进行框架性约定。

2021 年 1 月,锦江区人民政府、深投控、成都产投集团签订《投资合作补充协议》,就合作开发白鹭湾新经济园区项目所涉项目范围、项目定位、建设内容、合作方式、合作目标以及相关权利义务等作出进一步的补充安排。

白鹭湾科技生态园项目开发主体为成都市兴锦白鹭湾建设开发有限公司,注册资本金 40 亿元,是深圳市投资控股有限公司、成都兴锦建设发展投资集团有限责任公司(区属国企,以下简称"兴锦建设")、成都产业功能区投资运营集团有限公司(市属国企)三方增资扩股形成的合资企业,持股分别为 51%、29%、20%。

(二) 项目基本情况

白鹭湾科技生态园项目位于成都市中心城区锦江区锦江软件园,处于成都发展东进、南拓战略交汇处。项目距双流国际机场 14 公里,距天府国际机场 54 公里,距成都东站、南站 6~7 公里,距青白江国际铁路港 37 公里。项目周围路网交织,紧邻锦江大道(双向八车道),公交地铁全覆盖,2 公里内有 4 个地铁站,覆盖 3 条地铁线路,400 米内有 3 个公交站。

锦江软件园由"一道九园"组成。其中白鹭湾科技生态园是"一道九园"的核心起步区，携手一江之隔的天府软件园，共同打造成都软件产业聚集高地。

项目所在片区总规划面积约 3650 亩，起步区占地约 1146 亩，园区总占地约 477 亩，容积率 2.5～3.0，总计容面积约 83 万平方米，集合约 66 万平方米高品质产业空间，约 17 万平方米配套服务空间，地上地下总建面约 122 万平方米，总投资 102 亿元，由深投控、成都产投集团、锦江发展集团（兴锦建设）共同投资。项目依托深投控优势产业资源和先进园区运营经验，聚焦以人工智能为引领的产业互联网细分领域，打造集生产、生活、生态功能于一体的国际一流复合型高科技产业园区。

（三）合作协议主要内容

2021 年 5 月，深投控与成都市政府签署战略合作框架协议，双方约定围绕科技园区、科技产业、科技金融等领域开展全面深入合作，打造两地合作示范项目，即白鹭湾科技生态园。其中，深投控为深圳市国资系统首家入选世界 500 强榜单的企业，2022 年位居《财富》世界 500 强榜单第 372 位，在深圳成功塑造了"北有中关村，南有深圳湾"的园区品牌。锦江发展集团为成都市锦江区委、区政府批准设立的区属国有独资公司，资产总额近千亿元，主要负责城市更新、片区综合开发、国际商圈建设，参与了春熙路、太古里、东大街等知名商圈的开发运营。成都产投集团为成都市最大的国有产业园区开发运营平台公司，资产总额超过 1200 亿元，近五年累计为全市 1.5 万余户（次）中小微企业提供资金支持约 2000 亿元。

为满足深投控异地产业园投资回报收益率要求并为入园企业提供低成本产业空间，深投控与成都市及锦江区作出系列协议安排。一是签订回购协议。与当地政府事先确定回购评估价，由当地政府按照评估价完成 10 亿元货值回购，为园区滚动开发提供利润支撑。二是出台租金补贴。支持园区低成本供应产业用房，对于每平方米月租金在 60 元至 80 元的产业用房，当地政府按照 80 元的标准对差额部分予以补贴；对于每平方米月租金在 60 元以下的产业用房，每平方米补贴 20 元。上述协议安排，彰显了当地政府对务实推动产业共建的决心和诚意，也离不开成都市和锦江区的财力支持。

（四）项目建设情况

截至 2024 年初，在建设方面，A158-1 及 A158-2 地块已按期交付并正式投入运营，A158-3 及 A159/165 地块取得预售许可正式开售，三期已完成概算编制、建筑方案。在租售方面，累计完成销售回笼约 11 亿元，2023 年下半年启动租赁招商工作。在招商推广方面，一是依托白鹭湾科技生态园全球首发活动、白鹭湾科技生态园首批企业入园活动等大型园区活动，协同锦江区政府在上海、北京、珠海、福州等地开展推介招商。二是围绕圈层、商协会、市场化机构开展渠道拓展，年内与 78 家机构建立招商联系，签约蜀道集团、高新投集团、明源云、英飞拓、怡亚通等一批电子信息领域优秀企业。

三 项目招商运营优势

一是生态环境优渥。项目位于成都立法保护的环城生态带内，毗邻国家 4A 级景区白鹭湾湿地公园，绿化覆盖率达 47.2%，人均绿化面积达 70 平方米，远高于成都平均水平（16 米^2/人）。通过风廊冷岛、明渠碧道、绿色建筑等设计，构建安全韧性、低碳智能园区，打造空中、垂直、中庭立体花园式办公场景。二是提供数字园区服务。项目通过以大数据平台为智慧中枢的园区大脑，构建产业、企业、人员、载体、商业、管理 6 类数据画像，实时感知园区企业及人群的动态，有效连接园区产业、企业、公众、服务等资源，形成全面感知、主动识别、智慧干预、持续改善四个核心能力，持续提升园区运营管理和产业服务能力。

三是出台助企惠企政策。入园企业不仅可享受锦江区"1+3+3"产业扶持政策体系，在产业扶持、人才引育、金融服务、场景营造等方面降本增效。还可以专享白鹭湾 10 条专项政策。四是共享全球资源。基于股东深投控开发运营的 50 多个产业园区和深圳湾 MyBay 企业会员体系，园区链接超万家企业、产业生态伙伴、服务机构及政府资源等，为入园企业发展提供全方位资源供给，通过链接高品质产业服务、公共服务、商业服务、专业服务解决企业拓市场、链资源、招人才等多方需求。

第十八节　案例 18：汕尾创新岛（深圳）[①]

一　项目概况

汕尾创新岛（深圳）（以下简称"创新岛"）三大功能定位为创建技术创新研发中心、构建科技成果众创平台、搭建深汕联合招商平台。重点工作为助力地方高企培育与新研机构设立，与双招双引相结合，与地方乡村振兴工作相结合，政企融资助力本地企业融资发展；助力本土企业建立研发中心满足研发需求。

二　主要工作推进情况

（一）规范管理，完善制度

一是出台创新岛建设方案，明确建设方向。二是印发执行创新岛运营情况考核办法，探明功能短板，补足企业孵化、项目引进、成果转化和对外宣传等能力短板。三是严明企业、创新团队入驻审批机制，对入驻企业、创新团队当年人才招引、成果产出、成果转化产业化等情况进行考核，对运营情况不理想的企业、创新团队予以清出。

[①] 资料来源：根据汕尾创新岛（深圳）提供的资料和本书调研小组实地调研资料整理所得。

（二）优化服务，助引才智

一是对接名校大院，提供科技服务，拓宽企业对外合作视野。二是搭建数字化创新创业、云研发等两大数字化平台，为入驻企业、创新团队资源共享和调用提供快捷路径。三是解决汕尾科研人才购买深圳社保待遇难题，使科研人才安心在深圳为汕尾搞研发，截至 2024 年 6 月，已通过 7 家企业成功引进 38 名各类科研人才。

（三）搭建招商平台，展示良好形象

创新岛积极对接深圳新三板上市协会、广东省青企协、深圳市青年企业家联合会等 50 余个商协会，举办招商推介活动 40 场，直接和间接促进招商引资落地项目额近 100 亿元。成功引入深圳市蓝海湾新能源与环境创新研究院固态电池生产项目、深圳市欧名朗实业发展有限公司无机水性渗透结晶型防水材料生产项目等重大产业项目。

三 亮点及成效

（一）资源导入方面

一是引入企业、创新团队。二是加强产学研对接合作。6 家企业已完成产学研合作框架协议签订，并正式联合开展技术研发。三是加大人才招引力度。共引进科技研发人才近 200 人。

（二）企业孵化方面

一是汕尾创新岛（深圳）累计引进创新团队 90 个，在汕尾落地注册企业 49 家。其中，通过科技型中小企业评价的企业 15 家，2 家企业申报认定 2024 年国家高新技术企业。二是入驻企业和团队已完成各类知识产权申报共计 217 项。三是有效推进科技成果在汕尾转化落地。深

圳聚源宝鼎农业生物科技产业发展有限公司引进的金花葵精华萃取技术，已在红海湾经开区应用；广东冠龙生物科技有限公司引进的亚麻籽提纯方法，使其 2022 年 1～10 月营收达到 1763 万元，较 2021 年全年营收增长 207%；汕尾市芯陪伴科技有限公司彭华华创新团队生物传感科技成果与广东娜菲实业合作，实现新品开发试产，形成"研发设计在深圳，生产转化在汕尾"的协同创新生态。

（三）对外窗口展示方面

创新岛正式运营以来，已接待广西党政代表团、湖南省政协等近 100 个省内外政府单位来访，有效宣传了汕尾市区域优势、自然禀赋、经济社会发展潜力，助推经济发展、科技创新等扶持政策，展示良好形象。

第十九节　案例 19：江西省赣州市粤港澳大湾区人才科创中心①

赣州市粤港澳大湾区人才科创中心（以下简称"中心"）由江西省赣州市委组织部与北航投资有限公司联合共建，为赣州开辟的首个人才工作"湾区前哨站"，旨在搭建赣州驻大湾区的双招双引、异地孵化、科创成果转移转化的服务平台，产业资源、优质项目、人才需求的对接平台，城市发展、人才政策、经济文化的宣传平台，为借智招商、补链强链做好前沿探索，打造赣州乃至江西的"人才融湾第一阵地"。

中心位于南山区粤海街道北航大厦第 23 层，面积近 1600 平方米，设有江西和赣州人才政策宣传厅、路演厅、会议室、交流区和可供近 10 个创业团队孵化的办公室，为赣州市在智力招引、科技创新、项目

---

① 资料来源：根据赣州市政府相关部门提供的资料和本书调研小组实地调研资料整理所得。

孵化、人才创业等方面提供服务。2023年10月30日，中心正式揭牌运营。揭牌当日至次日，人才科创中心先后举办赣州市粤港澳大湾区"招才引智招商引资"活动和2023年深赣科技人才创新创业大赛启动仪式，在"双招双引"活动中，赣州市委组织部、市科技局、市投资中心、赣州人才集团与大湾区有关单位、企业签订了战略（项目）合作协议9个，促成赣州市有关县（市、区）与大湾区企业现场签订项目20个。在深赣科技人才创新创业大赛启动仪式上，发布了科创大赛项目，吸引了深赣两地一批科创企业（项目）参赛。截至2024年6月底，中心已举办招才招商、产业对接、项目路演等活动20余场，其中创新创业大赛1场、招才引智推介活动1场、项目路演活动10场、产才对接活动7场；项目对接考察6期，累计邀请2名"孔雀"人才和15家科创企业到赣州实地考察，并与潜越科技、望家欢、必爱智能3家企业洽谈落地事宜。

中心紧紧围绕赣州"1+5+N"产业发展需求和融入粤港澳大湾区人才先行区建设，瞄定"引智在深圳，用才在赣州""孵化在深圳，转化在赣州""对接在深圳，落地在赣州"目标，持续发挥"三平台一阵地"支撑作用，加快构建科技创新助力产业升级、人才驱动经济发展的新高地、新引擎，为赣州高质量发展拓展广阔空间、激发澎湃动能。

第二十节　案例20：浙赣边际合作
（衢饶）示范区[①]

浙赣边际合作（衢饶）示范区（以下简称"示范区"）位于浙赣两省交界，320国道以南。为构建赣浙两省开放发展大通道、"山海协作"大平台，践行"两山"理论，促进两省优势互补，培育边际经济新的增长极，2019年2月，浙赣两省主要领导高位推动，两省发改部

---

① 根据江西省相关部门提供的资料整理所得。

门密切联动，选定在浙赣两省三县市交界处（江西省玉山县和浙江省常山县、江山市）建设衢饶示范区。

示范区规划总面积 20 平方千米，其中玉山片区面积约 14.01 平方千米，常山片区面积约 3.09 平方千米，江山片区面积约 2.9 平方千米。示范区远期规划将形成"一核、一网、两轴、五区"的空间格局，其中，"一核"指示范区的公共服务核心，集聚了商业商务、学校、医院等大型公共服务设施，"一网"主要依托保留的基本农田、林地等打造生态绿网，"两轴"分别指沿 320 国道的科创工贸轴及沿浙赣大道的城市生活集聚轴，"五区"即示范的五大产业片区，分别为生产性服务片区，智能制造片区，数字设备制造片区，新材料、新能源制造片区及高端装备制造片区。示范区成立 5 年来，从"转移"到"飞地"找到区域协作突破口，浙赣两省各级围绕合作共建积极探索，在机制联动、要素共享、政务协同等方面取得了一系列成果。

在顶层设计方面，战略合作多级联动。坚持"机制并轨、人员并用、规划并行"，出台《浙赣边际合作（衢饶）示范区建设方案》，建立联席会议制度。衢饶示范区被列入《2023 年浙江省推进长三角一体化发展工作要点》，入选第二批最佳实践名单。市级层面，衢饶两市高规格成立共建领导小组、设立管委会筹委会。县级层面，三县（市）成立指挥部、发展中心，抽调精干力量集中办公。常山与玉山签订战略合作框架协议，两批 35 个合作事项加快落实。

在体制机制方面，全力创新迭代推进机制。一是提级推进。编制衢饶示范区"提级推进"实施方案，将示范区提级为市级平台，智造新城统一托管实施，建立"平台+公司"组织架构，实现衢州片区一个主体、一套方案、一致行动。按照"经济管理职能应给尽给，社会管理职能完全剥离"的原则，厘清推进机构和属地政府的职责边界。建立半月、月度、半年定期协调推进机制，加强省际合作重点难题和重大项目协调推进。二是强化政策保障。在环境容量、能耗指标、设施代建、政策补助等方面给予专项倾斜，提升省际产业合作平台吸引力。如示范区项目优先列入市本级重大项目计划保障用地指标；支持市县联合组建专项产业基金，探索与玉山县组建合伙基金，对落地园区的重大产业项目给予基金配套；示范区内工业项目固投 5 亿元以上即可享受 "一事一议" 政策。三是合理有序开发。编制形成衢饶示范区工作推进计划和重点项目清单，明确开发公司组建、土地政策处理、重点项目开工时间节点。

在示范区建设方面，资源要素开放共享。投入 33 亿元推进 "水电路气" 等基础设施配套项目，全力建设 "管网上的示范区"。为解决供水排污问题，衢饶水厂一期和上饶污水处理厂建成投用，服务范围覆盖示范区和常山、玉山 2 县 3 个乡镇 11 个村。为解决供电供气问题，常山鑫龙线与玉山东垄线电路完成跨省互联、实现应急转供；浙能燃气与江西中久燃气达成合作，待管网铺设完成后，两地可互保互供。为解决交通出行问题，三县（市）努力实现 15 分钟直达、公交出行无缝衔接，上饶到常山即将享受高速免费。

在圈层经济融合方面，形成比学赶帮超态势。衢饶两地各扬所长，合力构建 "一核、两辐射" 的发展经济圈，加快各示范区建设，形成比学赶帮超态势。一是加快产业布局。围绕衢州 "6+X" 产业链拓展，在组团区建设轴承小微产业园，招引落地企业 10 家，与玉山片区的有色金属等产业形成链上互补。二是发展总部经济。投资 2.65 亿元建成浙赣省际未来驿站，与玉山县开展联合招商。三是探索共富路径。常玉携手开展共富果园、共富菜园试点，推进常山胡柚、香柚产业和玉山马家柚产业的融合，达成西兰花、红辣椒等特色农产品产销合作，带动交界村村民人均增收 3000 元以上。四是相互促进。示范区秉承边建设边招商的原则，通过对标邻县成功经验比学赶帮超，加快示范区建设发展。如玉山县境内 6.2 平方千米的先行启动区建设框架全面拉开，正在洽谈入园 "5020" 项目 2 个。常山县同样对标玉山县，加快示范区建设进度，围绕新经济、新能源、新材料、新制造的产业布局加大产业招商力度，全面优化营商环境，强化保障要素，促进三县联动发展。

在共同治理方面，跨省协作全域推进。坚持"不破行政隶属、打破行政边界"，以制度创新引领跨省协作。一是治理共抓。三县（市）共同设立巡回审判点和共享法庭，案件实现跨行政区域联动化解。常山创新打造"平安边界·智慧安防"数字应用，"跨省网格"覆盖3地4镇12个边际村，近两年县级以上信访案件零发生。二是服务共推。常玉两地108项政务事项实现跨省通办，仅2022年常山县就办理了跨省服务业务2800余件，相关经验获浙江省委改革办《竞跑者》刊发推广。三是生态共保。两地建立气象数据共享、应急处置联动等协作机制，建成省际气象站、环境监测站，协同推进省际生态高水平保护。四是文化共享。从1986年开始，三县（市）轮流举办"三山艺术节"，成为国内省际合作从未中断、持续时间最长的文化交流活动。

第二十一节　案例21：川渝高竹新区①

一　基本情况

川渝高竹新区（以下简称"新区"）由重庆市人民政府、四川省人民政府于2020年12月29日共同批准设立，2021年12月27日正式挂牌。新区规划面积262平方千米，其中广安市138平方千米、渝北区124平方千米，包括广安市邻水县高滩镇、坛同镇和渝北区茨竹镇、大湾镇部分行政区域，现有户籍人口18.3万。新区聚焦"国家级新区"目标，按照改革试验区、产城景乡融合发展示范区、重庆中心城区新型卫星城"两区一城"发展定位，重点建设先进制造业集聚区、高品质生活宜居城、生态康养旅游带、都市近郊现代农业集中发展区，创新推

---

① 资料来源：根据川渝高竹新区提供的资料和本书调研小组实地调研资料整理所得。

进经济区与行政区适度分离改革试点。坚持"经济活动一体开展，社会事务分区管理"，搭建了5个一体化、3个属地化和18个重点领域改革的"5318"改革创新体系。未来5~10年，将锚定"践行新发展理念的社会主义现代化新区"，加快推进基础设施内畅外联、现代产业集群集聚、公共服务同城共享的产城景乡融合发展。

二　发展优势

一是区位优势明显。新区距重庆两江新区15公里、江北国际机场35公里、果园港52公里、重庆火车北站55公里，毗邻中国（重庆）自由贸易试验区、重庆保税港区、重庆临空经济示范区等国家级功能平台，属"重庆半小时通勤圈"。境内包茂高速、G210纵贯南北，重庆南北大道三期、川渝大道二期等直达重庆中心城区。

二是生态资源丰富。境内华蓥山、铜锣山呈南北走向平行展布，自然风光优美、气候条件宜人，御临河、桥坝河等长江支流穿境而过。华蓥山高海拔区域，是天然的"森林氧吧""都市绿肺"，也是重庆中心城区重要康养文化旅游目的地；有"西朝峨眉、东朝宝鼎"美誉的全国八大佛教圣地之一华蓥山宝鼎，是川渝地区远近闻名的佛教圣地。

三是政策优势叠加。川渝两省市按照"政策就高不就低、成本就低不就高"原则，为新区量身定制高含金量的支持改革创新发展的28条政策措施。制定出台工业、服务业、总部经济"黄金政策30条"，为企业入驻、项目落地提供全周期保障，并可择优享受四川省和重庆市产业扶持政策。

四是产业基础扎实。新区已建成面积6平方千米，入驻企业近200户，90%的产品配套重庆，初步形成以汽车研发制造为主的装备制造业集群，是重庆两江新区配套产业园、四川省新型工业化示范基地、成渝地区双城经济圈产业合作示范园区，未来将重点发展新能源智能网联汽车、新一代信息技术、生态文旅康养、都市近郊现代农业"2+1+1"

产业。

五是要素保障有力。新区的工业用地成本较重庆、成都低50%以上，水电气等要素成本较重庆、成都低15%以上。劳动力资源丰富，广安市每年外出务工人员超140万人（次），享有川渝两地200余所高等院校带来的创新创业优势和人才优势。

六是金融同城共享。中国人民银行成都分行与重庆营业部联合出台《关于金融支持川渝高竹新区建设的实施意见》，川渝两地金融机构在新区统筹布局，跨区展业，制定了与新区建设发展相适应的金融政策体系、产品体系和服务体系，金融供给保障有力。率先成立了全国首个跨省域税费征管服务平台，逐步统一川渝两地801项税费征管差异事项，改革经验入选四川省2021年度重大改革案例。

第二十二节　案例22：黄石在武汉、上海、深圳等地布局科创飞地，加快融"圈"入"群"①

创新平台是科技创新的第一阵地。黄石市提高站位，加快融"圈"入"群"，加快建设国家创新型城市，打造武汉都市圈重要增长极，持续加大科技要素投入。为破解创新资源集聚不够的问题，湖北省开先河，从2021年6月开始，先后在武汉、上海、深圳建成2.0版科创飞地。

一　试点先行，武汉突破

（一）提升开放创新格局

作为大都市区的主中心，长期以来武汉的龙头带动作用和辐射功

---

① 资料来源：根据黄石国有平台公司提供的资料和本书调研小组实地调研资料整理所得。

能不断凸显，但随着人口和产业的集聚，武汉也面临许多约束，进一步发展的空间受限。与此同时，湖北省内其他城市，也亟须投入资金、技术、人才、管理等要素，通过跨区域联合发展飞地经济，实现优势互补和共赢发展，黄石给出了自己的合作方案。

2021年，黄石市国有资产经营有限公司在武汉东湖高新区购买5.7万平方米建筑群，组建黄石（武汉）离岸科创园（以下简称"科创园"），这里也是武汉光谷所在地，距黄石60多公里。这块科创飞地承担起了科技研发、招商引"智"、企业孵化、科技金融、成果转化等重任，它对接光谷科创大走廊，是湖北省第一个在武汉建立的离岸科创中心。

经过3年的运营，创新园建设取得了新实效，作为湖北省首个科创飞地，黄石（武汉）离岸科创园被纳入全省科技创新"十大"创新工作品牌，入选"2021黄石市优化营商环境十佳案例"。

开园以来，科创园累计签约单位达126家，培育科技型企业112家，其中2024年上半年新增高新技术企业4家、科技型中小企业4家、省级"瞪羚"企业1家；与华中科技大学、湖北大学、湖北工业大学等高校共建成果转化中心3家。

（二）推动科技成果转化

聚焦光谷科创大走廊黄石功能区建设，黄石持续推进重大科创项目建设，高标准规划建设黄石科技城，打造武汉科技成果转化基地。

在黄石大冶湖核心区，总规划建设用地1700亩、总投资100亿元的黄石科技城于2022年开园，该项目分两期建设，一期项目作为对接武汉光谷、辐射鄂东最具活力的创新平台，为黄石建设武汉都市圈重要增长极贡献力量，二期项目预计于2024年11月正式投入使用。经过3年多建设，黄石科技城成为融入光谷科创大走廊的重要载体，已完成项目签约102个，入驻科技型企业76家。

在"一城多园"的骨架下，更多创新平台生成了黄石创新发展的细微血脉：与武汉大学共建黄石创新电子信息研究院，与华中科技大学推进光谷科创大走廊研究院建设，与武汉理工大学、湖北大学等高校已形成共建平台协议。依托科创平台，黄石大力推动创新链产业链供应链价值链四链融合，实现产业转型升级和高质量发展。

黄石创新电子信息研究院成立不到1年，就深入调研了20余家电子信息企业，梳理出5项技术需求，对接技术团队提出解决方案，开展技术攻关，相关技术难题均已成功解决。

（三）助力企业创新发展

黄石各大科创平台坚持服务企业促发展，整合阵地资源，打造集办公、技术研发、创新孵化、商务洽谈、休闲于一体的双创示范基地，着力为企业提供低成本的拎包入驻服务。

进驻黄石（武汉）离岸科创园的武汉惟景三维科技有限公司（以下简称"惟景三维"），与华中科技大学李建军教授团队联合开展技术攻关，业务发展迅猛，营业收入实现超100%增长，成功申报国家级专精特新"小巨人"企业。

湖北众堃科技股份有限公司（以下简称"众堃科技"）是第一批入驻黄石（武汉）离岸科创园的企业。入驻之前的研发团队只有10人，现已扩充至23人。借助武汉"九省通衢"的交通优势，众堃科技业务范围已扩大到全国各省市。湖北远大生命科学与技术有限责任公司入驻科创园后，借助园区提供的人才招聘平台，与武汉人才资源实现无缝对接，原来仅4人的研发小组如今发展成为26人。

二　选城择地，沪深楔入

（一）融入长三角，迈向新征程

依托国家创新型城市建设，黄石深挖创新动能，不断探索科创新模式。2022 年 11 月，在 G60 科创走廊的策源地、素有"上海之根"之称的上海市松江区，黄石（上海）离岸科创中心在海尔智谷创新园正式开园。

蓄而后发，必是拳重而力稳。作为黄石对接长三角的重要窗口和前沿阵地，黄石（上海）离岸科创中心已然发力。

引，是科创中心的一大功能，引才、引智、引资源，全面服务黄石高质量发展。聚，则是一大优势，便利的交通、核心的区位、优惠的政策，引得企业纷至沓来。

入驻黄石（上海）离岸科创中心的企业代表们对企业的未来充满信心。

截至 2024 年 6 月底，黄石（上海）离岸科创中心入驻蓝图生物、惠智康等 5 家企业，2024 年上半年通过上海离岸飞地引进至黄石企业 2 家。

（二）拥抱大湾区，搭建新平台

黄石市离岸科创平台"孵化器+桥头堡"功能日益显现，黄石（上海）离岸科创中心开园 9 个月后，黄石（深圳）离岸科创中心成立，探索打造黄石市"全域飞地"新模式重要布局，拉开了黄石与粤港澳大湾区互联互通、融合发展、创新联动的帷幕。

黄石（深圳）离岸科创中心位于深圳市南山区南光路启迪国际科创中心大厦，由黄石市国有资产经营有限公司与启迪控股股份有限公司共同运营，便捷的交通网络、完善的市政配套设施、集中的高端科技人才为企业的发展提供了强大的支持。中心成立当天，就吸引到 30 余名高层次人才、24 家基金公司以及深圳清华大学研究院等高校研究院的青睐。

黄石（深圳）离岸科创中心也是深圳企业了解湖北的窗口。云帆瑞达科技（深圳）有限公司是深圳一家研发生产人体感知传感设备的科技企业。公司负责人表示，入驻离岸科创中心能帮助企业早日打开湖北市场。

（三）布点到四方，抢占新商机

2021 年以来，黄石陆续在中部、东部、南部地区建设科创飞地。接下来，黄石还将借本土企业在外投资物业等方式，在北京、西安等科技创新要素比较集中的城市设立飞地科创中心，形成东西南北中一齐借力的布局，不断完善跨区域科技合作新机制，破解科技创新的瓶颈。

三　几地"开花"，黄石"结果"

（一）创新体制机制，凝聚工作合力

统筹用好市内市外两个阵地、两种资源。黄石先后出台《关于支持黄石（武汉）离岸科创园运营发展的若干政策措施》《创新离岸科创平台管理体制机制实施办法》等系列政策文件，在科技研发、人才引进、成果转化等方面给予政策支持。

黄石通过推动黄石科技城与离岸科创园形成"两园联动、两个闭环"，即让离岸科创园成为招引"桥头堡"，黄石科技城作为承接"大后方"，构建"研发在外地、制造在黄石"和"招才投智到招商引资、协同创新"两个闭环。

在招商引资方面，黄石搭建上海、深圳项目来源通道，派驻招商人员在沪常驻，储备 G60 科创走廊及粤港澳大湾区项目，增强上海、深圳离岸中心导入项目回黄的能力；在传统以商招商、合作机构招商、政府部门推荐等招商渠道的基础上，全面对接高校院所、基金公司及社会渠道资源，扩大朋友圈，储备充足招商资源。

同时，黄石积极实施创新主体培育行动。黄石市科技局提供的数据显示，截至 2023 年底，全市高新技术产业增加值占 GDP 的比重达

22.73%，居全省前列；获批国家特色产业基地 2 家，总数达 4 家，位居全省第一；新增省级创新型产业集群 3 个，位居全省第二。

（二）创新运营模式，集聚创新资源

随着三家离岸科创平台相继落地，黄石分别与长江中游城市群和长三角、珠三角城市群打通了人才、技术、资源的交互渠道，加强与园区飞地本土企业对接，探寻其与黄石深度合作的机会与模式，推荐回黄落地；依托科创平台内的产业技术创新中心、科技型企业总部中心、人才聚集中心等，建立项目筛选和引进机制，为有意向落地黄石的项目，提供技术、资金等全方位的服务和支持，确保项目能够顺利落地，大量人才、技术、资源通过科创飞地直接或间接地"飞"回黄石。

通过科创飞地，对接外地高校院所，实现了"研发在外地、制造在黄石"。其中，黄石（武汉）离岸科创园有 16 家入园企业借力武大、华科大等 15 所高校，攻克技术难题 50 多项。博控自动化等 57 家黄石企业在园区设立研发中心，新增专利 300 余项，实现年产值超 100 亿元，增长 10%以上。柔性引进教授、博士等高层次人才 73 名，研发人员 500 多名，有效实现了"引才在外地、用才在黄石"。

根据园区的实际情况和黄石产业发展需求，进一步明确和巩固园区的产业定位，确保定位的准确性和可行性；针对园区产业分布不清晰、企业分布不集中等问题，对园区企业分布进行升级和调整，清退未正常办公企业 11 家。聚焦电子信息、新材料等产业细分领域，构筑高品质科创空间和复合型产业空间，努力建设多个特色产业板块的"园中园"。将园区产业定位归纳为"3+2+1"格局（以高端智造基地、先进材料基地、光电子信息基地为主导，以数字经济发展平台、双碳智慧创新平台为重点，以综合协同服务中心为辅助），促进园区产业链科学有序发展。

（三）创新服务体系，提升服务效能

离岸科创平台坚持聚焦新质生产力发展，构建"保姆+伙伴+创投"的全生命周期科创服务体系，把"从 0 到 1"的创新能力快速转化为"从 1 到 N"的市场化生产力。

在运营主体上，黄石更加遵循市场运作。最早设立的黄石（武汉）离岸科创中心由市创新发展中心负责运营管理，而黄石（深圳）离岸科创中心则由黄石市国有资产经营有限公司与启迪控股股份有限公司共同运营，发挥企业创新网络优势，以科创平台为载体，引入科技实业与科技金融资源，采用创新发展主体、创新发展载体、创新本体（要素）的"立体三螺旋发展模式"，为区域科技发展注入新活力。深圳离岸科创中心揭牌当天签约科技项目 21 个，总投资 51.75 亿元，其中 14 个项目落地黄石科技城。3 家科创飞地和黄石科技城有效联动，共设立各类产业基金和创投基金 18 只、总规模达 90 亿元，有效破解企业资金难的问题，实现了"引资在外地、用资在黄石"。

黄石通过黄石科技城与各离岸科创平台紧密联动，为入园企业提供包括研发、融资、生产等在内的全生命周期解决方案，推动项目最终落户黄石。科创飞地共签约入驻企业 126 家，培育科技型企业 112 家。深圳、上海、北京等一批省外优质项目通过科创飞地孵化，在黄石科技城产业化，实现了"孵化在外地、转化在黄石"。

问需于企，秉持"店小二"精神，为入园企业提供"订单式"精准服务。了解到企业普遍反映人才资源短缺后，黄石（武汉）离岸科创园柔性引进各类高层次教授、专家、领军人才 60 余名，研发人员 400 余名，为黄石企业招引 356 名武汉高校毕业生。同时，黄石（武汉）离岸科创园为企业建立孵化档案，通过定期上门走访、需求对接等方式，为园区入驻企业提供成果转化、投融资、法律等孵化服务，建立定制化、全生命周期服务链条，做到一企一档。截至 2024 年上半年，共上

门服务、建立企业服务台账 90 次，解决企业科创类需求 130 个。

通过黄石科技城与各离岸科创平台紧密联动，充分利用科创飞地科研优势，积极与高校、创投机构等建立合作关系，促进成果转化，实现双向奔赴。其中，黄石（武汉）离岸科创园与湖北大学共建 3 家成果转化中心，为入驻企业新增专利 2200 余件，完成科技成果转移转化技术交易额 3942 万元。协助入园企业与高校组建 30 个技术创新团队，惟景三维、宝科智能等 15 家入驻园区企业与华中科技大学、武汉理工大学等 10 余所高校开展了近 50 项攻关合作；创界生物科技公司与湖北工大、湖北大学、湖北中医药大学合作重点科研项目，发明专利突破10 项。

第二十三节 案例 23：利和味道（青岛）陇南利和萃取工厂①

利和味道（青岛）陇南利和萃取工厂（简称"陇南利和萃取工厂"）成立于 2010 年 7 月，位于山东省青岛市城阳区。利和味道以超临界萃取技术为基础，依托味道标准化研发，成为中餐标准化味道解决方案的优质供应商。多年来，利和味道深耕全产业链研发，形成在单一味道、复合调味品、食品、大健康等领域的行业级产品应用，在"中餐标准化"（预制菜等）大浪潮中逐渐占据产业链优势位置。同时，积极响应国家东西部协作战略，利用陇南大红袍花椒产地优势，强强联手，优势互补，投资建设了陇南利和萃取工厂，为青岛与陇南第一家落地投产的东西部协作重点产业项目。其主要做法和成效包括以下几个方面。

一是技术引进与创新。将自主研发的万升级超临界萃取 4.0 版数字化系统引入陇南利和工厂，这一高科技设备能够高效提取花椒等农产品的风味精华。同时，还利用风味数字化标准化技术，指导当地花椒种植

---

① 资料来源：根据本书调研小组实地调研资料整理所得。

和采收，确保原料品质的稳定与提升。通过技术赋能，陇南利和萃取工厂实现了花椒等农产品的深加工和高值化利用。陇南利和萃取工厂自投产以来，产值逐年攀升。项目一期于 2020 年 6 月正式投产，截至 2022 年 8 月一期项目全面建设完成并投产，实现年产值 1 亿元以上。这一产值不仅为利和味道带来了可观的收益，也为陇南市的经济增长注入了新的动力。以陇南成县为例，当地在西部 9 个乡镇新栽无刺花椒 60.5 万株 1.37 万亩，为群众拓宽了增收途径。

二是加强产业帮扶。自 2016 年起，加大对陇南地区尤其是贫困山区的采购力度。陇南利和萃取工厂的建立直接带动了当地农户增收。工厂通过协议收购机制，大量收购当地花椒等农产品，在陇南一期投资 1.6 亿元，年收购花椒数千吨，带动上万农户增收，2023 年实现产值 1.49 亿元。陇南利和萃取工厂是国家级高新技术企业，甘肃省专精特新中小企业，甘肃省农业产业化重点龙头企业和甘肃省花椒产业链链主企业。

陇南利和萃取工厂的建立和运营，直接带动了当地农户增收和就业。通过协议收购机制，工厂为农户提供了稳定的销售渠道和收入来源。同时，工厂还吸纳当地劳动力就业，直接带动了 120 余人就业，解决了部分农村剩余劳动力就业问题。

三是深化东西部协作。在青岛与陇南两地政府的支持下，青岛与陇南在农业、科技、教育等多个领域展开了广泛合作与交流。双方共同推动农业技术的转移与应用，促进了陇南地区农业的升级转型。积极参与当地的社会公益活动，为当地的教育和帮扶事业贡献力量，同时利用青岛优势资源，带动当地工业和旅游业发展。随着陇南利和萃取工厂的成功运营，青岛与陇南之间的东西部协作不断深化，双方在农业、科技、教育等多个领域展开了广泛合作与交流。青岛市科技局与甘肃省科技厅签署了科技支撑乡村振兴合作协议，组织科技特派员赴陇南开展技术指导和服务工作。

第二十四节 案例24：泰中罗勇工业园[①]

泰中罗勇工业园成立于 2006 年，是由中国华立集团与泰国安美德集团在泰国合作开发的面向中国投资者的现代化工业区。园区位于泰国东部海岸、靠近泰国首都曼谷和廉差邦深水港，总体规划面积 20 平方千米，包括一般工业区、保税区、物流仓储区和商业生活区，主要吸引汽配、机械、家电等中国企业入园设厂。

泰中罗勇工业园是中国首批境外经济贸易合作区之一，共有泰籍员工 3 万余人，约占员工总数的 90%。园区预计可容纳 300 家企业，为泰国创造 10 万个就业岗位。

工业园总体规划面积 20 平方千米，其中，一区 12 平方千米，一期规划面积 1.5 平方千米，二期规划面积 2.5 平方千米，三期规划面积 8 平方千米；二区 8 平方千米，一期规划面积 4 平方千米。建有一般工业区、保税区、会展中心、物流基地以及配套的商业生活设施。园区的产业定位主要为汽摩配、机械、新能源、新材料、电子电器、建材五金等中国传统优势产业。

中方投资者华立集团创立于 1970 年，是以华立集团股份有限公司为母体、多个产业集团公司组成的多元化投资发展的民营企业集团，专注于实业经营、产业投资与整合。连续多年蝉联中国民营企业 500 强，全球员工逾万人。华立集团销售的产品遍及五大洲 120 多个国家和地区，在全球有 10 大生产制造基地，目前正在建设"三大三小"境外工业园，助力中国制造业走出去。

泰方投资者安美德（AMATA）集团成立于 1989 年，1997 年在泰国证券交易所上市，是泰国领先的工业地产开发商。安美德在泰国东海岸开发的主要工业区有春武里安美德工业城和泰中罗勇工业国。入驻安美

---

① 资料来源：泰中罗勇工业园官网。

德工业区的企业包括了宝马汽车、普林斯通轮胎、丰田集团、三菱商社等众多跨国公司，投资总额超过了 3500 亿泰铢（约合 700 亿元人民币）。上述两个园区的年产值约占泰国工业总产值的 8% 左右。

第二十五节　案例 25：中白工业园①

一　基本情况

中白工业园是中国、白俄罗斯两国政府间最大的投资合作项目，也是目前中国在海外开发面积最大、合作层次最高的经贸合作区。在中白双方的共同努力下，园区已成为共建"一带一路"的标志性项目。园区位于白俄罗斯明斯克市近郊，占地面积约 117 平方千米，规划开发面积 91.5 平方千米，是中国参与投资开发的规划面积最大、开发建设规模最大、合作层次最高的海外经贸合作区，由中国和白俄罗斯两国元首亲自倡导，两国政府大力支持推动，国机集团和招商局集团两大央企主导开发运营。

园区一期 8.5 平方千米基础设施建设全面完成，土地达到了"七通一平"建设标准，厂房、办公楼等工商业设施一应俱全，具备了全面招商引资的条件。截至 2023 年底，招商引资方面，园区企业累计 120 家。园区聚集了招商局中白商贸物流园、国机火炬园、中联重科、法士特、IPG、招商兴城国际会展中心等一大批行业领先的项目。基础设施及配套服务设施完备，建有综合办公楼、科技科创中心、工业标准厂房、住宅楼、商务酒店、银行等设施。

2024 年中白工业园保持稳中求进的工作基调，瞄准"收入第一、效益优先，建设可持续发展能力"的战略目标，坚持以商业化思维推动园区高质量发展，重点打造产能合作平台和两国经贸合作平台，致力于

---

① 资料来源：中白工业园区股份有限公司官网。

将园区打造成一座产城融合，集生态、宜居、兴业、创新功能于一体的国际产业新城。

二 区位优势

白俄罗斯是"丝绸之路经济带"向欧洲延伸的重要节点，地理位置优越。白俄罗斯处于欧盟和独联体之间，是波罗的海诸国到黑海的交通交汇点，有欧亚铁路、公路、输油输气管道、通信系统、水路和航空交通交集，是欧亚大陆交通物流枢纽，可以连接欧亚经济联盟和欧盟两大消费市场，连通东西，交接南北。

白俄罗斯是中欧班列重要的节点之一，是联通中国与西欧各国的中欧班列路线的必经之地，具有极高的经贸和投资价值。

中白工业园位于白俄罗斯明斯克州斯莫列维奇区，距首都明斯克市仅25公里，车程仅30分钟，毗邻明斯克国际机场，距机场仅5分钟车程，M1（欧洲E30洲际高速）、M2从园区穿过，交通极为方便。

三 管理架构

中白工业园通过中白政府间协调委员会、中白工业园区管委会、中白工业园区开发股份有限公司来共同管理相关事务（见图8-2）。

中白政府间协调委员会是中白两国间政府合作委员会，统筹推进中白工业园事务；中白工业园区管委会由白俄罗斯中央和明斯克州政府等相关部门组建，负责园区的政策制定、行政审批及企业服务等事务；中白工业园区开发股份有限公司（简称"开发公司"）是中白工业园开发主体，由中方股东、白方股东共同投资组建，其中中方占股68%，白方占股32%，主要负责园区开发与经营、基础设施建设、物业管理、招商引资、商业咨询等事务。开发公司下设13个部门，分别为综合管理部、战略规划与投资发展部、融资财务部、法律事务部、中国部、投资服务部、规划管理部、欧美部、总翻译室、工程管理部、科技创新管理

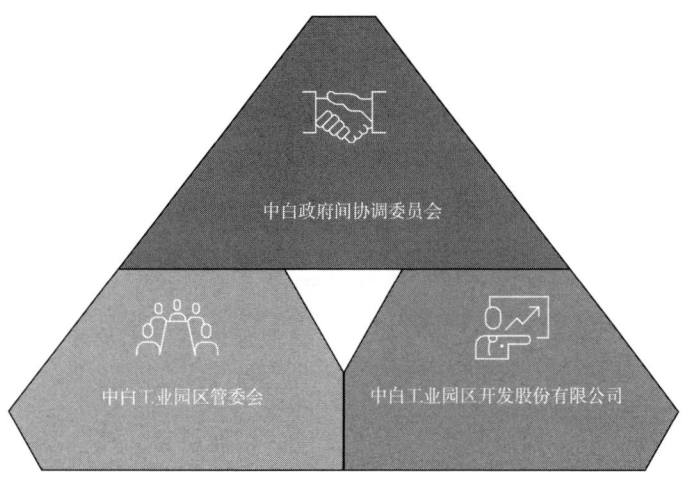

图 8-2　中白工业园管理架构

中心、驻北京代表处和董事会办公室，同时下设两家全资子公司——给排水系统运营公司和物业管理公司。

第二十六节　案例 26：柬埔寨西哈努克港经济特区[①]

江苏中柬投资发展有限公司（红豆集团有限公司占股 87%）联合柬埔寨企业在柬埔寨西哈努克省波雷诺县共同开发建设的西哈努克港经济特区（简称"西港特区"）是一个面向全球、为世界各地企业搭建的跨国投资平台。

西港特区位于西哈努克省波雷诺县，距离西哈努克市 17 公里，离西港机场 3 公里，离港口 12 公里，离金港高速路口 4 公里，靠近柬埔寨四号国道，离柬首都金边仅 212 公里，淡水资源获取方便，地理位置优越，交通便利。西港特区总体规划面积 11.13 平方千米，在发展定位

[①]　资料来源：柬埔寨西哈努克港经济特区官网。

上，产业规划与当地国情深度融合，工业一期以纺织服装、箱包皮具、木业制品等为主要发展产业，工业二期将发挥临港优势，重点引入五金机械、建材家居、汽配轮胎、光伏新材料、精细化工等产业。全部建成后，将形成 300 家企业（机构）入驻，8 万~10 万产业工人就业的配套功能齐全的生态化样板园区。

西港特区奠基于 2008 年，是中国首批境外经贸合作区之一，是中柬两国的国家级经济合作区，也是共建"一带一路"的标志性项目之一。经过 10 多年的开发建设，西哈努克港经济特区高质量发展步伐稳健，绿色园区、国际园区、幸福园区一步步变为现实。不仅经济辐射效应显著增强，成了西哈努克省当之无愧的发展引擎，而且始终扎根人民，以务实之举促进民心相通，成为构建中柬命运共同体的生动实践。

2023 年，西哈努克港经济特区聚焦五金机械、建材家居、汽配轮胎、光伏新材料等产业的龙头企业及产业链配套企业，加大招商推介。全年新增企业 12 家，累计引入来自中国、欧美、东南亚等国家及地区的企业（机构）180 家，创造就业岗位约 3 万个。全区企业实现进出口总额 33.62 亿美元，同比增长 34.86%，占柬埔寨全国进出口贸易总额约 7.18%，西港特区工业产值对西哈努克省的经济贡献率超过 50%。

附录 1 中华人民共和国政府和新加坡共和国政府关于合作开发建设苏州工业园区的协议

（签订日期 1994 年 2 月 26 日，生效日期 1994 年 2 月 26 日）

中华人民共和国政府和新加坡共和国政府（以下简称双方），为了发展两国间的友好关系，扩大经济技术合作，增进两国人民的友谊，根据平等互利的原则，就两国有关机构合作开发建设苏州工业园区事宜，经过友好协商，达成协议如下：

第一条 双方支持中国江苏省苏州市和新加坡开发财团合资在中国开发建设苏州工业园区。该园区在苏州市城东金鸡湖地区，首期开发面积 8 平方千米。目标是在苏州建设一个以高新技术为先导、现代工业为主体、第三产业和社会公益事业配套的具有一定规模的现代化工业园区。

第二条 中方支持江苏省苏州市人民政府在苏州工业园区建设中借鉴运用新加坡在经济发展、城市规划、建设和管理以及其他公共行政管理方面的成功经验；新方支持新加坡机构向江苏省苏州市提供经济和公共行政管理软件。

第三条 双方表示苏州工业园区借鉴运用新加坡的经济和公共行政管理方面的知识和经验，应结合中国的国情和实际需要，有选择地逐步进行；合作中，新加坡机构官员尊重中华人民共和国的主权；开发、建设和管理园区的活动应符合中华人民共和国宪法和有关法律规定。

第四条 为此项目建立中新两国政府的联合协调理事会，两国政府各委派一名副总理负责，两国政府有关部门、中方江苏省人民政府和苏州市人民政府及新方裕廊镇管理局的负责人参加，负责协调苏州工业园区借鉴运用新加坡经济和公共行政管理经验中的重大问题。理事会下设苏州市和裕廊镇管理局双边工作委员会，委员会双方定期联系，就借鉴运用新加坡经济和公共行政管理经验的工作进行协商，并分别向理事会中的两国副总理报告工作。

第五条 双方应本着新加坡李光耀资政及中国李岚清副总理互致函件所阐述之精神进行合作，落实园区项目。

本协议自签字之日起生效。有效期至合作项目履行完毕。

本协议于一九九四年二月二十六日在北京签订，一式两份，每份都用中文和英文写成，两种文本同等作准。

附录 2　江苏南北共建产业园区历程

一　发展历程

江苏省南北共建园区发展大致分为三个阶段。

一是出台政策、启动试点阶段（2006~2007 年）。针对省内南北区域发展不平衡的突出问题，江苏省第十一次党代会提出深入实施区域共同发展战略，推动苏南、苏中、苏北全面繁荣。2006 年，省政府明确把开发区作为推进苏南产业转移和南北挂钩合作的主要载体，在苏北开发区设立区中园，由苏南开发区规划建设和经营管理，正式开启南北共建园区发展序幕。2007 年，全省批复设立首批 10 家试点园区。

二是拓展范围、推广复制阶段（2008~2015 年）。2008 年起，省政府深入推进区域协调发展，推动产业、财政、科技、劳动力"四项转移"，加快苏北发展。拓宽共建园区合作范围，明确符合条件的苏北开发区经批准可与省内外较发达地区政府、开发区或大型企业合作共建。到 2015 年，全省累计批复南北共建园区 45 家，基本实现苏北地区、苏中苏北结合部薄弱地区县域全覆盖。

三是聚力聚焦、提质增效阶段（2016 年至今）。2016 年，江苏省政府立足加快苏北全面小康建设，提出坚持科技化、信息化、集约化、生态化"四化同步"，打造共建园区"升级版"。2019 年，明确开展共建园区高质量发展创新试点，提出用 5 年左右时间，打造 5~10 个南北优势互补、共建共享的创新示范区。2022 年，深化南北结对帮扶合作，调整优化结对关系，以共建园区为抓手，推进产业链优势互补和价值链合理分工。

二　机制设计

2006年起，政府先后出台《关于支持南北挂钩共建苏北开发区政策措施》和《关于推动南北共建园区高质量发展的若干政策措施》（以下简称"50号文"）等14项具体政策。

江苏南北共建园区按照"苏南三为主、苏北三到位"的基本要求，苏南方负责园区资金、人员、项目工作，苏北方对共建园区充分授权，明确开发建设管理权责，完善分配机制，实现滚动发展、封闭独立运作。

"50号文"提出权责明确，坚持"一园区一特色"，因地制宜发展壮大优势产业。苏州宿迁工业园区、无锡徐州工业园区、南京淮安宁淮智能制造产业园、常州盐城工业园区4家开展省级创新试点园区建设；常熟泗洪工业园、吴江泗阳工业园、江阴睢宁工业园3家共建园区开展省级特色园区建设。

针对很多园区关注的分配制度，"50号文"明确提出建立合理的成本分担和利益分配机制，促进资源有效集聚和优化配置。

三　发展成果

截至2021年9月，江苏有南北共建园区45家，累计入园企业超1700家，项目注册金额超2000亿元，实际利用外资超过40亿美元，带动就业66万余人，主要经济指标增速均超过当地平均水平，大体保持15%的年增长率。其中，在45家南北共建园区考核中实现"十一连冠"的苏州宿迁工业园区，2020年以占宿迁全市0.16%的土地，创造了全市6.5%的税收收入、8%的规模以上工业增加值和18%的高新技术产业产值，每平方千米创造一般公共预算收入1亿元。

附录3　广州清远产业园
三大典型经验①

一　"3+5"广清一体化模式，深化跨区域协调发展

第三轮广东省对口帮扶以来，广清两市致力于深化广清一体化高质量发展战略合作，充分发挥距离粤港澳大湾区最近、生态资源充裕、同为广府文化等比较优势，高标准搭建两地合作平台载体，形成广清交通、产业、营商环境3个一体化，实现共商共建共享共赢共存（5个"共"）的"3+5"模式，为全省破解区域发展不平衡不充分难题、探索跨区域深度合作提供了可复制可推广的"广清经验"。

（一）典型经验做法

一是打造广清一体化融合发展前台。为进一步展示清远城市新形象和发展新面貌、深化清远和珠三角城市的交流与融合，围绕招商引资、前端孵化器、农产品展销、政务服务、人才交流等多个领域，在广清两地设立了一批多功能新型展示平台，全方位宣传、展示清远市相关优惠政策、经济社会发展成果及广清一体化融合发展成效，助力清远市创造更有吸引力的投资环境，吸引高层次人才、招选高质量项目进入清远，推动特色产品、区域品牌、城市形象走向湾区。目前，广清高层次人才

---

① 资料来源：根据广州清远产业园提供的资料和本书调研小组实地调研资料整理所得。

交流合作驿站、广清产业共建前端孵化器、清远农产品展销综合服务平
台等已投入使用，清远综合招商展示中心项目和天河区花城广场粤港澳
大湾区"菜篮子"（清远）展示中心正按建设方案有序推进。

二是创新广清产业合作模式。深入剖析清远与珠三角地区开展产业
分工合作时面临的产业差距巨大、基础薄弱、配套和人才不足等难题与
瓶颈，着重围绕"能力跟不上""产业接不住"等问题，深挖广州与清
远两市产业互补优势，构建深度对接的完整产业链条，探索"广州总
部+清远基地""广州前端+清远后台""广州研发+清远制造""广州孵
化+清远产业化"等合作共建模式，促进清远从产业转移承接"斜坡"
升级为"洼地"，在清远聚力聚势打造前沿新材料千亿元级产业集群，
大力发展汽车整车及零部件、高端电子信息、泛智能家居、医药制造等
五百亿元级产业集群，培育先进装备制造、装配式材料、数字印刷、美
妆基地产业等百亿元级产业集群，共同打造具有区域影响力的战略性产
业集群。

三是融入"轨道上的大湾区"。除建成 7 条高速公路、推动北江航
道扩能升级外，广、清两地推动建立轨道交通，实现广清两地重点组团
便捷互联、高效直联，真正推动清远实现粤港澳大湾区"硬联通"。其
中，广清城际轨道一期（广州北站到清远站）2013 年 9 月开工，已于
2020 年 11 月通车运营；广清城际轨道南延线（广州北站至广州白云
站）、广清城际轨道北延线（清远至职教城段）分别于 2021 年 6 月和 9
月开工，目前均有序施工中；广清永高铁项目、广州东至花都天贵城际
北延清远项目（广清地铁线）分别列入国家和广州、清远两市专项规
划。随着两地合力"啃下"轨道交通"硬骨头"，清远的发展优势不断
显现，为吸引众多优质企业和项目奠定基础，助力清远加快入珠融湾的
步伐。

四是推动广州营商环境 5.0 向清远覆盖。营商环境是清远地方政治
生态、经济生态、社会生态的综合反映，是企业愿意在清远扎根结营、

生存发展的"土壤"。在深入分析清远营商环境短板和瓶颈基础上，瞄准广州营商环境优化政策加快向清远覆盖、实现广清营商环境一体化的目标，着力完善广清营商环境一体化交流对接机制，拓展"广清通办"业务范围，大力推动"互联网+政务服务"一网通办，推广"政务晓屋"打造跨城通办新型服务模式，实现不动产交易、税务、登记"跨城通办"，推动两市营商环境、市场规则衔接和政务服务体系协作，促进广、清两市政务服务无差别有效衔接，助力清远树立起便企利民的城市形象。

（二）案例分析

1. 以更优营商环境吸引戴卡旭等龙头企业落地，推动广州汽车零配件产业有序向清远转移

（1）帮扶协作背景

2020 年清远市政府工作报告提出，强化产业一体化建设，大力推动湾区城市的产业园区、专业市场、物流园区，以及汽车零部件等产业布局清远。2022 年，《广东省汽车零部件产业"强链工程"实施方案》对清远市提出"重点发展汽车发动机用各类精密铸件、汽车轻量化材料、新能源汽车电池及储能材料和智能车载设备"的要求，对清远汽车零部件产业的发展建设提出更高要求。

（2）帮扶协作思路

针对清远市高效承接大湾区城市汽车零部件、形成汽车零配件产业集群的部署要求，以及与企业联系密度、支持力度和服务力度仍有待提升的现实困境，广德产业园明确"以引进龙头企业促产业链招商"和"以营商环境之优助项目落地提速"两大主线，围绕打造"广州整车+清远零部件"产业格局的目标任务，一方面，依托广州汽车产业发展根基，梳理广州汽车零配件产业外溢和转移需求，另一方面，对标黄埔区广州开发区先进的管理经验和优质的营商环境，坚持"有求必应，无事

不扰"的原则，保障转移企业有序入园、快速发展。

（3）特色亮点

一是推进园区营商环境改革向纵深突破，增强承接产业转移的引力。广德园成立粤北地区首个"营商环境改革局"，以"六个牌子一套人马（六个牌子即营商环境改革局、企业服务局、行政审批局、金融局、科技创新局以及园区服务中心）"的构成开展各项营商管理工作，推行信任筹建、信任审批、"一对一"项目对接责任服务等机制，实现"一窗式"受理、"一门式"服务，能够快速解决企业用地交付、水电、产业准入等问题。二是以更优的营商环境为"底气"，从广州引入实力强、规模大的龙头企业，为园区形成集群效应打下坚实基础。凭借园区便捷高效的审批制度和"一对一"便企服务，园区成功于 2019 年 10 月引进广东戴卡旭汽车零部件有限公司投资的轻量化高强度铝合金轮毂搬迁扩产项目及其配套项目立中锦山，为保障项目快速落地，园区提前介入，成立了以管委会主要负责同志为组长的工作专班"一对一"跟进，坚持并联审批，多方协调英德市有关部门，高效完成项目地块土方清表、高压线迁徙等工作，并快速解决了企业用气、用电问题，使其签约到摘地仅用了不到两个月时间，仅 8 个月便完成建设并投产。该项目占地 100 亩，总投资 6.55 亿元，公司由广州东凌机械工业有限公司、世界 500 强中信集团下属子公司中信戴卡股份有限公司（以下简称"中信戴卡"）、日本旭技术株式会社合资成立，其中中信戴卡是全球最大的铝车轮和铝制底盘零部件供应商，国内铝车轮出口量第一，实力雄厚，业内口碑良好，吸引着相配套的上下游企业陆续入驻园区。

（4）帮扶协作成效

该项目主要建设年产 300 万件铝合金轮毂及 4.5 万吨配套合金材料生产线，为广汽本田、广汽丰田、东风本田、广汽乘用车、江铃汽车等大型厂商提供配套。投产后订单量饱满，预计年产值约 10 亿元，年税收约 4000 万元。项目的落地对清远市建立包括汽车整车、重点零部件、车用材料等在内的汽车产业链起到了促进作用，清远汽车零部件产业链得到进一步延伸，集群效应日益明显，同时也极大地推动了当地就业岗位的创造。

二　建设经济特别合作区，探索共同富裕新战法

广清经济特别合作区作为省级区域战略性发展平台，是促进区域协调发展的有效抓手和路径之一，且大部分位于国家城乡融合发展试验区广清接合片区的试验改革范围内，在政策支持及探索试验改革发展方面具有双重迭代的优势。充分发挥该政策叠加优势，以广清产业共建和以探索城乡融合为主的"广清一体标准"逐步形成，大力助推清远高质量"入珠融湾"。

（一）典型经验做法

1. 经验1：多园整合实施"三园一城"，夯实合作载体

2021年5月广东省委、省政府批复实施《广清经济特别合作区建设总体方案》，标志着广清经济特别合作区"三园一城"（广清产业园、广德产业园、广佛产业园和广清空港现代物流产业新城）管理模式获得"出生证明"，合作区明确由广州开发区主导开发建设，由清远市主导各项社会管理事务，双方按约定分享合作区开发收益。

2. 经验2：设计园区"一小两大"模式，赋能园区高质高效发展

基于"政府推动、企业主体、市场运作、合作共赢"的开发建设原则，广清经济特别合作区开发建设强化系统思维和统筹协调，注重科学部署和职责分工，力求管理效率和成效最大化，推动建立"充分授权、封闭运作"的机制生态，打造形成"园区管理机构+国有平台公司+产业集群培育"的多层次发展逻辑，推动形成"1小2大"（小管理机构、大开发平台、人社会管理）的园区运营机制。

小管理机构，建设精干管理队伍。广清产业园、广佛产业园和广德

产业园"三园"设立园区管理机构,管理机构均为清远市委、市政府、广州市黄埔区委、区政府(广州开发区党工委、管委会)共同派出机构,为高效推进园区开发建设,委托广清经济特别合作区党工委、管委会全面管理,统筹推进园区开发建设。

大开发平台,汇聚各方资本力量。目前已有科学城(广州)投资集团、广州高新区投资集团等国有企业作为园区开发平台公司,负责园区的基础设施建设,引进华电国际、广建集团等开展项目投资。积极引入中央、省属、广州市属国企,带动社会资本参与园区道路、供水、供电、通信、物流、固废、污水处理等基础设施和5G、人工智能、物联网等新型基础设施建设,推进园区基础设施配套完善。

大社会管理,营造稳定有序大环境。由园区属地政府负责社会事务、征地拆迁、安全生产等管理。健全工作机制,园区成立社会事务、综合执法等管理部门,开展园区社会治理、城市管理等。

(二)案例分析

1. "三园一城":创新财税管理体制,为省内对口帮扶利益共享机制的形成提供有益探索

(1)帮扶协作背景

广东省内第一、第二轮对口帮扶期间,各对口帮扶指挥部以提升园区基础设施和配套设施建设、明确共建产业重点方向、高质量推进招商引资工作为主,实现共建园区的从零到有,推动系列优质重大项目落地。为保障共建园区高质量绿色发展,促进对口帮扶从输血式帮扶到造血式帮扶、从单向帮扶到共建共享转变,使两地对口帮扶工作长效、健康、高效运行,广清指挥部率先探索广清经济特别合作区的利益共享机制。

(2)具体做法

在财政管理方面,合作区管理机构行使地级市财政管理职权,享有

相应的财税收益权和支配使用权。合作区管理机构的财政预决算归口关系由广清两市另行协商。在分享机制方面，合作区实现税收收入中的市、县级留成部分，按照如下机制分享。"一城"实现的份额由清远全额享有；除了"一城"，2020~2022年（含）按原协议执行；2023~2035年（含）全部留存合作区；2036~2050年（含）由广州市黄埔区（广州开发区）、园区所在县（市、区）和合作区按25%、25%和50%的比例分成。在土地开发收入方面，合作区的土地取得成本（包括土地征拆费用、报审费用、工作经费、管理费用等）由合作区承担，具体征拆工作由清远属地负责，纳入属地政府年度考核任务指标。安置房建设由合作区和清远属地共同协商解决。"三园"新增国有土地使用权出让、租赁的收益，按照国家和省规定扣除、计提有关税费和政策性资金后，全额支持合作区，用于合作区建设发展。"一城"土地出让收入的利益分配机制由广清两市另行研究。

（3）帮扶协作成效

2021年5月，广东省委、省政府正式批复了《广清经济特别合作区建设总体方案》，建立两市建设责任和利益共享机制的顶层设计，为两地利益共享机制的落地执行和成功操作以及跨区域产业共建新模式的实践探索奠定了强大的政策基础。

2. 广清产业园：注重园区教育配套提升，夯实园区产城融合统筹发展后盾保障

（1）帮扶协作背景

随着广清两地产业转移对接高速高质发展，完善广清产业园周边基础设施和公共服务配套的需求更加迫切。为打造产城融合高质量发展的共建园区，广清产业园注重推动经济发展与园区教育建设同频共振，做实做优园区企业员工、高层次人才以及周边居民的公共服务保障，提升广清园教育现代化水平，优化园区发展大环境。

（2）帮扶协作思路

以"志智双扶"为原则，利用广州优质教育资源和师资力量，深入开展教育改革，率先探索广清教育一体化、民生共享等制度创新路径，借力、借脑融合发展，夯实广清产业园经济社会发展的后盾保障。

（3）特色亮点

一是打造广州大学附属中学（广大附中）合作托管美林湖学校"广清样本"。以"用足用好帮扶政策，借力广州优质资源整体性帮扶清远打造名校"为工作着力点，创建广清教育帮扶美林湖示范区。2021年8月底，广州大学附属中学美林湖学校正式举行揭牌仪式，美林湖第一所配建九年一贯制公立学校开始由广大附中托管，未来几年，美林湖仍将配建几所九年一贯制学校、完全中学，均拟由广大附中托管，开展教育集团化办学，打造广清教育帮扶乃至全省教育帮扶的试验区、示范区。二是成功建成广清产业园内第一所学校广清玉岩学校。2022年9月1日，由广清产业园、广州市黄埔区教育局、清城区教育局及广州市玉岩中学共同合作创办的广清玉岩学校正式揭牌。该校占地面积约55亩，总建筑面积36498平方米，计划开设54个班，其中小学36个班，中学18个班，可提供2520个优质公办学位。广州市玉岩中学以教育帮扶的方式输出品牌在园区办学，将优良的办学理念、突出的管理优势和充足的教育资源带进园区。

（4）帮扶协作成效

广清玉岩学校以及广清教育帮扶美林湖示范区等案例的实施，保障协调了广清产业园人才子女入学问题，在完善园区教育等公共服务配套的同时，推动了广清两市教育结对帮扶在联合教研、校务管理互通、教育资源共享、特色教学共建等领域的稳步推进，有效促进了当地学校办学质量和水平的快速提升，是实现广清一体化的强有力保障。

3. 广佛产业园：以专项债券撬动有效投资，确保基建项目落地

（1）帮扶协作背景

广佛产业园首期基础公建配套及生态水利设施项目于2019年2月取得立项批复，总投资36.82亿元。根据园区发展及入园企业的需求，2021年调整了部分建设内容及总投资，项目总投资46.92亿元，包括南区、东区土方平整，园区市政道路、道路照明及道路配套、污水处理厂、污水提升泵站、排洪渠等。鉴于项目涉及34条市政道路，土方面积约5273750平方米，污水处理厂每日处理规模5万立方米，属于有一定收益的公益性项目，符合申报专项债的条件与要求，也亟须依靠专项债的力量加快推进投资。

（2）具体做法

2019年底，广佛产业园通过佛冈县申报了2020年专项债券额度8亿元，并于2020年获得专项债券资金8亿元支持。

（3）帮扶协作成效

该做法符合国家需要发挥地方专项债券带动扩大有效投资、保持经济平稳运行的战略要求，同时通过专项债券的强大支持，撬动有效投资，大部分项目迅速投入使用，形成实物工作量。

4. 广德产业园：培育英红科创特色小镇，发展"三色"经济打造以工促农、以城带乡新标杆

（1）帮扶协作背景

广德产业园依托黄埔区和广州开发区产业基础优势，充分挖掘园区资源禀赋，因地制宜提出"二一三"产业协同联动、四特色产业板块协同发展思路。为实现该目标任务，广德产业园深度梳理和挖掘当地文化资源与创新创业基因，瞄准英德红茶发源地——红旗茶厂的经济价值转化潜能，于2020年2月派出广德产业园运营公司广州科德投资有限公司将其收购并改造升级，通过打造英红科创特色小镇激活茶厂在促进城乡融合和农文旅融合方面的效能，促成园区培育英红科创特色小镇大

健康产业板块。

（2）帮扶协作思路

贯彻落实习近平总书记提出的"三茶"统筹发展①，坚持"以产促城、以城带产"的原则，秉持"生态是底色、文化是本色、产业是特色"的"三色"经济发展理念，探索一条工业遗产利用发展的新模式新路径，打造具有独特优势"二一三"产业协同联动的绿色发展产业链，为园区乃至英德高质量发展延续历史文脉，增添新的动力。

（3）特色亮点

生态是底色，赋能英德先行实现绿色崛起。英德以自然山水、森林生态为特色，山川秀丽、人文荟萃，广德产业园着力打通绿水青山与金山银山的双向转化通道，依托英德突出的生态优势和独特的生态资源禀赋，注重生态型开发，保护性建设，通过"茶种植+茶文化+茶旅游"的互相融合发展，提升茶叶附加值，推动当地生态资源释放经济价值。文化是本色，延续红旗茶厂茶文化生命。第三轮广清对口帮扶以来，基于对历史文化传承保护，广德产业园先后支持了4700万元帮扶资金，对英红科创特色小镇实施了建筑修复、古木维护、景观优化等保护性开发工作，并积极探索工业遗产利用的新模式，规划建设茶文化体验中心、多茶类大健康研发中心、手工制茶体验坊、红旗历史展馆、示范性生产车间等沉浸式文化体验平台，推动工业文化与茶文化的融合发展与传承发展。在各级政府支持下，红旗茶厂先后获得国家第五批工业遗产、广东省工业遗产、清远市中小学生研学教育基地、清远市科普教育基地、全国百条红色精品路线等荣誉及认证。产业是特色，持续擦亮英德红茶"金字招牌"。广德产业园围绕小镇的建设需求，以打造"中国红茶创新之都"为目标，借力科研院所、科技团队，主要从传统茶提质

---

① 《习近平察看武夷山春茶长势：把茶文化、茶产业、茶科技这篇文章做好》，中国政府网，2021 年 3 月 23 日，http：//www.gov.cn/xinwen/2021－03/23/content_5595048.htm。

增效、多茶类开发和功能化利用等方向重点攻关，树立全省乃至全国利用"低质"茶创制高值化和健康化产品的典范；以中央智能茶厂为中心，辐射英德红茶各产区，通过"1+N+家庭农场"供应链模式建设英德红茶全产业链数字化标准化示范体系，助推清远打造英德红茶百亿元级产业；全力推动黄埔与英德的产业共建，以黄埔"前店"+英德"后厂"共赢共生为契机，为未来打造大健康产业综合平台打下基础。

（4）帮扶协作成效

英红科创特色小镇是深度挖掘和合理利用当地资源、推动产业共建的典型，是园区探索产、城、人、文、旅融合发展的有效示范。小镇目前已开设以红旗茶厂为主体的研学、党建等系列教育活动，以刘仲华院士为首任院长的英德红茶产业研究院已落户挂牌，多茶类大健康研发中心进入试产阶段，并与省茶研所联合创制了"陈玖金花茶"及系列产品，正逐步推动茶研所基础科研、红旗茶厂文旅教育、山麓康养等融合开发。通过推广"1+N+家庭农场"模式，红旗茶厂供应链体系已成功签订38户家庭农场产业化服务联合体协议，形成紧密合作型茶园4000亩，订单合作型茶园5000亩，示范带动型茶园1.3万亩，带动农民每亩地增收约1.5万元/年。未来，小镇将辐射带动当地17万亩茶园的价值提升和15万茶从业人员及相关产业人员的增收，将英红科创特色小镇打造成全面贯彻落实习近平总书记关于乡村振兴、文化遗产保护、"三茶"统筹发展等重要论述精神的茶产业发展平台，在破解城乡二元结构、建立城乡融合发展体制机制方面率先垂范。

三　重点建设广清接合片区，破解城乡二元结构困局

广州是大湾区核心城市，是名副其实的"大城"，清远地处北部生态发展区，在地域面积上可谓"大乡"，以"大城"帮扶"大乡"，广州和清远两地致力于将国家城乡融合发展试验区广清接合片区建设成为实现城乡融合发展、探索跨区域城乡融合改革经验的先行地，在具体路

径上表现为以促进城乡生产要素双向自由流动和公共资源合理配置为关键，持续深化农村"三块地"改革，在完善乡村治理体系、农村金融产品创新、农文旅深度融合等方面的实践取得扎实成效，打造了一批"资源变资产、村民变股东"的典型样板。

（一）典型经验做法

一是持续深化"连樟经验"探索实践，有力突破乡村振兴发展瓶颈。一方面，宣传推广和持续深化"连樟经验"，提炼总结和学习贯彻连樟村在党建引领、政策规划、产业扶持、金融支持、劳动培训、脱贫工作、乡村振兴等方面的试验探索与成效成果，在乡村振兴工作中不断创新"连樟标准"和"连樟经验"。另一方面，以"连樟经验"为序，深入实施农业农村系列改革措施，以探索农村集体经济组织股份合作制改革和"三块地"（农村承包地、宅基地、集体经营性建设用地）改革作为突破口，推动农村土地改革精准化，畅通城乡要素流通渠道，配以农村产业兴旺的目标任务，着力打造清远鸡、英德红茶、连州菜心、丝苗米、麻竹笋五个百亿元产值农业产业，同步促进完善清远扶贫农产品产供销体系，拓展产品销售市场；创新农户利益联结模式，促进农户生活富裕，有力突破乡村振兴发展瓶颈。

二是搭建城乡产业协同发展平台，有效促进城乡产业协同发展。国家城乡融合发展试验区广清接合片区是以广州都市圈带动周边接壤的清远地区，深化广清一体化高质量发展和加快探索 11 项试验改革任务协同开展的城乡融合发展先行地。在广清两市的高效率配合下，广清接合片区已建立城乡融合发展体制机制和政策体系，目前正加快探索利用广清经济特别合作区"三园一城"的产业资源，推动"三园一城"辐射带动周边村镇，拓展广清接合片区改革试验高效利用资源，打造多样化产业协同载体、构建产业协同体制机制，为广东省探索"以工促农"辐射带动城乡产业协同发展、实现跨区域城乡融合发展提供可复制、可参考的典型经验。

三是深化广清农文旅合作，建立生态产品价值实现路径。一方面，加大开发当地生态资源力度，培育壮大生态休闲旅游业，提升地方经济引擎力。支持各县区创建全域旅游示范区，结合民族地区历史文化特色，多渠道宣传推广当地特色文化，打造"天下瑶寨、醉美连南"等特色知名旅游品牌，第三轮对口帮扶以来，合力推进清城区、清新区、佛冈县获评广东省全域旅游示范区，清远地区新增国家 3A 级旅游景区5 家、省级文化和旅游特色村 5 个、省级乡村旅游精品线路 4 条。另一方面，以打造"广州市民周末 48 小时休闲旅游目的地"为突破口，开展"48 小时发现清远·老广游清远"系列活动，创办广清惠民旅游年卡，打造粤港澳大湾区北部生态文化旅游合作区，引导珠三角地区人流客流强势流入清远，有效保持清远旅游热度和口碑，使"清远文体旅游"微信公众号热度长期位居广东省旅游管理部门政务微信影响力排行首位。

四是多渠道深耕民生帮扶，有效提升当地民众幸福感。一是优化医疗、教育和就业等常规帮扶。通过推动广清医疗资源互联互通、促进广清医疗保障体系融合发展、齐心协力增强公共卫生能力等举措增强全民健康保障，其中，"广药模式""阳山模式"受到国家卫生健康委高度评价。发挥广州优质教育资源对清远教育教学的提升拉动作用，积极推动联合办班办学、深入推进"校镇结对"、补齐学校基础设施建设短板，扎实推进清远教育由"基本均衡"向"优质均衡"迈进，筑牢强国建设之基，为清远培育经济社会发展所需后备军。通过举办"南粤春暖"等就业推荐现场招聘，加强广清劳务输出就业合作，创造劳动力就业机会。二是全力投入抗洪救灾，防止因灾致贫返贫。2022 年 6 月，北江干流迎来百年一遇的特大洪水，清远市防汛工作面临前所未有的严峻形势。广州市派驻清远市驻镇帮镇扶村指挥部及 24 个驻镇帮镇扶村工作队共派出 174 人进行抗洪救灾，齐心协力、迎难而上，紧急捐赠抗洪救灾资金、调度橡皮艇、救生衣、铁锹、小型充气泵等应急救援物资，协助转移受灾群众2399名，并在灾后加强逐户摸查监测户和脱贫户的具体情况，根据群众受灾程度、实际需求等发动后方帮扶单位力量，助力群众尽快恢复正常生产生活。三是积极协调支持清远备战第十六届省运会工作。广清两市共同签署《广州支持清远举办第十六届省运会合作框架协议》和《清远加入广州"群体通"App 合作备忘录》。投入近千万元帮扶资金用于采购训练器材和新建比赛场地，配合落实清远市的省运会基础设施建设，联合培养优秀运动员近300名，涉及各赛事领域，为清远体育事业的发展再添风采。

（二）案例分析

1. 促进英德红茶"农科产"融合发展，加快乡镇富民兴村步伐

（1）帮扶协作背景

英德市黄花镇多山地丘陵、茶园管理及采收机械化程度较低，标准化生产面临的不确定因素较多，针对黄花镇的发展困境，开展丘陵山地茶园机械化运输配套装备示范推广项目建设，设定提升红茶茶叶产量、打造当地品牌、提升当地农民收入三大目标。

（2）帮扶协作思路

围绕三大目标任务，引入广州德高信投资集团有限公司的全资子公司广东德高信种植有限公司，依托集团强大的资金实力和科学管理工具，借助黄花镇得天独厚的自然生态环境，坚持"科技兴农，创新农企联结模式"的帮扶协作思路，有效开启黄花镇乡村振兴新篇章。

（3）特色亮点

首先，公司以英德红茶产业化发展为方向，采取"公司+专业合作社+加盟户+承包户（农户）"的合作发展模式，将自有3000亩茶园承包给周边农户管理。其次，公司组织加盟户及周边农户参加有机茶生产管理培训，组织开展行业技术交流会，如有机茶病虫害防治技术、茶叶

修剪技术等交流活动，带动更多茶企及农户积极参与有机农业。再次，公司通过研发丘陵山地茶园机械化运输配套装备，采用索轨机械化和无人机相结合的运输方式，构建空地一体化的丘陵山地茶园机械化运输体系，综合解决丘陵山地茶园除草、植保、施肥、修剪、采收等关键作业环节的机械化运输难题。

（4）帮扶协作成效

参与农企利益联结合作的行政村委有 12 个，直接受惠群众共计 2300 户，有效解决山区人口就业困难的问题，累计带动农民参加就业超 2700 人次；有效推动了黄花镇乃至清远市农业产业化进程，吸引众多外出劳动力回乡创业，有利于实现农业增产、农民增收、农村稳定；形成丘陵山地茶园轻简化、机械化运输技术规范及资源节约型的生产模式，大大提高了茶青的生产、加工、运输的效率。

2. 以阳山县小江镇为试点，探索建立农村供水保障长效机制

（1）帮扶协作背景

受自然环境及经济条件因素影响，粤北农村地区供水仍以单村供水或联村小型供水工程为主，农村供水系统重建设轻管理、水源水质波动性强、群众科学用水观念待提升、水费运行机制待优化等问题突出。为了让群众都用上安全可靠稳定的自来水，广清指挥部充分发挥驻镇帮镇扶村工作队力量，协同基层干部群众，联合广州市水务投资集团技术力量从 2021 年 9 月起成立农村供水专项工作组，聚焦解决关系群众切身利益的农村饮水安全保障问题。

（2）帮扶协作思路

根据中共中央办公厅、国务院办公厅印发的《乡村建设行动实施方案》中乡村建设"建管并重、长效运行"的指导思想，广清指挥部坚持先建机制、后建工程的原则，围绕"补齐短板，提质增效"的目标，发挥驻镇帮镇扶村制度优势，探索"建立试点+依托镇属集体企业建立农村供水长效运维管护机制"的新思路、新模式。

（3）特色亮点

一是建立镇域乡村事务管理公司，逐步推进农村供水镇域统管。广清指挥部试点在阳山县选取小江镇沙寮、小江两个经济联社，联合成立阳山县小江镇同享公共设施管理有限公司，将过去的政府投资建设、镇或村自行分散式管理供水，改为政府投资建设、向镇属集体企业购买服务进行统一运营管理的市场化运行模式。二是提质提标工程建设与建立水费运行机制工作同步推进。在完成农村供水设施纳管工作的基础上，镇属企业提出供水工程提质提标改造方案，积极开展水厂扩网铺管入户工程、"深水井+变频恒压供水系统"工程等，项目由镇政府筹集资金实施，且工程通过公开征求涉及改造的农村村民意见、取得同意并签订用水协议后，方可实施。同时，通过"成熟一个村，改造一个村，收一个村水费"的方式，逐步建立水费运行机制，促进供水工程"建设运行—计量收费—管理维护"的良性循环。三是赋予镇属企业"造血"能力，保障机制长效运行。一方面，以镇属乡村事务管理公司为平台，发展乡村振兴相关产业，打造当地特色品牌产品，开发三产融合链条，多维度开发地区潜力；另一方面，加强公司对乡村其他事务的覆盖力度，逐步将污水处理、绿化保洁、垃圾清运等全镇其他事项交由公司管理，保障其能健康、持续运营资金，达到自给自足、长效运行。

（4）帮扶协作成效

通过建设水厂扩网铺管入户工程、"深水井+变频恒压供水系统"工程，解决了28个自然村、近3000户逾万人的饮水问题；通过建立长效运维管护机制，既提高了农村群众对农村供水工作的参与度与认同感，也促进了农村供水"建、管、用"更加紧密结合。目前，"小江模式"已在阳山县小江镇、太平镇等7个试点镇推广，广清指挥部成功在水源水质、工程建设、技术指导、运营管理等方面为清远市提供农村供水保障，未来也将充分发挥后方单位技术力量，力争帮助广州派驻清远驻镇帮镇扶村的24个镇实现农村供水长效保障，全面助力乡村振兴。

3. 开展"48小时发现清远·老广清游"系列活动，成功强化清远作为广州"后花园"的旅游品牌形象

（1）帮扶协作背景

2020年是巩固脱贫攻坚成果与乡村振兴衔接之年，在接棒乡村振兴工作的开局之中，盘活当地旅游存量资产、强化区域旅游品牌、刺激当地旅游消费，是振兴乡村产业、探寻粤北生态发展区生态产业化发展路径的迫切之举。

（2）帮扶协作思路

2020年8月，广清指挥部、清远市文化广电旅游体育局率先探索、落实"高质量推进广清一体化文旅合作发展"要求，探索以文旅助力脱贫攻坚，推动城乡融合、乡村振兴的新思路，组织开展"48小时发现清远·老广清游"系列主题活动，充分调动"政、校、行、企"多方力量参与，以现代消费观、产业与城市发展的角度挖掘旧资源的新价值，引游客"下乡"，助农产品"进城"。

（3）特色亮点

一是重在打造清远乡村旅游热度，链接广州出游消费需求。"48小时发现清远·老广清游"系列活动先后举办户外自然研学教育、乡村中国公益共创行动、800公里清远乡村穿越集结赛、企业家交流清远农旅项目等10余场活动，共创游线108条，其中精品路线30条，黄金主题游线10条，串联起清远全域的美景、美村、美食、美宿等网红打卡点，把清远零散的资源变成市场主体可长期运营的游线产品，以"旺"带"淡"，以"景"带"村"，辅以旅行社运营、媒体推广、游客体验等全域营销长效机制。二是以全域思维推进广清城乡融合与乡村振兴。活动划分为发现、激活、点亮三大阶段，先是对清远旅游、乡村资源进行全面梳理，再是把资源串联起来，将清远零散的资源变成市场主体可长期运营的产品，最后是从点线串联辐射到面域的整体提升，从短效的活动推广深入，实现农旅产品供需深度连接，打破传统点状引流在时效及空

间上的局限。

（4）帮扶协作成效

自"48 小时发现清远·老广清游"精品游线投入市场运营以来，共发出 450 个体验团，为清远输送超过 20000 名旅客，体验团整体满意度高达 96%。同时，活动累计吸引了超过 100 家主流媒体关注、报道，全网传播量高达数千万次，成功让"周末放松去清远"这一高频复游的旅游行为变成休闲习惯，掀起"老广清游"新热潮。

附录4 革命老区产业支持政策和沿边临港、海南自贸岛、南宁优惠政策及相关对比

一 革命老区产业支持政策

根据《国务院关于新时代支持革命老区振兴发展的意见》（国发〔2021〕3号），革命老区有关产业支持政策如下。

一是加大财政金融支持力度。中央财政在安排革命老区转移支付、地方政府专项债券时，对革命老区所在省份予以倾斜支持。探索制定革命老区转移支付绩效评估和奖惩激励办法。继续支持赣州执行西部大开发政策，在加快革命老区高质量发展上作示范。中央预算内投资对赣南等原中央苏区参照执行西部地区政策，对沂蒙革命老区参照执行中部地区政策，研究安排专项资金支持革命老区产业转型升级平台建设。

二是优化土地资源配置。支持革命老区重点城市开展城镇低效用地再开发，对损毁的建设用地和零星分散的未利用地开发整理成耕地的，经认定可用于占补平衡，允许城乡建设用地增减挂钩节余指标按规定在省域范围内流转使用。对革命老区列入国家有关规划和政策文件的建设项目，纳入国家重大建设项目范围并按规定加大用地保障力度。支持探索革命老区乡村产业发展用地政策。

2022年5月，经国务院同意，国家发展改革委印发《革命老区重点城市对口合作工作方案》，明确15个东部城市与20个革命老区建立对口合作关系。

二　沿边临港、海南自贸岛、南宁、赣州税收优惠政策对比

一是沿边临港产业园区税收优惠力度较大。企业所得税，新办制造业重点企业，5 年内企业所得税减免纳补平衡后最优。个人所得税，新办制造业重点企业高管，5 年内个人所得税减免纳补平衡后最优；新办制造业重点企业其他从业人员，当年工资薪金所得实际缴纳和个人所得税达到 3 万元以上的从业人员，对其工资薪金个人所得税实际税负超过 15% 的部分给予补贴。

二是海南自贸岛税收优惠政策覆盖范围较广。海南全岛鼓励类产业企业享受减按 15% 征收企业所得税目录涵盖了旅游业、现代服务业、高新技术产业企业等，相比其他地区的税收优惠覆盖面要更大一些。个人所得税优惠人群则包括了境内外人才，而且可以直接免征超额部分。

三是南宁等中国—东盟产业合作区制造业企业有一定税收优势。根据国家有关部署，广西壮族自治区在整合优化南宁、北海、防城港、钦州、玉林、百色、崇左 7 市现有产业园区基础上，规划建设中国—东盟产业合作区。对南宁等片区内的鼓励类产业企业，在叠加西部大开发及北部湾经济区企业所得税优惠政策后（在西部地区的鼓励类产业企业减按 15% 的税率征收企业所得税；对在北部湾经济区内新注册开办的企业符合相关条件的可免征属于地方分享部分的企业所得税），企业所得税可以减按 9% 征收。

四是赣州等部分革命老区可以享受鼓励类产业企业减按 15% 征收企业所得税。革命老区分布范围较广，有些革命老区本身也是沿边临港地区、民族地区，也有部分在中部或东部沿海地区等。目前，国家层面暂未出台统一的革命老区税收优惠政策，但是国家在《关于延续西部大开发企业所得税政策的公告》中专门明确湖南湘西、湖北恩施、吉林延边和江西赣州 4 个非西部的革命老区、民族地区可以比照西部地区的企业所得税政策执行 15% 税率。

附录5　部分省市各类产业转移合作收益分享模式参考

省/市	类别	分享对象	收益分享参考原则
江苏省	苏州宿迁工业园区	财政收入	由江苏省、苏州市、宿迁市、苏州工业园区在2006年按1：0.5：0.5：4共同出资，在收益分成上，起初规定前10年园区的财政收入和分红全部留作园区的滚动发展资金。2009年之后，增加了利益共享条款，并且规定对于重大产业转移项目，可由双方商定利益分成办法
浙江省	消薄飞地	税收	收益保底+税收分成方式：消薄飞地年保底收益按不低于飞出地总投资额10%计算，支持依据投资比例由合作双方协商税收分成；省、设区市两级财政对征收入库的税收（地方留成部分）通过"以奖代补"的方式直接返还给消薄飞地
	科创飞地	税收（地方留成部分）	原则上全额归飞出地所有
	产业飞地		原则上全额归飞出地所有
浙江省宁波市	项目流转和招商载体共享	项目流转利益共享	招商指标共享和考核奖励。项目总投资、实到资金等考核指标，首谈地和承接地按5：5共享，按月纳入相关区县（市）、开发园区招商引资考核统计；根据年度落地的流转项目金额对首谈地给予额外的招商考核加分奖励，内资项目每亿元人民币加1分，外资项目每千万美元加1分，上限10分

省/市	类别	分享对象	收益分享参考原则
浙江省宁波市	项目流转和招商载体共享	项目流转利益共享	经济指标共享。固定资产投资指标自开工建设之年起5年内、GDP指标自建成投产之年起5年内，首谈地和承接地按2∶8共享。项目成功流转后，市招商办将流转项目信息通报市发展改革委、市统计局，由市发展改革委、市统计局按比例纳入区县（市）、开发园区经济指标进行考核
			地方留成财政分成共享。项目投产后产生的财政分成中区县（市）级留成部分，自建成投产之年起15年内首谈地和承接地按1∶9共享
			市级财政奖励。对成功流转的项目，市财政给予首谈地该项目引进当年实缴资本5%的一次性奖励，最高不超过100万元人民币，作为其招商引资专项经费
			市级要素奖励。对成功流转的项目，根据该项目所需的土地年度计划指标、能耗指标、核心排放指标，除已由市级统筹的，剩余部分的40%仍由市级统筹解决
		招商载体共享	招商指标共享和考核奖励。项目总投资、实到资金等考核指标，首谈地和承接地按5∶5共享，按月纳入相关区县（市）、开发园区招商引资考核；根据年度落地的流转项目金额对首谈地给予额外的招商考核加分奖励，内资项目每亿元人民币加1分，外资项目每千万美元加1分，上限10分
			经济指标共享。固定资产投资指标自开工建设之年起5年内、GDP指标自建成投产之年起5年内，首谈地和承接地按5∶5共享。项目成功流转后，市招商办将流转项目信息通报市发展改革委、市统计局，由市发展改革委、市统计局按比例纳入区县（市）、开发园区经济指标考核
			地方留成财政分成共享。项目投产后产生的财政分成中区县（市）级留成部分，自建成投产之年起15年内首谈地和承接地按5∶5共享

省/市	类别	分享对象	收益分享参考原则
浙江省宁波市	项目流转和招商载体共享	招商载体共享	市级财政奖励。对成功流转的项目,市财政给予首谈地该项目引进当年实缴资本5%的一次性奖励,最高不超过100万元人民币,作为其招商引资专项经费
			市级要素奖励。对成功流转的项目,根据该项目所需的土地年度计划指标、能耗指标、核心排放指标,除已由市级统筹的,剩余部分的40%仍由市级统筹解决
浙江省绍兴市	项目异地流转	税收(不含基金、费)地方实际留成部分	新招引异地流转项目自竣工投产并开始纳税之日起,当年实际入库的税收(不含基金、费)地方实际留成部分,前3年按5:5的比例由承接方拨付给引入方,后3年按7.5:2.5的比例由承接方拨付给引入方
		投资额、营业收入和增加值等招商引资考核指标	新招引异地流转项目的投资额等招商引资考核指标,按5:5的比例由承接方和引入方分成。项目竣工投产后的营业收入和增加值等考核指标数据,前3年按5:5的比例由承接方和引入方分成,后3年按7.5:2.5的比例由承接方和引入方分成
河南省	飞地经济	增值税、企业所得税市县分成部分	园区内新上产业项目达产后10年内缴纳的,飞出地与飞入地原则上按5:5比例分享
			既有企业迁入园区项目投产后10年内缴纳的增值税、企业所得税市县分成部分,前5年飞出地与飞入地原则上按6:4比例分享,后5年按4:6比例分享
			以"股份合作"模式开展合作的,收益按照双方股本比例分成。
		经济指标	飞地经济园区相关统计指标实行在地统计,由飞入地政府统计部门负责统计,收益分享期内,全额计入飞入地。考核时,按照收益分享比例以标注形式计入飞出地,同时飞入地要进行相应的扣除,确保统计数据的不重不漏

省/市	类别	分享对象	收益分享参考原则
陕西省铜川市	招商引资项目	税收收入	异地落户项目实现税收的地方实际留成部分，从实现税收起，连续五年由引入方和落地方按3∶7分成，五年后引入方不再参与税收分成。引入方和落地方税收分成通过市财政年终结算办理，由市财政局、市税务局负责初步认定，报市招商引资项目统筹布局领导小组审核确认。异地落户项目产生的税收指企业生产和销售环节产生的增值税和企业所得税（20%县区部分）
		工业增加值、固定资产投资、招商引资到位资金的统计指标分享	工业增加值统计。异地落户项目实现的工业增加值，从企业正常经营，且销售收入达到规模以上工业入库标准起，连续五年由引入方和落地方按3∶7比例分成，五年后引入方不再参与工业增加值核算。每季度由市统计局负责初步认定，报市招商引资项目统筹布局领导小组审核确认
			固定资产投资统计。异地落户项目形成的固定资产投资，项目合同建设期内由引入方和落地方按7∶3分成，项目合同建设期结束后引入方不再参与续建项目投资额分配。每季度由市发展改革委牵头，市统计局配合初步认定，报市招商引资项目统筹布局领导小组审核确认
			招商引资到位资金统计。异地落户项目涉及的实际利用外资额、国内经济合作项目到位资金额及招商引资考核任务等指标，由引入方和落地方按7∶3分成，分成时限为项目实施三年内，三年期满后，引入方不再参与招商引资到位资金统计（续建项目及已认定资金不予划分）。由市对外经济合作中心负责初步认定，报市招商引资项目统筹布局领导小组审核确认
宁夏回族自治区石嘴山市与山东省淄博市	淄山工业园	增值税地方所得、企业所得税、城镇土地使用税	前10年石嘴山市和淄博市按4∶6进行分成；后40年石嘴山市和淄博市按5∶5进行分成

资料来源：根据网络资料搜集整理所得。

参考文献

［1］《中共中央关于进一步全面深化改革 推进中国式现代化的决定》，中国政府网，2024 年 7 月 21 日 http：//www.gov.cn/zhengce/202407/content_6963770.htm。

［2］中共中央宣传部、国家发展和改革委员会：《习近平经济思想学习纲要》，人民出版社、学习出版社，2022。

［3］栾贵勤等：《区域经济学》，清华大学出版社，2008。

［4］麻宝斌、李辉：《中国地方政府间合作的动因、策略及其实现》，《行政管理改革》2010 年第 9 期。

［5］许和木：《我国飞地工业的机理与现实发展研究》，博士学位论文，福建师范大学，2013。

［6］林伟军：《基于飞地经济的区域合作发展研究——深汕特别合作区经济发展分析及对策》，硕士学位论文，天津大学，2015。

［7］刘志彪、查婷俊：《"飞地经济"：发展运行的机制、困境与对策》，《光明日报》2017 年 7 月 27 日。

［8］李琳：《安康高新区飞地经济园区管理模式优化研究》，硕士学位论文，西北大学，2018。

［9］李小建主编《经济地理学（第三版）》，高等教育出版社，2018。

［10］产耀东：《"飞地经济"模式视阈下的深汕特别合作区发展研究》，《中国经济特区研究》2018 年第 1 期。

[11] 许婷：《飞地经济区的管理体制创新——以深汕特别合作区为例》，硕士学位论文，武汉大学，2019。

[12] 章宇萍：《基于产业融合的长三角飞地经济发展策略研究》，《现代经济信息》2019 年第 1 期。

[13] 霍璐：《轻资产运营模式下 W 公司财务绩效评价指标体系构建研究》，硕士学位论文，河北地质大学，2020。

[14] 崔国璇、秦贤宏：《基于长三角区域合作的飞地建设研究》，《湖北农业科学》2021 年第 1 期。

[15] 刘书敏：《张江高科轻资产运营模式转型研究》，硕士学位论文，河北大学，2021。

[16] 苏海雨：《飞地经济协议的法律属性及其规范》，《理论月刊》2022 年第 3 期。

[17] 郑功成：《共同富裕的理论认识与实践路径》，《前线》2022 年第 12 期。

[18] 韩振峰：《中国共产党探索共同富裕的历程及经验启示》，《光明日报》2022 年 3 月 2 日。

[19] 产耀东：《飞地经济实践论：新时代深汕特别合作区发展模式研究》，中国社会科学出版社，2022。

[20] 李明、王卫：《基于飞地经济视角的区域经济高质量发展机理与路径》，《经济纵横》2023 年第 6 期。

[21] 陈颖仪、刘祥：《区域发展与对口协作园区开发实践》，中国经济出版社，2023。

[22] 刘伟等：《大发展：新时代广东县域经济创新发展 10 强》，广东经济出版社，2024。

[23] 全国干部培训教材编审指导委员会组织编写《推进和拓展中国式现代化案例选（经济篇）》，人民出版社、党建读物出版社，2024。

[24] 叶必丰：《论我国的法定机构》，《中外法学》2022 年第 3 期。

[25] 中共深圳市委党校、深圳市建设中国特色社会主义先行示范区研究中心编《深圳帮扶 30 年》，海天出版社，2021。

[26] 魏麒真：《轻资产模式下园区开发公司财务绩效评价指标体系构建研究》，硕士学位论文，华东政法大学，2023。

[27] 刘祥、郭毅：《飞地经济研究——基于区域合作和可持续发展的视角》，中国经济出版社，2024。

后 记

当《中国飞地经济的理论与实践》终于呈现在读者面前时，我们心中充满了感慨与感激。这本书的诞生，不仅是对我们调研小组辛勤工作的肯定，更是对众多支持者无私奉献的致敬。

首先，我们要向所有在调研过程中给予我们大力支持和配合的飞地园区建设运营单位及其相关业务部门、集团公司和前方工作机构表达最诚挚的感谢。正是你们的无私分享和积极配合，使我们有机会深入实地，亲眼见证飞地经济的蓬勃发展，亲身感受园区建设的艰辛与喜悦。你们的开放态度，让我们得以获取宝贵的第一手资料，这些资料成了本书撰写的重要基石。

其次，我们也要向所有为本书提供理论和实践指导的有关领导、规划咨询机构和专家学者表示衷心的感谢。在调研和撰写的过程中，我们时常感到困惑和迷茫，但你们的悉心指导和耐心解答，让我们拨开迷雾，豁然开朗。你们的严谨和对知识的尊重，让我们对研究工作有了更加深刻的理解和认识。特别是深圳市委、市政府原副秘书长，深圳市体制改革研究会会长南岭博士和深圳大学经济学院教授、博士生导师，山西财经大学原党委常委、副校长，深圳市应用经济研究会原会长钟若愚等专家，以及国家发展改革委区域司有关处室和产业研究所、广东省发改委有关领导和专家，他们不仅给予我们研究方法和理论指导，而且对我们的调研工作提供了很多帮助。

再次，要感谢我们这个团队，调研和撰写过程中，我们在干中学，在学中干、互相帮助、砥砺前行，为着一个共同的目标并肩作战。其中，林更斌负责策划、牵头调研和统稿工作，周晓红协助统筹、协调联系各方，并收集了大量资料，李雄姿负责相关协调工作。具体到各章节，第一章由李星负责起草，第二章由廖立川、李竹馨共同起草，第三章由陈烟煌、王吉祥共同起草，第四章由俞佳莉、杨泽嘉共同起草，第五章由杨泽嘉负责起草，第六章由王耀宇、王吉祥共同起草，第七章由张天雄负责起草。第八章由廖立川、李竹馨负责收集整理。此外，廖立川、李竹馨还负责附录的收集整理和汇稿。张波、朱瑞涛、郑阳、翁于琳、韦炳辉、叶馨骏、蓝东圣等做了大量的辅助工作。

最后，我们要感谢深圳市社会科学联合会和社会科学文献出版社。此外，我们还要感谢所有为本书付出努力的人们。无论是为我们提供帮助的领导同事，还是我们的家人朋友，你们的支持和帮助都让我们感到温暖和鼓舞，是你们的理解包容和无私奉献，让这本书得以顺利出版，与更多的人分享飞地经济的理论和实践经验。

在调研和撰写的过程中，我们深刻感受到，飞地经济作为一种新型的经济合作模式，对于促进区域经济协调、优化资源配置、推动产业升级具有重要意义。同时，我们也认识到飞地经济的发展并不是一帆风顺的，需要政府、企业、社会等各方共同努力和协作。我们希望这本书的出版，能够引起更多人对飞地经济的关注和研究，为推动中国飞地经济的健康发展贡献一份力量。

展望未来，我们深知飞地经济的研究工作仍然任重道远。我们将继续深入探索飞地经济的理论与实践问题，不断总结经验和教训，为推动中国飞地经济的持续健康发展贡献更多智慧和力量。我们期待与更多专家学者、飞地园区建设运营单位以及关心飞地经济发展的人们携手前行，共同书写中国飞地经济的美好未来，为促进区域协调发展、逐步实现共同富裕、加快实现中国式现代化探索有益的范式。

深圳市乡村振兴和协作交流局产业共建调研小组

2024 年 7 月

图书在版编目（CIP）数据

中国飞地经济的理论与实践／林更斌主编. -- 北京：
社会科学文献出版社，2024.12（2025.9重印）. --（深圳学人文库）.
ISBN 978-7-5228-4916-4

Ⅰ. F127

中国国家版本馆 CIP 数据核字第 20248LY842 号

·深圳学人文库·

中国飞地经济的理论与实践

主　　编／林更斌

出 版 人／冀祥德
组稿编辑／任文武
责任编辑／郭　峰
责任印制／岳　阳

出　　版／社会科学文献出版社·生态文明分社（010）59367143
　　　　　地址：北京市北三环中路甲 29 号院华龙大厦　邮编：100029
　　　　　网址：www.ssap.com.cn
发　　行／社会科学文献出版社（010）59367028
印　　装／唐山玺诚印务有限公司

规　　格／开本：787mm×1092mm　1/16
　　　　　印张：25.25　字数：349 千字
版　　次／2024 年 12 月第 1 版　2025 年 9 月第 3 次印刷
书　　号／ISBN 978-7-5228-4916-4
定　　价／98.00 元

读者服务电话：4008918866

μ